Rebecca Costa

Kollaps oder Evolution?

Rebecca Costa

Kollaps oder Evolution?

Wie wir den Untergang unserer Welt verhindern können

Aus dem Englischen von
Almuth Braun

WILEY-VCH

WILEY-VCH Verlag GmbH & Co. KGaA

1. Auflage 2012

Bibliografische Information der Deutschen Nationalbibliothek
Die Deutsche Nationalbibliothek verzeichnet diese Publikation in der Deutschen Nationalbibliografie; detaillierte bibliografische Daten sind im Internet über http://dnb.d-nb.de abrufbar.

Die englische Originalausgabe erschien 2010 unter dem Titel *The Watchman's Rattle. Thinking Our Way Out of Extinction* bei Vanguard Press, division of The Perseus Group.

Published by Arrangement with Waterside Productions Inc., Cardiff-by-the-sea, CA, USA.

Dieses Werk wurde vermittelt durch die Literarische Agentur Thomas Schlück GmbH, 30827 Garbsen.

Printed in the Federal Republic of Germany.

Gedruckt auf säurefreiem Papier.

Projektmanagement und Lektorat
Boos for books, Schondorf
Satz Mitterweger und Partner, Plankstadt
Druck und Bindung CPI – Ebner & Spiegel, Ulm
Umschlaggestaltung Torge Stoffers, Leipzig

ISBN: 978-3-527-50641-5

Inhaltsverzeichnis

Anmerkung des Verlegers

Ganz selten landet ein Manuskript auf dem Tisch des Verlegers, das im gesamten Verlag für Aufregung und gespannte Erwartung sorgt. Wir werden von der Gelegenheit elektrisiert, ein Buch zu veröffentlichen, das nicht nur unsere Sicht auf die menschliche Gesellschaft verändern wird, sondern auch auf die Voraussetzungen dafür, dass die Gesellschaft auch in Zukunft prosperiert.

Als das Manuskript zu diesem Buch im Verlag eintraf, fand ich es außerordentlich provozierend und anregend. Ich war sofort von seinen kühnen und frischen Konzepten fasziniert. In diesem Buch bringt uns die Vordenkerin Rebecca Costa auf fesselnde und persönliche Weise ihre bezwingenden Zukunftsvisionen nahe; es steht außer Frage, dass dieses Buch eine intensive und gesunde Diskussion, aber auch Kontroversen auslösen wird.

Rebecca Costa vertritt die These, dass die zunehmende Komplexität unseres persönlichen Lebens, der technologischen Möglichkeiten und der Regierungspolitik zu ernsthaften, weltweit bedrohlichen Bedingungen geführt hat, die die biologische Fähigkeit unseres Gehirns übersteigen, diese Komplexität zu steuern. Costa demonstriert, dass wir eher dazu neigen, uns mit den Symptomen dieser Komplexität zu beschäftigen, als langfristige Lösungen zu erarbeiten, und dadurch unsere Verwundbarkeit für die gefährlichen Konsequenzen erhöhen. Wenn wir uns weiterhin auf kurzfristige Reparaturmaßnahmen konzentrieren, wird unsere Fähigkeit, als Gesellschaft unsere größten Probleme zu lösen, auf katastrophale Weise geschwächt und unsere Sicht vernebelt. Nachdem Costa diese Dynamik festgestellt und ausgesprochen hat, liefert sie neue Hinweise und Forschungsergebnisse, die belegen, dass wir diese Abwärtsspirale umkehren können; sie liefert uns die Instrumente, mit denen wir den ersten Schritt zu einer echten, dauerhaften Veränderung gegenüber den scheinbar kaum zu bewältigenden Herausforderungen tun können, mit denen wir heute konfrontiert sind.

Vanguard Press ist stolz, Rebecca Costa zu publizieren – eine bedeutende neue Stimme mit einer bahnbrechenden Botschaft über eines der wichtigsten Probleme unserer Zeit. Ich hoffe, Sie sind genauso gefesselt und begeistert von ihren Worten, wie wir es gewesen sind.

Mit freundlichen Grüßen

Roger Cooper
Vice President, Verleger
Vanguard Press

Vorwort

von Edward O. Wilson

In *Kollaps oder Evolution?* präsentiert Rebecca Costa eine Sicht der prekären menschlichen Verfassung, der ich voll und ganz zustimme. Der Zusammenprall der Religionen und Zivilisationen, so ihr Argument, ist nicht die Ursache für unsere Schwierigkeiten, sondern deren Konsequenz. Das Gleiche gilt für die weltweite Wasserknappheit, den Klimawandel, den Niedergang kohlenstoffbasierter Energiegewinnung, unsere muntere Zerstörung der noch verbliebenen Natur und all die anderen Kalamitäten, die uns drohen oder bereits Wirklichkeit geworden sind. Die Hauptursache für all diese bedrohlichen Entwicklungen ist die Komplexität der Zivilisation selbst, die mit den kognitiven Instrumenten, derer wir uns bisher bedienten, nicht verstanden und gesteuert werden kann.

Wir sind an diesen Punkt gelangt, so Costa, weil es der Menschheit an einem angemessenen Sinn für ihre eigene Geschichte mangelt. Wir haben uns nicht ehrlich mit den zentralen Fragen der Philosophie und Religion beschäftigt, die in den einfachsten Worten auf die Leinwand von Paul Gauguins tahitianischem Meisterwerk gekritzelt sind: Woher kommen wir? Wer sind wir? Wohin gehen wir? Mit *Geschichte* meint Rebecca Costa zu Recht nicht nur die Geschichte der einzelnen Länder, sondern den Aufstieg und Niedergang vergangener Zivilisationen, und darüber hinaus die sechs Millionen Jahre der biologischen Evolution des Menschen, die in enger Beziehung mit der übrigen Biosphäre stattgefunden hat.

Aus der langen biologischen Evolution ist die genetische Natur des Menschen hervorgegangen. Dieser lange Zeitraum, in dem wir unsere Gefühle und kognitiven Fähigkeiten erworben haben, schrumpft in der menschlichen Geschichte, die mit der Neolithischen Revolution vor zehntausend Jahren begann, zu einem Augenblick zusammen. In den vergangenen drei Jahrtausenden hat eine Potenzierung aller Dinge stattgefunden, die aus der kulturellen Evolution hervorgegangen sind: die Ausbreitung der menschlichen Bevölkerung, Arbeitseffizienz, Wissen, Technologie und leider auch die Ausbeutung der natürlichen Ressourcen, die Zerstörung der verbleibenden Natur und Umwelt und eine Zunahme der Kriegsmacht einer stetig wachsenden Zahl von verschiedenen Gruppen und Nationen.

Professionelle Optimisten behaupten gerne, Prophezeiungen über das Ende der Welt seien so alt wie das geschriebene Wort, träfen aber nie ein. Sie glauben, Geist und Genius der Menschheit hätten stets einen Weg aus den Problemen gefunden und würden das auch in Zukunft tun. Kurzum, es bestehe kein Grund zur Sorge. Diese Denkhaltung heißt jedoch, die Realität umwälzender Veränderungen zu ignorieren. Angenommen, die Verdoppelungszeit irgendeines Prozesses oder einer Einheit beträgt 20 Jahre, dann wird die Welt als Ganzes über viele dieser Zeitabschnitte hinweg ungesättigt und steuerbar bleiben. An einem bestimmten Punkt jedes exponentiellen Wachstums wird die nächste Verdoppelungsphase jedoch einen absoluten Anstieg erzeugen, der jeden Raum und alle verbleibenden Ressourcen verschlingt. An diesem Punkt sinken auch die Möglichkeiten für eine Anpassung drastisch.

In dem oft zitierten Rätsel von den Seerosenblättern liegt eine große Wahrheit. In einem Teich (See, Ozean, was auch immer) wächst zu Beginn eine einzige Seerose. Dann verdoppelt sich die Anzahl der Seerosen täglich; nach 30 Tagen ist der Teich komplett mit Seerosen bedeckt. Am wievielten Tag ist der Teich halb bedeckt? Am 29. Tag. Nach dem folgenden, dem 30. Tag, wird das weitere Wachstum so groß sein, dass es – wenn es weiterhin anhält – den See und sämtliches Leben in ihm innerhalb weniger Stunden erstickt.

Ich stimme Rebecca Costa und anderen zu – wir wollen uns als Realisten auf der Suche nach einer Lösung und nicht als Unheilsverkünder bezeichnen –, die die Auffassung vertreten, dass der Menschheit aufgrund der Potenzierung nicht viel Zeit bleibt, ihre Probleme zu lösen. Wir können unsere Probleme nicht lösen, indem wir weiterhin auf Basis von Emotionen agieren und Antworten finden, die für unsere primitiven Vorfahren angemessen waren, uns nun aber alle in unmittelbare Gefahr bringen. Stattdessen müssen wir Wissen und Verstand einsetzen und uns als Spezies mit ehrlichem und ungeschminktem Blick betrachten. Wir müssen die zunehmende Komplexität unserer sozialen und politischen Strukturen begreifen und Lösungen finden. In diesem Buch fordert uns Rebecca Costa dringend auf, dies durch die Anwendung der besseren Instrumente unserer genetischen Natur zu tun.

Einführung

Eines kalten und regnerischen Frühlingstags saß ich in E.O. Wilsons Büro im Rückgebäude des Museums für Naturgeschichte in Harvard, als er sich umdrehte und sagte: »Es ist gefährlich, das Offensichtliche auszusprechen.«[1]

Das war eine alarmierende Warnung von einem der anerkanntesten Naturforscher der Welt und dem einzigen Wissenschaftler, der je auf US-Boden für seine Ansichten körperlich angegriffen wurde. Wilson sah voraus, was vor mir lag: die peinlich genaue Prüfung, Kritik, irrationale Ablehnung und Versuche, mich für die Verwendung von Begriffen wie »Evolution« und »biologische Hindernisse« zu verunglimpfen, mit denen ich erkläre, warum Regierungen, Führer und Experten in eine Sackgasse geraten sind. Dabei weiß jeder, dass wir unsere Probleme nicht mehr lösen können. Die Welt, die wir unseren Kindern übergeben, befindet sich in einem viel schlechteren Zustand als die, die wir geerbt haben. Es geschieht gerade etwas Gefährliches, aber es ist uns bisher nicht gelungen, genau zu sagen, was es ist.

In seiner charmanten Südstaaten-Art bestätigte Wilson lediglich, was ich schon die ganze Zeit vermutet hatte: Sobald wir den Grund für diese festgefahrene Situation entdeckten, würde er wahrscheinlich *offensichtlich* wirken. Einmal enttarnt, erscheint die Wahrheit immer offensichtlich. Davon abgesehen wäre es bis zum Jahr 2006 unmöglich gewesen, dieses Buch zu schreiben. Sechs Puzzleteile fehlten noch – sie waren seit 150 Jahren in Vorbereitung.

Das erste Puzzleteil tauchte 1859 mit der Veröffentlichung von Charles Darwins Werk *Die Entstehung der Arten* auf.[2] Darwin deckte das langsame, kontinuierliche Tempo auf, mit dem sich alle Lebensformen, einschließlich der Menschen, an ihre Umgebung anpassen, um ihre Überlebenschancen zu steigern. Bis heute ist seine Entdeckung das wichtigste wissenschaftliche Prinzip, das alles Leben auf der Erde bestimmt.

Im Jahr 1953 entdeckten James Watson und Francis Crick die Doppelhelix der DNS.[3] Gemeinsam entschlüsselten sie den Mechanismus für die Funktionsweise von Darwins Theorien, und zum ersten Mal war es möglich, die biologische Genese aller lebenden Organismen zurückzuverfolgen. Über Nacht entwickelte sich die Evolution von einem weithin akzeptierten Prinzip zu einer nachweisbaren Tatsache.

Zu dem Zeitpunkt, als E.O. Wilsons umstrittenes Buch *Sociobiology: The New Synthesis* im Jahr 1975 erschien[4], studierte ich bereits an der Universität von Kalifornien. Laut Wilson spielt das genetische Erbe eine große Rolle für unser Verhalten als Individuen und in Gruppen. Menschen werden nicht als »unbeschriebene Blätter« geboren. Wir werden mit tief verankerten Veranlagungen und Instinkten geboren, die auf Arterhaltung ausgerichtet sind. Die natürliche Selektion spielt eine große Rolle bei der Erklärung von heutiger Aggression und von Phänomenen wie Altruismus, Horten, Wettbewerb und sogar Partnerwahl.

Und dann, ein Jahr später, veröffentlichte Richard Dawkins sein Buch *Das egoistische Gen*, das einen raueren »Der-Mensch-ist-des-Menschen-Feind«-Ansatz vertritt.[5] Laut Dawkins kämpfen individuelle Genpools und nicht die gesamte Spezies um das Überleben. Gene wollen und müssen sich *egoistisch* verewigen. Zu diesem Zweck manipulieren sie das menschliche Verhalten, um für Kontinuität zu sorgen, selbst wenn das für die Spezies als Ganzes zerstörerisch ist.

Die Enthüllungen von Wilson und Dawkins stellten meine College-Erziehung auf den Kopf. Hin- und hergerissen zwischen meiner Liebe zur Biologie und dem Wunsch, eine geisteswissenschaftliche Karriere einzuschlagen, verbrachte ich Monate damit, mit der Universität über die Änderung meines Studiendiploms von Soziologie in Soziobiologie zu streiten. Aber die Universität lehnte ab, und zwar mit dem Argument: »Zwei Bücher, egal wie historisch sie auch sein mögen, rechtfertigen keine Umbenennung des Studienabschlusses.« Und so akzeptierte ich 1977 gemeinsam mit einer Handvoll weiterer Studenten widerwillig den ersten wissenschaftlichen Abschluss als Bachelor in »Kombinierten Sozialwissenschaften.« Im Anschluss an diesen hohlen Sieg fuhr ich nach Hause, wo das fünfte Puzzleteil unwissentlich Gestalt annahm: *die zunehmende Komplexität der menschlichen Existenz.*

In den 1970er-Jahren lebte meine Familie im Norden Kaliforniens, in einem Gebiet, in dem Aprikosen und Pflaumenbäume wachsen, Bäche mit reinem, sauberen Wasser fließen und die Hügel mit Trockengräsern und jahrhundertealten Eichen bewachsen sind. Niemand hatte auch nur den leisesten Verdacht, dass diese ländliche Gegend kurz darauf zum Ground Zero für ein neues technologisches Zeitalter werden sollte. Als ich 1977 in Santa Clara ankam, war das »Silicon Valley« jedoch schon in der Entstehung begriffen.

Das erste Unternehmen, das mir eine Anstellung anbot, bestand aus einer Gruppe von Wissenschaftlern, die glaubten, sie könnten technische Zeichner und Ingenieure davon überzeugen, nicht länger von Hand zu zeichnen.[6] Calma Corporation bezeichnete seine Technologie als Computer Aided Design (CAD). Diese neue Technik, mit der sich dreidimensionale Computermodelle erstellen ließen, ermöglichte eine kostengünstigere, zuverlässigere und effizientere Konstruktion von Produkten als die fehleranfälligen Handzeichnungen.

Meine Aufgabe bestand darin, verwirrende technische Daten in eine Sprache zu übersetzen, die normale Menschen verstehen konnten. Oft saß ich bis tief in die Nacht mit Wissenschaftlern aus Stanford, Berkeley und vom Massachusetts Institute of Technology (MIT) zusammen und versuchte, ihre Forschungsergebnisse in wenige prägnante Aufzählungspunkte zusammenzufassen. Für mich war das ein Traumjob. Die Soziobiologie hatte mich unbeabsichtigterweise dazu befähigt, als Brücke zwischen Wissenschaft und Gesellschaft zu dienen. Schließlich musste die Technologie echten menschlichen Bedürfnissen dienen, um breite Akzeptanz zu finden.

CAD setzte sich genauso schnell durch wie Halbleiter und PCs. Innerhalb von fünf Jahren entwarfen Unternehmen auf der ganzen Welt – von Herstellern von Sicherheitsgurten bis zu Erbauern von Atomkraftwerken – ihre Produkte am Computer. Das war eine radikale, historische und abrupte Veränderung, über die niemand auch nur mit der Wimper zuckte.

Wie es der Zufall wollte, wurde Calma von General Electric (GE) übernommen. Plötzlich hielt Calma den Schlüssel zur Vision der Unternehmerikone Jack Welch in Händen – die Vision von der »Fabrik der Zukunft«. Unsere neue Mission bestand darin, GE bei der Verwandlung von einem müden Fertigungsriesen in einen Hightech-Führer des 20. Jahrhunderts zu unterstützen. Ich war hocherfreut, dass ich nun an Welchs Topmanagement – allgemein als *Gang of Five* bezeichnet – berichtete, das mich lehrte, strategisch und systematisch zu denken und in scheinbar widersprüchlichen Trends nach Mustern Ausschau zu halten.

Das war in den 1980ern und Silicon Valley boomte. Computerhard- und -software veränderten sich in rasendem Tempo, und am Horizont zeichneten sich bereits das Internet und die Mobiltelefonie ab. Risikokapitalgeber schürten die Flammen des Fortschritts und überall schossen neue Start-ups wie Pilze aus dem Boden. Es dauerte nicht lange und ich erlag den ständigen und unwiderstehlichen Anrufen von Personalrecruitern, die auf der Jagd nach erfahrenen Führungskräften waren. Und so ließ ich mich von GE zu einem kleinen Unternehmen locken, das die ersten optischen Speichergeräte der Welt entwickelte. Später ging ich zu einem Unternehmen, das Pionier auf dem Gebiet der Computernetzwerke war. Zu dem Zeitpunkt, als ich mein eigenes Unternehmen gründete und mit Apple Computer, Hewlett-Packard, Oracle, 3M, Amdahl und Siebel Systems zu arbeiten begann, waren Neuartigkeit und Komplexität ein allgemein akzeptierter Lebensstil geworden. Neue Technologien wurden immer schneller übernommen, und niemand hielt inne, um die Frage zu stellen, ob ein derart explosives Veränderungstempo überhaupt nachhaltig sei. Wir gingen einfach davon aus, dass das der Fall war.

Das letzte Puzzleteil tauchte einige Jahre später im Jahr 2006 auf, als die Neurowissenschaftler Dr. Michael Merzenich, Dr. John Kounios und Dr. Mark Jung-Beeman unabhängig voneinander wegweisende Forschungsergebnisse zu der Fragestellung präsentierten, wie das menschliche Gehirn mit komplexen Problemen umgeht. Ihre Untersuchungen über die Bedingungen, die zu einer verbesserten kognitiven Funktionsfähigkeit führen, waren für das Verständnis, wie wir uns an immer schnellere Veränderungen und eine ständig zunehmende Komplexität anpassen, von ausschlaggebender Bedeutung.

All diese Entdeckungen – Evolution, Genetik, Soziobiologie, Memetik und Neurowissenschaften sowie meine Arbeit im Strudel des Silicon Valley – waren nötig, um mich zu den biologischen Gründen für den Aufstieg und Niedergang von Zivilisationen zu führen.

Heute sind die Probleme, die die Menschheit bedrohen, klar: eine globale Rezession, hochansteckende pandemische Viren, Terrorismus, steigende Kriminalität, Klimawandel, Raubbau an den natürlichen Ressourcen, die Verbreitung von Atomwaffen und versagende staatliche Bildungssysteme. Obwohl diese Liste auf den ersten Blick niederschmetternd wirkt, stimmt es aber auch, dass wir uns noch nie in einer besseren Position befunden haben, um ein wiederkehrendes Muster des Niedergangs zu verhindern. Und das bringt mich zu meinem Buch *Kollaps oder Evolution?*.

Früher stellten sich Bürger freiwillig als Nachtwächter zur Verfügung, um das Wohlergehen ihrer Gemeinden zu schützen. Sie patrouillierten durch Stadtviertel, bewachten Leuchttürme und wichtige Einrichtungen und suchten nach frühen Anzeichen für eine drohende Gefahr. Überraschenderweise trugen diese frühen Wachleute keine Waffen, sondern Holzklappern mit sich, die ein lautes, hartes Klappern von sich gaben, das dazu diente, Hilfe herbeizurufen. Die Klappern der Nachtwächter waren ein Alarmsignal – der Ruf an die Bürger, aufzuwachen und sich eiligst zur Bekämpfung der Gefahr zu versammeln.

Dieses Buch ist die Holzklapper des Wächters im Dunkel der Nacht – ein Hilferuf; ein Aufruf, den Kurs der Menschheit durch den Einsatz der größten Massenunterrichtungswaffe zu verändern, die es jemals gegeben hat: *das menschliche Gehirn*.

Big Sur, Kalifornien,
11. April 2010

Rebecca D. Costa

Nie habe ich ein Geräusch die Luft erschüttern hören,
das so nach Sorge und dem Ruf nach Hilfe klang
wie das laute Klappern des Wächters,
das tief in der Nacht in den Straßen widerhallt.

Edward H. Savage, 1865

1
Ein Muster von Komplexität und Zusammenbruch: Warum Zivilisationen aufsteigen und untergehen

Am Morgen des 29. August 2004 hatte ich eine wichtige Erkenntnis. Ich erinnere mich an dieses Datum, weil ich auf dem Weg zur Geburt meines Neffen Ben war. Während ich zum Krankenhaus eilte, tippte ich die Zieladresse in meinen GPS-Bildschirm ein, schloss meinen Blackberry an den Zigarettenanzünder, den iPod an die Dockingstation und mein Laptop an einen zweiten Anschluss an, setzte meine Telefon-Kopfhörer auf, schnallte mich an und versuchte, meinen Kaffee zu trinken. Und all das, während ich ein zwei Tonnen schweres Fahrzeug bei Tempo 100 auf der Autobahn manövrierte. Und plötzlich kam mir diese Erkenntnis: Das Leben ist wirklich kompliziert geworden.

Vor nicht allzu langer Zeit besaß ich nichts weiter als ein einfaches Sparkonto. Heute versuche ich, neben dem Sparkonto mit Depositenzertifikaten, Anleihen, Investmentfonds, REITs, börsengehandelten Fonds – sogenannten ETFs – und anderen Finanzinstrumenten, staatlichen und privaten Rentenplänen, meinen Sozialversicherungsansprüchen und Rohstoffen, wie zum Beispiel Öl, zu jonglieren, das den Wert aller anderen Dinge zu beeinflussen scheint. Ich besitze vier verschiedene Kreditkarten, von denen jede einzelne einlösbare Punkte, Flugmeilen, kostenlose Mietwagen, Gratis-Hotelübernachtungen und globale Preisnachlässe bietet, über die ich schon längst den Überblick verloren habe. Dazu kommt, dass Kreditkartenunternehmen inzwischen zu Banken geworden sind und Reisebüros mir Kinokarten verkaufen, Restaurantreservierungen für mich vornehmen und Schecks für mich ausstellen wollen.

Und dann ist da noch die Gesamtsituation. Laut US-Außenministerium gibt es 45 aktive terroristische Gruppierungen im Nahen und Mittleren Osten, die mich umbringen wollen. An einem guten Tag bin ich in der Lage, drei davon zu nennen. Und solange ich beruflich erfolgreich bin, bin ich die Erste, die zugibt, dass sie nicht weiß, ob eine staatliche Krankenversicherung gut oder schlecht für mich oder mein Land ist, weil ich nicht einmal die Zeit habe, mich mit diesem Thema zu beschäftigen. Tatsächlich fühle ich mich nicht qualifiziert, überhaupt eine Meinung zu den meisten dringenden Problemen abzugeben. Zwar mache ich mir Sorgen über den Klimawandel und die Konsequenzen der zunehmenden Haushaltsverschuldung unserer Regierung für meine Kinder, aber ich weiß nicht mehr, was sich dagegen tun lässt. Die Welt gleicht immer mehr dem Chaos, das im Innern meines Autos herrscht.

Bedenken Sie jedoch Folgendes: Aus der Perspektive der Evolution vollzieht sich der soziale Fortschritt in rasantem Tempo. Es dauert nur wenige Wochen, bis die nächste Generation von Mobiltelefonen, Gesetzen oder Hypotheken eingeführt wird. In einem ebenso atemberaubenden Tempo finden auch Entdeckungen in der Wissenschaft statt – vom menschlichen Genom bis zu neuen Treibstoffzellen und Galaxien im Universum. Unser Gehirn, das heißt der Apparat, der all diese neuen Informationen verarbeiten muss, entwickelt sich jedoch über viele Millionen Jahre. Während sich die Welt also in Pikosekunden verändert, hat mein Gehirn Mühe, mit den Entwicklungen Schritt zu halten. Aber was geschieht, wenn mein Gehirn dabei versagt? Kann die Komplexität schneller zunehmen als die biologische Anpassungsfähigkeit des Gehirns?

In seinem Buch *Making Things Work* erklärt Yaneer Bar-Yam, Präsident des New England Complex Systems Institute und Professor an der Universität von Harvard, warum Komplexität eine Bedrohung darstellt[1]: »Die Daumenregel besagt, dass die Komplexität von Organismen zur Komplexität ihrer Umgebung passen muss, um die Überlebenswahrscheinlichkeit zu steigern.« Dann erklärt er, warum die Chancen gegen uns zu stehen scheinen: »Was ist eine komplexe Umgebung? Eine komplexe Umgebung ist eine, die verlangt, dass man die richtige Wahl trifft, um erfolgreich zu sein. Wenn es viele falsche und nur wenige richtige Lösungen gibt, müssen wir in der Lage sein, die richtigen auswählen zu können, um erfolgreich zu sein.« Viel mehr falsche als richtige Lösungen? Aus dem Mund eines Harvard-Physikers, der ein Mann der leisen Töne ist, klingt das reichlich beunruhigend.

Hier die große Preisfrage: Ist die zunehmende Komplexität einfach nur ein modernes Phänomen? Oder hatten die Menschen in früheren entwickelten Zivilisationen wie die der Mayas, der Römer, der Khmer und anderer dasselbe gespaltene Verhältnis zum Fortschritt? Und wenn ja, was soll's? Das heißt ja nicht, dass es irgendetwas mit ihrem Untergang zu tun hatte. Oder doch?

Eine blühende Zivilisation, die 3000 Jahre währte

Zwischen 2600 v. Chr. und 900 n. Chr. erstreckte sich die hoch entwickelte Zivilisation der Mayas auf ein Gebiet, das heute Mexiko, Guatemala, Honduras, El Salvador und Belize umfasst.[2] Archäologen spekulieren, dass das Maya-Reich auf mehr als 15 Millionen Menschen anwuchs und in seinen Zentren eine Bevölkerungsdichte aufwies, die sich mit dem heutigen Chicago vergleichen lässt. Stellen Sie sich eine riesige, blühende Gesellschaft vor, angesiedelt inmitten einer der unwirtlichsten Gegenden der Menschheit, die über keinerlei der Technologien oder modernen Annehmlichkeiten verfügte, derer wir uns heute täglich bedienen: kein Strom, keine Lieferwagen, keine Telefone, keine Polizei. Wie wurde in einem so weitläufigen Gebiet mit Millionen Menschen die Ordnung gewahrt? Wie funktionierte die Nahrungsmittelverteilung? Wie funktionierten Abwasser- und Abfallentsorgung und Bildung?

Viele Menschen wissen, dass die Mayas meisterhafte Töpfer, Weber, Architekten und Bauern waren, aber selbst an modernen Standards gemessen stellte die beeindruckende Reichweite der Maya-Zivilisation einen ungeheuren Sprung in der menschlichen Entwicklung dar. Trotz der gewaltigen Herausforderungen, die ihre Umgebung darstellte, erfanden die Mayas ein ausgeklügeltes zylindrisches Kalendersystem, Himmelskarten zur Verfolgung von Wettermustern, die am weitesten entwickelte Schriftsprache zum Ausdruck komplexer Ideen ihrer Zeit und eine Mathematik, die das revolutionäre Konzept der »Null« beinhaltete. Sie entwickelten ausgefeilte hydraulische Projekte, zu denen ein komplexes Labyrinth an öffentlichen Staubecken, Kanälen, Dämmen und Deichen gehörte. An beinahe allen Fronten entwickelten sich die Mayas in rasantem Tempo weiter und vollzogen mit technologischen, organisatorischen und künstlerischen Innovationen echte Quantensprünge. Und dann, vor rund eintausend Jahren – ungefähr zwischen 750 n. Chr. und 850 n. Chr. – verschwand die Maya-Kultur plötzlich von der Erdoberfläche. *In einer einzigen Generation brach die Gesellschaft zusammen und ging unter.* Warum?

Der vorherrschenden Theorie zufolge starb die Maya-Zivilisation aufgrund einer verheerenden Dürreperiode einen »plötzlichen Tod«. Professor Gerald Haug ist der bekannteste Verfechter dieser Theorie.[3] Kernstichproben aus dem Caraico-Becken zeigen, dass genau zu der Zeit, als die Mayas ihre Städte verließen, drei lange Dürreperioden herrschten. »Diese Daten deuten darauf hin, dass ein sich über ein Jahrhundert erstreckender Rückgang in der Niederschlagsmenge die Ressourcen der Region belastete, was durch die plötzlich eintretenden Dürrephasen noch verstärkt wurde.«

Andere Wissenschaftler halten dagegen, dass die Dürreperioden, in denen sich Mangelernährung und durch Wassermangel bedingte Krankheiten immer stärker ausbreiteten, nur die bereits bestehenden Spannungen zwischen den herrschenden Königshäusern und der arbeitenden Bevölkerung verstärkt hätten. Die Maya-Bevölkerung habe gegen ihre Herrscher aufbegehrt, und so sei es zu einer Massenflucht aus den Städten gekommen.

Wieder andere Gelehrte halten den Ausbruch eines einzigen Virus für die Hauptursache des Zusammenbruchs, wohingegen andere Experten darauf beharren, die Nahrungsmittelknappheit habe lediglich die lange schwelenden Bürgerkriege zwischen antagonistischen Teilen der Maya-Bevölkerung verschärft. Michael D. Lemonick, ein Experte der Maya-Kultur, sagt: »Wilde kriegerische Auseinandersetzungen waren wahrscheinlich der Hauptgrund für den Niedergang der Maya-Zivilisation. In den Jahrhunderten nach 250 n. Chr. – der Beginn der sogenannten klassischen Periode der Maya-Zivilisation – eskalierten die zwischen konkurrierenden Stadtstaaten üblichen Scharmützel zu erbitterten Kriegen, die die stolzen Städte in Geisterstädte verwandelten.«[4] Der renommierte Archäologe der Universität von Yale, Michael Coe, stimmt Lemonick zu: »Die Mayas waren kriegsbesessen.«[5]

Laut Jared Diamond, Autor des Buches *Kollaps: Warum Gesellschaften überleben oder untergehen* und Professor für Physiologie und Geografie an der UCLA, lässt sich der Aufstieg und Untergang von Zivilisationen auf eine dramatische Veränderung der Umweltbedingungen zurückführen.[6] Diamond erklärt den frühen Erfolg der Maya-Zivilisation mit den günstigen Bedingungen in Bezug auf Trinkwasser, Nahrung, Temperatur, Minerale und andere Faktoren, die der Entwicklung einer kleinen Gesellschaft zugute kamen. Umgekehrt kam, als die Bevölkerung wuchs und eine oder mehrere dieser Bedingungen sich veränderten, der Fortschritt zum Erliegen, die Bedingungen verschlechterten sich weiter und die Gesellschaft löste sich auf. Im Falle der Mayas mag die Abholzung der Wälder der Ausgangspunkt für eine katastrophale Kettenreaktion gewesen sein.

Von meinem Standpunkt aus betrachtet, stimme ich Diamond, Haug, Lemonick, Coe und überhaupt allen Theorien über die Ereignisse zu, die zum Untergang der Maya-Zivilisation geführt haben. Wie das möglich ist? Ganz einfach. Ich bin nicht besonders daran interessiert, *was* geschah. Ich bin neugierig zu erfahren, *warum* es geschah und ob die Ereignisse wirklich über Nacht eintraten.

Was geschah *vor* den ultimativen Ereignisse, die für den Untergang der Mayas, der Römer, der Ägypter und der Khmer, der Ming-Dynastie und des byzantischen Reichs verantwortlich waren? Wiesen diese Gesellschaften irgendwelche Verhaltensweisen oder Denkmuster auf, die ihre Existenz verwundbar machte? Wenn ja, sind wir dabei, diese Muster heute zu wiederholen?

Die Evolution wird entstaubt

Heute nennen Wissenschaftler und Gelehrte, die alte Zivilisationen studieren, Umweltfaktoren, Überbevölkerung, Kriege, Krankheiten, Politik und Energie- und Nahrungsmittelknappheit als Gründe für deren Untergang. Und auch wenn diese Erklärungen auf Fakten basieren, lassen sie das wichtigste Prinzip für alles Leben auf der Erde unberücksichtigt: die Evolution – *der Prozess und die Geschwindigkeit, mit der sich der biologische Wandel von einer Generation zur nächsten vollzieht.*

Die Prinzipien, die die Geschwindigkeit der biologischen Anpassungsfähigkeit des menschlichen Organismus bestimmen, bieten uns sowohl die beste Einsicht in die Gründe, aus denen Zivilisationen aufsteigen und untergehen, als auch die verlässlichste Vorausschau auf unser eigenes Schicksal.

Die biologischen Fähigkeiten, das heißt die biologischen Merkmale eines jeden menschlichen Organismus, sind der einzige gemeinsame Nenner in jeder Zivilisation und müssen daher notwendigerweise eine Rolle bei der Entwicklung jeder Zivilisation spielen.

Obwohl wir das wissen, berücksichtigen wir bei der Erklärung des Untergangs von Zivilisationen nach wie vor jeden Faktor außer der Evolution. Wir behandeln die Entdeckungen von Charles Darwin aus dem Jahr 1859 so, als seien sie nur für unsere Höhlen bewohnenden Vorfahren oder die Tiere auf den Galapagos-Inseln relevant. Die Evolution wurde verdrängt – eingezwängt in die Hinterzimmer der zoologischen Abteilungen, verwiesen auf die Rolle als Vorgänger der Mikrobiologie und reduziert auf die Bewertung dessen, was wir in unserem Rückspiegel sehen, statt jenem, was vor uns liegt, wenn wir in die Zukunft schauen.

Warum blieb die Evolution bei der Diskussion bisher außen vor? Weil Wissenschaftler seit mehr als 150 Jahren versäumt haben, aufzuzeigen, wie die evolutionsbestimmenden Prinzipien den rasanten Fortschritt menschlicher Gesellschaften über kurze Epochen, ihre nachfolgende Lähmung und ihr verheerendes Versagen erklären. An irgendeinem Punkt haben die Biologen die Aufgabe, die Beziehung zwischen Evolution und dem modernen Menschen zu ergründen und zu verstehen, an Psychologen und Soziologen weitergereicht, die zügig ihre eigenen Theorien formulierten. Daher haben sich die vielfältigen Auswirkungen der Evolution auf das tägliche Leben, die öffentliche Politik und nachhaltige, unlösbare Probleme nie verfestigt. Infolgedessen wurden die Evolutionsprinzipien, abgesehen von einigen wenigen Enthusiasten der Ökobewegung und ihren Brüdern im Geiste, den Naturforschern, verdrängt und zur Bedeutungslosigkeit verdammt.

Denken Sie darüber nach. Wir hören nie etwas über die Effekte, die die Evolution auf die Lösung globaler Probleme hat, die im Weißen Haus, in den Vorstandsetagen der Unternehmen oder in den wirtschaftswissenschaftlichen, technischen oder physikwissenschaftlichen Fakultäten unserer Universitäten diskutiert werden. Niemand erwähnt die Evolution bei nationalen Wahlkampagnen, in Fernsehtalkshows oder in einem Gerichtssaal, außer im engen Kontext einer Wiederbelebung der abgeleierten alten Kontroverse zwischen Wissenschaft und Schöpfungstheorie. Wir tun so, als sei die Evolution etwas, das in die Vergangenheit gehöre, andere Spezies betreffe und daher für den Irrsinn der Menschheit in der heutigen Zeit keinerlei Rolle spiele; kurzum, als etwas, das nicht mehr ist – so wie ein abgetragenes Paar Schuhe, das nicht mehr passt, eine Tante, die weggezogen ist oder ein alter Hund, der auf der Veranda hinter dem Haus schläft.

Wenn wir jedoch die hochkomplexen, gefährlichen globalen Probleme lösen wollen, mit denen wir heute konfrontiert sind, müssen wir zunächst die entscheidende Beziehung zwischen evolutionärem Wandel und der modernen menschlichen Existenz begreifen. Um die Frage, mit der Wissenschaftler seit Jahrhunderten ringen, abschließend zu beantworten, nämlich, warum die Menschen zwanghaft immer wieder die gleichen Untergangsmuster verfolgen, müssen wir zunächst verstehen, wie wir als Menschen genetisch programmiert sind, und zwar unabhängig von unserer Nationalität, Rassenzugehörigkeit, Intelligenz, unserem Reichtum oder politischer Zweckdienlichkeit. Wir müssen auf die physiologischen Fähigkeiten und Grenzen achten, das heißt auf den *menschlichen Organismus* selbst.

Schließlich verfügt der moderne Mensch über völlig andere Fähigkeiten als unsere prähistorischen Vorfahren vor nur fünf Millionen Jahren. Und in weiteren fünf Millionen Jahren werden die Menschen Talente entwickelt haben, die unser heutiges Leben gleichermaßen primitiv erscheinen lassen werden. Der Mensch ist »Ware in Arbeit« – das heißt, dass unser biologischer Apparat an einem bestimmten Zeitpunkt nur bestimmte Dinge bewältigen kann. Aber welche?

Die Geschichte macht deutlich, dass wir irgendwann auf ein Hindernis treffen, das eine Verlangsamung des Fortschritts bewirkt, und zwar lange bevor das oder die spezifischen Ereignis(se), die für den Untergang einer Zivilisation verantwortlich gemacht werden, eintreten – eine wiederkehrende Blockade, die sowohl natürlich als auch vorhersagbar ist: *Das ungleiche Tempo, in dem sich die langsame Evolution der menschlichen Biologie und der rasante gesellschaftliche Fortschritt vollziehen, führt irgendwann dazu, dass der Fortschritt zum Erliegen kommt.*

Den Mayas gelang es nicht, sich Lösungen für große, hochkomplexe Probleme »auszudenken«, weil sie bis zu einem Punkt fortgeschritten waren, an dem traditionelle Problemlösungsmethoden unter Einsatz der rechten und linken Gehirnhälfte – die der menschliche Organismus über viele Millionen Jahre entwickelt hat – nicht mehr ausreichten, um die größten Bedrohungen zu bewältigen.

Um es anders auszudrücken: Das Ausmaß und die Kompliziertheit der Probleme, mit denen die Mayas in ihrer Endphase konfrontiert waren – Klimawandel, zivile Unruhen, Nahrungsmittelverknappung, rasant um sich greifende Viren und eine Bevölkerungsexplosion –, überstiegen ihre Fähigkeiten, Fakten zu beschaffen, sie zu analysieren, Innovationen vorzunehmen, zu planen und anschließend zu handeln, um diese Entwicklungen aufzuhalten. Ihre Probleme wurden ganz einfach zu komplex.

Der Punkt, an dem eine Gesellschaft nicht mehr in der Lage ist, sich einen Ausweg aus ihren Problemen »auszudenken«, wird als *kognitive Schwelle* bezeichnet. Wenn eine Gesellschaft die kognitive Schwelle erreicht hat, beginnt sie, ungelöste Probleme von einer Generation auf die nächste zu verschieben, bis eines oder mehrere dieser Probleme die Zivilisation endgültig überfordern.

Das ist der wahre Grund für ihren Untergang.

Ein wiederkehrendes Evolutionshindernis

Stellen Sie sich die *kognitive Schwelle* folgendermaßen vor: Das Tempo, in dem das menschliche Gehirn neue Fähigkeiten erwerben kann, ist Millionen Jahre langsamer als das Tempo, in dem Menschen Veränderungen bewirken und neue Informationen produzieren. Von einem streng biologischen Standpunkt aus betrachtet, kann das menschliche Gehirn also gar nicht anders, als hinter diesen Veränderungen zurückzubleiben. Es ist einfach unmöglich, dass ein Organ, das Millionen Jahre Anpassungszeit braucht, mit den Veränderungen Schritt hält, die sich heute in Pikosekunden vollziehen. John Stanton, Kommentator der Radio- und TV-Netze CBS, ABC und CNN in Washington, D.C. und Autor des Buches *Evolutionary Cognitive Neuroscience* fasst dieses Problem folgendermaßen zusammen:[7]

»Die Welt, die uns so vertraut ist – eine Welt mit Straßen, Schulen, Supermärkten, Fabriken, Farmen und Bundesstaaten –, besteht im Vergleich zu unserer gesamten Evolutionsgeschichte erst seit einem

Lidschlag. Das Computerzeitalter ist kaum älter als der typische College-Student und die industrielle Revolution ist erst 200 Jahre alt. Die Landwirtschaft entwickelte sich erst vor 10000 Jahren und es ist erst 5000 Jahre her, dass mindestens die Hälfte der menschlichen Bevölkerung Landwirtschaft betreibt, anstatt zu jagen und zu sammeln.«

Stanton vergleicht das Tempo dieser Veränderungen dann mit dem der Evolution: »Die natürliche Auslese ist ein langsamer Prozess, und es hat bisher noch nicht genügend Generationen gegeben, um Entwicklungskreisläufe entstehen zu lassen, die gut an unser postindustrielles Leben angepasst sind.«

Es ist eigenartig, dass wir auf jedem anderen Gebiet bereit sind, körperliche Grenzen zu akzeptieren, nur nicht in Bezug auf das menschliche Gehirn. Wir akzeptieren die Tatsache, dass kein Mensch 3000 Kilo heben, einen Kilometer in 30 Sekunden laufen oder länger als einige Minuten unter Wasser bleiben kann. Wir akzeptieren auch die archäologischen Belege, die zeigen, dass sich das menschliche Gehirn in den vergangenen 25 Millionen Jahren schnell weiterentwickelt hat. Wir haben ganze Museen, in denen die ausgestellten Knochen beweisen, dass unsere frühen Vorfahren nicht annähernd die gleichen kognitiven Fähigkeiten besaßen wie wir heute. Überdies sind sich die meisten von uns darüber einig, dass sich das Gehirn in der Zukunft weiterentwickeln wird.[8] Es wird sich als Antwort auf hochdynamische Umweltveränderungen anpassen und sich verändern, auch wenn niemand genau vorhersagen kann, wie. *Folgt daraus nicht logischerweise, dass wir heute kognitive Grenzen haben?*

Die *Annahme*, dass die Problemlösungsmethoden unter Beteiligung der rechten und linken Gehirnhälfte, die wir bis heute entwickelt haben und anwenden, uns zur Lösung hochkomplexer Probleme wie Klimawandel, Terrorismus, pandemische Viren und Verbreitung von Atomwaffen rüste, wirkt irrational – vor allem, da all diese Probleme offensichtlich eines gemeinsam haben: Sie sind vielschichtig und chaotisch und haben zahlreiche dynamische Variablen. Tatsächlich sind unsere Probleme so groß und komplex geworden, dass sich die Experten selten darüber einig sind, worin das jeweilige Problem genau besteht. Infolgedessen sind Führer völlig auf ausgefeilte computerbasierte Modelle angewiesen – von der Art, wie sie für Vorhersagen in der Quantenphysik verwendet werden –, um viele Tausend möglicher Katastrophenszenarien durchzuspielen: *Was geschieht,* wenn eine schmutzige Bombe auf unser Land abgeschossen wird? *Was geschieht,* wenn Wasser oder Nahrungsmittel von biologischen Waffen vergiftet werden? *Was ge-*

schieht, wenn ein pandemischer Virus ein großes Stadtgebiet auslöscht? *Was geschieht,* wenn beide Polkappen abschmelzen? Die Zeit von einfacher Ursache und Wirkung, von schneller Diagnose und rascher Lösung und von einfacher Problemlösung unter Einsatz beider Gehirnhälften ist vorbei.

Letztlich geht es um Folgendes: Was die Evolution des menschlichen Organismus angeht, kommt es nicht darauf an, wie schnell wir einen Kilometer laufen können oder ob wir eine ausreichende Zahl an Gliedmaßen besitzen, um gleichzeitig Auto fahren, telefonieren und Kaffee trinken zu können. Unsere biologischen Fähigkeiten bestimmen, wie schnell und wie weit wir gehen können.

Folglich könnte es sein, dass der Unterschied zwischen einer hoch entwickelten Kultur, die überlebt, und einer, die nicht überlebt, ganz einfach darin liegt, ob es einer Gesellschaft gelingt, neue Wege zu finden, um eine wiederkehrende natürliche kognitive Schwelle zu überschreiten. Wie gut kennen wir unsere physiologischen Grenzen, unsere biologischen Veranlagungen und die Überbleibsel prähistorischer Triebe und Instinkte? Ergreifen wir vorbeugende Maßnahmen, um sie zu steuern? Oder ignorieren wir die Evolutionsprinzipien und wiederholen weiterhin ein unbewusstes Komplexitäts- und Untergangsmuster?

Die frühen Signale

Das Studium früher Zivilisationen weist darauf hin, dass es zwei aussagekräftige Signale gibt, die vor einem spezifischen Ereignis beziehungsweise Ereignissen auftreten, die für den Untergang einer Zivilisation verantwortlich gemacht werden.

Das erste Signal ist eine festgefahrene Situation – ein Stillstand. Stillstand tritt ein, wenn Zivilisationen nicht mehr in der Lage sind, große, komplexe Probleme zu begreifen und zu lösen, und zwar trotz der Erkenntnis, dass diese Probleme zu ihrem Untergang führen könnten.

Wir wissen zum Beispiel, dass die Mayas einige tausend Jahre vor ihrem Untergang mit Dürre, Bürgerkriegen und einer zunehmenden Nahrungsmittelverknappung lebten. All diese Probleme vorherzusehen, nützte allerdings wenig. Den Mayas fehlte die Fähigkeit, die Komplexität ihrer Situation zu erkennen, und sie hatten somit keine Möglichkeit, die zunehmend ungünstigen Bedingungen zu korrigieren. Stattdessen taten sie einfach, was alle großen Zivilisationen tun, wenn sie eine kognitive Schwelle erreichen: Sie verschoben ihre gefährlichen Probleme, deren Ausmaß und Bedrohung immer größer wurden, von einer Generation auf die nächste.

Eine kognitive Schwelle verhält sich sehr ähnlich wie ein mächtiger Sog. Ein Sog ist unsichtbar. Wir wissen erst, dass wir in eine fatale Strömung geraten sind, wenn *wir uns nicht mehr vorwärts bewegen können*. Egal, wie sehr wir uns auch anstrengen, wir können einfach keine Fortschritte mehr machen.

Und genauso ist das erste Signal, dass sich eine Gesellschaft in einem riskanten Zustand befindet, ein Stillstand oder eine Sackgasse. Eine Zivilisation besteht darauf, zur Lösung großer, komplexer Probleme Methoden anzuwenden, mit denen sie einst kleinere und einfachere Probleme gelöst hat. Wenngleich diese Methoden wiederholt versagen, probieren wir wie ein Schwimmer, der in einen Sog geraten ist, ein Jahrzehnt nach dem anderen starrköpfig immer wieder Variationen derselben gescheiterten Lösungen aus.

Heute stehen wir vor der gleichen kognitiven Schwelle wie einst die Mayas, Römer, Khmer und andere hoch entwickelte Zivilisationen. Die gefährlichsten Probleme, die wir heute lösen müssen, begleiten uns seit vielen Generationen. Doch statt zu ihrer Lösung auf unsere kollektiven Ressourcen, unsere Intelligenz und unsere Technologien zurückzugreifen, tappen wir in die Falle, lediglich einige lästige Symptome zu lindern, anstatt eine Dauerlösung zu suchen. Damit verschieben wir unsere Probleme brav auf nachfolgende Generationen. Anders ausgedrückt: Was Klimawandel, Terrorismus, Staatsschulden und andere weit verbreitete Gefahren betrifft, paddeln wir einfach gegen die mächtige Sogwirkung unserer kognitiven Grenzen.

Dr. Yaneer Bar-Yam macht erneut die hartnäckige und gefährliche Natur des Komplexitätsproblems deutlich: »Komplexe Probleme sind Probleme, die dauerhaft sind, die immer wiederkehren und uns ständig verfolgen.«[9] Mit anderen Worten: Komplexe Probleme, die nicht gelöst werden, manifestieren sich schließlich in Form einer Lähmung.[10] Wenn eine Gesellschaft bei der Lösung ihrer Probleme in eine Sackgasse gerät, ist das das früheste Anzeichen dafür, dass sie an ihre kognitive Schwelle gelangt ist.

Wenn sich die Probleme verschärfen, tritt das zweite Symptom auf: *Wissen und Fakten werden durch Glauben ersetzt.*[11] Wenn wir in einem Sog gefangen sind, glauben wir, dass wir uns aus dem Sog befreien können, indem wir einfach unsere Anstrengungen verstärken und mit aller Kraft auf das Ufer zuschwimmen. Trotz empirischer Belege, dass diese Methode nicht funktioniert, weigern wir uns, unseren *Glauben* aufzugeben und beharren mit zunehmender Erschöpfung und einsetzender Panik darauf, direkt das rettende Ufer anzusteuern. Noch so viele Daten, Informationen oder Fakten werden uns nicht von unserer Überzeugung abbringen – nicht einmal der drohende Tod.

Menschen sind Lebewesen, die seit jeher sowohl Glauben als auch Wissen brauchen. Wir haben mystische Kreaturen an Höhlenwände gemalt, die uns dabei helfen sollten, große Beute zu erlegen; wir haben unsichtbaren Mächten Opfergaben dargebracht, um eine reiche Ernte zu erbitten und Götzenfiguren geschnitzt, um die Fruchtbarkeit zu steigern. Wir haben Regenrituale abgehalten, uns zu Gebetszeremonien versammelt und über Jahrhunderte den Aderlass praktiziert, um Krankheiten zu kurieren. Tatsächlich lässt sich kein einziges Beispiel dafür finden, dass Menschen nicht an unbewiesenen Überzeugungen festhielten. Egal, ob wir menschliche Gesellschaften im tiefsten südamerikanischen Regenwald, auf den abgelegenen Inseln rund um Bali oder in den am höchsten entwickelten Industrienationen der Welt untersuchen: Glaube und wissenschaftlich nicht belegte Überzeugungen sind Teil des täglichen Lebens. Wenn wir kein einziges Beispiel für eine glaubensfreie Gesellschaft finden, folgt daraus zwingend, dass wir davon ausgehen müssen, dass Glaube zusammen mit Wissenserwerb genauso ein Teil der menschlichen Biologie ist, wie das Bedürfnis nach Wasser, Sauerstoff und Nahrung. *Glaube ist nicht anerzogen, sondern Teil der natürlichen Veranlagung des Menschen. Er ist nicht optional, sondern ein menschliches Bedürfnis. Richtig ist aber auch, dass wir im Verlauf der gesamten Geschichte Fakten durch Glauben ersetzt haben und ersetzen, selbst wenn Wissen beschafft werden kann.*

Was meine ich mit »Glauben«? Glaube beziehungsweise wissenschaftlich nicht belegte Überzeugungen sind reine Ideen, die nicht auf ihren Wahrheitsgehalt überprüft wurden. Laut Dr. James Watson, der gemeinsam mit Francis Crick für die Entdeckung der DNS-Struktur mit dem Nobelpreis ausgezeichnet wurde,[12] brauchen wir Glauben, um funktionieren, ja sogar die Straße überqueren zu können: Die Ampel schaltet auf Grün und wir müssen *glauben,* dass die Autofahrer der Ampel gehorchen und anhalten. Hätten wir diesen Glauben nicht, wären wir gezwungen zu warten, bis alle Autos vollständig angehalten haben, bevor wir die Straße überqueren. Ohne Glauben würden wir jede Annahme und jede Handlung infrage stellen, und das hätte gewaltige Funktionsstörungen zur Folge. Wir würden den Wasserhahn in der Küche nicht aufdrehen, wenn wir nicht glauben würden, dass Wasser herauskommt. Wir würden keinen Zahnarzttermin vereinbaren, wenn wir nicht daran glauben würden, dass wir nächste Woche noch leben. Und wir würden kein Geld auf die Bank tragen, wenn wir nicht glauben würden, dass wir bei Bedarf darauf zugreifen können.

Menschlicher Glaube beziehungsweise Überzeugungen sind nicht auf Religionen beschränkt. Wir besitzen ein breites Spektrum an Glauben und

Überzeugungen, die uns dabei helfen, zu jedem Zeitpunkt des Tages zu funktionieren.

Wir sind aber auch Organismen, die *Wissen* benötigen: bewiesene Daten, auf deren Basis wir rationale Entscheidungen treffen und Probleme lösen können. Es steht außer Frage, dass Wissen wesentlich schwerer zu erwerben ist als Glaube. Wissenserwerb erfordert komplexe kognitive Prozesse wie Abstraktion, Suche, Lernen, Schlussfolgerung, Analyse, Synthese, Wiederholung, Anwendung, Interpretation und genaue Prüfung. Im Vergleich zur Übernahme von unbewiesenen Überzeugungen ist die Beschaffung von Fakten aufwendig und kostspielig.

Eine Gesellschaft entwickelt sich schnell, wenn beide menschlichen Bedürfnisse – Glaube und Wissen – erfüllt werden. Mit anderen Worten: Wir prosperieren, wenn Fakten und Überzeugungen nebeneinander existieren und *keines von beiden* unsere Existenz beherrscht.

Mit zunehmender Komplexität unserer sozialen Prozesse, Institutionen, Technologien und Entdeckungen wird der Wissenserwerb allerdings immer schwieriger.[13] Plötzlich fließt das Wasser, das wir einst aus dem Brunnen schöpften, aus der Leitung, und wir können nicht mehr erkennen, wo es eigentlich herkommt, wie es verarbeitet, verteilt, wie sein Preis bestimmt oder auf welche Weise es zugewiesen wird. Das Gleiche gilt für unser Geldsystem, unsere Gesetze, Steuern, Satellitenfernsehen und Terrorismus. Jeder Aspekt des Lebens wird immer komplexer. Nicht nur wächst die Zahl der Dinge, die wir begreifen müssen, auch die Kompliziertheit jedes einzelnen Themas wächst exponentiell. Die Menge an Wissen, die sich unser Gehirn aneignen muss, um in kurzer Zeit Dinge wirklich zu verstehen, wird schnell zur Überforderung.

Wenn Komplexität den Wissenserwerb unmöglich macht, haben wir keine andere Alternative, als uns an unsere Überzeugungen zu halten und Annahmen und unbewiesene Konzepte über unsere Existenz und unsere Welt zu übernehmen. Das ist das zweite Symptom: der Ersatz von Fakten durch Glauben und die schrittweise Abkehr von empirischen Belegen.

Wenn eine Gesellschaft die ersten beiden Signale zu zeigen beginnt – Stillstand und den Ersatz von Fakten durch Glauben –, sind die Voraussetzungen für einen Zusammenbruch geschaffen.

Gefangen in den Sogkräften der Strömung, wird sich jede Gesellschaft schließlich in der Situation wiederfinden, dass sie im Kampf um Sicherheit verzweifelt gegen ihre kognitiven Grenzen ankämpft, bis sie wie ein Schwimmer, der sich nicht davon abbringen lässt, das rettende Ufer auf direktem Weg zu erreichen, am Ende vor Erschöpfung untergeht.

Wenn eine Zivilisation an eine kognitive Schwelle gelangt und beginnt, Wissen durch Glauben zu ersetzen, lässt die spezifische Krise, die den Zusammenbruch und Untergang der Zivilisation auslöst, nicht lange auf sich warten. Ob dieser Zusammenbruch in Form einer Dürre, eines pandemischen Virus oder eines Kriegs auftaucht, der wahre Schuldige ist eine kognitive Schwelle, die verhindert, dass gefährliche Probleme rational durchdrungen und gelöst werden. Fakten und Beweise werden zugunsten unerprobter Lösungen verdrängt, und das löst eine rasante Spirale katastrophaler Ereignisse aus.

Und das ist der Grund, warum es so wichtig ist, dass die Menschheit die Beziehung zwischen Komplexität und Zusammenbruch zu diesem Zeitpunkt erkennt: *Die Zeichen für eine kognitive Schwelle machen sich lange vor dem Zusammenbruch bemerkbar, sodass viel Zeit zum Handeln vorhanden ist.*

Im Rückblick lässt sich sagen, dass Wissenschaftler unzählige Hinweise darauf gefunden haben, dass sich die Oberhäupter der Mayas über viele Jahrhunderte ihrer gefährlichen Abhängigkeit von Niederschlägen bewusst waren. Der Wassermangel wurde nicht nur erkannt, sondern auch aufgezeichnet und berücksichtigt. Die Mayas betrieben während der niederschlagsarmen Jahre Wasserkonservierung, indem sie die Art der Anbaupflanzen, den öffentlichen Wasserverbrauch und die Nahrungsmittelrationierung streng regulierten. Während der ersten Hälfte ihres 3000 Jahre währenden Reichs bauten die Mayas weiter größere unterirdische Wasserstaubecken und Zisternen, um das Regenwasser für Dürremonate zu speichern. So beeindruckend ihre mit Ornamenten verzierten Tempel waren, so meisterhaft waren Design und Technik ihrer hydraulischen Systeme für das Sammeln und Speichern von Wasser.

Leider ist die Konservierung eine Linderungsmaßnahme, die oft mit einer dauerhaften Lösung verwechselt wird. Konservierungsstrategien sind beschränkt, weil wir letztlich nicht unter Null konservieren können: Wenn es nicht regnet, kann einfach kein Wasser gespeichert werden.

Obwohl die Niederschlagsmenge kontinuierlich sank, stellten sich die 15 Millionen Mayas der Verschlechterung ihrer Situation nie wirklich. Die Bevölkerung explodierte, der Wasserbedarf stieg rapide und die jährlichen Niederschläge gingen zurück. Wasserkonservierung war eine gute kurzfristige Strategie, aber das war nicht dasselbe wie die Konzentration aller gesellschaftlichen Energien auf die dauerhafte Lösung eines Problems, von dem die Mayas wussten, dass es schließlich in einer Katastrophe enden würde. Dreitausend Jahre sind eine lange Zeit, in der eine Zivilisation unzählige Lösungen finden kann. Die Mayas hätten Forschungsteams aussenden, mehr Brunnen bauen, große Teile der Bevölkerung umsiedeln oder noch schneller eine noch größere Zahl an Staubecken und Zisternen bauen können. Jede dieser Maßnahmen hätte das Dürreproblem entschärft. Der Klimawandel war jedoch ein Problem, dessen Komplexität das Begriffsvermögen der Mayas überstieg – von der Fähigkeit, es zu lösen, ganz zu schweigen –, sodass die Maya-Zivilisation irgendwann einfach in eine Sackgasse geriet.

Mit der Zeit wurden alle praktischen Lösungen für komplexe Probleme wie Dürre, politische Unruhen und Epidemien zugunsten der Götterverehrung gewaltsam unterdrückt. Als die Mayas in die zweite Phase des Zusammenbruchs eintraten – der Ersatz der Fakten durch Glauben –, wurden ritualisierte Opferzeremonien zur einzigen Lösung für *alle* Probleme, die die Maya-Gesellschaft bedrohten.[14] Wir verfügen inzwischen über unbestreitbare, in den tiefsten unterirdischen Tunneln und Höhlen ausgegrabene Belege dafür, dass sich Verstümmelung, Folter und Mord am Ende auch auf junge Frauen und unschuldige Kleinkinder erstreckten.

Wie der Journalist Mark Stevenson in seinem Artikel »Archäologen finden Hinweise auf Menschenopfer« schreibt, »wurde den Opfern das Herz herausgeschnitten oder sie wurden geköpft, von Pfeilen durchbohrt, gesteinigt, zerschmettert, gehäutet, lebendig begraben und von der Spitze des Tempels gestoßen. Offenbar waren die Opfer häufig Kinder, zum Teil, weil sie als rein und unverdorben galten.«[15]

Eine Zeitlang gab es einige wenige Maya-Hochburgen, die der Versuchung widerstanden, sich allein auf Glauben zu verlassen. Eine kleine Maya-Gemeinschaft, die als Lamanai bekannt ist und im heutigen Belize angesiedelt war, überlebte zahlreiche Maya-Städte um ganze dreihundert Jahre, weil sie logische Lösungsansätze für das Dürreproblem verfolgte.[16]

Vor Kurzem haben Archäologen ein einfallsreiches Netzwerk an unterirdischen Zisternen gefunden, mit denen die Lamanai das knappe Grundwasser in unterirdische Tanks leiteten. Diese schützten vor Wasserverdampfung und boten eine natürliche Kühlung für die schwindenden Nahrungsmittelreserven. Es gibt Hinweise darauf, dass die Lamanai ihr unterirdisches Speichersystem noch lange bis in die schlimmste Dürreperioden hinein weiterbetrieben, als sich andere Maya-Städte bereits ausschließlich auf mystische Lösungen verließen.

Die Lamanai zeichneten sich dadurch aus, dass sie *sowohl* Wissen *als auch* Glauben verfolgten; sie waren entschlossen, ihre Probleme sowohl wissenschaftlich als auch mit Ritualen zu lösen, anstatt sich nur auf eine der beiden Methoden zu verlassen. Hätte die Dürre nicht dauerhaft angehalten, hätten die Lamanai den großen Zusammenbruch der Maya-Zivilisation wahrscheinlich überlebt.

Bedauerlicherweise erlagen die Lamanai mit anhaltender Dürre ebenfalls der Versuchung, Fakten durch Glauben zu ersetzen. Als die unterirdischen Zisternen austrockneten, begannen sie die Zisternen als Opferkammern zu benutzen. Zwar haben Archäologen festgestellt, dass die Lamanai erst viel später als andere Maya-Gemeinschaften zu diesen drastischen Maßnahmen griffen, aber vor Kurzem gefundene Überreste verstümmelter Frauen und Kinder liefern inzwischen den Beweis, dass die Lamanai im Laufe der Zeit in die Fußstapfen anderer Maya-Gemeinschaften traten.

Hier also das wahre Mysterium: Warum setzten die Mayas ihre Suche nach rationalen Lösungen für die Dürre nicht fort – ein Problem, von dem sie Tausende Jahre lang wussten, dass es schließlich zu ihrem Untergang führen würde –, anstatt auf Ritualen zu beharren, die zu keinerlei Ergebnissen führten? Heute wissen wir die Antwort. Sie gerieten an eine kognitive Schwelle. *Obwohl die Komplexität ihrer Situation zunahm, entwickelten die Mayas nie komplexe Problemlösungstechniken. Als die Methoden zur Lösung einfacherer Probleme versagten, trat der Glaube an die Stelle von Wissen.*

Mit jeder Generation wuchsen dann die Probleme von Dürre, Krankheiten und zivilen Unruhen, bis sie die Größe der Maya-Tempel selbst erreicht hatten und am Ende eines oder mehrerer dieser Probleme zusammentrafen, um eine einst mächtige und blühende Zivilisation auszulöschen.

Aber das geht an der eigentlichen Frage vorbei, die nämlich lautet: Sind wir heute besser gerüstet, um ein komplexes Problem, wie zum Beispiel eine Dürre, zu lösen?

Zweifel an der Dürre

Ich lebe an der Zentralküste von Kalifornien – eine Gegend, in der Dürre ein echtes und wachsendes Problem ist. In einem kürzlich geführten Interview mit der *Los Angeles Times* machte der amerikanische Energieminister und Nobelpreisträger Dr. Steven Chu die Dringlichkeit der Situation deutlich:[17]

> »Ich glaube nicht, dass die amerikanische Bevölkerung wirklich verstanden hat, was passieren könnte. Wir blicken auf ein Szenario, in dem es in Kalifornien keine Landwirtschaft mehr gibt. Ich kann ehrlich gesagt nicht erkennen, wie die Städte in Kalifornien dann noch funktionieren sollen. Ich hoffe, die amerikanische Bevölkerung wacht auf.«

Im vergangenen Jahrzehnt wurde die Entwicklung entlang der kalifornischen Küste drastisch gebremst, weil die bestehenden Häuser schon kaum genug Wasser haben, um über die Sommermonate zu kommen. Das Wasser, von dem wir alle abhängen, stammt aus den geringen Niederschlagsmengen, die in den Monaten Januar, Februar und März fallen. Das ist alles. Egal, wie es unsere Politiker schönzeichnen, so ist die Sachlage. Wenn man einen 50-Jahres-Trend verfolgt, dann lässt sich leicht erkennen, dass sich die Situation jedes Jahr ein wenig verschlechtert. Wir sitzen in Kalifornien auf einer Zeitbombe, behandeln das Problem aber genauso, wie wir mit Erdbeben umgehen: Wir tun einfach so, als gäbe es keine.

In Monterey County, wo ich lebe, werden seit mindestens drei Jahrzehnten öffentliche Debatten über den Bau von Entsalzungsanlagen, zusätzliche Brunnenbohrungen und eine Ableitung größerer Mengen Frischwasser aus lokalen Flüssen und Strömen geführt. Doch jedes Jahr wird die Arbeit an einer dauerhaften Lösung, wie zum Beispiel Entsalzungsanlagen, zugunsten weiterer Studien verschoben, und in jedem Frühjahr werden die Anstrengungen zur Wassereinsparung und -konservierung intensiviert. Im Sommer werden zudem wirtschaftliche Sanktionen verhängt, um Wasserverschwendung zu verhindern. Wenn es ganz schlimm wird, wird das Wasser rationiert. Seit sechs Jahren ist es im Juli verboten, Rasen und Gartenanlagen zu sprengen. Letztes Jahr habe ich meinen Wasserverbrauch halbiert und meinen Garten vertrocknen lassen, während sich meine Wasserrechnung verdreifacht hat.

Das war äußerst ernüchternd. Wenn ich zu den Sitzungen des kommunalen Wasserzweckverbands gehe und zu erklären versuche, warum Konservierung keine dauerhafte Lösung ist, sondern eher eine kurzfristige Linderungsmaßnahme, rollen alle mit den Augen. »Trennen Sie sich von Ihrem Rasen und ersetzen Sie Ihre Blumenbeete durch dürreresistente Pflanzen«, wird mir dann gesagt. Ich wünschte wirklich, es wäre so einfach, dann gäbe es die Mayas möglicherweise noch.

Mit Konservierung kann man Zeit gewinnen, aber sie verzögert das Unvermeidliche, da sich die Ursachen verschlimmern. Bedauerlicherweise erliegen wir der Täuschung, dass wir das Problem tatsächlich gelöst haben, umso mehr, je mehr Zeit wir gewinnen.

Eine erfolgreiche Linderung des Problems ist gefährlich, weil sie leicht mit einer dauerhaften Lösung verwechselt wird, sobald sich die kurzfristigen Symptome bessern. Zwar habe ich wiederholt versucht, das große, historische Wasserproblem der kalifornischen Küstenregion anzusprechen, aber ich werde ständig von Linderungsszenarien ausgebremst.

Einmal habe ich drei Monate damit verbracht, einen Bericht mit Grafiken und Diagrammen zusammenzustellen, der darstellt, wir unsere Wasservorräte aus Brunnen und Flüssen im Verlauf einer Periode von zwölf Jahren schwinden. Die Trends waren unbestreitbar und die Lösung eindeutig: *Wir müssen mehr Wasser generieren.* Es gibt keine Möglichkeit, das Problem mit Einsparung zu lösen. Die »Generierung« von Trinkwasser ist jedoch politisch umstritten und schwierig. Wir fühlen uns mit fortgesetzten Einsparungsmaßnahmen wohler, selbst wenn wir aus logischer Perspektive wissen, dass uns damit langfristig nicht geholfen ist. Wir sind Schwimmer, die wild mit den Armen rudern, um gegen die mächtige Sogwirkung einer kognitiven Schwelle anzukommen.

Am 11. Oktober 2009 veröffentlichte die *New York Times* einen Artikel mit der Überschrift »Kalifornische Gesetzgeber kommen beim Wasserproblem wieder zu keiner Einigung«:[18]

> »Das kalifornische Parlament trat am Samstag erneut in der Hoffnung zusammen, eine Vereinbarung über die Modernisierung des jahrzehntealten Wassersystems des Bundesstaats zu treffen, ging jedoch auseinander, ohne eine Lösung für einige wichtige ungelöste Probleme gefunden zu haben. Die Abgeordneten ließen auf ihr vierstündiges Treffen mit Gouverneur Arnold Schwarzenegger nur lauwarme Reaktionen erkennen, obwohl dieser am Tag zuvor angekündigt hatte, man befinde sich in der Wasserfrage kurz vor einem historischen Durchbruch. ›Traurigerweise gibt es kaum Fortschritte‹, sagte der Abgeordnete und Minderheitenführer Sam Blakeslee, R-San Luis Obispo, als er das Treffen verließ. Das kalifornische Netz an Staubecken und Kanälen stammt noch aus der Regierungszeit von Gouverneur Pat Brown in den 1960er-Jahren. Schwarzenegger und viele andere sind der Überzeugung, dass das System für die heutige Bevölkerung und die Millionen von Menschen, die in den kommenden Jahren noch hinzukommen werden, völlig unzureichend sei.«

Ich nehme seit fünf Jahren an den Sitzungen des Wasserzweckverbands meiner Gemeinde teil. In dieser Zeit haben wir nicht einen einzigen Tropfen neues Trinkwasser generiert. Der Bedarf ist vorhanden, die Technologien auch. Was wir nicht haben, ist die Fähigkeit, angemessen auf ein komplexes soziales Problem zu reagieren. Ideen, mit denen sich das Problem lösen lässt, entwickeln sich daher im Schneckentempo und sterben schließlich im Zweckverband endgültig, egal, wie effektiv sie auch sein mögen. Wenn die Wasserkrise eines Tages wirklich schlimm wird, wird Panik ausbrechen.

Meine eigenen Erfahrungen aus der heutigen Zeit veranlassen mich zu der Frage, ob es womöglich einige Mayas gab, die ein großes, vielschichtiges Problem lösen wollten, aber ebenfalls immer wieder ausgebremst oder, in ihrem Fall, auf irgendeinem Altar geopfert wurden.

Ob es um das Wasserproblem in Kalifornien, den Klimawandel, eine weltweite Bankenkrise, Bandenkriminalität oder einen jahrhundertealten Religionskrieg geht, unsere Handlungen beschränken sich auf die Linderung kurzfristiger Symptome. Da unsere Probleme von einer Generation auf die nächste verschoben werden und dabei immer größer und komplexer werden, sollten wir uns alle Sorgen darüber machen, dass eines von ihnen katastrophale Konsequenzen haben könnte. Aus irgendeinem Grund verharren wir aber in unserem alten Trott, so als würden sich diese Probleme von allein lösen, anstatt sich zu verschlimmern.

In dieser Hinsicht ähneln wir früheren Zivilisationen weit mehr als wir glauben. Wir haben unsere Fähigkeit verloren, Komplexität zu begreifen, und so ergeben wir uns schrittweise in unser Schicksal. Ähnlich wie die Mayas besitzen wir die natürliche Neigung, allzu simple Überzeugungen und Lösungen mit extrem komplexen sozialen und umweltbezogenen Problemen zu verbinden.

Dr. E.O. Wilson, Biologe an der Universität Harvard, den das Magazin *Time* zu den 25 wichtigsten Persönlichkeiten des vergangenen Jahrhunderts zählt, fasste dieses Paradox im Jahr 2009 so zusammen: »Das wahre Problem der Menschheit ist folgendes: Wir haben steinzeitliche Emotionen, mittelalterliche Institutionen und göttliche Technologien.« Wilson sieht das Gesamtbild.[19] Mit der wachsenden Kluft, die sich zwischen dem schleppenden Evolutionstempo und dem rasanten menschlichen Fortschritt auftut, ist die kognitive Schwelle nicht das einzige Hindernis, vor dem wir stehen.

Tief sitzende menschliche Instinkte

Die Evolutionsbiologen sind sich weitgehend einig, dass sich viele Überreste prähistorischer menschlicher Emotionen, Instinkte, Triebe und Wünsche – von denen unser Überleben einst abhing – über ihre Nützlichkeit in der modernen Welt hinaus erhalten haben. Ähnlich wie bei der Evolution des menschlichen Gehirns, dauert es viele Millionen Jahre, bis sich genetisch vererbte Veranlagungen anpassen und verändern.

Die Evolution ist ein langsamer, kontinuierlicher und ungenauer Prozess. Das bedeutet, dass unsere Instinkte – jene biologischen Veranlagungen, die unserem Genpool das Überleben ermöglicht haben – zu bestimmten Zeitpunkten nicht auf die Veranlagungen abgestimmt sind, die wir brauchen, um die modernen Herausforderungen erfolgreich bewältigen zu können. Das ist genau der Grund, warum Anpassung und Veränderung stattfinden: *Wenn das, was wir besitzen, nicht optimal auf unsere Umgebung angepasst ist, dann verändern wir uns.*

Lassen Sie mich nur ein Beispiel dafür nennen, wie die langsame Evolution der Instinkte den Fortschritt behindert und eine Rolle beim Zusammenbruch entwickelter Gesellschaften spielt.

In den vergangenen fünf Millionen Jahren haben wir außerordentlich gut gelernt, auf unmittelbare Gefahren zu reagieren. Sobald wir eine Gefahr erkennen, schütten wir Adrenalin aus: Unser Körper wird mit Stimulanzien überflutet und wir werden spontan aktiv. Biologen und Psychologen bezeichnen diese wirksame Reaktion als »Flucht oder Kampf«, weil sich die menschliche Physiologie bei drohender Gefahr augenblicklich darauf vorbereitet, anzugreifen oder zu fliehen.

Diese Reaktion ist so ausgeprägt, dass Extremsituationen bekannt sind, in denen ein Mensch ganz allein ein fast 1,6 Tonnen schweres Auto angehoben hat. Journalist Josh Clark beschreibt diese erstaunliche Reaktion auf eine unmittelbare Bedrohung: »Im Jahr 1982 hob Angela Cavallo in Lawrenceville einen 1964er Chevrolet Impala an, um ihren Sohn Tony zu befreien, der unter dem Auto gearbeitet hatte, als es vom Wagenheber abrutschte. Mrs. Cavallo stemmte das Auto so lange hoch, bis zwei Nachbarn den Wagenheber wieder aufstellen und Tony unter dem Auto hervorziehen konnten.«[20]

Der Grund für unsere effektiven Reaktionen auf unmittelbare Gefahr liegt in dem Teil des Gehirns, das als Hypothalamus bezeichnet wird. Wenn der Hypothalamus eine Gefahr ausmacht, sendet er chemische Botschaften an die Adrenalindrüsen. Diese schütten Hormone aus, die den Körper in einen reaktionsbereiten Erregungszustand versetzen. Unabhängig von der Art der Gefahr, mit der wir konfrontiert sind, ist unser Körper auf eine schnelle Reaktion programmiert.

Tatsache ist: Je schneller und cleverer unsere Vorfahren auf eine unmittelbare Gefahr reagierten, desto wahrscheinlicher war ihr Überleben. Daraus folgt, dass wir alle Nachfahren derjenigen sind, die schneller wegliefen, sich besser versteckten, sich erfolgreicher wehrten und Gefahren besser erkannten als andere. Travis Gibbs, Autor des Buches *Renewal*, drückt es anders aus: »Es waren einfach die Gene, die als Gedächtnis dienten und das weitergaben, was sich bewährt hatte.« Schnelle Reaktionen bewährten sich, folglich hat sich dieser Instinkt im Laufe der Zeit perfektioniert.

Aus diesem Grund können wir heute effektiver auf unmittelbare Probleme reagieren als auf vage, entfernte Probleme. Wir sind einfach nicht darauf programmiert, auf langfristige Bedrohungen zu reagieren. Wenn keine unmittelbare Gefahr droht, gibt es keine Veränderungen in unserer Körperchemie, keine »Flucht-oder-Kampf«-Reaktion und kein Dringlichkeitsgefühl.

Nicholas D. Kristof, Kolumnist der *New York Times*, beschreibt das folgendermaßen:[21] »Wenn Sie einer Strumpfbandnatter begegnen, werden fast sämtliche Hirnbereiche aktiviert, um die ›Gefahr‹ zu verarbeiten. Wenn Ihnen jedoch jemand sagt, dass die Kohlenstoffemissionen irgendwann die Erde, so wie wir sie kennen, zerstören werden, wird nur ein kleiner Teil des Gehirns, der auf die Zukunft fokussiert – ein Teil des präfrontalen Kortex – schwach aufleuchten.«

Trotz aller Informationen, die wir über die Ausbeutung der natürlichen Ressourcen unseres Planeten, den fortschreitenden Klimawandel, die steigende globale Verschuldung und die Gefahren der unterirdischen Lagerung von Atommüll besitzen, reagieren wir nicht angemessen auf entfernte Probleme, selbst wenn sie eine katastrophale Bedrohung darstellen. Aus Evolutionsperspektive existiert der Mensch noch nicht lange genug, um eine Reaktion auf entfernte Gefahren entwickeln zu können. Man kann natürlich argumentieren, dass wir verantwortlicher auf soziale und Umweltprobleme reagieren als die Mayas, aber das ist nicht weiter überraschend. Unsere Fähigkeit, langfristige Gefahren zu verstehen und auf sie zu reagieren, verbessert sich mit jeder Zivilisation ein wenig. Das liegt in der Natur der Evolution: Veränderungen unserer Instinkte und unserer Physiologie finden schrittweise statt, sind minimal und langsam, verbessern sich aber mit jeder Generation und jeder neuen Zivilisation.

Was das ungleiche Tempo der Evolution und der Komplexität betrifft, bleiben nicht nur die kognitiven Fähigkeiten zurück, auch die prähistorischen Instinkte spielen bei den auf natürliche Weise wiederkehrenden Mustern des Zusammenbruchs eine entscheidende Rolle. Schädliche biologische Instinkte halten sich über viele Generationen und stellen ein natürliches Hindernis für Fortschritt dar.

Der Gedanke, dass ganze Zivilisationen zusammenbrechen und untergehen, weil sie die Grenzen ihrer ererbten biologischen Fähigkeiten erreicht haben, ist verstörend. Und dennoch bietet die Geschichte der Mayas, der Römer und der Khmer eine Fülle von Hinweisen darauf, dass evolutionäre Hindernisse letztlich die Ereigniskette auslösten, die zum Untergang dieser Zivilisationen führte.

Komplexität und das Römische Reich

Dr. Joseph Tainter liefert in seinem Buch *The Collaps of Complex Societies* eine beeindruckende und realistische Schilderung des Niedergangs des Römischen Reichs.[22] Genau wie ich, glaubt auch Tainter nicht an Erklärungen, die eine einzige Ursache für den Niedergang verantwortlich machen, zum Beispiel die Anwerbung barbarischer Söldner, die das römische Heer schwächten, oder unsolide Wirtschaftsprinzipien, die zu Nahrungsmittelverknappung und Stadtflucht führten, oder die Antoninische Pest (die zwischen 165 n. Chr. und 180 n. Chr. die Hälfte der Bevölkerung dahinraffte). Nach Tainters Auffassung handelte es sich dabei lediglich um Ereignisse, die einer bereits geschwächten Zivilisation den Garaus machten; das Muster des Zusammenbruchs sei aber schon lange vor den finalen Ereignissen zu beobachten gewesen.

Laut Tainter ist Komplexität eine gierige Angelegenheit: Je größer und komplizierter Probleme werden, desto mehr Ressourcen werden zu ihrer Bekämpfung benötigt. Schließlich kann eine Gesellschaft nicht mehr genug Ressourcen aufbringen, um die Probleme zu bekämpfen, die schon so lange ungelöst sind. Als Beispiel nennt Tainter den messbaren Rückgang der landwirtschaftlichen Produktion über mehrere Generationen. Mit rückläufiger Produktion und zunehmender Bevölkerung begann die »Pro-Kopf-Energie« dramatisch zu sinken. Kurzzeitig gelang es den Römern, die Nahrungsmittelverknappung durch Eroberung ihrer Nachbarländer zu lindern, was einen unmittelbaren Zufluss von Metallen, Getreide, Sklaven und Ressourcen zur Folge hatte, mit denen der Fortschritt aufrecht erhalten werden konnte. Als sich das Römische Reich aber immer weiter ausdehnte, stiegen »die Kosten für die Aufrechterhaltung der Kommunikation und den Unterhalt der Garnisonen, Zivilregierungen et cetera. Schließlich waren die Kosten so hoch, dass Herausforderungen wie Invasionen durch die Hunnen und Missernten nicht mehr länger durch die Eroberung neuer Gebiete bewältigt werden konnten. An diesem Punkt zerbrach das Reich in kleinere Einheiten.« Wurde das Römische Reich einfach zu schwerfällig und damit unregierbar? Oder wurde die Bevölkerung zu groß, zu vielfältig und zu anspruchsvoll, um von einer einzigen Regierung beherrscht werden zu können?

Tainter ist davon überzeugt, dass es zwar so aussehen mag, als hätten Kriege, Missernten, Krankheiten und politische Unruhen den Niedergang des Römischen Reichs verursacht, aber in Wahrheit sei die Ursache in »einer schwindenden Rendite auf die Investitionen in soziale Komplexität« zu finden. Mit zunehmender Komplexität der Handels-, Regierungs- und

Verteidigungssysteme überstieg die »Energie«, die zu ihrer Steuerung benötigt wurde, einfach die Fähigkeiten der Römer.

Als die Gesellschaft in einen Stillstand geriet, begann auch hier der Glaube Tatsachen und rationales Denken zu verdrängen. Mit den anhaltenden großen, komplexen Problemen wuchs in der römischen Bevölkerung die Überzeugung, dass die Römer eine überlegene Rasse seien.

In dem Maße, wie die Römer von ihrem rechtmäßigen Platz in der Welt und dem Glauben an die Heiligkeit des römischen Blutes überzeugt waren, wurden grundlegende Funktionen, wie zum Beispiel die militärische Verteidigung, schrittweise an misshandelte Völker abgegeben. Menschliche Instinkte in Form von Gier, Genusssucht und Hedonismus eskalierten zum gleichen Zeitpunkt, da eine gefährliche Abhängigkeit von ausländischen Sklaven zunahm. Der Glaube der Römer an ihre Überlegenheit verhinderte, dass sie sich jemals einen Aufstand niederer Völker vorstellen konnten. Unmöglich!

Lange bevor die Hunnen Rom stürmten, waren also bereits die Bedingungen für den Zusammenbruch geschaffen.

Der Zusammenbruch des Khmer-Reichs

Vor Kurzem haben Archäologen damit begonnen, den Untergang des großen Khmer-Reichs des 13. Jahrhunderts, das sich tief in einem Dschungel befand, der heute Kambodscha genannt wird, Stück für Stück nachzuvollziehen. Das Reich der Khmer, das für den größten Tempel seiner Zeit – den Angkor Wat – berühmt ist, erstreckte sich über etwas mehr als 1000 Quadratkilometer und hatte fast eine Million Bürger. Laut dem Autor und Gelehrten Richard Stone war Angkor »der ausgedehnteste städtische Komplex der vorindustriellen Welt.«

Heute beschreiben Wissenschaftler den Untergang der Angkor-Zivilisation als »warnendes Beispiel für technologische Überentwicklung«. Neuesten archäologischen Funden zufolge »wurde Angkor genau der Einfallsreichtum zum Verhängnis, der eine Ansammlung von kleineren Fürstentümern in ein Reich verwandelte.« Was war also geschehen?

Die Geschichte von Angkor ist eine gespenstische Wiederholung des Untergangs des Maya-Reichs, das eine halbe Welt entfernt war. Wie bei den Mayas hing der Erfolg des Khmer-Reichs vollständig von der Kontrolle über die Verfügbarkeit von Wasser ab. Jedes Jahr strömte das Wasser während der feuchten Monsunzeit von den Bergen, ließ die Flüsse anschwellen, überschwemmte Felder und Dörfer. Auf der einen Seite mussten die Wasserfluten umgelenkt werden, um katastrophale Überschwemmungen der Dörfer und Anbauflächen zu verhindern. Auf der anderen Seite mussten diese bedrohlichen Wassermassen aufgefangen werden, damit das Reich die Trockenzeit überleben konnte, die ebenfalls jedes Jahr eintrat. Um sowohl den Monsun als auch die Trockenzeit zu beherrschen, entwickelten die Khmer intelligente hydraulische Systeme, die die Wassermassen in große Sammelbecken lenkten.

Neue archäologische Funde enthüllen, dass das Reich der Khmer auf dem Gebiet der Hydraulik unvorstellbare technische Leistungen vollbrachte:[23] »Die Ingenieure der Khmer bauten ein Netz von Kanälen, Gräben, Teichen und Sammelbecken … einschließlich eines Beckens mit der Bezeichnung West Baray, das mindestens 8 Kilometer lang und 2,4 Kilometer breit war. Um vor 1 000 Jahren dieses dritte und ausgefeilteste aller Becken der Angkor-Region zu bauen, waren wahrscheinlich rund 200 000 Arbeiter nötig, die fast 13,4 Quadratkilometer Erde zu Dämmen aufschütteten, die mehr als 90 Meter breit und drei Stockwerke hoch waren.«

Heute staunen Wissenschaftler über das komplexe Netz von Wasserüberläufen, Gräben, Kanälen, Becken, Teichen und Warnsystemen, das von Khmer-Ingenieuren erdacht und von Hand errichtet worden ist. Es steht außer Frage, dass diese hydraulische Technik die Grundlage für den Erfolg des Reichs bildete. Eine verlässliche Wasserversorgung bedeutete eine zuverlässige Ernte, die ihrerseits eine stabile ganzjährige Nahrungsmittelversorgung garantierte. Sobald Nahrungsmittel- und Wasservorräte gespeichert werden konnten, dehnte sich das Reich schnell aus.

Dann, nach sechs Jahrhunderten des erfolgreichen Wassermanagements, ereigneten sich zwei Katastrophen – eine war selbstfabriziert und die andere von der Natur ausgelöst. Laut Dr. Roland Fletcher, Archäologe an der Universität von Sydney und Kodirektor des Greater Angkor Project, begann die Ereigniskette mit einem tragischen technischen Fehler. Es gibt Hinweise darauf, dass die Ingenieure des Khmer-Reichs beschlossen, den Verlauf des Flusses Siem Reap durch den Bau eines Damms zu verändern. Der Damm sollte das Flusswasser in ein neu angelegtes Wasserbecken lenken. Die Ingenieure verrechneten sich jedoch und bauten den Damm zu niedrig. Als der Monsun einsetzte, verwandelte sich der Damm in einen gewaltigen Wasserüberlauf. Das Wasser strömte über die Dammkrone in die leeren Kanäle und verursachte in anderen Teilen des Systems katastrophale Schäden. Als der Damm brach und sich der Schaden ausweitete, nahm auch die Wassermenge, die in andere Sammelbecken floss, ab.

Stellen Sie sich das Chaos und die Zerstörung sowie das Entsetzen der Ingenieure vor, die erfolgreich eines der komplexesten hydraulischen Systeme angelegt hatten, die es je gegeben hat. Dieser katastrophale Fehler muss so schrecklich gewesen sein wie unsere moderne Erfahrung mit dem Hurrikan Katrina. Ungezähmte Wassermassen können eine unaufhaltsame, zerstörerische Kraft entfalten, ob sie aus einem modernen Deich oder einem schlecht konstruierten Damm der Khmer strömen.

Die Aufzeichnungen zeigen, dass die Khmer über Generationen versuchten, das beschädigte Wassersystem zu reparieren, »das immer komplexer und immer weniger steuerbar wurde«. Jahr um Jahr verschlechterte sich der Zustand des Systems, von dem das Überleben des gesamten Reichs abhing, bis das Dammsystem komplett versagte und eine verheerende Kettenreaktion anderer Versagen auslöste.

Dann trat das zweite Ereignis ein: Zwischen 1362 und 1392 sowie zwischen 1415 und 1440 wurde das Reich der Khmer von einer Serie aufeinander folgender Dürreperioden und ungewöhnlich heftiger Monsune heimgesucht. Laut Fletcher hätten diese extremen Bedingungen (die von der »kleinen Eiszeit« ausgelöst wurden, wie Wissenschaftler sie nennen) »das Wassersystem vollständig zerstört«. Ähnlich wie bei den Mayas führten die Wasserprobleme zu Nahrungsmittelverknappung und Krankheiten und trugen zur Mangelernährung des Heeres der Khmer bei, das nicht mehr in der Lage war, Angriffe abzuwehren. Zudem gibt es Hinweise auf zivile Unruhen und Revolten.

Unabhängig davon, welches abschließende Ereignis schließlich den Zusammenbruch des Reichs der Khmer herbeiführte, hätten die Khmer wahrscheinlich weiter existiert und sich weiterentwickelt, wenn die Komplexität ihrer technischen und umweltbezogenen Probleme nicht den Weg für den Glauben an übernatürliche Kräfte geebnet hätten. Als sich die Zustände verschlechterten, begannen die Khmer – genau wie die Mayas –, ihren gesamten Glauben auf den Fetischismus zu richten und vermehrt Opfer darzubringen. Sobald der Glaube die Fakten verdrängt hatte, waren rationale Lösungen nicht mehr möglich.

Komplexität und Zusammenbruch

Egal, welche entwickelte Zivilisation wir untersuchen – die Mayas, die Römer oder die Khmer –, wir finden überall ähnliche Untergangsmuster. Zu Beginn bewältigt jede Gesellschaft scheinbar unüberwindliche Hindernisse und Umweltherausforderungen. Sie scheinen die Kontrolle über ihre Umgebung zu gewinnen; es gelingt ihnen, die Wasser- und Nahrungsmittelversorgung zu stabilisieren und Systeme zu errichten, die die Sicherheit ihrer Bürger garantieren. Entgegen jeder Wahrscheinlichkeit blühen und gedeihen Innovation, Vielfalt und Kreativität. *In diesen Gesellschaften zeigt sich, dass Glaube und Wissenserwerb in friedlicher Koexistenz leben.*

Mit der Zeit nimmt jedoch die Komplexität zu und Faktenwissen wird immer schwieriger zu erwerben, bis es schließlich gar nicht mehr erworben werden kann. Die Gesellschaft verliert die Fähigkeit, ihre Probleme zu lösen, vor allem solche, die keine unmittelbare Gefahr darstellen. Mit zunehmender Verschlechterung der Situation und schwieriger werdenden Überlebenschancen beginnt die Gesellschaft schließlich, am Horizont lauernde Gefahren von einer Generation auf die nächste zu verschieben. Am Ende wird die Gesellschaft von kurzfristigen Linderungsmaßnahmen und unbewiesenen Überzeugungen abhängig, um Abhilfe zu schaffen.

Bis heute haben wir nie die wahren Konsequenzen der ungleichen Geschwindigkeit erkannt, in der sich die Evolution und die soziale Entwicklung vollziehen. Unseren Vorfahren kam es nie in den Sinn, dass sie einfach unfähig waren, sich die benötigten Informationen zu beschaffen, um ihre komplexesten und gefährlichsten Probleme zu lösen, oder dass reiner Glaube Fakten und Wissen verdrängen würde.

Heute erkennen wir jedoch sowohl das Muster des Zusammenbruchs als auch die evolutionären Fortschrittshindernisse. Wir können also handeln. Doch werden wir das? Glücklicherweise gibt es zahlreiche Hinweise, die dafür sprechen.

2
Ein Geschenk der Evolution: Ein Durchbruch in den Neurowissenschaften

In der Ausgabe des Magazins *New Yorker* vom 28. Juli 2008 beschreibt der wissenschaftliche Autor Jonah Lehrer in seinem Artikel »Die Eureka-Jagd: Warum kommen uns gute Ideen genau in dem Moment, in dem sie kommen?«, wie wir die kognitive Schwelle durchbrechen.[1] Lehrer schildert die Geschichte von Wag Dodge, einem legendären Feuerwehrmann aus Montana. Die Geschichte lautet ungefähr folgendermaßen:

Am 5. August 1949, einem der heißesten Tage in der Geschichte Montanas, lösten Gewitter ein kleines Feuer außerhalb von Missoula in Mann Gulch aus. An diesem Tag verließen sechzehn Feuerwehrleute, angeführt von Captain Wag Dodge, Missoula in einer C-47, um einige Hektar brennenden Wald zu löschen. Es handelte sich um eine Routineaufgabe, ähnlich der Löschung von Buschfeuern, wie es die Gruppe schon hundert Mal gemacht hatte.

Als die Feuerwehrmänner im Brandgebiet landeten, griffen die Flammen gerade auf die Bäume auf der einen Seite der Schlucht über. Von einer Sekunde zur anderen drehte jedoch der Wind und blies den Feuerwehrmännern entgegen. Es kam zu einem gewaltigen Aufwind. Innerhalb kürzester Zeit dehnte sich das Feuer auf den einzigen Zugang zum Fluss aus und rollte »mit rund 200 Metern pro Minute« auf die Männer zu. Dodge befahl seinen Leuten, ihre Ausrüstung fallen zu lassen und zu rennen.

Diese stoben auseinander und rannten auf die steilen Felswände der Schlucht zu. Als Dodge jedoch sah, dass die Flammen weniger als 50 Meter entfernt waren, wurde ihm klar, dass sie nicht mehr vor dem Feuer davonlaufen konnten. In diesem Augenblick, der sich nur als »Erkenntnis« beschreiben lässt, traf Dodge die Entscheidung, auf das Feuer zuzugehen, und während er rannte, entzündete er rasch Streichhölzer.

Bedenken Sie, dass dies im Jahr 1949 geschah. Einer Feuersbrunst entgegenzutreten, indem man mit brennenden Streichhölzern durch die Luft wedelt, war ein geradezu selbstmörderischer Akt. Zumindest erschien es so.

Dodge entzündete, so schnell er konnte, das Gras um sich herum und schrie seinen Männern zu, das Gleiche zu tun. Anschließend kauerte er sich mitten in der verbrannten Fläche nieder. Dodge atmete durch ein feuchtes Taschentuch, zog seine Jacke über Kopf und Nacken und wartete, bis das vom Wind angefachte Inferno über ihn hinweg zog.

An diesem Tag starben in Mann Gulch dreizehn Feuerwehrmänner. Nur Dodge und zwei andere, die in den Felsspalten der Schlucht Schutz fanden, überlebten und konnten über eine der schlimmsten Tragödien in der Geschichte der amerikanischen Waldbrände berichten.

Später, als Dodge, der älteste der Feuerwehrmänner, von den Ermittlern befragt wurde, konnte er nicht erklären, warum er spontan ein Gegenfeuer entfacht und sich inmitten der verbrannten Fläche zusammengekauert hatte. Er gestand, vor diesem schicksalsträchtigen Tag in Mann Gulch sei er nie auf diese Idee gekommen. Was Dodge und die Experten verblüffte, war die Tatsache, dass ihm die Idee, dem herannahenden Feuer die Nahrung zu nehmen, so plötzlich gekommen war, und zwar in einem Moment, in dem die Flammen sein Leben bedrohten. Sobald ihm jedoch diese Idee gekommen war, war Dodge vollkommen davon überzeugt, dass *sie funktionieren würde*. Er zögerte nicht und dachte keine Sekunde lang über die Risiken nach. Tatsächlich war er so überzeugt davon, einen Ausweg gefunden zu haben, dass er seine Männer aufforderte, seinem Beispiel zu folgen.

Was Dodges Erkenntnis jedoch wirklich bemerkenswert machte, ist die Tatsache, dass niemand vor seiner Schilderung im Jahr 1949 jemals daran gedacht hatte, durch Entfachung eines »Gegenbrands« eine persönliche Sicherheitszone zu schaffen.

Als sich der Rauch aus Mann Gulch verzogen hatte, sprach sich Dodges Geschichte schnell herum, und innerhalb kürzester Zeit wurde das Abbrennen von Sicherheitszonen, die heute als »Feuerschutzzonen« bekannt sind, in die Standardausbildung von Feuerwehrleuten auf der ganzen Welt aufgenommen.

Im Jahr 1985, vierzig Jahre nach der Tragödie von Mann Gulch, waren 73 Feuerwehrleute in der Nähe von Salmon, Indiana in einer Feuersbrunst, die später als das berüchtigte Butte Fire bekannt wurde, von allen Fluchtwegen abgeschnitten.[2] Dieses Mal waren die Männer jedoch vorbereitet. Sie entzündeten individuelle Sicherheitszonen, in denen sie sich für mehr als zwei Stunden verschanzten, während eine wütende Feuersbrunst sie in Flammen, Asche, Rauch und eine unerträgliche Hitze einhüllte. Obwohl das Feuer wesentlich schlimmer war als die Feuerbrunst von Mann Gulch, überlebten alle Feuerwehrleute. Nur fünf von ihnen mussten mit einem Hitzekollaps ins Krankenhaus eingeliefert werden – ein erheblich anderes Ergebnis, als die sechzig Feuerwehrleute, die Experten zufolge ohne Dodges frühe Erkenntnis in diesem Feuer umgekommen wären.

Dodges Erleuchtung ist für Feuerwehrleute, die regelmäßig ihr Leben riskieren, so wichtig wie Einsteins Relativitätstheorie für Physiker und Darwins Erkenntnisse für Biologen. In jedem dieser Beispiele wurde die Lösung eines hochkomplexen Problems plötzlich ganz einfach, elegant und deutlich erkennbar. Und in jedem dieser Fälle hatten die plötzlichen Gedankenblitze der Urheber weit reichende Auswirkungen.

Das war jedoch nicht der einzige gemeinsame Nenner. In jedem einzelnen Fall kam die Erleuchtung aus heiterem Himmel. In jedem einzelnen Fall wurde nicht danach gefragt, ob die Lösung korrekt war oder nicht. In jedem einzelnen Fall waren der Intelligenzquotient, der kulturelle Hintergrund und die Bildung der jeweiligen Personen völlig unterschiedlich. In jedem einzelnen Fall wurden offensichtlich bisherige Regeln, Erfahrungen und Wissen vorübergehend beiseite geschoben, um auf unbekanntem Terrain nach einer Lösung zu suchen. Und schließlich war der Innovator in jedem einzelnen Fall nicht in der Lage zu erklären, wie er zu seiner Erleuchtung gekommen war; die Schritte, die zum gedanklichen Durchbruch führten, ließen sich nicht zurückverfolgen.

Was veranlasste Wag Dodge, einen Feuerwehrmann, der in einer Kleinstadt in Montana ein bescheidenes Leben führte, zu einem rettenden Gedankenblitz, der die Geschichte der Feuerbekämpfung für immer verändern sollte? Und was ist mit den spontanen Entdeckungen, die Isaac Newton, Benjamin Franklin und die Nobelpreisträger James Watson, Francis Crick, Muhammad Yunus und Charles Townes gemacht haben? Welche Mechanismen ließen diese Individuen eine scheinbar unüberwindliche Komplexität bewältigen und ermöglichten ihnen, eine undurchdringliche kognitive Schwelle zu überschreiten?

Sechs Jahrzehnte nach dem Feuer von Mann Gulch haben Neurowissenschaftler endlich die Antwort gefunden. Sie haben herausgefunden, dass unser Gehirn auf *drei* unterschiedliche Arten arbeitet, um Probleme zu lösen. Mit der linken Gehirnhälfte nehmen wir eine geordnete, dekonstruktive *Analyse* vor, und mit der rechten Gehirnhälfte gehen wir Probleme auf kreative Weise an, indem wir eine *Synthese* vornehmen. Und heute verfügen wir über Hinweise auf einen dritten, bisher unbekannten Prozess, der als *Gedankenblitz* oder *spontane Erkenntnis* bezeichnet wird – eine Fähigkeit, die auf einzigartige Weise darauf ausgelegt ist, hochanspruchsvolle, komplexe Probleme zu lösen.

Linke Gehirnhälfte, rechte Gehirnhälfte und die spontane Erkenntnis

Es ist leichter, die drei Methoden zu verstehen, die der moderne Mensch anwendet, um Probleme zu lösen, wenn wir sie als *drei Geschäfte* betrachten, in denen das Gehirn einkaufen kann.[3] In einem dieser Geschäft stehen die Produkte alle ordentlich aufgereiht und in alphabetischer Reihenfolge sowie nach Größe, Farbe und Kategorie sortiert in den Regalen. Die Gänge sind eindeutig gekennzeichnet und ordentlich und systematisch angelegt. Das ist die analytische linke Hälfte unseres Gehirn.

Wenn wir die linke Gehirnhälfte zur Lösung eines Problems aktivieren, sammeln wir Daten, sortieren sie und filtern ungeeignete Lösungen heraus, während wir Schritt für Schritt unsere Optionen eingrenzen. Dann entscheiden wir uns für eine Lösung. Die linke Gehirnhälfte verwendet einen nachvollziehbaren, auf Logik basierenden Prozess der Analyse und Zerlegung. Auf diese Weise bringen wir Kindern, Tieren und Computern das Denken bei.

Im zweiten Geschäft stehen die Produkte nicht in ordentlichen, geordneten Regalreihen, sondern kunstvoll in Ausstellungsräumen arrangiert. Neben einem Tisch mit einer Lampe steht eine Couch und gegenüber befinden sich zwei Stühle und ein Gemälde. Außerdem gibt es einen Couchtisch mit Zeitschriften, einen Teller mit Süßigkeiten und eine Blumenvase. Das ist die kreative rechte Hälfte unseres Gehirns. Sie enthält die gleichen Produkte wie unsere linke Gehirnhälfte, aber sie sind mit einem bestimmten Flair angeordnet.

Die rechte Gehirnhälfte ist auf Synthese spezialisiert und arbeitet mit impliziten Informationen. Die Aufgabe der rechten Gehirnhälfte besteht darin, subtile Hinweise zu interpretieren und kreative Verbindungen zwischen unseren Beobachtungen und unserem Wissen herzustellen. Neben der Logik der linken Gehirnhälfte spielte die Synthese im Überlebenskampf unserer Vorfahren eine wichtige Rolle. Infolgedessen ist auch unsere Fähigkeit, stillschweigende Informationen zu verarbeiten und nichtlineare Schlussfolgerungen zu ziehen, äußerst gut entwickelt. Zum Beispiel ist die rechte Gehirnhälfte ausgesprochen gut darin, Betrüger zu entlarven. Warum?

In prähistorischen Zeiten war die Fähigkeit, Betrüger zu erkennen, von existenzieller Bedeutung.[4] Betrüger stahlen Nahrungsmittel, logen über angeblich verrichtete Arbeiten, horteten und versteckten Dinge. Diese Art subversiver Verhaltensweisen brachte die Überlebensfähigkeit der übrigen Stammesmitglieder in Gefahr. Aus diesem Grund hat der menschliche Organismus seine Fähigkeit perfektioniert, einen Betrüger zu »wittern«. Selbst wenn wir ein Gefühl des Misstrauens gegenüber einem Fremden nicht genau ausdrücken oder rechtfertigen können, interpretieren unsere ererbten Instinkte sehr schnell eine Vielzahl körperlicher Hinweise, einschließlich Gesten, Bewegung der Augen, Stimmlage, Pupillenerweiterung und Atmung, wenn wir auf einen Betrüger treffen. Diese subtilen Signale werden von der rechten Gehirnhälfte zusammengeführt, die augenblicklich Unbehagen und Misstrauen auslöst.

Nehmen wir jedoch an, dass wir einen Betrüger auf frischer Tat ertappen und über eine Strafe entscheiden müssen. Wahrscheinlich werden wir unsere rationale, analytische linke Gehirnhälfte aktivieren, um eine angemessene Strafe festzulegen. Wir sammeln Informationen über das Gesetz, studieren die Fakten des Falles, wägen Für und Wider ab und grenzen schließlich die Alternativen ein, um anschließend eine Auswahl zu treffen.

Mit anderen Worten: Die Identifizierung eines Betrügers kann die Synthese vieler undurchsichtiger Hinweise erfordern, die die rechte Gehirnhälfte übernimmt, aber wenn es um die Bestimmung von Gerechtigkeit geht, aktivieren wir oft die logische linke Gehirnhälfte: zwei unterschiedliche Probleme, zwei unterschiedliche Wege, die unser Gehirn zu ihrer Lösung wählt. Doch was geschieht, wenn das Gehirn in beiden Gehirnhälften nach einer Lösung sucht und keine findet? Wenn ein Problem für die alltägliche Form der Problemlösung unter Einsatz der rechten und linken Gehirnhälfte zu kompliziert ist?

Und hier kommt das dritte Geschäft ins Spiel. Hier gibt es keine Regale, die mit Produkten angefüllt sind, keine ordentlichen Abteilungen, keine kunstvoll arrangierten Ausstellungsräume – nur ein riesiges leeres Gebäude. In diesem Geschäft stellen wir uns die Eigenschaften des Produkts, das wir gern hätten, einfach vor, und dann – schwupp! – erscheint es. So funktioniert die *spontane Erkenntnis.*

Wenn wir die spontane Erkenntnis nutzen, beginnen wir mit einer Vorstellung von der Lösung, die wir suchen, und erlauben unseren Gedanken dann zu wandern – manchmal für einen kurzen Augenblick und manchmal wesentlich länger. Und dann steuert das Gehirn blitzartig durch Berge von Daten und Szenarien und zack! Plötzlich stellen wir Verbindungen her, die wir vorher nicht erkannt haben, und schon haben wir die genaue Antwort, nach der wir gesucht haben, nur dass sie noch besser ist, als wir uns vorgestellt haben.

Um zu dem Beispiel zurückzukehren, wie wir einen Betrüger entlarven und bestrafen: Wie würde in diesem Fall eine von spontaner Erkenntnis gesteuerte Lösung aussehen? Eine wahre und unterhaltsame Geschichte illustriert den beeindruckenden Unterschied, den eine spontane Erkenntnis bewirken kann.

Im Jahr 1974 hatten zwei FBI-Agenten, die in der Betrugsabteilung arbeiteten, eine ungewöhnliche Begegnung mit einem Betrüger. Nach Jahren, in denen sie einen Meisterfälscher, Hochstapler und Betrüger über 26 Länder verfolgten – eine schillernde Story, die in Steven Spielbergs Film *Catch Me If You Can* erzählt wird – kamen die Ermittler zu dem irritierenden Schluss, dass sie einem der listigsten Trickbetrüger auf den Fersen waren, den das FBI jemals gejagt hat.[5] Im zarten Alter von 16 Jahren ließ Frank William Abagnale erfahrene Agenten aus den USA, Frankreich, Schweden und einem Dutzend anderer Nationen hart für ihr Geld arbeiten. Was den Agenten am meisten Sorgen machte, war der Umstand, dass sie wussten, dass das junge Superhirn gerade erst am Anfang seiner Karriere stand. Mit jedem Coup wurde deutlich, dass Abagnale seine Kunst perfektionierte: Er wurde immer cleverer und geschickter und seine Betrugsziele immer größer und gewagter. Die Gesetzeshüter mussten Abagnale schnell das Handwerk legen. Es folgte eine internationale Jagd auf den jungen Meisterfälscher Frank William Abagnale.

Im Jahr 1969, nachdem sich Abagnale als Arzt, Flugzeugpilot und Universitätsdozent ausgegeben, für den Staatsanwalt von Louisiana gearbeitet und Banken auf der ganzen Welt geprellt hatte, bekam ihn die französische Polizei endlich zu fassen. Nach seiner Auslieferung an Schweden wurde er in die USA abgeschoben, wo er zügig zu 12 Jahren Gefängnis verurteilt wurde: ein klarer Fall.

Normalerweise wäre das das Ende der Geschichte von Frank Abagnale gewesen. Dieser außergewöhnliche Fall führte jedoch zu einer außergewöhnlichen und ironischen Wendung der Ereignisse. Die FBI-Agenten, die Abagnale fast ein Jahrzehnt lang gejagt hatten, hatten eine plötzliche Erkenntnis: *Warum sollten sie nicht einen Straftäter nutzen, um Straftäter zu fangen?*

Wie bitte? Stellen Sie sich einen Moment lang das Gespräch zwischen einer Handvoll FBI-Agenten vor – dieselben Agenten, die Abagnale jahrelang an der Nase herumgeführt hatte –, die seine vorzeitige Entlassung aus dem Gefängnis beantragten, um ihm einen Job in einer der sicherheitsbewusstesten Behörden der Welt anzubieten. Absurd!

Wirklich? Nachdem Frank William Abagnale etwas mehr als vier Jahre seiner zwölfjährigen Gefängnisstrafe verbüßt hatte, wurde er offiziell entlassen und unter FBI-Gewahrsam gestellt. Als Bedingung für seine Entlassung musste sich Abagnale verpflichten, mit erfahrenen FBI-Agenten an der Lösung einiger der schwierigsten Betrugsfälle zu arbeiten. Diese Konstellation erwies sich als brillante und erfolgreiche Partnerschaft.

In den folgenden 35 Jahren half Abagnale dem FBI, anderen genialen Betrügern immer einen Schritt voraus zu sein. Selbst nachdem er sein Strafmaß abgearbeitet hatte, lehrte er weiterhin an der FBI-Akademie und hielt in FBI-Büros im ganzen Land Vorträge. Abagnale hatte so viel Freude an seiner neuen Rolle, dass er eines der erfolgreichsten Unternehmen zur Betrugsverhinderung und -erkennung der Welt gründete: Abagnale & Associates, Inc. Heute bietet Abagnales Unternehmen mit Sitz in Tulsa, Oklahoma mehr als 14 000 Institutionen, einschließlich seinem Lieblingskunden, dem FBI, Sicherheitsausrüstung und Beratung.

In einer überraschenden Wendung der Ereignisse änderten einige wenige FBI-Agenten die Art und Weise, wie Betrugsermittler ihre talentiertesten Zielpersonen betrachteten. Sie bewiesen, dass eine Partnerschaft in bestimmten Fällen bessere Ergebnisse erzielte als eine Verfolgung. *Ihre Erkenntnisse verwandelten einen talentierten Dieb von einer Belastung in einen Vermögenswert.* Zwar halten einige dagegen, es habe schon frühere Versuche der Strafverfolgungsbehörden gegeben, mit erfahrenen Safeknackern und Straßeninformanten zusammenzuarbeiten, aber niemals war eine Zusammenarbeit in dieser Größenordnung versucht worden. Aus diesem Grund ist die Geschichte von Frank William Abagnale unter den Mitarbeitern des Justizministeriums bis heute legendär.

Es ist nicht schwer, eine Erkenntnis von einer guten Idee zu unterscheiden.[6] Die Lösungen für komplexe Situationen tauchen in Form eines spontanen Geistesblitzes auf. Ob es Wag Dodges Feuerschutzzone, die FBI-Partnerschaft mit einem hochintelligenten Straftäter oder der Apfel ist, der Isaac Newton auf den Kopf fiel und ihn das Gesetz der Schwerkraft erkennen ließ: Ein hervorstechendes Merkmal der *Erkenntnis* besteht darin, dass die Ideen, die alles verändern, spontan entstehen – so spontan, dass Neurowissenschaftler diese Erkenntnisse oft als »Aha-« oder »Eureka-Erlebnis« bezeichnen.

Spontane Erkenntnis und Stillstand

Der Ausdruck »Eureka« ist der Geschichte von Archimedes entliehen, der der Legende zufolge in eine Badewanne stieg und in einem Augenblick der spontanen Erkenntnis eine Verbindung zwischen dem Wasser, das über den Badewannenrand quoll und dem wissenschaftlichen Prinzip der Verdrängung herstellte. Der Legende zufolge rief Archimedes in dem Moment, in dem ihm die Erleuchtung kam, »Eureka!«*

* Vom Altgriechischen: »Ich habe es gefunden!«

Aha- und Eureka-Erlebnisse treten oft dann auf, wenn ein Mensch das Gefühl hat, festgefahren zu sein. Dieses Gefühl bedeutet, dass sich der Schwierigkeitsgrad eines Problems außerhalb der Bandbreite der linkshälftigen analytischen Problemlösung und der rechtshälftigen Synthese befindet. Mit anderen Worten: Unser Gehirn hat versucht, in zwei der drei »Geschäfte« einzukaufen, aber kein passendes Produkt gefunden, um das vorliegende Problem zu lösen.

Wenn wir mitten in dem Versuch der Problemlösung stecken und das Gefühl haben, in einer Sackgasse zu stehen, gibt es keine Möglichkeit festzustellen, ob dieser Stillstand vorübergehender oder dauerhafter Natur ist. Aus diesem Grund kann diese Art Stillstand eines von *drei* Dingen bedeuten:

- Wir besitzen nicht die Informationen, die Ressourcen und die Zeit, die zur Lösung eines Problems nötig sind.
- Wir haben, was die Fähigkeiten des menschlichen Gehirns betrifft, eine biologische Grenze erreicht.
- Es gibt einfach keine Lösung.

Wenn es uns nicht gelingt, ein Problem zu lösen, geschieht das aus einem dieser Gründe. Aber aus welchem? Das kann nur die Zeit zeigen. Doch wie lange dauert das?

Manchmal haben wir nur wenige Sekunden, um ein Problem zu lösen, wie im Falle von Wag Dodge. Manchmal haben wir einige Jahre, wie die FBI-Agenten, die darüber nachdachten, was sie mit dem cleveren Betrüger Frank Abagnale anfangen sollten. Und manchmal, wie im Falle der Mayas, haben wir mehrere tausend Jahre, um ein bedrohliches Umweltproblem zu lösen. Doch egal wie viel Zeit uns zur Verfügung steht, Sackgasse ist Sackgasse.

Wenn der menschliche Organismus an eine kognitive Schwelle gerät, spielt es keine Rolle, ob wir Sekunden oder Jahrhunderte zur Verfügung haben. Das Ausmaß und die Komplexität des zu lösenden Problems übersteigen ganz einfach die Fähigkeiten der Problemlösung unter Einsatz der rechten und linken Gehirnhälfte, die sich über Millionen von Jahren entwickelt haben. Gott sei Dank gibt es einen Ausweg aus dieser Sackgasse, und der wird auch oft gewählt. Dazu ist lediglich Erkenntnis nötig – *die langsame Korrektur der Evolution.*

Mit jeder neuen Zivilisation wird die Umwelt, die der menschliche Organismus beherrschen muss, komplexer. Neue Technologien werden entwickelt, neue Entdeckungen gemacht und kompliziertere Systeme der sozialen Ordnung und Interaktion eingeführt. Ein Weg, Fortschritt zu betrachten, besteht darin, sich jede neue Zivilisation als Nutznießer von Millionen von Mannjahren an Wissen vorzustellen, das von früheren Zivilisationen erworben wurde. Anstatt also bei Null zu beginnen, ruht jede Gesellschaft auf den Schultern ihrer Vorgänger. Das scheint auf der Hand zu liegen.

Was unter Umständen weniger offensichtlich ist, ist die Tatsache, dass die Evolutionsgesetze vorschreiben, dass sich das menschliche Gehirn im Laufe der Zeit an eine Umgebung anpassen muss, die immer komplexer und gefährlicher wird. Das Gehirn *muss* als Antwort auf die vielschichtige, dynamische und verwirrende Welt, die eine überwältigende Zahl von Optionen bietet und damit das Gehirn herausfordert, neue Fähigkeiten entwickeln.

Ohne neue kognitive Prozesse, wie spontane Erkenntnisse sie darstellen, erreicht das menschliche Gehirn unweigerlich eine Obergrenze der Höhe von Komplexität, die es verarbeiten kann. Die linke Gehirnhälfte gerät in eine Sackgasse, weil es keine logischen Systeme gibt, um das Meer an Möglichkeiten verringern zu können. Die rechte Gehirnhälfte, die auf die Synthese impliziter Daten spezialisiert ist, beginnt beim Versuch, einen Sinn in einer Situation zu erkennen, Millionen von undurchsichtigen, zusammenhanglosen Fakten zu interpretieren. Wir beginnen, Hinweise zusammenzufügen und Muster zu identifizieren, die einfach keinen Sinn ergeben. Sobald der Prozess der Aktivierung der rechten und linken Gehirnhälfte zur Lösung eines Problems festgefahren ist, ist das ein Zeichen, dass eine *kognitive Schwelle* erreicht wurde.

Wenn die kognitive Schwelle also für die Kette an Reaktionen verantwortlich ist, die zum Zusammenbruch führt, müssen wir, wenn wir diese Kette durchbrechen wollen, einfach dafür sorgen, dass unsere Fähigkeit, Komplexität zu begreifen und zu steuern, nicht hinter unserer Fähigkeit zurückbleibt, Komplexität zu erzeugen. *Wenn wir neue kognitive Instrumente entwickeln, wie zum Beispiel die spontane Erkenntnis, können wir verhindern, dass eine kognitive Schwelle entsteht.*

Die wahre Frage lautet also: Wird sich die Fähigkeit zur spontanen Erkenntnis schnell genug entwickeln, um unsere bedrohlichsten Probleme zu lösen?

Evolution und das menschliche Gehirn

Die Evolution vollzieht sich in stark wechselnden Geschwindigkeiten. Gelegentlich kommt es zu einer sehr schnellen Anpassung und Veränderung, zu anderen Zeiten ist die Evolution ein schleppender Prozess aus Versuch und Irrtum. Was den menschlichen Organismus betrifft, gibt es sowohl

Hinweise auf eine langsame als auch eine schnelle, eine effiziente und eine ineffiziente Evolution.

Um zu verstehen, in welchem Tempo biologische Veränderungen stattfinden, müssen wir zunächst untersuchen, was die moderne Genetik und Paläontologie über den faszinierenden Pfad enthüllen, über den sich der menschliche Organismus in den heutigen modernen Menschen verwandelt hat.[7]

Wir wissen inzwischen, dass das erste wichtige Ereignis in der Evolution des Menschen ungefähr vor drei Milliarden Jahren eintrat, als die Moleküle im Ozean begannen, Einzeller zu bilden. Im Laufe der Zeit replizierten sich einige der Zellen und taten sich zusammen, um komplexere Organismen zu bilden. Der Übergang von einzelligen zu vielzelligen Organismen war der Beginn einer beeindruckenden, produktiven Ereigniskette, die alle Lebensformen hervorbrachte, die wir heute auf der Erde finden.

Ungefähr vor 450 Millionen Jahren trat dann das zweite bahnbrechende Ereignis in der Evolution des Menschen ein: Wir entwickelten die notwendigen Eigenschaften, um das Wasser zu verlassen. Bestimmte Lebewesen im Ozean entwickelten eine größere Mobilität und eine dickere Haut als andere, und diese Merkmale ermöglichten ihnen, sich an Land zu begeben, wo sie lernten, sich zu vermehren und zu gedeihen. Zu diesen Kreaturen gehörten auch unsere frühesten Vorfahren.

Ein dritter Meilenstein wurde vor ungefähr 65 Millionen Jahren erreicht, als zahlreiche Spezies der Erde, einschließlich der Dinosaurier, plötzlich ausstarben. Die Wissenschaftler sind sich nicht einig darüber, *warum* so viele widerstandsfähige Tierarten gleichzeitig ausstarben, aber es steht außer Frage, *dass* ein Massenaussterben stattfand. In dieser kalten, dunklen Zeit begannen warmblütige Säugetiere zu gedeihen. Da so viele Tierarten ausgestorben waren, waren der Kampf um Nahrung und die Zahl der Raubtiere sehr gering und damit waren die Bedingungen für die Weiterentwicklung der Säugetiere in Bezug auf ihre Größe, Vielfalt und Zahl ideal.

Kurz nachdem sich die Menschen von ihren engsten Verwandten, den Schimpansen, abgespaltet hatten, trat das vierte bahnbrechende Ereignis ein: Wir richteten uns auf und gingen auf zwei Beinen. Diese wichtige Transformation führte zu einer ganzen Serie an schnell aufeinander folgenden physiologischen Veränderungen. Ungefähr während dieser Zeit, das heißt vor rund fünf Millionen Jahren, erfuhr das menschliche Gehirn die wichtigste Veränderung. Mit der Entwicklung der zweibeinigen Fortbewegung begann sich unser Gehirn sehr schnell an eine gewaltige neue sensorische Komplexität anzupassen.

Laut Philip Brownell, renommierter Biologe und Professor an der Oregon State University, »löste die Bipedie eine ganze Kaskade an Ereignissen aus:[8] die Freiheit der Hände, um Dinge zu tragen und herzustellen und sich gegen Feinde zu verteidigen; die Fähigkeit, Raubtiere und Beute aus wesentlich größerer Distanz zu erkennen; eine verbesserte räumliche Wahrnehmung; der Gleichgewichtssinn sowie eine der wichtigsten Veränderungen – die Explosion des Neokortex, insbesondere des Frontallappens, der für die Verarbeitung von Informationen, für Abstraktion, Problemlösung und Planung verantwortlich ist.«

Laut Brownell lösten die Verhaltensänderungen, die eintraten, als sich der Mensch aufrichtete, um sich auf zwei Beinen fortzubewegen, einen Zufluss von sensorischen Informationen aus, auf die das Gehirn reagieren musste. Wozu sollte unsere neu erworbene Fähigkeit, Feinde aus großer Entfernung zu sehen und zu wittern, gut sein, wenn wir diese Information nicht verarbeiten und daraus eine Handlung ableiten konnten, wie zum Beispiel Flucht, Verstecken oder Angriff von hinten?

Die sensorische Komplexität war jedoch nicht die einzige Veränderung, auf die das menschliche Gehirn reagierte. Brownell nennt einen weiteren Grund für die rapide Evolution des menschlichen Gehirns: die Entwicklung komplexer sozialer Einheiten. Als die Menschen größere Gemeinschaften bildeten, wurden Organisation, Kommunikation, Koordination, Planung, Kochen, Kämpfen, Wahrung der Ordnung, Überzeugungen und Sitten und Gebräuche ausgefeilter.

Zur Unterstützung Brownells veröffentlichte das Howard Hughes Medical Institute der Universität von Chicago im Jahr 2004 einen Artikel, in dem die Forschungsarbeit von Dr. Bruce Lahn, Professor für Humangenetik, beschrieben wurde:[9] »Warum gerade die Menschen eine derart intensivierte Selektion im Hinblick auf besser funktionierende Gehirne erfuhren, aber keine andere Spezies, ist eine offene Frage. Lahn glaubt, dass die Antwort auf diese wichtige Frage nicht nur aus der Biologie, sondern auch aus den Sozialwissenschaften kommen werde. Möglicherweise waren die komplexen sozialen Strukturen und kulturellen Verhaltensweisen, die nur die menschlichen Vorfahren aufweisen, der Motor für die rapide Evolution des Gehirns.« Es gibt substanzielle Hinweise darauf, dass der soziale und umweltbezogene Druck auf die Menschen so groß war, dass eine beschleunigte Anpassung ihres Gehirn stattfand. Allerdings nicht des gesamten Gehirns, sondern vor allem *des Frontalkortex – der Bereich des Gehirns, der Komplexität verarbeitet.*

Woher wissen wir das? Paläontologen, die sich mit der menschlichen Evolution beschäftigen, weisen auf den schnell wachsenden Überaugenwulst –

in der Fachsprache *Torus supraorbitalis* genannt – hin, der in den Schädeln unserer frühesten Vorfahren gefunden wurde. Die Vorwölbung dieses Teils des oberen Frontalschädels war notwendig, um den schnell wachsenden Frontalkortex unterzubringen. In nur vier bis fünf Millionen Jahren nahm dieser Bereich ein Drittel des menschlichen Gehirns ein. In Bezug auf die Evolution war das eine extrem schnelle Veränderung – so schnell, dass Paläontologen und Biologen diese Periode als ein »Sonderereignis der Evolution« beziehungsweise als »schnelle Evolution« bezeichnen. Das schnelle Wachstum des Frontalkortex oder Stirnlappens bereitete den Boden für den nächsten Evolutionssprung, *die Entwicklung der erkenntnisgesteuerten Problemlösung* – ein Sprung, der nicht weniger bedeutsam für das Fortbestehen der menschlichen Spezies war als die Bipedie.

Woher wissen wir, dass Erkenntnis der »fünfte Sprung« gewesen ist? Wenngleich es viele Millionen Jahre an Evolution bedürfen wird, um abschließend beweisen zu können, dass die Entwicklung der Erkenntnisfähigkeit eine biologische Antwort auf Komplexität ist, deuten erste Forschungsergebnisse bereits darauf hin, dass sich die Erkenntnisfähigkeit weiterentwickelt.

Erstens ist Erkenntnis ein kognitiver Prozess, der in demselben Frontalkortex stattfindet, der als Reaktion auf einen neuen Grad an sensorischer und sozialer Komplexität einst in beispielloser Geschwindigkeit gewachsen ist. Zweitens ist Erkenntnis besser zur Bewältigung von Komplexität geeignet als die linkshälftige Analyse und die rechtshälftige Synthese. Wo andere kognitive Methoden versagen, ist die Erkenntnis erfolgreich. Und drittens wurde die Erkenntnisfähigkeit bei allen Menschen beobachtet, unabhängig von ihrer Bildung, Kultur, Rasse oder Herkunft. Das weist darauf hin, dass die Erkenntnisfähigkeit eher eine biologische als eine erlernte Fähigkeit ist.

Der wissenschaftliche Autor Jonah Lehrer weiß um die Beziehung zwischen der schnellen Evolution des Frontalkortex und der Erkenntnisfähigkeit:[10] »Der Präfrontalkortex, der sich eng an die Stirnknochen drängt, hat im Verlauf der Evolution ein dramatisches Wachstum erfahren, sodass er heute ein Drittel des Gehirns ausmacht. Zwar wird dieser Bereich oft mit den spezialisiertesten Aspekten der menschlichen Wahrnehmung, wie zum Beispiel der Abstraktionsfähigkeit assoziiert, aber er spielt auch eine entscheidende Rolle im *Erkenntnisprozess.*« Wenn die Erkenntnisfähigkeit eine evolutionäre Antwort auf Komplexität ist, bedeutet das nicht, dass es weitere fünf Millionen Jahre dauern wird, bis sie sich entwickelt hat? Hat das Wachstum des Frontalkortex nicht ebenso lange gedauert?

Ja, es stimmt, dass die Evolution ein langsamer Prozess ist, aber es stimmt auch, dass die moderne Gesellschaft im Gegensatz zu früheren Zivilisationen nicht vollständig von der Evolution abhängt, um die kognitive Schwelle zu überwinden. Wir verfügen über zahlreiche Vorteile, die alte Kulturen nicht hatten.

Zum ersten Mal in der Geschichte verfügen wir über ein klares Verständnis der Muster des Zusammenbruchs – ein Muster, das frühere Gesellschaften nicht erkannten. Wir können die Symptome einer kognitiven Schwelle bestimmen und daher wachsam auf sie achten. Außerdem stehen uns mehr Technologien, Wissen und Optionen zur Verfügung als früheren Zivilisationen. Und schließlich haben wir einen dritten kognitiven Prozess entdeckt, der als spontane Erkenntnis bezeichnet wird und wir konzentrieren uns zügig darauf, wie, warum und wann dieser bemerkenswerte Prozess aktiviert wird. Obwohl die spontane Erkenntnis keine neue Entdeckung der Neurowissenschaften ist, zerlegen wir nun Stück für Stück die Bedienungsanleitung eines der leistungsfähigsten Prozesse des menschlichen Gehirns. Eine spontane Erkenntnis mag sich wie ein Zufall *anfühlen* – eine unerwartete Erleuchtung –, aber tatsächlich handelt es sich dabei um eine natürliche, beobachtbare kognitive Funktion.

Dank der modernen Fortschritte in der Magnetresonanztomografie (MRT), einem bildgebenden Verfahren, und der Elektroenzephalografie (EEG) lassen sich elektrische Oszillationen im Gehirn beobachten, die immer dann auftreten, wenn wir Aufgaben ausführen und vielfältige Probleme unterschiedlicher Komplexität lösen. In den letzten Jahren haben diese Informationen mit zahlreichen Vorstellungen aufgeräumt, die wir über Geisteskrankheiten, Lernbehinderungen, die Beziehung zwischen Altern und Demenz und selbst über die Reaktion unseres Gehirns bei instinktiven, nicht überlegt geplanten Handlungen hatten.

Dr. John Kounios, Professor für Psychologie an der Drexel University, und Dr. Mark Jung-Beeman, außerordentlicher Professor für Psychologie an der Northwestern University, haben fortgeschrittene MRT- und EEG-Technologien angewendet, um zu beobachten, wie der Erkenntnisprozess im menschlichen Gehirn funktioniert.[11] Im Rahmen von Experimenten wurden Testpersonen unterschiedlicher Herkunft mit zunehmend schwierigen Problemen konfrontiert, während die elektrische Aktivität verschiedener Bereiche ihres Gehirns gemessen wurde. Dabei entdeckten die Wissenschaftler, dass die *spontane Erkenntnis ein identifizier- und wiederholbarer kognitiver Prozess ist.*

Es gibt Hinweise darauf, dass wir bei dem Versuch, hochkomplexe Probleme zu lösen, zunächst die vertraute Strategie des Einsatzes der rechten und linken Gehirnhälfte anwenden. Wenn diese Strategie versagt, greift unser Gehirn bisweilen auf die spontane Erkenntnis zurück, um das Problem zu lösen. Das führt dazu, dass wir plötzlich in der Lage sind, »Verbindungen zu sehen, die wir vorher nicht erkannt haben«. Mit anderen Worten: Die spontane Erkenntnis ist eine normale Problemlösung, die aber besonders leistungsfähig ist. Sie ist ein blitzschneller, allumfassender, hochwirksamer Prozess, der uns angeboren ist.

Wie sich die Macht der spontanen Erkenntnis nutzen lässt

Es ist klar geworden, dass die Lösung nicht darin liegt, einfach darauf zu warten, dass die Evolution uns über die kognitive Schwelle hilft. Frühe Zivilisationen, die ein katastrophales Ende gefunden haben, haben sich auf primitive Methoden der Problemlösung verlassen, um den größten Gefahren zu begegnen. Ohne neue kognitive Fähigkeiten war jedoch keine dieser Zivilisationen in der Lage, die wachsende Kluft zwischen der Evolutionsgeschwindigkeit und der zunehmenden Komplexität, die die Zivilisationen selbst erzeugt hatten, zu überleben. Wir befinden uns heute in einem ähnlichen Dilemma; wir sind in eine Sackgasse geraten. Gefährliche Probleme wie der Klimawandel, pandemische Viren, Terrorismus, Drogenabhängigkeit und Gewalt werden mit jeder Generation immer schlimmer, und keine Dauerlösung scheint in Sicht.

Stimmt es jedoch wirklich, dass wir keine Dauerlösungen haben? Zwar wissen wir nicht, wie wir den Prozess der spontanen Erkenntnis steuern können, und außergewöhnliche Gedankenblitze sind seltener als traditionelle Lösungsstrategien unter Einsatz unserer beiden Gehirnhälften, jedoch erzeugen spontane Erkenntnisse jedes Mal geniale Ergebnisse. Der erste Schritt zur Überschreitung der kognitiven Schwelle besteht also darin, eine erkenntnisgesteuerte Lösung als solche anzuerkennen, wenn sie eintritt. Das ist jedoch alles andere als einfach.

Während ich zum Beispiel dieses Buch schreibe, sind sich führende Wissenschaftler auf der ganzen Welt darüber einig, dass es eine Beziehung zwischen Kohlenstoffemissionen und Klimawandel gibt. Das *Ausmaß*, in dem diese Beziehung die Klimaerwärmung (oder Abkühlung) beeinflusst, ist Thema erheblicher Debatten, aber im Jahr 2007 waren die Belege, die der UN-Klimarat Intergovernmental Panel on Climate Change (IPCC) über den Zusammenhang zwischen Kohlenstoffemissionen und Klimawandel gesammelt hatte, derart gewichtig, dass selbst die größten Gegner dieser These ihre Haltung überdachten.

Kohlenstoffemissionen sind ein unerwünschtes Nebenprodukt der Verbrennung von Brennstoffen, wie Kohle oder Benzin. Ob das Auto, das wir fahren, die Fabrik, in der wir arbeiten, oder die häusliche Klimaanlage – rund um die Uhr verbrennen wir Kohle und Gas. Deshalb hat jedes Industrieland irgendein Programm zur Förderung umweltfreundlicher Treibstoffe eingeführt. Einige Länder verfolgen diese Strategien offensiver als andere, aber glücklicherweise ignoriert kein Land – nicht einmal China – heute die Gefahren, die die Kohlenstoffemissionen für unseren Planeten bedeuten. Trotz beachtlicher Fortschritte in der Solar- und Windenergie und der Wellenkraft setzen die Regierungen der Industrienationen nach wie vor hauptsächlich auf Atomkraft, und zwar insbesondere auf die sogenannten Schnellen Brüter – eine Technologie, die mehr als 50 Jahre lang wirtschaftlich ein Flop war (die Brutreaktoren Fermi I in den USA, Moju in Japan und die inzwischen stillgelegten Forschungsreaktoren Phenix und Superphenix in Frankreich).[12]

Man muss nur dem Geld folgen, um die Richtung zu erkennen, in die das US-Energieministerium zielt. Unter der Regierung von Barack Obama wurde die Atomenergie als »großer Gewinner« im Haushaltsvorschlag des Energieministeriums für 2011 bezeichnet. Wenn man die 36 Milliarden Dollar an bestehenden staatlichen Kreditgarantien für den Bau von Atomkraftwerken hinzunimmt, ist der Gesamtetat für Atomenergie auf 54 Milliarden Dollar gestiegen. Außerdem ist in dieser Zahl der Anteil der Atomenergie am 5,1 Milliarden Dollar schweren Budget für die Forschung und Entwicklung von »bahnbrechenden Technologien« noch gar nicht enthalten. Stellen Sie das den 3 bis 5 Milliarden Dollar an staatlichen Kreditgarantien für *sämtliche* Projekte von erneuerbarer Energie gegenüber – ein mageres Budget in Höhe von 302 Millionen Dollar für Solarenergie und 123 Millionen Dollar für Windkraft. Keine Milliarden – Millionen. Alles zusammengenommen werden für jeden in Solar-, Wind- oder Wasserkraft investierten Dollar rund 10 Dollar in Atomenergieforschung und den Bau von Atomkraftwerken investiert. Wenn man die staatlichen Kreditgarantien beiseite lässt, entspricht die Summe, die für erneuerbare Energie eingeplant wurde, fast genau der Summe, die die US-Regierung für Wetterschutz ausgibt.

Der gleiche Trend lässt sich in auch in anderen entwickelten Ländern beobachten. Seit 2010 werden ungefähr 15 Prozent der Energieversorgung der kanadischen Bevölkerung von 18 aktiven Atomreaktoren erzeugt.[13] In den kommenden zehn Jahren will Kanada neun zusätzliche Reaktoren bauen. Das ist ein Anstieg der Atomenergie um 50 Prozent. Das Gleiche gilt für Frankreich, wo 75 Prozent des landesweiten Energiebedarfs von 59 Atomkraftwerken erzeugt werden.[14] Auch China hat angekündigt, als Teil seiner jüngsten Kampagne für saubere Energie in den nächsten 15 Jahren *40 neue Atomkraftwerke zu bauen.*[15]

In fast allen Ländern wird Atomkraft fälschlicherweise als »saubere, erneuerbare Energie« verkauft, nur weil sie keine Kohlenstoffemissionen erzeugt. Das mag zwar stimmen, aber es stimmt auch, dass Atomkraftwerke ein Nebenprodukt erzeugen, das weitaus gefährlicher ist als Kohlenstoff: *radioaktiven Abfall.* Es ist zwar kaum bekannt, aber Atomkraftwerke müssen ungefähr alle 18 Monate abschalten, um ihre Brennstäbe auszutauschen. Die alten Brennstäbe enthalten kurzlebige, schwach giftige Substanzen, aber auch hochgiftiges radioaktives Material mit der Bezeichnung Np-237, dessen Halbwertzeit mehr als zwei Millionen Jahre beträgt. Wenn man die geplanten Atomkraftwerke nicht mitzählt, erzeugen wir heute jedes Jahr Atommüll, der »einhundert Doppeldeckerbussen entspricht« – Müll, der irgendwo gelagert werden muss.

Atomenergie ist also alles andere als sauber. *Wir vergraben das Gift einfach in der Erde, anstatt es in die Luft abzulassen.* Einige Menschen halten es für besser, radioaktive Zeitbomben zu vergraben, anstatt die Atmosphäre zu verschmutzen. Andere haben eher den Eindruck, sie tauschten lediglich eine Form der Verschmutzung gegen eine andere ein, und nachfolgende Generationen werden am Ende den Preis bezahlen müssen: Wir steuern in dieselbe Sackgasse wie damals, als wir uns für unseren kurzfristigen Energiebedarf auf Öl und Kohle verließen. Wenn es überhaupt ein Problem gibt, für dessen Lösung eine spontane Erkenntnis nötig ist, dann ist es der wachsende weltweite Bedarf an sauberer Energie.

Vor Kurzem habe ich im Fernsehen ein Interview mit Steven Chu, dem US-Energieminister, gesehen, bei dem er über den Bedarf an erneuerbarer Energie und das Klimagesetz Marquis Waxman Bill sprach, das derzeit im Kongress diskutiert wird.[16] An einem bestimmten Punkt gestand der Moderator ein, er verstehe das Gesetz nicht, obwohl er mehrmals versucht habe, es zu lesen. Er fragte Chu, ob er nicht irgendwelche einfacheren Vorschläge habe, die die Kohlenstoffemissionen und die globale Klimaerwärmung verringern würden – etwas, das die Menschen verstehen und umsetzen könnten. Chu lächelte freundlich und antwortete mit sanfter Stimme: »Wenn alle Hausdächer und Straßen weiß gestrichen würden, hätte das den gleichen Effekt, *als nähme man elf Jahre lang elf Milliarden Autos von der Straße.* »Und es ist billig«, fügte er hinzu.

Sollten wir nicht eher unsere Dächer und Straßen weiß streichen, anstatt Hunderte von zusätzlichen Atomkraftwerken zu bauen, die noch mehr

Atommüll erzeugen? Das ließe sich praktisch über Nacht bewerkstelligen und die Ergebnisse wären sofort sichtbar. Die Autos würden sich weniger aufheizen und weniger Energie verbrauchen. Kühlere Straßen bedeuten auch eine geringere Reifenabnutzung. Die Sonnenstrahlen würden reflektiert statt absorbiert, sodass die Temperatur weltweit sofort absinken würde. Der Bedarf an klimatisierten Räumen in Privathäusern würde um 20 Prozent sinken. Laut Art Rosenfeld, Mitglied der Kalifornischen Energiekommission (CEC), der seit mehr als zwei Jahrzehnten für »kühle Dächer« plädiert, ließen sich *24 Milliarden Tonnen* an Kohlendioxidausstoß pro Jahr vermeiden.[17] »Das entspricht dem weltweiten Ausstoß vom letzten Jahr«, erklärt Rosenfeld. Es geht schnell, ist harmlos und laut Felicity Barringer, Reporterin der *New York Times*, »stellt es die Avantgarde einer Bewegung dar, die ›kühle Dächer‹ als eine der kostengünstigsten Waffen zur Bekämpfung des Klimawandels propagiert.«

Nun müssen wir uns eine schwierige Frage stellen: Warum wurde dieses Gesetz nicht in den vergangenen sechs Monaten im Kongress diskutiert, anstatt eines Gesetzesvorschlags, den nur eine Handvoll Experten verstehen können? Die derzeitige Initiative zur Verringerung des Kohlenstoffausstoßes ist so kompliziert, dass die Steuergesetze daneben wie das kleine Einmaleins wirken. Wir werden ein ganzes Heer an Vollzeitanwälten brauchen, um das neue Klimagesetz umzusetzen, und es gibt wenig, was der Normalbürger dazu beitragen kann. Weiße Dächer und Straßen versteht dagegen jeder. Noch verblüffender ist die Tatsache, dass Chu, Rosenfeld und Barringer nicht die Einzigen sind, die eine erkenntnisgesteuerte Lösung für die globale Klimaerwärmung haben. In ihrem 2009 erschienenen Bestseller *SuperFreakonomics* stellten die Autoren Stephen Dubner und Steven Levitt eine alternative Sichtweise vor.[18] Warum untersuchen wir nicht, wie sich der Planet schnell *abkühlen* lässt, anstatt zu versuchen, das Verhalten aller Menschen auf der Erde zu verändern? Wenn wir das Problem aus diesem Blickwinkel betrachten, sieht die Lösung plötzlich ganz anders aus.

Als sich die Erde das letzte Mal abrupt abkühlte, geschah das während der Eiszeit. Vulkanausbrüche schleuderten so viel feste Partikel in die Atmosphäre, dass das Sonnenlicht nicht mehr zur Erde durchdrang. Das fehlende Sonnenlicht löste eine plötzliche Abkühlung der Erde aus. Auf der Grundlage der Geschichte schlagen Dubner und Levitt vor, Schwefeldioxid in die Stratosphäre abzugeben, damit sich Schwefelpartikel bilden, die erneut das Sonnenlicht abblocken würden. In anderen Worten schlagen sie vor, die Erde in den Schatten zu tauchen, um sie abzukühlen. Diesen beiden Experten zufolge würde das im ersten Jahr ungefähr 250 Millionen Dollar und jedes weitere Jahr 100 Millionen Dollar kosten. Vergleichen Sie diese Beträge mit den geschätzten Kosten von 1,2 Billionen Dollar pro Jahr, die die schrittweise Reduzierung des Kohlenstoffausstoßes verursacht – ein Plan, der überdies eine wesentlich geringere Wirkung hätte. Kurzum: Es ist einfacher, billiger und effizienter, die Erde abzukühlen, als zu verhindern, dass sie sich erwärmt.

Ähnlich dem Vorschlag, alle Dächer und Straßen weiß zu streichen, schlagen Dubner und Levitt eine geniale, elegante und auf Belegen basierende Lösung vor, die vorhersehbarerweise auf großen Widerstand getroffen ist. Über Nacht wurde Geotechnik zum Paradebeispiel für die anhaltenden Eingriffe des Menschen in die Natur, und Wissenschaftler und grüne Organisationen standen Schlange, um das Konzept der globalen Erdabkühlung anzugreifen. Traurigerweise tappt die einst unverdorbene grüne Bewegung in die gleiche Falle, die sie ihren Gegnern vorwirft: Sie ersetzt Fakten durch irrationale Überzeugungen und erhebt damit die Ökologie von einer Wissenschaft zur Religion.

Ich habe Chu sowie Dubner und Levitt als Beispiele ausgewählt, um zu demonstrieren, dass wir oft beeindruckende Erkenntnisse haben, die eine unmittelbare Wirkung auf extrem komplexe und gefährliche Probleme wie Klimawandel, sauberes Trinkwasser, Bandenkriege oder Verbreitung von Nuklearwaffen zeigen können. Wir können technologische Durchbrüche erzielen oder neue wissenschaftliche Entdeckungen machen, die eine effektive Lösung bieten. Viele dieser Erkenntnisse wirken clever, normativ und brillant in ihrer Einfachheit. Oft sind sie zudem praktisch, leicht umsetzbar und leicht zu beweisen. Aber aus irgendeinem Grund handeln wir nicht.

Warum nicht? Was hält uns davon ab?

3
Die Souveränität der Supermeme: Die Macht der Überzeugungen

In einem kürzlich geführten Interview erklärte Dean Kamen, weltweit renommierter Bilderstürmer und Erfinder des Segway-Scooters – ein umweltfreundlicher, batteriebetriebener Roller –, warum es immer noch so viele gefährliche Probleme gibt: »Ob wir Erfolg haben oder versagen werden, wird nicht von Technologie abhängen.[1] Wir besitzen die Technologie – das ist leicht. *Die Einstellung und das Verhalten* der Menschen zu verändern, ist wesentlich schwieriger.« Wie Kamen deutlich macht, wissen wir bereits, welches unsere größten Herausforderungen sind, und wir haben ebenfalls eine relativ gute Vorstellung davon, was nötig ist, um sie zu bewältigen. Mehr als zu jedem anderen Zeitpunkt in der Geschichte besitzen wir das Wissen, die Ressourcen und die Technologie – und selbst die spontanen Geistesblitze –, um für weiteren Fortschritt zu sorgen. *Dennoch scheinen uns unsere »Einstellungen und Verhaltensweisen« ständig im Weg zu stehen.*

Das liegt daran, dass wir uns aus evolutionärer Perspektive kaum von den Menschen in der Antike unterscheiden. Zwar besitzen wir heute Computer, Flugzeuge und Haarföne, aber davon sollten wir uns nicht täuschen lassen. Im Wesentlichen sind wir immer noch im selben biologischen Kostüm gefangen und verarbeiten und reagieren auf Informationen immer noch auf primitive und oft vorhersagbare Weise: Wir führen immer noch Krieg gegen andere Stämme, rauben anderen ihre Frauen oder Männer, wir horten und wir essen mehr, als unser Körper braucht. Wir tun immer noch so, als gebe es unbegrenzte Mengen an sauberem Trinkwasser, sauberer Atemluft und Bäume zum Abholzen. Und wir brauchen für unseren Erfolg immer noch sowohl Glauben als auch Wissen.

Aber *wie* verhindern unsere Einstellungen und Verhaltensweisen, dass wir uns weiterentwickeln?

Die Antwort liegt in dem kleinen Wort *Mem.*[2] Ein *Mem* ist jede Information, jeder Gedanke, jedes Gefühl oder jedes Verhalten, das allgemein akzeptiert wird. Meme können gesunder Menschenverstand, Traditionen, Theorien, Vorurteile und sogar Leitsprüche sein. »Lauf nicht mit einer Schere in der Hand« ist ein Mem, und auch das Aneinanderreiben von zwei Stöcken, um Feuer zu machen, ist ein Mem. La Macarena, moderne Textbotschaften und – im Mittleren Westen der USA – die Sitte, Wasser in die Badewanne einzulassen, wenn Probleme auf uns zukommen, sind ebenfalls Meme. Ein Mem kann eine kurzlebige Mode sein, die nur eine Woche dauert, oder eine Geschichte, die von alten Frauen erzählt und über Jahrhunderte überliefert wird. Einige Meme sind faktenbasiert und andere sind falsch. Einige sind einfach zu verstehen und andere ziemlich kompliziert. Und einige Meme sind hilfreich, während andere, wie zum Beispiel Rassismus, großen Schaden anrichten.

Dr. Susan Blackmore, Autorin des Buches *Die Macht der Meme* und langjährige Dozentin an der University of the West of England, beschreibt, wie Meme überliefert werden:[3] »Meme werden von Generation zu Generation, aber auch horizontal, so wie Viren während einer Epidemie weitergegeben.«

Vor Kurzem erinnerte mich mein fünfjähriger Neffe, den ich zu einem nahe gelegenen Schwimmbad mitnahm, an die Dauerhaftigkeit von Memen. »Nana«, warnte er mich, »du bleibst auf den Stufen, weil du ein Sandwich gegessen hast. Du musst noch warten.« Fünf Jahre alt und kann schon perfekt Ungenauigkeiten wiederholen. Dass man nach dem Essen eine Stunde warten soll, bis man ins Wasser geht, ist ein Mem, das über mehr als ein Jahrhundert zuverlässig von Generation an Generation weitergegeben wurde, obwohl der Mythos, dass man andernfalls Krämpfe erleidet und ertrinkt, von Experten wissenschaftlich widerlegt wurde. Das hat aber niemanden davon abgehalten, diese Warnung von einer Person zur nächsten weiterzugeben, als handele es sich um einen entscheidenden Überlebenstipp.

Das Studium der Meme – als Memetik bezeichnet – liefert ein wertvolles Gerüst für das Verständnis, wie sich Kultur, Wissen, Überzeugungen und Verhaltensweisen verbreiten, bis sie zu einem allgemein akzeptierten Lebensstil werden. Dennoch löst auch drei Jahrzehnte später jeder Hinweis auf Meme in der wissenschaftlichen Gemeinde garantiert immer noch Stirnrunzeln aus.

Kontroversen über Meme

Das Konzept der Meme wurde von Darwin geklaut. In seinem wegweisenden, 1976 erschienenen Buch *Das egoistische Gen* erklärte Dr. Richard Dawkins, Professor an der Universität von Oxford und Vater der Mem-Theorie, dass Darwins Prinzipien der natürlichen Auslese auf mehr als nur die Vererbung von körperlichen Eigenschaften und Instinkten anwendbar sind.[4] Dawkins argumentierte, auch »Informationseinheiten« – als Meme bezeichnet – konkurrierten um das Überleben. *Wie Gene erhöhen oder senken Meme mittels Variation, Mutation und Vererbung ihren Reproduktionserfolg, während sie von einem menschlichen Organismus zum nächsten wandern.* Dawkins war der Erste, der ein Mem als »eine Einheit der kulturellen Übertragung oder Imitation« bezeichnete. Doch was genau ist eine Einheit? Das weiß niemand.

Für meine Zwecke behandele ich Meme auf die gleiche Weise, wie Physiker die Existenz von Quarks und dunkler Materie behandeln. In der Quantenmechanik ist es nicht unüblich, neue Gesetze zu entdecken, die das Universum erklären, indem die Existenz einer hypothetischen Kraft oder eines Objekts angenommen wird. Mit dieser »Wenn-nur«-Annahme machen wir uns anschließend auf die Suche nach dem fehlenden Teilchen. Wir wissen, welche Eigenschaften es besitzen würde, wie es sich verhalten würde oder sogar wo es zu finden wäre. Oftmals – wie im Falle der dunklen Materie – finden wir es jedoch nie. Was machen wir also? Wir *tun* so, als würde es existieren. Und zwar deswegen, weil viele Hundert Theorien besser funktionieren, wenn es Dinge wie dunkle Materie und Quarks tatsächlich gibt.

Diese Methode verwenden wir auch in anderen Wissenschaften. Viele Menschen sind zum Beispiel überrascht zu erfahren, dass Charles Darwin das Buch *Die Entstehung der Arten* schrieb, lange bevor irgendjemand wusste, was ein Gen ist. Darwin fehlte vielleicht die entscheidende Zutat, um genau erklären zu können, wie die Evolution funktioniert, aber das hielt ihn nicht von der Beobachtung ab, dass *irgendetwas* in der Natur dazu führte, dass bestimmte Spezies überleben und andere aussterben. Zu jener Zeit nannte er diese mythischen *Partikel*, die miteinander verschmelzen, wenn sich Tiere paaren, »Pangenese.« Darwins Vermutungen hielten der wissenschaftlichen Überprüfung seiner Zeit jedoch nicht lange stand. Erst Jahre nach der Veröffentlichung seines Buches *Die Entstehung der Arten* entdeckte Gregor Mendel, ein Mönch, der in einem abgelegenen Kloster im heutigen Tschechien lebte, wie Gene tatsächlich arbeiten. Glücklicherweise hielt diese fehlende Information Darwin nicht davon ab, Hypothesen aufzustellen.

Trotz Dawkins' breiter Definition der Meme und der offensichtlichen Herausforderung, messbare »Einheiten« der Imitation zu bestimmen, können wir uns alle auf eine wahrnehmbare Tatsache einigen: *Mit jeder Generation werden ein bestimmtes Wissen, bestimmte Überzeugungen und Verhaltensweisen stärker, andere werden schwächer und wieder andere verschwinden.* Zum Beispiel scheint der Slogan »Enthaltsamkeit ist gut« mit der Verbreitung sexuell übertragbarer Krankheiten und einem steilen Anstieg von Teenagerschwangerschaften in den letzten Jahren an Akzeptanz zu gewinnen. Dagegen verliert der Satz »Behalte deine Meinung für dich« im Zeitalter des Bloggings, der Textbotschaften, von YouTube und sozialen Netzwerken wie Twitter und Facebook rapide an Gültigkeit. Es gibt aber noch andere, ernsthaftere Meme.

Von Generation zu Generation zementieren wir unrichtige Überzeugungen über andere Religionen, Rassen und Kulturen. Wir glauben weiterhin, dass grüne Energie teurer ist als umweltschädliche Energie, obwohl das von zahllosen Ökonomen und Unternehmen deutlich widerlegt wurde. Wir trauen einem Topmanager mit einer Elite-Ausbildung immer noch mehr als einem Manager, der nur die Schule des Lebens besucht hat. Wir glauben, schnell sei besser als langsam, teuer besser als billig und biologischer Anbau besser als andere Anbaumethoden. Und nach wie vor behaupten viele Menschen, die Evolutionsprinzipien seien unwahr, trotz aller wissenschaftlicher Beweise, die in den letzten 150 Jahren gesammelt worden sind.

In seinem Bestseller *Virus of the Mind* bezeichnet Richard Brodie Meme aufgrund ihrer Fähigkeit, rationale Gedanken schnell zu infizieren, als »Viren«:[5] »Ihre Gedanken sind nicht immer Ihre eigenen originären Ideen. Sie nehmen Gedanken auf – Sie werden von ihnen infiziert, sowohl auf direkte Weise durch andere Menschen als auch indirekt über gedankliche Viren.« Es ist klar, dass der menschliche Organismus bei jedem Thema, ob groß oder klein, geringfügig oder entscheidend, falsch oder richtig, über kurze Zeiträume oder viele Generationen, zu unserem Nutzen oder Schaden Meme repliziert.

Doch was bestimmt den reproduktiven Erfolg eines Mems? Ähnlich wie Gene werden einige Meme passiv, während andere sich ausbreiten und dominant werden. Der Unterschied zwischen einem Mem, das sich erfolgreich durchsetzt und allgemein akzeptiert wird, und einem Mem, das ausstirbt, wird von seiner Vereinbarkeit mit mächtigen, dominanten Memen bestimmt, die als »Supermeme« bezeichnet werden.

Vom Mem zum Supermem

Ein Supermem ist jede Überzeugung, jeder Gedanke oder jedes Verhalten, das so weit verbreitet und so tief verankert ist, dass es alle anderen Überzeugungen und Verhaltensweisen in einer Gesellschaft bestimmt oder unterdrückt. Ein Weg, Supermeme zu betrachten, ist, sie als mächtige *»Zensoren«* zu sehen – das heißt, als Überzeugungen und Verhaltensweisen, die unser gesamtes Denken und Handeln beeinflussen. Superneme werden zu nicht hinterfragten Überzeugungen zu jedem beliebigen Thema – Wirtschaft, Religion, Gerechtigkeit, Natur und sogar Kindererziehung.

Im Falle der Mayas begann der Fetischismus ab dem Zeitpunkt ihr gesamtes Denken und Handeln zu bestimmen, als sie eine kognitive Schwelle erreicht hatten und nicht mehr in der Lage waren, ihre komplexesten Probleme zu lösen.[6] Der Fetischismus mag als einfaches Mem begonnen haben, das neben anderen praktischen Strategien wie dem Bau von Wassersammelbecken, unterirdischen Zisternen, Wasserkonservierung und innovativen Methoden zur Nahrungsmittellagerung existierte. Als die Lage jedoch immer verzweifelter wurde, wurden konkurrierende Ideen verdrängt und von einem einzigen, engen Blickwinkel ersetzt. Mit anderen Worten: Der Fetischismus entwickelte sich von einem Mem zu einem Supermem. Und sobald der Fetischismus als Allheilmittel für alle Probleme der Mayas galt, wurde jede Suche nach alternativen Lösungen abrupt eingestellt.

Die Neigung, alles verdrängende Überzeugungen und einseitige Lösungen zu entwickeln, war jedoch nicht ausschließlich auf die Mayas beschränkt. Auch im Jahr 476, nach dem Fall des Römischen Reichs, führte Komplexität zu Überzeugungen, die alle Lebensbereiche durchdrangen. Die Menschen traten in ein unerträgliches Zeitalter ein, das als Dunkles Zeitalter beziehungsweise als Mittelalter bezeichnet wird.[7] In dieser Zeit wurde die Ordnung wiederhergestellt und es fand die »erste nachhaltige Urbanisierung des nördlichen und westlichen Europas« statt. Tatsächlich betrachten Historiker das Mittelalter als wichtige Periode in der Entwicklung der modernen Zivilisation und weisen auf die Tatsache hin, dass viele Grenzen, die heute europäische Landesgrenzen markieren, in dieser Zeit entstanden sind.

Mit zunehmender Komplexität des städtischen Lebens in Europa entwickelte sich das Christentum von einer unter vielen Glaubensrichtungen (Mem) zu einem begierigen Supermem, das alle zivilen Funktionen beherrschte. Andere Denkhaltungen und Glaubensrichtungen wurden schnell ausgerottet. Als alle anderen Lebensstile in den Untergrund verdrängt worden waren, erreichte das christliche Dogma mit den Kreuzzügen den Höhepunkt seiner Macht – eine gewalttätige Periode in der Menschheitsgeschichte, in der die Intoleranz neue Höhen erreichte. Millionen von Menschen starben infolge religiöser Verfolgung. Wissenschaftler und rationale Denker wurden eingekerkert, gefoltert und hingerichtet. Und wieder einmal kam der Fortschritt zum Erliegen.

Die Geschichte ist voller Beispiele, wie mächtige Supermeme den Fortschritt behinderten: die einst hartnäckig verteidigte Auffassung, die Erde sei eine Scheibe; die Überzeugung, die Sonne drehe sich um die Erde; der hartnäckige Glaube, Aderlasse würden mehr nutzen als schaden. Die Liste lässt sich fortsetzen. Das liegt daran, dass es Menschen extrem schwerfällt, sich noch etwas anderes vorzustellen, wenn ein Supermem sich einmal durchgesetzt und breit gemacht hat. Das ist das Paradox nicht hinterfragter, tief verankerter Überzeugungen: Wir glauben selbst dann noch, dass etwas wahr ist, wenn längst das Gegenteil bewiesen ist. Aber warum?

Die Bequemlichkeit von Überzeugungen

Es ist wichtig, sich vor Augen zu halten, dass Supermeme oft eine Reaktion auf zunehmende Komplexität sind. Superdominante Überzeugungen stellen Ordnung und Bedeutung wieder her, insofern sind sie ein wirksames Heilmittel für unsere Leiden. Laut Jean-Jacques Rousseau, Schriftsteller und Philosoph des 18. Jahrhunderts, »entscheidet der Verstand in die eine oder andere Richtung, gegen seine eigene Erkenntnis, und irrt sich lieber, statt an gar nichts zu glauben.« Rousseau hatte Recht: Menschen *brauchen* Glauben. Wenn sie mit Komplexität konfrontiert sind, werden sie weniger wählerisch in Bezug auf die Dinge, die sie als Wahrheit zu akzeptieren bereit sind.

Vor Kurzem habe ich erlebt, wie leicht sich ein Mem verbreiten und mit Fakten verwechselt werden kann: Ich wurde dem Finanzguru und Autor des Buches *Nerds on Wall* Street, David J. Leinweber, vorgestellt.[8] Leinweber ist ein gut gekleideter, umgänglicher Gentleman, der aus jedem Thema einen Roman spinnen kann. Man kann sich also leicht vorstellen, warum er in einer ansonsten knallharten Branche über Nacht zur Sensation wurde.

Nach eigenen Worten beschloss er eines Tages aus purem Vergnügen, auf die Jagd nach unterhaltsamen statistischen Beziehungen zwischen den Ergebnissen der New Yorker Börse und völlig sachfremden Gebieten zu gehen. Es dauerte nicht lange, bis er eine bizarre Entdeckung machte: Die Bewegungen am Börsenmarkt fielen zu ungefähr 75 Prozent mit der Butterproduktion in Bangladesh zusammen. Diese Übereinstimmung war so bemerkenswert, dass Leinweber beschloss zu untersuchen, was geschah, wenn er einen zweiten Trend hinzufügte: die Käseproduktion in den USA. Erstaunlicherweise stieg die Korrelation auf sage und schreibe 95 Prozent. Nun hatte Leinweber Blut geleckt; er machte weiter. Er mischte einen dritten Indikator – die weltweite Schafproduktion – hinzu und, siehe da, die drei historischen Trends verliefen zu *99 Prozent* parallel mit den Auf- und Abwärtsbewegungen der US-Börse. Erstaunlich.

Natürlich wusste Leinweber, dass diese Indikatoren völlig absurd waren. Also machte er es sich zur Aufgabe, die Gefahren aufzuzeigen, die damit verbunden sind, wenn man sich bei finanziellen Entscheidungen auf amüsante, aber völlig unzusammenhängende Korrelationen verlässt. Leinweber beschrieb seine zusammengewürfelte Untersuchung folgendermaßen: »Das war das Gleiche, als würde man in den Wolken nach Häschen suchen – man mischte Daten so lange wild zusammen, bis man irgendetwas fand. Jeder wusste, dass man früher oder später ein Häschen finden würde, wenn man genügend Daten mischte. Aber das war nicht realer als der Wolkenfetzen, der über den Horizont zieht.«

Kurz nachdem er seine Untersuchungen veröffentlicht hatte, geschah David Leinweber etwas Seltsames. Je mehr er über die bizarre 99-prozentige Korrelation sprach, desto interessierter wurden die Börsenexperten an der Wall Street. Großinvestoren und Portfoliomanager wollten mehr darüber erfahren, wie diese Beziehungen funktionierten, und verlangten mehr Details. Über Nacht wurde Leinweber mit Anfragen bedrängt, er möge die Formel präziser definieren – damit sie anschließend dazu dienen konnte, Marktfluktuationen *vorherzusagen*. Leinweber wurde zum Stadtgespräch; plötzlich galt er als nächstes Finanzgenie, das über eine neue Methode verfügte, um an der Börse ein Vermögen zu verdienen. Die Übung, die Leinweber als reinen Zeitvertreib betrieben hatte, war plötzlich völlig auf den Kopf gestellt. Wie konnte das geschehen?

In jeder entwickelten Zivilisation siegt der Glaube über das Wissen, wenn der Wissenserwerb zu schwierig wird, und Leinwebers Geschichte ist nur ein weiteres Beispiel für diese Tatsache. Als die Finanzsysteme der Wall Street zu kompliziert wurden, um selbst von Experten noch verstanden werden zu können, suchten diese reflexhaft nach einem Geisterbeschwörer, der das Problem vereinfachen konnte. Mit anderen Worten: Es war immer noch besser, *sich auf die Butterproduktion in Bangladesh zu verlassen, als überhaupt keinen Anhaltspunkt zu haben.*

Das ist der Grund, warum selbst extrem erfahrene Investoren Bernard Madoff blind in eine Mausefalle folgten, als sie mit chaotischen Finanzmärkten konfrontiert waren. Das ist auch der Grund dafür, dass populäre Analysten und Persönlichkeiten wie Warren Buffett, Jim Cramer und Neil Cavuto mit einem einzigen gut platzierten Kommentar bewirken können, dass eine Aktie steigt oder fällt. Jeden Tag hängen andächtige Jünger an ihren Lippen wie an der Bibel.

Dieses irrationale Verhalten ist jedoch nicht auf die Finanzmärkte beschränkt. Wir geben jedes Jahr Milliarden Dollar für homöopathische Heilmethoden aus, die nachweislich keinerlei Heileffekte haben. Wir schließen mehr Gebäude-, Feuer-, Wasserschaden-, Auto-, Schiffs- und Krankenversicherungen ab, als zu irgendeinem anderen Zeitpunkt der Geschichte, obwohl das Risiko eines katastrophalen Verlusts stündlich sinkt. Und wir legen weiterhin neue Golfplätze in Kalifornien an, als ob sich der Wassermangel irgendwann ganz von allein lösen würde. Was veranlasst uns, als Individuen und als Gruppe irrationale Überzeugungen anzunehmen? *Unsere Anfälligkeit für irrationale Überzeugungen steigt in dem Maße, wie unsere Fähigkeit, Wissen zu erwerben, nachlässt. Wenn wir mit einer Komplexität konfrontiert sind, die die biologischen Fähigkeiten unseres Gehirns übersteigt, werden wir für ungeprüfte Ideologien anfällig und beginnen ein gefährliches »Herdenverhalten« zu entwickeln.*

Die Ansteckungskraft der Anpassung

Das bringt uns zum zweiten Grund, warum sich Supermeme wie Viren verbreiten. Es ist viel einfacher sich anzupassen, als zu jedem Thema eine bewusste Entscheidung zu treffen, unabhängig davon, ob es um die Farbe unserer Hausdächer, das beste Automodell oder die effizienteste Erziehungsmethode für unsere Kinder geht. Je komplexer das Leben wird, desto schwieriger ist es, sich das Wissen zu beschaffen, das wir brauchen, um die richtige Entscheidung zu treffen. Nicht nur sind die Entscheidungen, die wir treffen müssen, an sich komplexer, wir müssen zudem viel mehr Entscheidungen treffen als früher, und das in kürzerer Zeit. Von diesem Standpunkt aus betrachtet, ist es kein Wunder, dass Gruppenverhalten und Gruppendenken so verführerisch sind. Die Alternative besteht darin, sich von einer Informationsüberflutung, zu vielen Auswahlmöglichkeiten und einem Übermaß an Kompliziertheit lähmen zu lassen.

Wenn die Bedingungen chaotisch und unverständlich werden, schließen wir uns automatisch der Mehrheit an. Wir lassen die Gruppe entscheiden, weil wir glauben, dass eine Gruppenentscheidung besonders weise ist. Die Ergebnisse des Gruppendenkens können historisch und beunruhigend sein, wie im Falle des Dritten Reichs, My Lai und in jüngerer Zeit der Vorfälle im irakischen Gefängnis Abu Ghraib.

Gruppendenken beschränkt sich jedoch keineswegs auf menschliche Gräueltaten; es erstreckt sich auch auf plötzliche Hysterien und Modeerscheinungen wie die Puppe Cabbage Patch Doll, die Verbreitung der Disco in den 1970er-Jahren und die hysterische Nachfrage nach Reis im Jahr 2008, als die Nachricht durchsickerte, es käme zu einer möglichen Reisverknappung. In einer globalen Wirtschaft kennt die Anpassung zudem keine Grenzen. Supermeme verbreiten sich in Lichtgeschwindigkeit von einem Land zum anderen, unabhängig von Kultur, Geschichte und anderen bereits existierenden Memen. Eines der besten Beispiele des weltweiten Trends zur Uniformität stammt von dem Schwarz-Weiß-Fotografen John Spence Weir, der die moderne Geschichte Mexikos über die vergangenen 50 Jahre visuell dokumentiert hat.[9] In einem kürzlich erfolgten Gespräch traf er eine traurige und bewegende Feststellung:

> »Tatsächlich ist die Geschichte von Mexiko in Wahrheit die Geschichte des langsamen Tods der Farben. Einst waren alle Häuser lila, rosa, gelb und orange. Auch die Kleidung, die Körbe, die Märkte und die Menschen waren farbenprächtig. Heute will niemand ein lila Haus mit gelben Fensterläden. Alle wollen beige. Die wohlhabenden Menschen wollen, dass ihre Häuser genauso aussehen wie die in den USA. Also streichen sie sie beige. Wenn ich irgendetwas bedauere, dann, dass ich Mexiko in Schwarz-Weiß statt in Farbe fotografiert habe. Ich habe die gesamte Geschichte verpasst.«

Das war ein alarmierendes Eingeständnis eines Mannes, der sein Leben damit verbracht hat, die schwindende Kultur eines Landes in Schwarz-Weiß-Fotografie festzuhalten. Das Phänomen, das Weir in Mexiko beobachtet hat, mag eine einfache biologische Erklärung haben. Experten, die das menschliche Verhalten studieren, spekulieren, der Hang zu einheitlichem Verhalten könne auf einen natürlichen Instinkt zurückgehen, den wir von unseren Vorfahren geerbt haben. Sie vermuten, dass die Überlebenschancen stiegen, wenn wir als einheitliche Gruppe auftraten, und nicht als Individuen. Wenn wir in Gruppen jagten, konnten wir größere Beutetiere erlegen und uns besser gegen mächtigere Feinde verteidigen. Ähnlich den Schakalen und Wölfen verließen sich unsere Vorfahren auf die Stärke der Meute, um ihr Überleben zu sichern. Wenn das stimmt, bedeutet es, dass wir möglicherweise die biologische Veranlagung besitzen, uns an die Wünsche und das Verhalten der Gruppe anzupassen. Das mag erklären, warum wir naturgemäß für Supermeme anfällig sind. Unabhängig davon, ob unser Wunsch nach Anpassung von Bequemlichkeit motiviert, biologisch vererbt oder einfach nur eine natürliche Neigung ist, den Weg des geringsten Widerstand zu gehen, ist eine Sache gewiss: Wenn es um das Überleben geht, mag Einzigartigkeit weniger komplex sein als Vielfalt, aber sie ist auch gefährlich.

Einzigartigkeit und Aussterben

In der Natur existiert Vielfalt aus einem praktischen Grund: Eine Spezies, die ein breites Spektrum an Eigenschaften und Verhaltensweisen und damit eine große Vielfalt entwickelt, erhöht ihre Chancen, vielfältige Umweltherausforderungen zu überleben. Wenn eine Veränderung eintritt – ob es sich um eine Dürre, neue natürliche Feinde, Nahrungsmittelverknappung oder starke Temperaturausschläge handelt –, haben die Spezies bessere Überlebenschancen, die gegenüber anderen Spezies eine größere Vielfalt entwickelt haben. In der Evolution wirkt Vielfalt wie eine genetische *Versicherungspolice*, die vor dem kompletten Aussterben einer Spezies schützt. Das ist der Grund, warum es mehr als eine Fisch-, Vogel- und Ameisenart gibt. Sie alle entwickeln unterschiedliche Strategien, um auf ihre Umgebung zu reagieren. Wenn eine Veränderung eintritt, besitzen sie also die notwendigen Merkmale, um sich anzupassen.

Lassen Sie mich ein Beispiel dafür geben, wie wichtig Vielfalt für das Überleben ist. In den 1990er-Jahren verkaufte ich in Vorbereitung für die Arbeit an diesem Buch mein Unternehmen im Silicon Valley und zog in ein abgelegenes, staatlich geschütztes Schutzgebiet für die vom Aussterben bedrohte Schmetterlingsart Smith's Blue, das sich entlang des kalifornischen Küstenstreifens Big Sur erstreckt. Zu dem Zeitpunkt, als ich mein Grundstück erwarb, wusste ich fast nichts über Schmetterlinge. Kurz nach dem Umzug hatte ich jedoch die Gelegenheit, den hervorragenden Insektenkundler und Experten dieser gefährdeten Schmetterlingsart, Dick Arnold, kennenzulernen. Das war der Auftakt zu einer Kette von ungeplanten Ereignissen.

Dick erklärte, der fragile Smith's Blue sei aus unbekannten Gründen auf eine einzige Nahrungsmittelquelle angewiesen: ein unscheinbarer Buchweizen, der entlang der kalifornischen Küste wächst.[10] Im Laufe des vergangenen Jahrhunderts zerstörte die Küstenbebauung zusammen mit der Ausbreitung nicht einheimischer Pflanzen einen großen Teil der Buchweizenpopulation. Anders als andere Schmetterlinge, die sich von anderen Pflanzen ernähren, wenn ihre bevorzugte Nahrung knapp wird, hat der Smith's Blue keine Nahrungsmittelvielfalt entwickelt. Als der Buchweizen schwand, wurde somit auch diese Schmetterlingsart seltener.

Meine Begegnungen mit Dick Arnold, dem lokalen Biologen Jeff Norman und Experten des Federal Fish and Wildlife Office regten mich dazu an, auf meinem Grundstück Buchweizensamen zu sammeln, um diese Pflanze zu vermehren. Ich gründete eine Stiftung, stellte einen Gärtner ein, der die Anpflanzung überwachte und engagierte einen Biologen, um den Fortschritt der Schmetterlingspopulation zu beobachten. Nach acht Jahren und ständigem Ärger mit dem kommunalen Wasserausschuss, weil ich bei den Anpflanzungen ihr Gebot »Kein Wasser für Gartenpflege« verletzte, freue ich mich, sagen zu können, dass die Zahl der Buchweizenpflanzen im Schutzgebiet und auf den benachbarten Hügeln explodiert ist. Die Zahl der Smith's-Blue-Schmetterlinge steigt jedes Jahr leicht an.

Die Geschichte über diese Schmetterlingsart hat aber noch eine andere, ernüchternde Seite. Vom biologischen Standpunkt aus betrachtet, muss ich eingestehen, dass ich eine Spezies künstlich am Leben erhalte, die ihre Nahrungsmittelauswahl auf eine einzige Pflanze beschränkt hat. Und in der Natur stellt jeder Trieb zur Einseitigkeit eine Gefahr für das Überleben einer Spezies dar. Es mag politisch zweckdienlich sein, die Schuld am Aussterben des Smith's-Blue-Schmetterlings allein in den menschlichen Eingriffen in die Natur zu suchen, aber in Wahrheit bringt sich der Schmetterling selbst in Gefahr, weil er nicht diversifiziert. *In der Natur hat Einseitigkeit beziehungsweise Ausschließlichkeit gefährliche Konsequenzen.*

Die Gesetze, die Einseitigkeit und Überleben bestimmen, sind nicht auf einen kleinen Schmetterling begrenzt. Auch Menschen unterliegen diesen Prinzipien. Es ist allgemein bekannt, dass die Diversifizierung unseres Finanzportfolios und des Produktsortiments eines Unternehmens eine notwendige Strategie zum Schutz gegen zukünftige Veränderungen ist. Außerdem streben wir auch bei Büchern über Spieltaktiken im Sport, bei der Bildung, in Kaufhäusern und auf Speisekarten eine größere Vielfalt an. In jedem einzelnen Fall ist Vielfalt ein Synonym für die Verbesserung unserer Optionen, unserer Flexibilität und unserer Überlebensfähigkeit.

Dr. Yaneer Bar-Yam von Harvard erklärt die entscheidende Rolle, die Vielfalt bei steigender Komplexität spielt:[11] »Ein System funktioniert gegenüber komplexen Herausforderungen gut, wenn es sehr vielfältig ist. Wir sehen das in der modernen Wirtschaft und bei technologischen und unternehmerischen Innovationen.« *Eine Vielfalt an Memen garantiert den anhaltenden Erfolg einer Zivilisation. Je größer die Vielfalt an Ideen, Technologien und Überzeugungen, aus denen eine Gesellschaft auswählen kann, desto wahrscheinlicher ist es, dass sie effektiv auf plötzliche oder dramatische Veränderungen in ihrer sozialen und physischen Umgebung reagieren kann.* Die Sache hat aber einen Haken: Je größer die Vielfalt, desto größer die Komplexität.

Wenn eine Gesellschaft Anzeichen für eine Uniformität erkennen lässt, ist das umgekehrt ein Hinweis darauf, dass die Gesellschaft in dem Versuch, Komplexität durch die Beseitigung von Vielfalt zu verringern, Supermeme übernommen hat.

Die gewaltige Verdrängungskraft der Supermeme

Supermeme unterdrücken und verhindern Vielfalt, und zwar genau so, wie McDonald's, Wal-Mart und The Gap kleine Geschäfte verdrängen. Sie vereinheitlichen und vereinfachen die Auswahlmöglichkeiten. Während Einzelhandelsketten uniforme Bekleidungsstile und einheitliche kulinarische Vorlieben erzeugen, unterdrücken Supermeme Wissens-, Glaubens- und Handlungsvielfalt.

Im Laufe der Zeit verbreiten sich Supermeme so stark, dass sie als Filter für andere Meme fungieren und nur die Gedanken, Verhaltensweisen und Überzeugungen überleben, die mit den Supermemen vereinbar sind. Das erklärt, warum sich so viele erkenntnisgesteuerte Ideen und Lösungen einfach nicht durchsetzen können. Das hat nichts mit der Idee oder Lösung an sich zu tun. Wie Dean Kamen erklärt, sind unsere »Einstellungen und Verhaltensweisen« – die Supermeme, die bestimmen, was wir denken und wie wir handeln – das wahre Hindernis.[12] Das bedeutet aber nicht, dass sich ein Supermem nicht überwinden lässt.

Erinnern Sie sich an den brillanten Betrüger und Fälscher Frank Abagnale?[13] Das Supermem, das Abagnale hinter Gittern hätte halten können, war das vorherrschende Konzept der »Gerechtigkeit«, das wir damals hatten – der jüdisch-christliche Glaube an »Auge um Auge«. Selbst heute durchdringt diese Ideologie (Supermem) jeden Aspekt des amerikanischen Strafrechtssystems und verhindert andere innovative Wege des Umgangs mit und der Rehabilitation von Straftätern. Das ist der Grund, warum Abagnales Geschichte so beeindruckend ist. Die FBI-Agenten, die für seine vorzeitige Entlassung kämpften, überwanden eine tief verwurzelte Überzeugung: die allgemein akzeptierte Vorstellung, ein Straftäter müsse innerhalb der vier Wände eines Gefängnisses zusammen mit anderen Straftätern für seine Schuld *bezahlen*, indem ihm jede Freude, alle Rechte und der Respekt genommen werden, die gesetzestreuen Bürgern vorbehalten sind. Andere effektive Wege, die Schuld zu sühnen, wie zum Beispiel eine Zusammenarbeit mit dem FBI, waren einfach keine Option – zumindest nicht, bis die Erkenntnisse einiger FBI-Agenten die vorherrschende Mentalität infrage stellten. Gibt es weitere Beispiele für Supermeme, die zu Einseitigkeit geführt haben? Andere Überzeugungen und Verhaltensweisen, die sich in der Breite so durchgesetzt haben, dass sie jede Vielfalt erstickt haben?

Wirtschaftliche Uniformität

Es gab eine Zeit, als die geografische Entfernung zwischen Ländern ausreichte, um die Globalisierung der Meme zu bremsen oder gar zu verhindern. Heute ermöglichen beispiellose Fortschritte in Transport und Kommunikation eine weitere und schnellere Verbreitung von Informationen, Überzeugungen und Trends als je zuvor.

Nehmen wir zum Beispiel die Wirtschaft. Es ist faszinierend zu beobachten, wie ähnlich die Wirtschaftssysteme der meisten Industrieländer in nur wenigen Jahrzehnten geworden sind.[14] Fast alle Nationen haben einen zentralisierten Regierungszweig, der Zinssätze, Geldmenge, Importe und Exporte und weitere Dinge streng kontrolliert. Außerdem haben sie identische Wirtschaftsinstitutionen, die den Handel beaufsichtigen – die Aktienmärkte, Unternehmens- und Staatsanleihen, ein reguliertes Bankwesen, Risikokapital et cetera –, und die Unterschiede in den Gesetzen, die ihr jeweiliges Finanzsystem regeln, sind sehr gering. Die Besteuerung von Einkommen und Konsum sind die Hauptquellen der Staatseinnahmen, und die Bürger müssen sich selbst für die Führung eines ganz normalen Geschäfts anmelden und eine Reihe von Lizenzen beantragen. Gewiss gibt es technische Nuancen und politische Unterschiede zwischen den Ökonomien – sagen wir – der Vereinigten Staaten und Chinas, aber die Ähnlichkeiten in der Art und Weise, wie Kapital beschafft, gesteuert und verwaltet wird und wie wirtschaftliche Transaktionen ablaufen, überwiegen diese eher kosmetischen Unterschiede bei Weitem. Heute ist Geschäft Geschäft, egal wohin Sie reisen.

Nach dem Ende des Kalten Krieges übernahmen die meisten Länder viele der Finanzinstitutionen und Prozesse, die mit dem Kapitalismus assoziiert werden. Dafür gab es einen praktischen Grund: *Uniformität macht den Handel rationeller.* Die Weltwirtschaft funktioniert einfach effizienter, wenn die gleichen wirtschaftlichen Grundprinzipien angewendet werden, unabhängig von kulturellen und politischen Differenzen. Kurzum, gemeinsame Handelssysteme ebneten den Weg für eine leichte und schnelle wirtschaftliche Kooperation. Infolgedessen streben heute alle Nationen nach wirtschaftlicher Einheitlichkeit, auch wenn das zulasten der Stabilisierung der Weltmärkte geht.

Die Geschichte meines Bruders Mike demonstriert, warum wirtschaftliche Uniformität zwischen Ländern so attraktiv ist. Vor einigen Jahren, an seinem 45. Geburtstag, rief Mike die Familie zusammen und verkündete, er werde sein eigenes Unternehmen gründen. Vor dieser Ankündigung war mein Bruder ein erfolgreicher Forschungs- und Entwicklungsingenieur im

Silicon Valley gewesen und hatte für Industriegiganten wie Ford Aerospace, Fairchild Semiconductor und Lam Research gearbeitet. Mit Ende Dreißig lernte er eine brillante junge Frau kennen, heiratete und bekam drei Söhne. Er hatte einen guten Job, eine gesunde Familie und großartige Freunde. Das Leben war gut. Dann, im Jahr 2008, kam die Wirtschaftskrise. Mike und seine Frau trafen die schwere Entscheidung, mit der ganzen Familie nach Idaho zu ziehen, wo die Lebenshaltungskosten nur halb so hoch sind wie in Kalifornien. Zu ihrem geräumigen neuen Zuhause gehörte ein Büro über der Garage, das mein Bruder sofort in Beschlag nahm. Zwischen dem Wechsel von Windeln, der Zubereitung des Mittagessens und dem Transport der Kinder zur Schule begann er, die persönlichen Notizbücher zu durchforsten, die er während seiner beruflichen Laufbahn geführt hatte. Sie waren randvoll mit neuen Produktideen, die er eines Tages zu entwickeln hoffte. Nach vielen Monaten entschied er sich für eine kleine, kostengünstige Metallschraube für allradgetriebene Spaßfahrzeuge.

Zwar hatte Mike keinerlei Erfahrung mit Selbstständigkeit und kein Verlangen, eine Fremdsprache zu lernen oder zu sprechen, und trotzdem gelang es ihm innerhalb von dreißig Tagen, einem Dutzend Fertigungsunternehmen in China elektronische Entwürfe seines Prototyps zu senden. In rund sechzig Tagen verfügte er über testbereite Prototypen. Außerdem unterschrieb er einen Vertrag mit einem ausländischen Unternehmen, das die Plastikverpackungen für den Einzelhandelsvertrieb herstellen sollte. Und nun, gerade einmal neunzig Tage nachdem er begonnen hat, seinen Traum zu verwirklichen, sitzt er im Büro über seiner Garage in Idaho, spricht mit ausländischen Vertriebsunternehmen in der Autoteileindustrie und handelt Lizenzvereinbarungen mit Fertigungsunternehmen auf der anderen Erdhalbkugel aus.

Der Preis der Uniformität

Wir leben in erstaunlichen Zeiten, in denen die Gründung eines internationalen Unternehmen so einfach ist, dass selbst ein Neuling in nur wenigen Monaten zu einem internationalen Konzern wachsen kann. Wenngleich Einheitlichkeit im globalen Handel für Unternehmer wie meinen Bruder ein Segen ist, hat die schwindende wirtschaftliche Vielfalt auch eine Kehrseite: Sie erhöhte die gegenseitige Abhängigkeit der Länder und macht sie damit verwundbarer für plötzliche Veränderungen. Ähnlich dem Dilemma des Smith's-Blue-Schmetterlings, hat die Entwicklung von ökonomischer

Vielfalt zur Einheitlichkeit die Wahrscheinlichkeit eines einseitigen Kollapses stark erhöht.

Nehmen Sie zum Beispiel die Aktienmärkte.[15] In der letzten Juliwoche des Jahres 2007 brachen die amerikanischen Aktienmärkte um fast 5 Prozent ein. Das war der größte Einbruch seit dem 11. September. In derselben Woche verlor die Londoner Börse FTSE 5,6 Prozent, der israelische Index TA 25 verlor 7 Prozent und die australische Börse 3 Prozent. Im Anschluss folgten augenblicklich die Aktienmärkte in Hongkong, Südkorea, Tokio und Singapur, die alle zwischen 3 und 4 Prozent einbrachen. Zwar variiert das Ausmaß der Höhe- und Tiefpunkte zwischen den internationalen Märkten, die Auf- und Abwärtstrends werden aber inzwischen regelmäßig von allen Börsen der Welt im 24-Stunden-Takt nachgeahmt. Praktisch alle Aktienmärkte weltweit folgen demselben Tagestrend. Welche Faktoren sind für die ähnlichen Bewegungsmuster angeblich unabhängiger Aktienmärkte verantwortlich, von denen jeder angeblich unabhängige Unternehmen repräsentiert?

Würden diese plötzlichen Kurssprünge auf rationalen wirtschaftlichen Faktoren beruhen, müssten wir zu dem Schluss kommen, dass die Unternehmen jeglicher Größe, in jeder Industrie und in jedem Land der Welt *in genau derselben 24-Stunden-Periode irgendetwas gemacht haben*, das den Wert ihrer Unternehmen im Einklang sinken ließ. Das ist nicht sehr wahrscheinlich, ganz zu schweigen von den nachfolgenden Tagen. Gibt es also irgendein ökonomisches Prinzip, das die Macht besitzt, jedes Unternehmen, jede Währung und jede Wirtschaft auf der Welt zu beeinflussen? Tatsächlich gibt es nur sehr wenige verheerende Ereignisse, die den Wert aller Unternehmen, egal an welchem Standort, gleichzeitig verändern können. Meistens reagieren die Märkte entweder ängstlich oder überschwänglich, je nach Gerüchten, Vorhersagen und Spekulationen. Und in dem Maße, wie die Volkswirtschaften auf der ganzen Welt einheitlicher geworden sind, sind auch die Reaktionen auf irrationale Überzeugungen ähnlicher geworden.

Es lässt sich nicht leugnen, dass die Gefahr der Ansteckung und eines globalen Finanzzusammenbruchs mit zunehmender Ähnlichkeit der Volkswirtschaften entwickelter Länder steigt. In vielerlei Hinsicht befinden wir uns in der gleichen Gefahr wie der Smith's-Blue-Schmetterling: Wir haben unsere Optionen freiwillig so weit eingeschränkt, dass wir unsere Überlebensfähigkeit aufs Spiel setzen. Nach meiner Auffassung wäre der jüngste dominoartige Zusammenbruch der Finanzmärkte, der zu einer weltweiten Rezession geführt hat, vor einer Generation, als Russland, China und Ostdeutschland völlig andere Volkswirtschaften hatten, nicht möglich gewesen.

Bis zum Beginn der 1970er-Jahre betrieb China eine streng isolationistische Politik, während Russland und Ostdeutschland eisern an der Zentralplanung festhielten. In dieser Zeit der ökonomischen Diversifizierung hatte die Krise eines Finanzmarkts wesentlich geringere Auswirkungen auf andere Länder, weil ihre Unterschiedlichkeit sie vor den launischen Auf- und Abwärtsbewegungen einer unbeständigen Weltwirtschaft schützte. Der Handel zwischen den Nationen mag schwieriger gewesen sein, aber unterschiedliche Wirtschaftssysteme boten den notwendigen Schutz vor einem gefährlichen Dominoeffekt.

Im Frühling 2010 erhob die Gefahr der wirtschaftlichen Gleichschaltung erneut ihr hässliches Haupt, als Griechenland verkündete, es stehe am Rande eines Zahlungsausfalls, was auf der ganzen Welt zu einer Talfahrt der Märkte führte. Plötzlich wurden die Auswirkungen der Einführung einer Einheitswährung – des Euros – zur Vereinfachung des Handels deutlich: Die Wirtschaftsstabilität hing von der Solvenz jeder Nation ab, die den Euro einführte. Die Pleite eines Landes würde also katastrophale Konsequenzen für alle anderen haben. Die Mitglieder des Euroraums, zusammen mit dem Internationalen Währungsfonds, hatten keine andere Wahl, als schnell ein 147 Milliarden Dollar schweres Hilfspaket zu schnüren, mit dem Griechenland drei Jahre Zeit gewinnen sollte. Das war eine gute Notfallmaßnahme, aber trug sie irgendetwas dazu bei, die Risiken der geschwundenen ökonomischen Vielfalt zu beseitigen? Wahrscheinlich nicht.

Aber nicht nur die wirtschaftliche Uniformität erhöht die Ansteckungsgefahr der Länder. In dem Maße, wie globale Klimaerwärmung, pandemische Viren, Terrorismus, Armut und andere globale Probleme an Komplexität gewinnen, geraten auch die Regierungen aller Länder in die gleiche *Sackgasse*. Schließlich sind alle Bürger, egal welcher Nationalität, menschliche Organismen, die derselben langsamen Evolutionsgeschwindigkeit unterliegen wie alle anderen Lebensformen auf dem Planeten. Während sich die Kluft zwischen unseren kognitiven Fähigkeiten und dem Ausmaß der Probleme, die wir lösen müssen, also vergrößert, beginnen Bürger überall auf der Welt, Wissen durch ähnliche superdominante Überzeugungen – sogenannte Supermeme – zu ersetzen. Und das wirft folgende Frage auf: Wenn Komplexität zu Supermemen führt und Supermeme zu Vereinheitlichung führen und Vereinheitlichung zum Aussterben führt, wie durchbrechen wir dann diesen Kreislauf?

Meme Meme sein lassen

Das Wichtigste, was man an Supermemen verstehen muss, ist Folgendes: *Supermeme werden von Menschen gemacht, von Menschen durchgesetzt und von Menschen aufrechterhalten. Und daher kann man sie vermeiden und auflösen.*

Ein Weg, Supermeme zu verhindern oder aufzulösen, ist durch Bewusstsein. Wenn wir uns der Supermeme bewusst sind, werden wir sie überall bemerken. Neuerdings werden sie von Regierungsführern, Medien, Komiker und Professoren erwähnt. Gespräche über uniforme Überzeugungen werden bei Geschäftstreffen, am Küchentisch, in Fernsehtalkshows und bei Bürgertreffen geführt. Sobald sie entlarvt sind, funktionieren Supermeme nicht mehr.

Autor Richard Brodie äußert sich zur Macht des Bewusstseins folgendermaßen:[16]

> »Menschen, die Memetik begreifen, werden über einen zunehmenden Vorteil im Leben verfügen; vor allem wird es ihnen gelingen, sich vor Manipulation oder Ausnutzung zu schützen. Wenn Sie besser verstehen, wie Ihr Gehirn funktioniert, können Sie besser durch eine Welt der zunehmend subtilen Manipulation navigieren.«

Folglich ist die beste Verteidigung gegen Manipulation das Bewusstsein. Je besser wir verstehen, wie und warum Supermeme zu Supermemen werden und wie sie den Fortschritt verhindern, desto geringer ist die Wahrscheinlichkeit, dass wir ihnen erlauben, unsere Gedanken zu beherrschen und zu einem Hindernis zu werden.

Ein zweiter Weg zur Eliminierung hinderlicher Überzeugungen besteht in einem radikalen Paradigmenwechsel. Das kann in Form einer gewalttätigen kulturellen Revolution geschehen, wie in Kuba Ende der 1950er-Jahre, oder in Form eines inspirierenden Dokuments, wie die Bill of Rights – die ersten zehn Verfassungszusätze zur amerikanischen Verfassung – oder Darwins Werk *Die Entstehung der Arten*. Manchmal durchbricht eine revolutionäre wissenschaftliche Entdeckung die Eigendynamik weit verbreiteter Überzeugungen: das Periodensystem der Elemente, die Entdeckung der Doppelhelix der DNS, das Internet. Die Geschichte der Menschheit ist angefüllt mit Beispielen dafür, wie eingefleischte Überzeugungen von einer äußerst wirkungsvollen Entdeckung, einer bahnbrechenden Innovation oder einer mächtigen Armee hinweggefegt wurden.

Ein dritter Weg, um Supermeme zu verhindern, besteht darin, den Grund dafür zu beseitigen, dass sie überhaupt entstehen. Supermeme entwickeln sich als Folge einer kognitiven Schwelle. Wenn wir neue kognitive Fähigkeiten entwickeln – wie zum Beispiel die Fähigkeit zur spontanen Erkenntnis –, kann Komplexität bewältigt werden. Erkenntnis schützt gegen die Gefahren beherrschender Ideologien, indem sie unser Bedürfnis beseitigt, diese überhaupt zu übernehmen.

Den Erkenntnisprozess zu fördern ist jedoch nicht genug. Wir wissen heute, dass mächtige Supermeme die Fähigkeit besitzen, jede erkenntnisgesteuerte Lösung zu zensieren oder zu zerstören, egal wie effektiv sie auch sein mag. Ob es Steven Chus Vorschlag ist, Straßen und Dächer weiß zu streichen, oder Dubners und Levitts Vorschlag, die Erde abzukühlen: Unbewiesene, tief sitzende Überzeugungen verhindern, dass hilfreiche Lösungen umgesetzt werden.

In dieser Hinsicht befindet sich die moderne Gesellschaft in einer ähnlichen Lage wie die Mayas, die Römer und die Khmer. Viele erkenntnisgesteuerte Lösungen für unsere bedrohlichsten Probleme sind bereits vorhanden. Wir besitzen die Technologien, Ideen, Theorien, Innovationen, Erfindungen und die Erkenntnis, um unsere größten Herausforderungen bewältigen zu können. Dennoch stehen uns die Supermeme im Weg. Sie bilden eine irrationale Barriere zwischen unseren Überzeugungen und unserem Wissen über das, was wir tun müssen.

Wissen wir, welche Supermeme heute den Fortschritt verhindern? Wie sich zeigt, haben wir eine ziemlich genaue Vorstellung davon.

4
Irrationale Ablehnung: Das erste Supermem

Im Jahr 2004 traf ich unmittelbar auf das erste von fünf modernen Supermemen, als ich nach Manhattan flog, um zwei Tage lang an mehreren aufeinander folgenden Geschäftsbesprechungen teilzunehmen. Damals studierte meine Tochter an der Universität von New York und ich freute mich darauf, mit ihr zum Abendessen zu gehen und all die Dinge zu hören, die unabhängige junge Frauen interessieren: Jungs, Politik, Jungs, Mode, Jungs, Musik und Filme, von denen ich noch nie gehört habe – alles gefolgt von einer langen Diskussion über Jungs.

Als ich jedoch ins Hotel kam, fand ich eine Nachricht auf dem Anrufbeantworter, in der sie mir mitteilte, dass sie verhindert sei. Ich war enttäuscht. Ihre Nachricht war kurz und rührend: Einige Studenten hatten sie kurzfristig dazu eingeladen, gegen den Irakkrieg zu protestieren, und weil es ihre erste Demonstration war, war sie nicht ganz sicher, wie lange sie dauern würde. »Geh schon mal vor und iss ohne mich. Ich komme dann, so schnell ich kann«, sagte sie. Als ob sie meine Enttäuschung vorwegnehmen würde, setzte sie dann schnell hinzu: »Es tut mir leid, Mama, aber ich glaube, ich muss das tun – aufstehen und protestieren, du weißt schon.«

Sogleich war ich mit Stolz erfüllt. Ich hatte eine gesunde, willensstarke junge Frau erzogen, und das war meine gerechte Belohnung: zivile Bürgerpflicht zuerst, Treffen mit Mama anschließend. Erschöpft von meiner Reise quer durch die USA, holte ich mir ein Mineralwasser aus der Minibar, legte mich aufs Bett und schaltete den Fernseher ein, um die Demonstranten zu sehen, die sich zufälligerweise in den Straßen unter meinem Hotelzimmer versammelten. Innerhalb von Minuten – das Wasser in der Hand, noch in Mantel und Schuhen – schlief ich ein.

Als ich aufwachte, hatte sich die Demonstration auf zehn Häuserblocks im Zentrum von Manhattan ausgedehnt. Berittene Polizisten begannen, Kreuzungen zu sperren, als Verstärkungstruppen mit Plastikschutzschilden ein Meer von gelben Taxis verdrängten und überall die Touristen verschreckten. Geschäftsinhaber schlossen eilig ihre Türen und ließen die Rollläden herunter. Übertragungswagen der Medien fuhren an die Straßenränder und richteten ihre Kameras aus, während hektische Reporter auf die Menge zurannten. Dann schlug es fünf Uhr und Tausende von Büroangestellten ergossen sich auf die Bürgersteige und trugen ihrerseits zum allgemeinen Durcheinander bei. Eine kleine Gruppe in der Nähe eines Parks begann zu rufen: »Stoppt … den … Krieg!« und andere fielen in den Chor ein. Als das Stakkato lauter wurde und von den Fassaden der riesigen Wolkenkratzer widerhallte, stiegen Hubschrauber der Verkehrspolizei auf, um das Geschehen zu verfolgen. Das war keine Handvoll Studenten mehr, sondern eine landesweite Nachrichtenstory.[1] Und dann, in einem dieser wunderbaren, unerklärlichen Schicksalsmomente, entdeckte ich das Gesicht meiner Tochter. Ein Reporter hielt ihr ein Mikrofon vor den Mund und rief: »Warum sind Sie hier? Was hat Sie heute hierher gebracht?« Ich richtete mich auf.

Ich sah, wie die junge Studentin das Mikrofon in die Hand nahm und für die Antikriegsbewegung sprach. Mit erstaunlicher Festigkeit und Überzeugung antwortete meine Tochter, der ursprüngliche Grund für den Krieg sei die Existenz von »Massenvernichtungswaffen« gewesen, und jetzt, nachdem man festgestellt hatte, dass es keine gab, hätten die USA keinen Grund mehr, im Irak zu bleiben. »Kein Präsident hat das Recht, die Gründe für einen Krieg im Nachhinein umzudeuten«, sagte sie. Wer war diese schöne Frau in den Abendnachrichten, die sich so deutlich ausdrückte?

Erneut empfand ich Bewunderung. Aber dann – das muss zugunsten des Reporters gesagt werden – stellte er eine bedeutungsvollere Frage: »Wie sollten wir uns aus dem Irak zurückziehen?« Ihre erste Reaktion war ein erstaunter Blick. »Was?« Mit ruhiger Stimme wiederholte der Reporter seine Frage. »Das weiß ich nicht. Aber wir müssen den Irak *definitiv* verlassen.« Anschließend wiederholte sie noch einmal die Gründe, warum sie gegen den Krieg war. Es schien sie nicht zu stören, dass sie die Frage nicht beantwortet hatte. Fasziniert beobachtete ich, wie der Reporter von einer Person zur nächsten ging – alte, junge, gebildete, wohlhabende und arme Menschen, Führungskräfte und Studenten. In fast jedem einzelnen Fall gaben die Demonstranten genaue Gründe an, warum sie gegen den Krieg protestierten. Wenn sie jedoch gedrängt wurden zu sagen, welcher Rückzugsstrategie sie den Vorzug gaben, waren die meisten gegen alle Pläne und beschränkten sich darauf, ihre Argumente gegen den Krieg zu wiederholen. Interessant.

Menschen, die öffentlich protestieren, sind nicht nur leidenschaftlich und verfolgen gute Absichten, sie sind im Allgemeinen auch gut informiert. Mir erschien es unpassend, dass dieselben Menschen keine echten Lösungen vertraten. Sie schienen sich leidenschaftlich darüber einig zu sein, was sie nicht wollten, aber als es darum ging, eine Alternative vorzuschlagen, wirkten sie irgendwie verdutzt. Ich hatte den Eindruck, Zeuge einer neuen Form von Stillstand zu sein: Wenn wir gegen den Krieg sind und gleichzeitig jeden Rückzugsplan ablehnen, wie wollen wir dann vorankommen? Das ist per definitionem eine Sackgasse. Ich begann mich zu fragen, ob dieses Phänomen möglicherweise auch für komplexere Themen gilt. Gibt es irgendein Supermem – einen universellen Glauben, Wert oder eine Verhaltensweise –, das uns daran hindert, echte Lösungen zu finden?

Jahrelang durchforstete ich auf der Suche nach einem Muster Leitartikel, Kommentare, Nachrichtensendungen und Talkshows. Jedes Mal schienen die Moderatoren, Nachrichtenredakteure, Autoren, Anrufer oder Zuhörer ganz genau zu wissen, was sie nicht wollten, aber wenn überhaupt, hatten nur sehr wenige einen konstruktiven Lösungsvorschlag anzubieten. Tatsächlich folgten auf jede Person, die einen konkreten Plan befürwortete, 25 Personen, die diesen Plan heftig attackierten. Das Verhältnis von Kritikern und Befürwortern war auf überwältigende Weise unausgewogen. Je mehr ich zuhörte, desto mehr fiel mir auf, wie einfach es für Menschen geworden ist, über all das zu sprechen, was falsch, fehlerhaft, ungerecht, unschön und unbrauchbar ist.

Es hat den Anschein, als seien wir *gegen* sehr viele Dinge. Zum Beispiel sind sich die meisten von uns einig, dass etwas gegen den Kohlenstoffausstoß getan werden muss. Allerdings sind wir genauso vehement gegen höhere Benzinpreise oder den Zwang, kleinere Autos zu kaufen. Und fast jeder ist gegen höhere Steuern, dennoch erwarten wir eine kostenlose Gesundheitsversorgung, gute Straßen und soziale Sicherheit sowie unbegrenzten Polizei- und Brandschutz. Wir sind dagegen, dass große Konzerne mit Steuergeldern gerettet werden, aber wir wollen nicht, dass die Regierung diese Konzerne pleite gehen lässt oder zulässt, dass diese noch mehr Arbeitsplätze abbauen. Wir sind dagegen, dass Menschen ohne finanzielle Sicherheiten Hypothekenkredite bekommen, aber wir wollen, dass Haus- und Grundstückspreise ständig steigen. Unternehmen verlangen einen größeren Anteil am Weltmarkt, aber sie wollen dafür weder die Preise senken noch kurzfristige Gewinne opfern. Rentner wollen höhere Renditen auf ihre Anlageportfolios, aber sie wollen weder irgendein Risiko akzeptieren noch Steuern auf ihre Kapitalerträge zahlen. Die Liste der Dinge, die wir nicht wollen, mit denen wir nicht einverstanden sind und die uns nicht gefallen, ist endlos und übertrifft die Liste der Dinge, die wir uns wünschen, bei Weitem.

Das Problem mit dem Satz ›Sag einfach Nein‹

Wenn es viel leichter wird, die Dinge zu nennen, die wir ablehnen, anstatt die Dinge zu nennen, die wir befürworten, ist das ein Hinweis darauf, dass sich diese Ablehnung von einem Mem in ein Supermem verwandelt hat.

Irrationale Ablehnung tritt auf, wenn der Akt der Ablehnung, Kritik, Unterdrückung, Ignoranz, Falschdarstellung, Geringschätzung und des Widerstands gegen Lösungen zur akzeptierten Norm wird. Die einseitige Ablehnung aller Lösungen hat jedoch traurige Konsequenzen für den weiteren Fortschritt. Erinnern Sie sich an den Feuerwehrmann Wag Dodge? Stellen Sie sich einen Augenblick vor, Dodge hätte seinen Geistesblitz verworfen, dass die Entfachung eines kleinen Feuers um ihn herum ihn vor der herannahenden großen Feuersbrunst schützen würde. Stellen Sie sich vor, Darwin hätte sein Evolutionskonzept verworfen, nur weil er die Existenz von Genen nicht nachweisen konnte. Stellen Sie sich vor, Einsteins Relativitätstheorie wäre verworfen worden, weil sie nicht zur akzeptierten Newtonschen Physik passte. Während der gesamten Menschheitsgeschichte haben Ablehnung und Widerspruch dazu beigetragen, Veränderungen herbeizuführen. Sie können aber auch ein mächtiges und beängstigendes Hindernis für den Fortschritt sein.

Das ist soweit nichts Neues. Wenn eine ablehnende Denkhaltung und ablehnendes Verhalten nur Meme sind, dann reichen Hartnäckigkeit und Beweisführung unter Umständen aus, um rationalen Lösungen zum Durchbruch zu verhelfen. *Wenn sich die Ablehnung jedoch in ein Supermem verwandelt, werden Lösungen für unsere größten Probleme möglicherweise im Keim erstickt, weil die nötigen Ressourcen zur Überwindung des Widerstands die Möglichkeiten übersteigen.*

Die gewaltige Wirkung, die Widerstand auf die Lähmung des Fortschritts hat, wurde vor Kurzem bei einer anderen hitzigen öffentlichen Debatte deutlich, die schließlich in einer Pattsituation endete: keine Lösung, kein Handeln, kein Fortschritt.

Für alle diejenigen, die nicht mit der Region der kalifornischen Zentralebene vertraut sind: Dieses Gebiet gilt als »Brotkorb Kaliforniens.« Diese Ebene, die für ihre vielen Molkereien, Viehfarmen und Obstplantagen bekannt ist, wird von zwei Autobahnen eingesäumt: dem Highway 99 im Osten und dem State Highway 101 im Westen. Beide Verkehrsadern beginnen in Los Angeles, ziehen sich durch den gesamten Bundesstaat und bilden Parallelrouten zur Durchquerung des kalifornischen Kernlands.

Vor Kurzem kündigte die kalifornische Regierung Pläne zur Errichtung eines neuen Gefängnisses in diesem Gebiet an. Die Überfüllung der Gefängnisse hat zu derart großen Gesundheits- und Sicherheitsrisiken für die Insassen und die Gefängnismitarbeiter geführt, dass Bundesrichter in einer Besorgnis erregenden Entscheidung die Entlassung von 57 000 Straftätern angeordnet haben.[2] Über Nacht verdrängte das Problem der wachsenden Kriminalität den neuesten Promiskandal aus den Schlagzeilen, und plötzlich wurden alle nervös. Eilig bestimmte der Gouverneur von Kalifornien, die Zentralebene sei der ideale Standort für ein neues Gefängnis. Die gute Verkehrsinfrastruktur ermögliche einen unkomplizierten Transport der Straftäter und eine einfache Belieferung der Gefängnisse mit Waren und erleichtere den Mitarbeitern das Pendeln und Familienangehörigen den Besuch der Inhaftierten. Außerdem waren die zur Sicherung des Gefängnisses nötigen, großen ebenen Landflächen und die Arbeitskraft vergleichsweise preiswert. Die Infrastruktur für Strom, Abwasserentsorgung und Brandschutz war ebenfalls vorhanden. Es gab viele gute Gründe für die Errichtung eines neuen Gefängnisses in der Zentralebene.

Es dauerte jedoch nicht lange, bis sich die Nachbarn, die ansonsten kaum ein Wort miteinander wechselten, gegen diese Entscheidung zusammenschlossen.[3] Praktisch über Nacht wurden Zusammenkünfte organisiert und Petitionen verteilt, um gegen den Bau eines Gefängnisses zu protestieren, das für Schulen, Familien und ältere Mitbürger möglicherweise eine Gefahr darstellte. Zu den weiteren Einwänden gehörten der negative Effekt des neuen Gefängnisses auf die Immobilienpreise, die Belastung der lokalen Polizeibehörden und die Zukunft der Unternehmen, die in der Nähe des Gefängnisses angesiedelt waren. Fast jeder, der in der Nähe des geplanten Gefängnisses lebte und arbeitete, war gegen den Neubau. Doch auf die Frage, was der Staat stattdessen tun sollte, konnten die Anwohner keine Alternative anbieten. Überraschenderweise waren viele über die Frage verärgert, ganz so, als habe der Staat nicht verstanden, worum es eigentlich gehe. Sie wollten nur, *dass das Gefängnis nicht an diesem Standort gebaut wurde*, und das war *alles*, worum es ihnen ging. Wie sich herausstellte, war niemand gegen den Bau eines neuen Gefängnisses. Alle waren für eine strengere Vollstreckung der Gesetze und härtere und längere Strafen. Sie waren sich auch einig, dass neue Gefängnisse nötig waren, um eine menschliche Unterbringung der Straftäter zu ermöglichen – nur nicht in ihrer Nachbarschaft.

Unterscheidet sich dieses Verhalten in irgendeiner Weise von dem der Demonstranten, die gegen den Irakkrieg protestierten und jeden Truppenrückzugsplan ablehnten? Oder dem von Politikern, die gegen eine staatliche Krankenversicherung sind, aber keine Lösung für die Gesundheitsversorgung von Millionen unversicherten und älteren Bürgern vorschlagen? Was ist mit all denen, die billige Atomenergie wollen, aber gegen eine Atommülllagerung in der Nähe ihrer Wohnorte sind? Oder den Experten und Führern, die an jedem Plan zur Beseitigung der Ölpest im Golf etwas auszusetzen haben? Meiner Ansicht nach läuft all das auf dasselbe hinaus: *Ablehnung ist der neue Ersatz für konstruktive Vorschläge.*

Es gibt keine schlagenderen Beweise dafür, dass unsere moderne Gesellschaft durch Ablehnung in eine Sackgasse geraten ist, als die steigende Zahl an Straftätern, die wir jedes Jahr hinter Gitter bringen. Der Bau immer neuer Gefängnisse ist das öffentliche Eingeständnis, dass wir uns von allen anderen Möglichkeiten zur Verhinderung von Straftaten verabschiedet haben. Wir geben uns nun mit den gleichen Linderungsmaßnahmen zufrieden wie die Mayas, die Römer und die Khmer: Einkerkerung und Bestrafung. Es ist nicht Neues, Menschen für ihre Straftaten einzusperren und zu foltern. Es hat früher nicht funktioniert, und es funktioniert heute nicht. Dennoch halten wir daran fest, als handele es sich bei dieser Methode um einen absolut sicheren Weg, das wachsende Kriminalitätsproblem der Gesellschaft in den Griff zu bekommen.

Tatsächlich sind die kalifornischen Gefängnisse so überfüllt, dass die Häftlinge im Jahr 2006 beschlossen, sich zu wehren. In einem wegweisenden Prozess verklagten Gefängnisinsassen den Bundesstaat Kalifornien darauf, die Zahl der Insassen pro Gefängnis zu beschränken. Angesichts einer Belegung, die doppelt so hoch war wie die Kapazitäten, argumentierten sie, die Gefängnisse stellten »ein gefährliches Risiko« für Insassen und Aufseher dar. Sie gewannen den Prozess und der Bundesstaat Kalifornien wurde gerichtlich dazu verurteilt, keine weiteren Straftäter in die Gefängnisse aufzunehmen.

In den folgenden zwei Jahren verschlechterten sich die Bedingungen jedoch weiter. Die Haushaltskrise der kalifornischen Regierung verhinderte den Bau neuer Gefängnisse und alles kam zum Stillstand. Die Polizei verhaftete weiterhin Straftäter, die Staatsanwälte klagten sie weiterhin an und die Richter verhängten weiterhin Gefängnisstrafen – doch wo sollte man die Straftäter unterbringen? Angesichts der völligen Überlastung der Wasserversorgung, der Abwasserentsorgung und des Stromnetzes kam es zu einer schnellen Verbreitung von Krankheiten, die Selbstmordversuche nahmen zu und plötzlich wurden hart erkämpfte Menschenrechte ignoriert. Verdreckte, unsichere, überfüllte Gefängnisse glichen Viehhöfen beziehungsweise menschlichen Legebatterien; viele Gefängnisinsassen fristeten ihr Dasein in Zuständen, die jeden Tierschützer auf die Barrikaden gebracht hätten.

Im Jahr 2009 griffen die Bundesrichter schließlich ein. Sie ordneten an, der Gouverneur von Kalifornien habe die Überfüllung der Gefängnisse von über 200 auf 130 Prozent der Kapazität zu senken – ein Niveau, das die Gerichte als gerade noch akzeptabel bewerteten. Eine Möglichkeit, das Gerichtsurteil zu erfüllen, bestand darin, alle Strafgefangenen zu entlassen, die kurz vor der Entlassung standen oder gewaltlose Delikte begangen hatten. Eine andere Option war die Anmietung neuer Gebäude, die vorübergehend zu Gefängnissen umfunktioniert werden konnten. Eine dritte Alternative war, im Vorgriff auf die in Zukunft steigende Zahl von Strafgefangenen so schnell wie möglich neue Gefängnisse zu bauen. Der Gouverneur verfolgte alle drei Optionen. Das war mutig, aber war es genug?

Das Problem bei jeder Eindämmungsstrategie ist, dass die Probleme irgendwann überhandnehmen. Es spielt keine Rolle, wie viele Gefängnisse wir bauen oder wo wir sie bauen. Tatsache ist, dass das Wasser schneller in die Badewanne fließt, als es ablaufen kann. Das bedeutet, dass kein Wohnviertel – ob es sich neben einem Gefängnis befindet oder 100 Kilometer entfernt ist – sicher ist. Darüber zu streiten, wo das nächste Gefängnis gebaut werden soll, ist so, als streite man sich darüber, ob das in die Badewanne einlaufende Wasser heiß oder kalt sei. Spielt das eine Rolle, wenn die Wanne überläuft? Die eigentliche Frage ist doch: Wie ernst ist das Problem?

Laut US-Justizministerium wuchs die Zahl der Gefängnisinsassen zwischen 1980 und 2001 von rund 396 800 auf 1,3 Millionen Häftlinge – *eine Verdreifachung in zwanzig Jahren.*[4] Diese Statistik allein gibt jedoch nicht das Gesamtbild wieder. Die Überfüllung der Gefängnisse übt einen enormen Druck auf das Justizsystem aus, möglichst viele Strafgefangene vorzeitig zu entlassen. Dadurch wurde das Überbelegungsproblem von den Gefängnissen auf die Bewährungshelfer verlagert, deren Betreuungsvolumen nun jedes handhabbare Maß übersteigt. *Um es in nüchternen Zahlen auszudrücken: Zwischen 1986 und 2006 wuchs die Zahl neuer Gefängnisinsassen, unter Auflagen Entlassener oder Straftäter auf Bewährung täglich um 520 Personen.* Traurigerweise ist dieser Aufwärtstrend auch in anderen Ländern zu beobachten. Auf das Pro-Kopf-Verhältnis umgerechnet, ist das eine galoppierende Entwicklung, und die Regierungen aller Industrienationen der Welt wissen das. Da die Gerichte, der Gouverneur und die Bürger ihre gesamte Aufmerksamkeit und alle Ressourcen zudem ausschließlich auf Freiheitsentzug richten, sind neue Programme zur Prävention und Rehabilitation systematisch unterfinanziert.

Während wir in den 1960er- und 1970er-Jahren noch bestrebt waren, Strafgefangenen Bildung, Berufs- und Drogenberatung sowie Therapie zu bieten, beträgt das Budget für die Rehabilitierung von Strafgefangenen in den USA heute weniger als 3 Prozent.[5] Der größte Anteil davon wird als Startkapital für die Entwicklung von Gefängnisunternehmen verwendet, die unter dem Deckmantel der Berufsausbildung von Inhaftierten Gewinne erzielen, mit denen die steigenden Gefängniskosten gedeckt werden. Angebote wie individuelle Beratung und Therapie wurden an gemeinnützige Organisationen und religiöse Gruppen ausgelagert, um die Betriebskosten zu senken. *Je stärker wir jedoch jedes soziale Präventionsprogramm ablehnen, desto wahrscheinlicher ist es, dass die Kriminalität einfach weiter ansteigen wird, während wir diese Last an die nachfolgende Generation weiterreichen.* Der Widerstand gegen jede mögliche Lösung, Initiative und Erkenntnis führt zu nichts weiter als Stillstand. Und sobald der Fortschritt ins Stocken gerät, lässt der Zusammenbruch nicht lange auf sich warten.

Die Illusion der freien Wahl

Wenn eine Gesellschaft auf Widerstand und Ablehnung ausgerichtet ist, wird sie sehr leicht manipulierbar. Individuen, die verstehen, wie Ablehnung funktioniert, werden zum Meister in der Manipulation der öffentlichen Meinung und im Aushandeln von Ergebnissen, die in erster Linie für sie selbst vorteilhaft sind. Auf diese Weise kann eine Kultur der Ablehnung anfällig für gleichgeschaltetes Denken und Verhalten werden.

Wenn uns nur zwei Wahlmöglichkeiten geboten werden, entscheiden wir uns oft für das kleinere Übel, was letztlich zu einer vorgegebenen Entscheidung führt. Politiker sind zum Beispiel Meister in der Anwendung dieser Methode.[6]

In den USA dominieren seit mehr als 150 Jahren zwei Parteien das politische Geschehen: die Republikaner und die Demokraten. Alle vier Jahre nominiert jede Partei ihren Präsidentschaftskandidaten und investiert ihre gesamten Ressourcen in die Wahlkampagne. Vorhersehbarerweise folgt alle vier Jahre die gleiche Debatte über »negative« Wahltaktiken. Kandidaten, ihre Unterstützer und ihr Mitarbeiterstab sind sich allesamt öffentlich darüber einig, dass diese negativen Kampagnen aufhören müssen. Gleichzeitig können sie nur schwer die Tatsache ignorieren, dass Negativwerbung die besten Ergebnisse bringt. Gegen Zahlen lässt sich nicht argumentieren. Negativwerbung bringt einem Kandidaten oft die besten Ergebnisse für das investierte Geld, vor allem, wenn die Kontroverse dazu führt, dass ein Werbespot kostenlos in den Nachrichten oder in Talkshow-Sendungen diskutiert wird. Wenn die Wahlen also näher rücken, erwarten die Amerikaner inzwischen eine Zunahme der Schlammschlachten durch Organisationen, die gewöhnlich nicht in direkter Verbindung mit dem Kandidaten stehen (Swift-Boat, Moveon.org, Acorn), und es diesem so ermöglichen, jede Kenntnis von Angriffen auf seine Konkurrenten zu leugnen, während er gleichzeitig von dem Nutzen der aggressiven Wahltaktiken profitiert. *Ein Paradebeispiel für das Supermem der Ablehnung.*

Der Grund, warum Negativwerbung so gut funktioniert, ist folgender: Ein Kandidat muss nicht unsere Unterstützung gewinnen, sondern *uns lediglich gegen die einzige andere Wahlmöglichkeit aufbringen.* Wir mögen zwar das Gefühl haben, wir hätten die freie Wahl, aber in Wirklichkeit wenden wir uns gegen einen Kandidaten und unterstützen damit automatisch die einzige andere Alternative. Das ist einer der Gründe, warum die USA seit mehr als zwei Jahrhunderten in einem Zweiparteiensystem feststeckt und wahrscheinlich auch für weitere Generationen feststecken wird. Ein Zweiparteiensystem ist ideal geeignet für eine Gesellschaft der Ablehnung und wesentlich effizienter als ein Drei-, Vier- oder Fünfparteiensystem. Ein Kandidat in einem Zweiparteiensystem muss nichts weiter tun, als *einen einzigen Grund* zu finden, damit wir seinen Wettbewerber ablehnen und ihm damit automatisch unsere Stimme geben. Auf diese Weise lässt sich ein Zweiparteiensystem einfach und ökonomisch steuern.

Und das hat folgenden Grund: Während einer Präsidentenwahl werden die einzelnen Bundesstaaten blau oder rot gekennzeichnet, je nachdem, welcher Kandidat in dem betreffenden Bundesstaat wahrscheinlich die meisten Stimmen der Wahlmänner erhält, wohingegen grün bedeutet, dass in diesem Bundesstaat noch für beide Kandidaten ein Stimmengewinn möglich ist. Bei 50 Bundesstaaten muss ein Kandidat irgendeine Methode haben, um im Hinblick auf die Investition seiner Zeit und seiner Wahlgelder Prioritäten zu setzen. Dank des Zweiparteiensystems können die Kandidaten den Löwenanteil ihrer Ressourcen auf die Bundesstaaten konzentrieren, in denen der Wahlausgang noch offen ist und laut Umfragen beide Kandidaten eine Gewinnchance haben. Das macht die Wahlkampagne steuerbar.

Stellen Sie sich jedoch einen Augenblick lang vor, wie groß die Komplexität und die Konfusion wären, wenn drei, vier oder fünf gleich große und gleich starke Parteien mit ähnlichen Ressourcen um unsere Stimme kämpfen würden. Sich von einem anderen Kandidaten zu differenzieren, indem man die Wähler einfach gegen ihn aufbringt, würde nicht mehr ausreichen, um eine Wahl zu gewinnen. Stattdessen wären die Kandidaten gezwungen, greifbare Positionen zu beziehen, um sich von ihren Kontrahenten zu unterscheiden. Außerdem könnten sie sich nicht auf die Bundesstaaten konzentrieren, in denen ein Kopf-an-Kopf-Rennen wahrscheinlich ist, weil bei so vielen Kandidaten der Wahlausgang in zu vielen Bundesstaaten ungewiss wäre. Die Wahlkampagnen würden extrem teuer und kaum noch handhabbar sein, weil die Kandidaten in orange, gelb, lila und rosa markierten Bundesstaaten – wo immer sie vielleicht auf zahlreiche Gegenkandidaten treffen – kämpfen müssten. Ein Albtraum für jeden Wahlkampagnenleiter.

Nehmen Sie zum Beispiel unsere jüngste Wahl, ein exemplarisches Beispiel für praktizierte Ablehnung. Im Jahr 2008 wählte Präsidentschaftskandidat Barack Obama ein brillantes und listiges Wahlprogramm, das auf der Idee des »Wandels« basierte. Damals hatte die Beliebtheit von George W. Bush ihren absoluten Tiefpunkt erreicht, und so war die Nation zum großen Teil schon präpariert: Sie war bereits *gegen* die republikanische Politik der bestehenden Regierung eingestellt. Obama bot die Chance, sich von dieser Politik zu verabschieden und eine vage, aber bezwingende Alternative anzubieten, die er als »Wandel« bezeichnete. Schon sehr früh, während der demokratischen Vorwahlen, beklagte die andere populäre demokratische Kandidatin, Hillary Clinton, Obama könne nicht konkret benennen, was er mit Wandel eigentlich meine. Sie deutete darauf hin, Wandel sei lediglich ein Wort, das aber mit Inhalt gefüllt werden müsse. Obama war jedoch klug. Er verstand besser als Clinton, dass es in einer auf Ablehnung getrimmten Gesellschaft selbstmörderisch war, sich auf konkrete Dinge festzulegen. Konkrete Aussagen zu treffen, war gleichbedeutend damit, sich eine Zielscheibe auf den Rücken zu malen, weil jede Position und jedes Programm, das er vorgeschlagen hätte, Heerscharen von Kritikern auf den Plan gerufen hätte. Zu Clintons Ärger blieb Obama vage. Je mehr Substanz sie forderte, desto mehr füllten sich Obamas Reden mit inspirierender, motivierender Rhetorik. Seine Reden waren politische Predigten, die auffällig inhaltsleer waren.

Obamas Wahlkampfstrategen wussten, dass sie lediglich die Welle der Opposition gegen Bush reiten und gleichzeitig dafür sorgen mussten, dass Hillary Clinton abgelehnt wurde. Je mehr konkrete Aussagen Clinton traf, desto mehr Angriffsziele bot sie Obama und dem Land. Währenddessen schlug Clinton immer härter und schneller um sich, wobei sie nur ins Leere traf, weil Obama ihr nichts Konkretes bot, auf das sie hätte einschlagen können. Allmählich begann der Widerstand gegen weitere vier Jahre »Bill und Hillary« im Weißen Haus und vier weitere Jahre »derselben alten republikanischen Politik« an Eigendynamik zu gewinnen. Währenddessen ließ Obama sparsam genau so viele Details verlautbaren, wie nötig waren, um der Nation zu signalisieren, dass er eine realistische Option war. Zudem wurde jeder Versuch, Obama abzulehnen, als Ablehnung des *ersten schwarzen Präsidenten* gewertet. Widerstand gegen Obama wurde zu einem subtilen Anzeichen für Rassismus, und auf diese Weise gerieten seine Widersacher in eine Situation, in der sich jeder Angriff auf Obama gegen sie selbst richtete. Das war eine siegreiche Dreierwette, die sich die bestehende Ablehnung von Hillary, Bush und Rassismus zunutze machte.

Obamas offensive und defensive Wahlkampfstrategie reduzierte sich ganz einfach darauf, die Kultur der Ablehnung besser zu verstehen und zu manipulieren als seine Kontrahenten. Führung verlangt jedoch, dass der Führer konkrete Entscheidungen trifft und echte Programme und Gesetze einführt. Somit war vorhersehbar, dass Obamas große Popularität schnell abnehmen würde, sobald er im Amt war. Die diffuse Idee eines Wandels abzulehnen, hätte möglicherweise keinen Sinn ergeben, aber es war einfach, gegen konkrete Dinge, wie eine staatliche Krankenversicherung, eine Aufstockung der Truppen in Afghanistan, Rettungspakete für Automobilhersteller und Konjunkturprogramme zu sein.

Einfach ausgedrückt, erhob sich der Widerstand in der Bevölkerung, sobald Obama etwas Konkretes vorschlug, gegen das sich Widerstand leisten ließ. Plötzlich wurden dieselben Leute, die ihn während des Wahlkampfs leidenschaftlich unterstützt hatten, zu seinen größten Kritikern, sobald er die Entscheidung traf, die Gefangenen von Guantanamo in andere Gefängnisse zu verlegen, Banken zu retten und sich mit den Führern terroristischer Nationen zu treffen. Die Moderatoren von Sonntagmorgen-Talkshows fielen wie die Geier über die Schwächen von Obamas Entscheidungen und seiner Führungskompetenzen her. Jeder Schritt, den Obama im Namen des Wandels machte – eine Idee, die einst eine ganze Nation fasziniert hatte –, traf nun auf vehementen Widerstand. Zwar begann Präsident Barack Obama seine Amtszeit im Januar 2009 mit beispielloser Popularität in den USA und im Ausland, aber am Ende seines ersten Amtsjahres war die Zustimmungsquote steil auf einen Durchschnittswert von lediglich 50 Prozent gefallen. Im Lichte einer Kultur der Ablehnung betrachtet, war diese Entwicklung nicht nur wahrscheinlich, sondern unvermeidlich.

Ablehnung im Geschäftsleben

Die Ausnutzung von ablehnendem Verhalten funktioniert nicht nur bei politischen Kampagnen. Man kann damit heutzutage auch äußerst erfolgreich Produkte verkaufen.

Zahlreiche der jüngsten Fernsehwerbespots für Apple Computer (Apple hat angekündigt, diese Werbespots nicht fortzusetzen) verwenden zum Beispiel eine Ablehnungsstrategie. In diesen Spots wird ein junger Mann gezeigt, der Apple repräsentiert und mit einem untersetzten, schmierigen, unsympathischen Typen spricht, der einen PC darstellt. Die PC-Figur ist jemand, mit dem sich kein Fernsehzuschauer irgendeiner demografischen Gruppe identifizieren würde. Der Apple-Vertreter ist dagegen schlank, modisch, attraktiv und schlagfertig. Es ist leicht zu verstehen, warum dieser Werbespot funktioniert: Sobald wir den PC-Vertreter ablehnen, identifizieren wir uns automatisch mit dem Mac. Zwar gibt es vergleichende Werbung schon lange, oppositionelle Werbung ist allerdings neu.

Bei vergleichender Werbung wird gezeigt, dass ein Produktmerkmal besser ist als ein anderes, oppositionelle Werbung zeigt dagegen überhaupt keine konkreten Merkmale oder Informationen. Sie zielt lediglich darauf ab, uns dazu zu bringen, dass wir die einzig mögliche Alternative zum angebotenen Produkt ablehnen. Clevere Werbemanager wissen heute, dass sie in einem Markt, in dem es zwei vermeintliche Marktführer gibt, nur ihren Kunden gegenüber den Wettbewerber verunglimpfen müssen, damit sie Marktanteile hinzugewinnen. Den konkreten Nutzen eines Produkts zu erklären, ist nicht annähernd so wirkungsvoll, wie auf die Schwächen der Wettbewerber zu zeigen. Es spielt keine Rolle, ob diese Fehler und Schwächen echt oder vermeintlich, wichtig oder unwichtig sind. Wenn sich die Gelegenheit bietet, eine Kaufentscheidung zu polarisieren, ist die beste Lösung Negativwerbung.

Zu wissen, wogegen wir sind – egal wie ausgeprägt unsere Ablehnung ist –, ist jedoch nicht dasselbe wie das Wissen, wofür wir stehen, was wir wollen und woran wir glauben. Manipulation durch Ablehnung macht die »Wahlfreiheit« zu einer Farce, weil bei einer Wahl die Illusion erzeugt wird, dass sie frei getroffen wird, während in diesem Fall alles andere der Fall ist: Wenn man sich nur für eine einzige Sache entscheiden kann, handelt es sich einfach nicht um eine Wahl, ob vorgegeben oder nicht.

Eine Ablehnungsstrategie polarisiert die Wahlmöglichkeiten. Die Auswahl zwischen zwei extremen Alternativen ist für die Lösung hochkomplexer Probleme wie Klimaerwärmung, Krieg oder Gesundheitsversorgung nicht geeignet, weil sie das Gehirn zwingt, sich zwischen zwei vorhandenen Alternativen zu entscheiden, anstatt sich auf den Inhalt der Lösung zu konzentrieren.

Stellen Sie sich vor, wir müssten fünf oder zehn legitime Möglichkeiten prüfen, von denen keine perfekt ist, und die beste Lösung würde aus einer Kombination von Elementen aller Alternativen bestehen. Wie würden Entscheidungen getroffen werden? Dabei ist es genau das, was erkenntnisgesteuertes Denken macht. Die Erkenntnis lehnt die Überlegung »*Welche* Alternative ist die beste?« zugunsten der Überlegung »*Was* ist das Beste?« ab. Wenn wir das Problem für unser Gehirn auf diese Weise umformulieren, ist es erstaunlich, wie anders die Ergebnisse ausfallen.

Obama mag die Polarisierung der Wahlmöglichkeiten während der demokratischen Vorwahlen und der Präsidentschaftswahl zu seinen Gunsten genutzt haben, doch sobald er ins Weiße Haus einzog, erkannte er, dass Polarisierung ein Mechanismus ist, der für komplexe Entscheidungen ungeeignet ist. Die optimale Lösung war nie Obama *oder* Hillary – sondern die Zusammenarbeit der beiden. Wenn man diese Logik einen Schritt weiter verfolgt, würden die USA sogar noch mehr davon profitieren, wenn oberflächliche Parteigrenzen überwunden werden könnten und man McCain, dem erfahrensten aller Kandidaten, ein Regierungsamt angeboten hätte. Das würde uns andererseits aber vielleicht einen so großen Evolutionssprung abverlangen, wie es die Aufrichtung vom Vier- zum Zweibeiner gewesen ist.

Ablehnung und Komplexität

Was veranlasst eine Zivilisation, generell und undifferenziert jede Idee, jede Informationen, jedes Wissen und jede Lösung zurückzuweisen? Warum hat sich Ablehnung im 21. Jahrhundert zu einem Supermem entwickelt?

Alle Wege führen zurück zur kognitiven Schwelle – der unvermeidlichen Kluft zwischen dem langsamen Evolutionstempo des menschlichen Gehirns und dem rasanten Tempo, in dem die Komplexität zunimmt. Geben Sie zum Beispiel irgendeinem fünfjährigen Kind ein Spielzeug, das zu komplex ist, und beobachten Sie, was geschieht. Es dauert nicht lange, und das Kind wirft das Spielzeug in die Ecke. Fragen Sie es dann, warum es nicht mit dem Spielzeug spielen will. Die meisten werden antworten: »Es gefällt mir nicht« oder »Ich will nicht mehr spielen.« Die wenigsten Kinder werden sagen, »Dieses Spielzeug ist mir zu kompliziert.« Dasselbe gilt für Erwachsene.[7] *Wenn wir mit Komplexität konfrontiert sind, besteht unsere erste Reaktion darin, dass wir uns auf vertrautes Terrain zurückziehen, selbst wenn das Vertraute Misserfolg bedeutet. Neben diesem Rückzug auf Vertrautes zeigen wir aber noch eine andere Reaktion: Furcht.*

Wir sind darauf programmiert, echte Veränderung als Bedrohung zu betrachten, daher lehnen wir sie instinktiv ab. Sicher, einige von uns besitzen den Mut und die Hartnäckigkeit, um das Komplexe, Unbekannte und Riskante anzugehen, schließlich werden auf diese Weise neue Entdeckungen gemacht. Aber die meisten von uns tun das nicht. Warum eigentlich nicht?

Dafür mag es eine einfache evolutionäre Erklärung geben. Wenn wir uns an das halten, was uns vertraut ist, reduzieren wir die Gefahr. In der Natur vergrößern Tiere, die sich an das Bekannte halten, häufig ihre Überlebenschancen, indem sie das Risiko verringern. Umgekehrt gilt, dass wir wesentlich größere Risiken eingehen, wenn wir bereit sind, uns auf Unbekanntes einzulassen. Zwar erfordert der Fortschritt, dass einige wenige im Interesse des Kollektivs Gefahren auf sich nehmen, die erhöhten Risiken, die mit allem Neuen assoziiert werden, werden aber meistens vermieden. Daher haben wir über die natürliche Selektion starke kognitive Sicherheitsmaßnahmen entwickelt, um uns gegen Unbekanntes und potenziell Schädliches zu schützen.

Dr. Jeffrey M. Schwartz, Forscher und Psychiater an der Universität von Kalifornien in Los Angeles, untersucht seit vielen Jahren die Reaktion des menschlichen Gehirns auf fremde und komplexe Ideen. Im Rahmen seiner Untersuchungen entdeckte Schwartz einen einfachen biologischen Grund für Ablehnung: ein zweistufiges System, das das Gehirn verwendet, um vertraute und unbekannte Aufgaben zu lösen.

Der einfachste Weg, um Dr. Schwartz' Untersuchungen zu verstehen, besteht darin, sich das menschliche Gehirn als eine große Fabrik vorzustellen. In jeder Fabrik gibt es Routineaufgaben, über die man nicht mehr nachdenken muss, wenn man sie einmal beherrscht.[8] Diese Aufgaben sind so genau definiert, dass sie im Wesentlichen von Arbeitskräften ausgeführt werden, deren Leistung sich mit einfachen Bezugsgrößen wie Menge und Gleichmäßigkeit messen lässt. Dem vergleichbar werden im menschlichen Gehirn vertraute Aufgaben, die keiner bewussten Anstrengung bedürfen, äußerst effizient von den *Stammganglien* – dem »Gewohnheitszentrum des Gehirns« gesteuert. Routineaktivitäten wie Duschen, Butter auf einen Toast streichen, jeden Tag mit demselben Auto dieselbe Route fahren, also alle Handlungen, die erlernt, beherrscht und zur Gewohnheit geworden sind, werden in die Stammganglien »geschoben.«

Jede Fabrik braucht aber auch Führungskräfte, wie zum Beispiel einen Vorstandsvorsitzenden, zur Erledigung von Aufgaben, die keine Routine sind: Verantwortlichkeiten wie Verhandlungen, Krisenmanagement, strategische Planung und andere Nichtroutinefunktionen. Die Aufgabe des Vorstandsvorsitzenden gleicht den komplexen Aufgaben, die vom *Frontalkortex* übernommen werden, das heißt dem Bereich, der mit evolutionärer Lichtgeschwindigkeit wuchs, als sich die Menschen aufrichteten, auf zwei Beinen liefen und fortgeschrittene soziale Verbände bildeten. Dies ist der Teil des Gehirns, der neue Informationen verarbeitet und schwierige Probleme löst, und wie ein Vorstandsvorsitzender kassiert es für seine Fähigkeiten einen hohen Preis.

Schwartz macht deutlich, dass die Aufgabe der Stammganglien darin besteht, »die Verarbeitungsressourcen des Frontalkortex freizusetzen«. Wenn eine Aufgabe also einmal zur Gewohnheit geworden ist, lädt das Gehirn diese Aufgabe in die Stammganglien ab. Das lässt mehr »PS« für unvertraute und komplexe Aufgaben übrig, die vom Frontalkortex ausgeführt werden – dem Vorstandsvorsitzenden des Gehirns.

Um zu illustrieren, wie dieses zweistufige System in der realen Welt funktioniert, nennt Schwartz das Beispiel Autofahren. Autofahren zu erlernen, erfordert zahlreiche komplexe kognitive Prozesse, die schnell unser gesamtes Kurzzeitgedächtnis in Anspruch nehmen und die volle Aufmerksamkeit des Frontalkortex verlangen. Das ist der Grund, warum wir nach unserer ersten Fahrstunde völlig erschöpft sind, obwohl wir keine andere körperliche Energie aufgewendet haben, als das Lenkrad zu bewegen und das Bremspedal zu treten. Doch sobald wir das Autofahren beherrschen, ist das eine ganz andere Geschichte. Wir fahren, ohne bewusst darüber nachzudenken, was wir machen. Oft fahren wir vertraute Wege, ohne dass wir uns anschließend bewusst an die Fahrtroute erinnern können, obwohl wir auf wundersame Weise Fußgängern und anderen Autos ausgewichen sind, an roten Ampeln angehalten haben und nicht falsch abgebogen sind. Wie ist das möglich? Wenn das Autofahren so zur Gewohnheit wird, dass wir nicht mehr darüber nachdenken müssen, wird es an die Stammganglien übergeben, wo Routineaufgaben per Autopilot ausgeführt werden.

Doch was geschieht, wenn sich das Tempo von Veränderung beschleunigt und die Umgebung, in der wir uns bewegen, immer unbekannter und komplexer wird?

Stellen Sie sich einen Moment lang vor, Sie würden jeden Tag eine neue Strecke fahren, die Ihnen völlig unvertraut ist. Oder noch besser: Stellen Sie sich vor, Sie würden aufgefordert, ein völlig anderes Fahrzeug zu fahren, und außerdem müssten Sie auf Ihrem Weg mehrere ungewohnte Stopps einlegen, während trotzdem von Ihnen erwartet würde, pünktlich an Ihrem Ziel einzutreffen. Um diesen Berg an neuen Informationen zu verarbeiten, müssen wir den Frontalkortex vollständig beanspruchen. Ohne jede Vertrautheit kann selbst die kleinste Aufgabe nicht an die Stammganglien delegiert werden. Auf diese Weise führt eine beschleunigte Komplexität zur Überlastung des Frontalkortex. Das ist so, als müsse ein Vorstandsvorsitzender jede Sekunde eines jeden Tages eine neue Unternehmenskrise lösen.

Ist es ein Wunder, dass wir reflexartig und schnellstmöglich alles Neue ablehnen? Ablehnung senkt unsere geistige Arbeitslast und unser Risiko.

In einem 2006 erschienenen Artikel mit dem Titel »Die Neurowissenschaft der Führung« stellten David Rock und Schwartz fest, dass »Veränderung Schmerzen bedeutet.«[9] Laut diesen beiden Wissenschaftlern, die den Widerstand der Menschen gegen Veränderung am Arbeitsplatz untersucht haben, ist »ein Großteil der Aktivitäten eines Managers – Ideen verkaufen, Besprechungen leiten, andere führen und kommunizieren – eine derartige Routine, dass die Stammganglien die ganze Arbeit machen. Der Versuch, irgendeine tief sitzende Gewohnheit (oder Idee) zu verändern, erfordert große Anstrengung in Form von Aufmerksamkeit. Das führt oft zu einem Gefühl, das viele Menschen als unangenehm empfinden. Also unternehmen sie alles, um Veränderung zu vermeiden.«

Die Untersuchungen endeten aber nicht hier. Die Wissenschaftler erklärten zudem, warum Vermeidung und Ablehnung von Furcht getrieben werden. Beide verweisen auf die Arbeit von Dr. Edmund Rolls an der Universität von Oxford, der als Erster aufzeigte, dass die Diskrepanzen zwischen unseren Annahmen und der Realität »in bildgebenden Verfahren als dramatische Lichtexplosionen erscheinen«. Die Abweichungen zwischen dem, was wir erwarten und dem, was tatsächlich geschieht, wird vom kreisförmigen *Frontalkortex* – einem Hirnbereich, der direkt mit dem »Angstkreislauf«, *der Amygdala*, verbunden ist – augenblicklich als »Fehler« gemeldet. Laut Rock und Schwartz »sendet das Gehirn starke Signale aus, dass irgendetwas nicht stimmt, und die Fähigkeit zu komplexen Denkvorgängen nimmt ab. Veränderung an sich erhöht Stress und Unbehagen.« Sie stellen zudem fest, dass »*der orbitale Frontalkortex* und *die Amygdala* zu den ältesten Bereichen des Gehirns von Säugetieren gehören«. Die Fähigkeit, sich untereinander Fehlermeldungen zuzusenden, wenn unsere Erwartungen nicht mit den realen Ereignissen übereinstimmen, trug zum Überleben unserer frühesten Vorfahren bei.

Schwartz' und Rocks wichtige Forschungsarbeit deutet darauf hin, dass es einen natürlichen biologischen Widerstand gegen alles Komplexe gibt. Weil Ablehnung zudem eine effiziente Methode zur Verringerung der Komplexität ist, ist es keine Überraschung, dass das ablehnende Verhalten zunimmt. Wenn das eine zunimmt, nimmt auch das andere zu.

Wenn wir eine kognitive Schwelle erreichen, beginnen wir, in einem fehlgeleiteten Versuch, die Komplexität beherrschbar zu machen, einseitig alle Informationen, Ideen und Lösungen abzulehnen. Mit anderen Worten: Wenn eine Aufgabe die Kapazitäten unseres Gehirns übersteigt, reduzieren wir einfach die

Komplexität der Aufgabe, bis sie zu unseren Fähigkeiten passt. Das ist eine gefährliche Form des Reverse Engineering (Nachkonstruktion), mit dem Probleme vereinfacht werden, um sie für die vorhandenen Lösungen passend zu machen – Lösungen, die seit Jahren existieren und nichts bewirken.

Ohne kognitive Instrumente, die darauf ausgerichtet sind, eine zunehmende Komplexität zu bewältigen, versagt im Allgemeinen jeder Versuch, Ablehnungsmechanismen abzubauen. In einer Umgebung, in der es zu viele, sich rasant verändernde Variablen gibt, sucht das Gehirn nach einfachen Erklärungen und versucht, die Auswahlmöglichkeiten zu begrenzen, um die Ordnung wiederherzustellen. Dennoch wissen wir gleichzeitig, dass der Schlüssel zur Bewältigung der Komplexität in der Erweiterung der Vielfalt und der Auswahlmöglichkeiten besteht, und nicht in deren Beschränkung.

Die Unterdrückung der spontanen Erkenntnis

Wenn wir die Evolution der spontanen Erkenntnisfähigkeit fördern, packen wir die Ursachen für Widerstand und Ablehnung an der Wurzel. Je besser wir unsere kognitiven Fähigkeiten zur Beherrschung einer größeren Komplexität entwickeln, desto besser widerstehen wir dem Zwang zu einer übertriebenen Vereinfachung unserer Probleme. Schwartz drückte es folgendermaßen aus: »Die Untersuchungsergebnisse lassen vermuten, dass in einem Moment der spontanen Erkenntnis ein komplexes Geflecht an neuen Verbindungen entsteht. Diese Verbindungen besitzen das Potenzial, unsere geistigen Ressourcen zu steigern und *den Widerstand des Gehirns gegen Veränderungen zu überwinden.*« Das klingt einfach. Einfach nur die spontane Erkenntnisfähigkeit steigern – die natürliche Fähigkeit des Gehirns, Komplexität zu verarbeiten – und unser »Widerstand gegen Veränderungen« lässt nach. Es gibt da nur ein kleines Problem: Wir wissen inzwischen, dass *Widerstand die spontane Erkenntnis behindert.*

Angefangen mit dem Jahr 1938 und Pawlows ersten Experimenten über die Rolle von positiver und negativer Verstärkung auf die Speichelproduktion von Hunden bis in die 1970er-Jahre mit B. F. Skinners Veröffentlichung des Buches *Jenseits von Freiheit und Würde*, haben Verhaltenspsychologen unwiderlegbare Beweise dafür gesammelt, dass Kritik, negative Verstärkung und institutionalisierte Strenge Kreativität, Produktivität und Wachstum verhindern.[10] Nehmen Sie ein Kind, das ständig kritisiert wird, und achten Sie auf die Ergebnisse: Rückzug, geringe Selbstachtung, Ängstlichkeit und eine lange Liste anomaler Verhaltensweisen. Weder Menschen noch Tiere können in einer überkritischen Umgebung gedeihen, die von der Angst vor Ablehnung und Versagen geprägt ist.

Heute wissen die Neurowissenschaftler, dass die Bedingungen, die für eine Stimulierung der spontanen Erkenntnis nötig sind, auf bemerkenswerte Weise mit den Umfeldbedingungen zur Förderung von Kreativität übereinstimmen. Untersuchungen zeigen, dass Entspannung (die dazu führt, dass die Gedanken wandern können), die Beseitigung von Ablenkungen und positive Verstärkung allesamt erkenntnisfördernd sind. Der Fairness halber muss allerdings gesagt werden, dass dieselben Forscher auch darauf hinweisen, dass spontane Erkenntnisse beziehungsweise Geistesblitze auch in Zeiten extremer Belastung eintreten, wie im Falle von Wag Dodge. Die spontane Natur der Erkenntnis bedeutet, dass sie zu jedem Zeitpunkt auftreten kann. Allerdings häufen sich die Hinweise darauf, dass eine positive, entspannte Umgebung die Wahrscheinlichkeit dieser scheuen Form der Problemlösung erhöht.

Jeder kennt zum Beispiel das »Brainstorming«. Die Regeln sind einfach: Es wird ein Problem präsentiert, und anschließend werden spontane Ideen gesammelt, wobei jede nur mögliche Idee erlaubt ist. Der Leitsatz des Brainstormings lautet, dass keine Idee, kein Kommentar und keine Lösung kritisiert werden darf, solange Ideen gesammelt werden. Die Vorschläge anderer abzuändern, ist nicht erlaubt. Ebenso wenig erlaubt sind Gruppendruck, Manipulation, der Versuch, andere von der eigenen Idee zu überzeugen, und jede andere Taktik, die den innovativen Gedankenfluss behindert. Mit den Worten des Chemikers und Autors Linus Pauling »ist die beste Methode, eine gute Idee zu entwickeln, viele Ideen zu entwickeln.«[11]

Brainstorming funktioniert durch die Schaffung einer sicheren und ermutigenden Umgebung, in der das Gehirn ohne Angst vor negativen Konsequenzen und mit Spaß an der Sache *spielen* kann. Traurigerweise scheitern die meisten gut gemeinten Brainstorming-Sitzungen am ablehnenden Verhalten der Teilnehmer, egal ob es sich dabei um subtile oder offene Ablehnung handelt. Stirnrunzeln, Kopfschütteln oder ungeduldiges Klopfen mit dem Fuß können ausreichen, um Missfallen auszudrücken. Obwohl sich das Brainstorming in den 1970er- und 1980er-Jahren großer Beliebtheit erfreute, wird es heute, im 21. Jahrhundert, weitgehend als Zeitverschwendung betrachtet, die kaum nennenswerte Durchbrüche erzielt.

Tatsache ist, dass Übungen wie Brainstorming umso schneller von der Bildfläche verschwinden, je größer die Wirtschaftsprobleme sind, wenngleich es gerade in Krisenzeiten besonders wichtig ist, über den Tellerrand hinaus zu denken. Klausurtagungen außerhalb des Unternehmens, Führungskräftecoachings und teambildende Übungen gelten als Luxus und fallen daher als Erstes Budgetkürzungen zum Opfer. Der Wirtschaftsdruck erzeugt Angst, Starre und Anpassung und gleichzeitig werden Kreativität und Innovation als zunehmend riskant betrachtet.

Die Verdrängung des innovativen Denkens und innovativer Lösungen ist eine der gefährlichsten Effekte des Supermems der Ablehnung. Je größer unsere Ablehnung, desto mehr behindern wir die Entwicklung von Erkenntnissen.

Doch können wir uns nun, da wir uns der schädlichen Auswirkungen bewusst sind, nicht vor der Ablehnung schützen, die wir selbst, unsere Kinder und unser Land an den Tag legen? Schließlich wissen wir nun, dass die kognitive Schwelle Ablehnung erzeugt, dass Ablehnung Fortschritt verhindert und dass Fortschritt im Wesentlichen einen Zusammenbruch verhindert. Diese Informationen besaßen frühere Zivilisationen nicht. Wir wissen auch, dass wir biologisch darauf programmiert sind, die Paradigmenwechsel abzuwehren, die unser Überleben garantieren. Das wussten frühere Zivilisationen ebenfalls nicht. Darüber hinaus verfügen wir über Belege dafür, dass ein kognitiver Prozess, der als spontane Erkenntnis bezeichnet wird, Komplexität auflösen und Widerstand überflüssig machen kann. Auch das war früheren Zivilisationen unbekannt.

Bei all diesen Informationen und unserer hochleistungsfähigen Technologie muss der moderne Mensch gewiss nicht dem Muster folgen, das zum Untergang alter Zivilisationen geführt hat.

Irrationale Ablehnung ist jedoch nur ein Supermem – ein selbstfabriziertes Hindernis, das dem modernen Fortschritt im Weg steht. Es gibt noch vier weitere.

5
Die Personalisierung der Schuld: Das zweite Supermem

Am Weihnachtstag des Jahres 2009 ging ein 23 Jahre alter nigerianischer Agent der Al-Qaida an Bord eines Passagierflugzeugs der Northwest Airlines und versuchte, es in die Luft zu sprengen.[1] Der verhinderte Attentäter wurde von geistesgegenwärtigen Passagieren überwältigt und gleich nach der Landung in Detroit den Behörden übergeben. Bei vielen Menschen rief dieser Vorfall die schmerzlichen Erinnerungen an den 11. September wach, für mich dagegen war er eine furchterregende Erinnerung daran, dass auch im 21. Jahrhundert irrationale Überzeugungen und Menschenopfer im Namen des Fortschritts fortdauern. Wir gehen heute nur raffinierter vor. Keine Maya-Priester mehr, die auf der Spitze einer Pyramide Kleinkinder opfern. Heute verwenden wir Passagierflugzeuge.

An jenem Abend ordnete der Präsident der Vereinigten Staaten umgehende Ermittlungen zu den Sicherheitslücken an. Laut *New York Times* bezeichnete Präsident Obama das Problem in der nachfolgenden Pressekonferenz als ein »Systemversagen des Sicherheitsapparats der Nation«. Die Ermittlungen enthüllten, dass ausländische Geheimdienste die Regierungsbehörden vorab informiert hatten, dass ein Nigerianer ein Attentat plante. Die Kommunikation zwischen den einzelnen Behörden hatte jedoch versagt, und so kam diese Information nie bei der Flugsicherung an.

Obamas Einschätzung, dass ein »Systemversagen« stattgefunden habe, war ein hoffnungsvolles Zeichen. Die Regierung schien bereit, ein hochkomplexes, facettenreiches Problem anzugehen: ein gefährliches Zusammentreffen von Behördenverfahren, Technologie, Hassverbrechen, Diplomatie, Kommunikation, biologischen Instinkten, religiösen Überzeugungen und Menschen- und Bürgerrechten. Nachdem der Präsident das Problem als systemisch bezeichnet hatte, ging ich, wie viele andere Amerikaner auch, davon aus, dass eine systemische Lösung folgen würde.

Stattdessen korrigierte sich Obama in einer subtilen Kehrtwende: Er suchte nach individuellen Schuldigen.[2] Die *Times* berichtete: »Er sagte, er habe die Regierungsbehörden angewiesen, ihm am Donnerstag einen einstweiligen

Bericht über die Geschehnisse vorzulegen, und fügte hinzu, er werde ›auf Verantwortlichkeit auf jeder Ebene‹ pochen.« Je mehr die Reporter drängten, desto stärker beharrte der Präsident darauf, dass diejenigen, die für das Versagen verantwortlich waren, für ihre Fehler zur Rechenschaft gezogen würden. Indem er den Fokus auf individuelle Schuldige verlagerte, geriet die schwierige Aufgabe, die kulturellen, technologischen und territorialen Gründe für dieses Versagen zu entwirren, ins Hintertreffen. Irgendjemand sollte bezahlen.

Es dauerte nicht lange, und die Presse begann darüber zu spekulieren, wer das Bauernopfer sein würde. Schnell wurde Janet Napolitano, Obamas Ministerin für Heimatschutz, zur führenden Kandidatin, weil sie einige Tage bevor der Präsident verkündete, die neuen Sicherheitsmaßnahmen hätten versagt, eine unglückliche Pressekonferenz abgehalten hatte, in der sie verkündet hatte, »das System funktioniert«. Später wurde Napolitano zu einer Rücknahme ihrer Äußerung gezwungen, indem sie sich folgendermaßen korrigierte: »Unser System hat *dieses Mal* nicht funktioniert« – allerdings nicht, bevor der Abgeordnete Dan Burton und andere ihren Rücktritt forderten, weil sie »das Vertrauen der Amerikaner untergraben« habe.

Napolitano war jedoch nicht die Einzige, die ihren Kopf hinhalten sollte. Für kurze Zeit wies die Presse mit dem Finger auf Dennis C. Blair, den Direktor der Nationalen Sicherheit. Dann schossen im Internet plötzlich Blogs wie Pilze aus dem Boden, in denen Außenministerin Hillary Clinton verantwortlich gemacht wurde. Irgendjemand fand heraus, dass der Vater des Attentäters die US-Botschaft in Nigeria gewarnt hatte, sein Sohn sei eine Gefahr. Da alle Botschaften an die Außenministerin berichten, rückte das Versäumnis des Außenministeriums, dem Attentäter ein Visum zu verweigern, Clinton erneut ins Rampenlicht.

Daneben gab es noch weitere Persönlichkeiten, die als Schuldige gehandelt wurden: Leon Panetta, der neue Direktor der CIA, Robert Mueller, Leiter des FBI und Keith B. Alexander, Direktor der Behörde für Nationale Sicherheit – um nur einige zu nennen. Dann hetzte Dick Cheney die republikanische Rechte auf, und die Abgeordneten Peter King aus New York und Steven King aus Iowa machten den Präsidenten persönlich für die Sicherheitslücken verantwortlich. Obamas »laxe Haltung gegenüber dem Terrorismus« wurde zum Auffangbecken der Gründe für ein Wiederaufleben der Angriffe auf die Regierung.

Doch obwohl Obama die Sicherheitslücke ursprünglich als ein systemisches Problem bezeichnet hatte, trug das wenig dazu bei, den öffentlichen Aufruf zu einer Hexenjagd zu besänftigen. Bald schlossen sich Radiosender und abendliche Talkshows, die von angsterfüllten Anrufern bedrängt wurden,

den Politikern an, die mit dem Finger auf vermeintlich Schuldige zeigten. Die Frage, die jedermann umtrieb, lautete: »Wer ist verantwortlich, und warum wurde das Problem noch nicht gelöst?« Wäre das Problem aber tatsächlich systemischer Natur, wäre die Konzentration auf die Fehler von ein oder zwei Personen kaum hilfreich. Glaubte irgendjemand, die Entlassung oder der Rücktritt irgendeines Ministers – egal aus welchem Ministerium – würde Flugreisen sicherer machen? Oder die Zahl der terroristischen Attentate senken? Erfordert ein systemisches Problem nicht auch eine systemische Lösung?

Die Personalisierung der Schuld

Die Reaktion der Regierung auf das verhinderte Attentat auf Northwest Airlines war keine Besonderheit. Tatsächlich würden viele Menschen argumentieren, in der Politik sei die Zuweisung der Verantwortung auf ein oder zwei Individuen einfach eine Selbstverständlichkeit. Und in einer Hinsicht haben sie Recht. Die Suche nach dem Schuldigen erklärt, warum so viele unserer komplexen Probleme ungelöst bleiben und von einer Generation auf die nächste verschoben werden.

Im Verlauf der Geschichte haben alle Zivilisationen das klare Muster gezeigt, *dass die Verantwortung für komplexe Probleme, die nicht gelöst werden, auf den Schultern Einzelner abgeladen werden.* Je größer und bedrohlicher ein Problem ist, desto größer ist auch die Wahrscheinlichkeit, dass einzelne Personen zur Rechenschaft gezogen werden. Und das gilt nicht nur für Staatsoberhäupter. Manchmal suchen wir die Schuld bei Religionsführern, manchmal bei unserem Vorgesetzten, unserer Exfrau oder unserem Exmann, unserem Anwalt, den Nachbarn, Ärzten, Eltern oder unserem Börsenmakler. Und gelegentlich suchen wir die Schuld bei uns selbst und machen uns selbst harte und unerbittliche Vorwürfe.

Ich bezeichne dieses Phänomen als *Personalisierung der Schuld* – ein Supermem, das wie andere Supermeme eine natürliche Antwort auf eine festgefahrene Situation und eine kognitive Schwelle ist.

Die Personalisierung der Schuld funktioniert ganz einfach: Wenn Führer nicht in der Lage sind, komplexe, bedrohliche Probleme zu lösen, beginnen sie, die Verantwortung für die Beseitigung dieser Gefahren auf Individuen zu verlagern. Wenn das geschieht, werden die gesamte Aufmerksamkeit und alle Ressourcen und Anstrengungen, die zur Lösung tief verankerter sozialer Versagen nötig sind, auf die Verfolgung Einzelner gerichtet.

Heute sind jedoch fast alle unsere hartnäckigsten, bedrohlichsten Probleme systemischer Natur – die unbeabsichtigten Nebenprodukte eines Gewirrs aus Prozessen, sozialen Institutionen, Gesetzen, Technologien, Verhaltensweisen, Werten, Überzeugungen, Traditionen und evolutionären Beschränkungen. Probleme wie zunehmende Kriminalität, Bevölkerungswachstum, ökologische Nachhaltigkeit, Rezession und pandemischer Terrorismus sind das Ergebnis zahlreicher bekannter und unbekannter Kräfte, die dynamisch, katalytisch und oft willkürlich agieren. Wie bei einer Tüte Murmeln, die auf den Boden fällt, sind die Gründe für unsere größten Bedrohungen überall verstreut, ohne dass ein Muster erkennbar oder Ursache und Wirkung deutlich würden.

Wo wir gerade bei Komplexität sind – wo sollen wir anfangen? *Unglücklicherweise haben wir in Wahrheit noch keine effizienten Prozesse entwickelt, um über systemische Probleme nachzudenken und sie zu lösen.* Anstatt uns von Komplexität lähmen zu lassen, verlegen wir uns auf einfachere Erklärungen, Überzeugungen und Verhaltensweisen. Dazu gehört auch, die Schuld für Probleme, von denen wir wissen, dass sie komplex und tief verwurzelt sind, bei Einzelnen zu suchen.

Wenn die Zuweisung von Verantwortlichkeit aus dem Ruder läuft

Der amerikanischen Unternehmerikone Robert Half zufolge »ist die Suche nach einem Schuldigen immer erfolgreich«. Gut ausgedrückt. Bei einem derart verlässlichen Ergebnis fällt es schwer, der Versuchung zu widerstehen, die Schuld für unsere größten Problemen in individueller Unfähigkeit zu suchen. Heute ist der Zwang, individuelle Personen für systemische Probleme verantwortlich zu machen, nach wie vor sehr groß. Mit dem Finger auf einen vermeintlich Schuldigen zu zeigen, ist in der Wirtschaft übrigens genauso üblich wie in der Politik. Die jüngste Krise in der US-Automobilindustrie lieferte ein aufschlussreiches Beispiel dafür, dass wir uns zu einer Zivilisation entwickelt haben, die die Schuld an systemischen Problemen reflexartig einzelnen Sündenböcken zuweist.

Im Jahr 2008 baten die Vorstandsvorsitzenden der drei größten Automobilhersteller der USA, die kurz vor dem Bankrott standen, den Kongress um Kredite in Höhe von 34 Milliarden Dollar, um »ihr Geschäft zu restrukturieren.«[3] Die Automobilhersteller ließen verlauten, dass viele tausend Arbeitsplätze in der Fertigung, der Wartung und im Ersatzteilegeschäft ohne sofortige staatliche Finanzhilfen verloren gehen würden. Dieser Hilferuf war der verzweifelte Versuch, den Bankrott ihrer Konzerne zu verhindern.

Die erste Reaktion der meisten Amerikaner war vorhersehbar: *Ablehnung*. Schließlich handelte es sich um börsennotierte Unternehmen, und die Regierung hatte in der Automobilindustrie nichts verloren. Die Menschen, die dem Supermem der Ablehnung zum Opfer fielen, sprachen sich vehement gegen staatliche Rettungsmaßnahmen aus, hatten aber keine Vorschläge, wie sich der Zusammenbruch einer ganzen Industrie vermeiden ließe.

Allerdings befand sich die gesamte US-Wirtschaft im freien Fall; sie versank in einer gefährlichen Rezession, die von massiven Zahlungsausfällen im Hypothekengeschäft, einbrechenden Immobilienpreisen und Aktienkursen und einem potenziellen Zusammenbruch des Bankensystems ausgelöst worden war. Und was noch schlimmer war: Die USA zogen andere Industrienationen mit in den Abgrund. Täglich wurde über Massenentlassungen berichtet; Immobilienbesitzer, Unternehmen und die Wall Street kämpften darum, sich über Wasser zu halten. In diesem Kontext hatte die Regierung keine andere Wahl, als den Hilferuf der Automobilhersteller ernsthaft zu erwägen, trotz der breiten Ablehnung in der Bevölkerung.

Wie so viele andere Amerikaner war auch ich sehr über die Abwärtsspirale besorgt und beobachtete aufmerksam, wie die führenden Automobilhersteller bei einer Kongressanhörung in Washington ihre Aussagen machten. Da jeder Automobilhersteller aufgefordert worden war, vor der im Fernsehen übertragenen Anhörung Bilanzen, Absatzprognosen und Kreditrückzahlungspläne vorzulegen, war die live ausgestrahlte Frage-und-Antwort-Runde keine echte Prüfung, sondern vielmehr für beide Seiten ein PR-Ereignis. Dennoch war es faszinierend zu sehen, wie zwei Supermeme – Ablehnung und die Personalisierung der Schuld – die Fragen, Aussagen und letztlich den Ausgang des nationalen Dramas bestimmten.

Abgesehen von der mangelnden Bereitschaft, mit Steuergeldern private Unternehmen zu retten, wies der Kongressausschuss wiederholt darauf hin, dass die Unternehmensführer an dem Verlust von globalen Marktanteilen und dem drohenden Bankrott ihrer Konzerne selbst schuld seien. Im Wesentlichen wollte der Kongress wissen, warum die Steuerzahler sie aus einer Situation retten sollten, die die Unternehmen selbst herbeigeführt hatten. Die einst mächtigen Unternehmensführer wurden plötzlich behandelt, als hätten sie darum gebeten, bei der Rettung ihrer Familienfarm zu helfen, und nicht einer hundert Jahre alten Industriebranche, die ein grundlegender Bestandteil der amerikanischen Wirtschaft ist.

Und dann fragte einer der Kongressabgeordneten die Unternehmensführer urplötzlich, wie viele von ihnen mit einem Privatjet zur Anhörung geflogen seien. Die drei Unternehmensführer blickten verwirrt in die Runde. Alle hoben ihre Hand und schienen sich zu fragen, was die Frage mit den Krediten zu tun habe, die sie benötigten. Von da an dauerte es nur noch Minuten, bis das Foto, auf dem die Unternehmensführer die Hand hoben, die Runde machte. Angesichts der Nachricht, dass alle in Privatflugzeugen nach Washington geflogen waren, war plötzlich jeder Politiker, politische Kommentator, Talkshow-Moderator, Reporter und Bürger dagegen, reichen Vorstandsvorsitzenden zu helfen, die nicht, wie jeder Normalbürger auch, mit normalen Linienmaschinen flogen.

Der Zusammenbruch der Automobilindustrie war jedoch kaum die Schuld einer Handvoll Männer und Frauen, die in Privatjets umherflogen. Diesem Personenkreis die Schuld für das Versagen eines ganzen Marktes zu geben, ergab keinen Sinn. Dennoch wurde daraus schnell ein »wir« gegen »die«, weil die Menschen begannen, die Flotte an Privatjets mit Verschwendungssucht zu assoziieren. Anstatt sich zusammenzuschließen, um einer kollabierenden Industrie zu helfen und den Verlust von Millionen Arbeitsplätzen zu verhindern, ließ die Nation ihren Frust an drei perplexen Topmanagern ab.

Drei Monate später wurde der Vorstandsvorsitzende von General Motors, Rick Wagoner, zum vorhersehbaren Sündenbock.[4] Der Präsident der Vereinigten Staaten feuerte ihn, und die US-Bürger atmeten erleichtert auf, als sie sahen, dass ein reicher Spitzenmanager seine gerechte Strafe erhielt. Nur Wenige gaben zu bedenken, inmitten einer globalen Finanzkrise seien drei Monate nicht ausreichend, um zu beurteilen, ob Wagoner General Motors wieder profitabel machen könnte, aber darum geht es nicht. Aus PR-Sicht war es ein guter Schachzug, jemanden für die Krise der Automobilindustrie verantwortlich zu machen, und in diesem Fall traf es Wagoner.

Auch wenn es ein gutes Gefühl gewesen sein mag, die Schuld einer bestimmten Person zu geben, ist in Wahrheit die Automobilindustrie von denselben Rezessionskräften erfasst worden, die auch den Markt für Wohnimmobilien zerstörten, alle großen Einzelhandelsunternehmen in die roten Zahlen trieben und die Kredit- und Aktienmärkte auf der ganzen Welt einfrieren ließen. Diese Rezessionskräfte verpassten einer Branche den Todesstoß, die bereits von ausländischem Wettbewerb, teuren Gewerkschaftsverträgen, astronomischen Benzinpreisen und einer antagonistischen Zoll- und Import-/Export-Politik geschwächt war. Selbst wenn man davon überzeugt ist, dass die Automobilindustrie dieses Schicksal verdient hat, weil sie nicht schnell genug benzinsparende Autos gebaut hat, hätte sie wahrscheinlich weiter existiert, wenn eine beispiellose weltweite Rezession nicht die Autokäufer verschreckt hätte. Anstatt sich über die vielfältigen Gründe Gedanken zu machen, die zu der Misere der Automobilhersteller geführt hatten, war es viel einfacher, *die Schuld zu personalisieren.*

Unsere fehlgeleitete strafende Haltung gegenüber den Unternehmensführern der Automobilindustrie führte fast dazu, dass die Rettung eines lebenswichtigen Teils der amerikanischen Industrie verweigert worden wäre, was Millionen von Arbeitsplätzen gekostet hätte. Das ist das Problem bei der Suche nach Sündenböcken: Sie mag zwar kurzfristig ein gutes Gefühl vermitteln, trägt aber nichts zur Lösung des Kernproblems bei, das systemischer Natur ist. Tatsächlich kann die Personalisierung der Schuld unsere Herausforderungen eher noch vergrößern, indem sie einem bereits undurchdringlichen Chaos weitere negative Folgen aufhalst.

Die Verschleierung der Fakten

Eine ähnliche Reaktion zeigte die Nation, als sie erfuhr, dass der Versicherungsgigant AIG seinen Führungskräften Boni gezahlt hatte, nachdem das Unternehmen staatliche Finanzspritzen erhalten hatte.[5] Die Arbeitsverträge, die AIG zu Bonuszahlungen an seine Manager verpflichtete, waren abgeschlossen worden, lange bevor die US-Regierung angerufen worden war, um den taumelnden Giganten vor dem unmittelbar bevorstehenden Bankrott zu retten. Nichtsdestotrotz wuchs die öffentliche Entrüstung über die Verteilung der Steuergelder an genau die Spitzenmanager, die für das Unternehmensdesaster verantwortlich waren. Wie Rick Wagoner wurde der neue Vorstandsvorsitzende von AIG zu einer Anhörung in den Kongress zitiert. In diesem Fall hatte der Unternehmensführer seinen Posten klugerweise jedoch für ein Jahresgehalt von einem Dollar angenommen.[6] Dies, und nur dies, rettete ihn davor, als Alleinschuldiger für die Konzernprobleme verantwortlich gemacht zu werden. Schlauer Bursche.

Wenn man das AIG-Bonus-Debakel jedoch aus dem Blickwinkel von Otto Normalverbraucher betrachtet, kann man leicht verstehen, warum sich das Land so ereiferte. Eine Rekordzahl an Bürgern verlor ihr Zuhause und ihre Arbeitsplätze; Rentner, die ihr ganzes Leben lang gespart hatten, besaßen plötzlich nicht mehr genug Geld, um ihren Lebensabend zu sichern. Außerdem mussten die Bürger bei Versicherungen, Medikamenten und Arztbesuchen sparen. Familien fragten sich, ob sie ihre Kinder noch aufs College schicken, neue Reifen für ihre Autos kaufen oder ihre Kreditkartenabrechnungen bezahlen konnten. In diesem Klima erregten Nachrichten über irgendwelche Extrazahlungen an Manager den allgemeinen Zorn.

Doch welche *Fakten* besaßen wir tatsächlich über die Rettungsmaßnahmen, unabhängig von unseren Überzeugungen und persönlichen Gefühlen? Laut Anne Szustek von *Associated Press* erhielt AIG rund 153 *Milliarden* Dollar an staatlichen Finanzhilfen.[7] Die US-Bürger waren schwer erzürnt, als sie erfuhren, dass rund 165 *Millionen* Dollar von dieser Summe als Bonuszahlungen an AIG-Führungskräfte gehen würden – genau die Personen, die nach allgemeiner Wahrnehmung an der Unternehmenssituation schuld waren. In Wahrheit machten die umstrittenen Bonuszahlungen, in die sich alle, einschließlich des US-Präsidenten, verbissen, jedoch lediglich *ein Zehntel eines Pennys für jeden an AIG geliehenen Dollar* aus. Im Licht dieser Fakten ist es unverständlich, dass eine derart geringfügige Summe ein ganzes Land so in Aufruhr versetzen konnte. In früheren Zeiten hätten wir das als Ablenkungsmanöver erkannt, aber heute stürzen wir uns blind auf einige wenige Schlüsselfiguren, denen wir die Schuld für den Zusammenbruch eines ganzen Wirtschaftssektors geben. Und dabei machen wir uns selbst zu »Opfern« von Übeltätern.

Auf die gleiche Weise ist es heute üblich, einzelne Führungsfiguren für die Handlungen anderer Nationen verantwortlich zu machen. Es ist bequem zu glauben, unsere internationalen Konflikte verschwänden, wenn bestimmte Führungsfiguren entfernt würden. Wir haben gedacht, die Triebkraft hinter Al-Qaida sei Osama bin Laden gewesen, und das machte uns glauben, seine Ergreifung würde die gesamte Organisation entwaffnen und die Welt sicherer machen. Die Fakten weisen jedoch darauf hin, dass die Stärke der Al-Qaida in ihren weltweit verstreuten, hochautonomen Schläferzellen liegt. Einer Hydra einen einzigen Kopf abzuschlagen, wird Attentatsversuche wie den auf Northwest Airlines nicht verhindern. Viel wahrscheinlicher ist, dass aus dem abgeschlagenen Haupt zwei neue Häupter erwachsen, wie die griechische Mythologie besagt.

Das hält Politiker jedoch nicht davon ab, darauf zu beharren, die treibende Kraft hinter den nordkoreanischen Raketenabschüssen sei Kim Jong Il. Wir glauben, wenn wir ihm so viel Aufmerksamkeit schenken wie einem Filmstar und den Handel mit Nordkorea wieder aufnehmen, wird er auf Atomwaffen verzichten. Wir glauben auch, die größte Atomgefahr im Nahen Osten gehe vom iranischen Präsidenten Mahmoud Ahmadinejad aus. Wenn die Nachbarländer genügend Druck auf ihn ausüben würden, würde er den Bau von Atomkraftwerken einstellen. Dennoch betreiben diese Länder Jahr für Jahr Handel mit dem Iran, in der Hoffnung, eines Tages die Technologie für ihre eigenen Nuklearprogramme kaufen zu können.

Wir sind schnell dabei, Führer, die anders handeln als wir, als verrückt, unmoralisch, fehlgeleitet oder schlecht informiert zu verunglimpfen, und schieben die Schuld an massiven systemischen sozioökonomischen Problemen auf bestimmte Persönlichkeiten. Es ist so viel einfacher, einzelne Personen verantwortlich zu machen, als komplexe Probleme zu lösen, die die menschlichen Zivilisationen seit Jahrhunderten plagen. Es ist so viel einfacher zu glauben, dass wir nur die Meinung einer Person ändern oder diese Person beseitigen müssen. Es ist so viel einfacher, Fakten durch unbewiesene Überzeugungen zu ersetzen.

Politische Staatsoberhäupter repräsentieren aber, genau wie Unternehmensführer von Automobilkonzernen und der Vorstandsvorsitzende von AIG, den Willen größerer Kulturen. Eine einzige Person für alle unsere Probleme verantwortlich zu machen, ist so, als mache man den Papst dafür verantwortlich, dass es vor unserer Gemeindekirche keine Parkplätze gibt. Bedenken Sie, wie viele Personen im Laufe unseres Lebens in Israel, im Irak, im Jemen, in Pakistan, Jugoslawien, Russland, China und den USA zum Staatsoberhaupt ernannt wurden. Hat irgendeiner von ihnen die gefährlichsten systemischen Probleme der Menschheit lösen können? Oder bestehen die globalen Probleme weiterhin und nehmen immer größere Ausmaße an, unabhängig davon, wer gerade auf dem Thron sitzt? Trotzdem machen wir Jahr für Jahr unsere Hoffnungen und unsere Schuldzuweisungen an eindimensionalen Lösungen und charismatischen Führungspersönlichkeiten fest, die gegenseitig mit dem Finger aufeinander zeigen, als sei dies der Grund für die systemische Pattsituation. Die Probleme, mit denen wir konfrontiert sind, sind viel zu komplex, um von einer einzigen Person gelöst werden zu können. Genau wie dem Normalbürger fehlen auch unseren Führern die biologischen Fähigkeiten, um sie zu lösen. Und das ist nicht ihre Schuld.

Geblendet von Selbstvorwürfen

Es überrascht nicht, dass die Personalisierung der Schuld weit über Führer von Nationen und börsennotierten Unternehmen hinausreicht. Wenn eine Zivilisation eine kognitive Schwelle erreicht, an der die Komplexität ihrer Probleme ihre kognitiven Fähigkeiten übersteigt, wird die Verantwortung für die Lösung schwieriger sozialer Probleme auch auf den Normalbürger abgewälzt. Obwohl bekannt ist, dass Millionen von Menschen unter denselben Problemen leiden, ist es leichter, individuelle Personen für ihr Versagen verantwortlich zu machen, als sich den tief verankerten systemischen Problemen zu stellen. Unsere größten Probleme, wie zum Beispiel Fettleibigkeit, Depression und Suchtverhalten, werden somit als persönliches Fehlverhalten verpackt, das jedes Individuum allein überwinden muss.

Heute lautet das Grundprinzip persönlicher Verantwortung ungefähr so: Wir als Individuen treffen Entscheidungen, und diese Entscheidungen haben Konsequenzen. Wenn wir schlechte Entscheidungen treffen, ist das Ergebnis Misserfolg. Wenn wir kluge Entscheidungen treffen, haben wir Erfolg im Beruf, in der Liebe und im Leben. Verhalte dich verantwortlich, und du wirst reich und glücklich sein. Verhalte dich unverantwortlich, und die Folge wird erst Versagen, dann Verzweiflung sein. Persönliche Verantwortlichkeit ist zum neuen Mantra des 21. Jahrhunderts geworden. Überall predigen Menschen – Selbsthilfegurus, Politiker, Ärzte, Lehrer, Eltern, Psychiater, die Gesetzeshüter und Führungskräfte – persönliche Verantwortung und Eigenständigkeit als Heilmittel für alle unsere Probleme, ob groß oder klein.

Es ist daher nicht überraschend, dass die Selbsthilfeindustrie laut jüngsten Daten der Marktforschungsgesellschaft Marketdata seit dem Jahr 2000 stetig um fast 10 Prozent jährlich gewachsen ist und heute allein in den USA ein 8 Milliarden Dollar schweres Geschäft ist.[8] Richtig: Wir geben jedes Jahr 8 Milliarden Dollar aus, damit uns jemand sagt, wie wir unsere eigenen Probleme lösen. Laut Selbsthilfeexperten sind alle unsere Probleme einfach eine Frage von Ursache und Wirkung. Es spielt keine Rolle, wie das spezifische Problem lautet, ob es sich um Kreditkartenschulden, die Überwindung einer Drogensucht, globale Klimaerwärmung, Kriminalität, Fettleibigkeit, eine schlechte Ehe oder eine weltweite Rezession handelt. Wie man sich bettet, so liegt man. Durch die Befolgung einfacher Schritte hat jeder die Macht, selbst noch so große Hindernisse zu überwinden und das angestrebte Leben zu führen. Klingt gut.

Doch stimmt das wirklich? Ist die Lösung zur Beseitigung von Schuldenbergen und Fettleibigkeit einfach eine Frage besserer Entscheidungen? Fast alle Menschen, die ich kenne, recyceln und versuchen, ihre Kredite abzuzahlen. Wir unternehmen bewusste Anstrengungen, um unser Cholesterin zu senken, essen weniger Süßigkeiten, sparen Geld und hören auf zu rauchen. Wir bemühen uns mehr um Therapie und konsumieren mehr Stimmungsaufheller als je zuvor in der Geschichte. Außerdem wollen wir Weltfrieden, eine sicherere Welt für unsere Kinder und saubere, erneuerbare

Energien, und wir erbringen zahlreiche persönliche Opfer, um diese Dinge zu erreichen. Würde es daher nicht logisch erscheinen, dass große soziale Probleme wie Armut, Klimawandel und Konsumschulden in dem Maße allmählich abnehmen, in dem wir zu verantwortlicheren Individuen werden und jeder Einzelne von uns seinen kleinen Anteil an Problemen selbst löst? Ist die persönliche Eigenverantwortung nicht der beste Weg, um unsere größten Herausforderungen schrittweise zu meistern? Das sollte man meinen. Tatsächlich hat die persönliche Verantwortlichkeit aber Grenzen.

Die kleine Lok, die es nicht schafft

Egal, wie energisch ein Mensch gegen den Strom anschwimmt, verhält sich der Weg, den er zurücklegt, proportional zur Stärke der Strömung, und sehr oft ist diese Strömung einfach zu stark, um überwunden werden zu können. Große systemische Probleme sind nicht nur eine Frage der individuellen Verantwortung. Unsere anhaltenden persönlichen Probleme sind das Ergebnis einer rasch zunehmenden Komplexität, einer natürlich auftretenden kognitiven Schwelle, vererbter biologischer Veranlagungen und mächtiger Supermeme, die alle gemeinsam gegen den freien Willen konspirieren.

Heute ist der Widerstand, den jeder Einzelne überwinden muss, um seine »persönlichen« Probleme zu lösen, einfach kolossal. In einem Artikel mit der Überschrift »Wie Sie Willenskraft zu Ihrem Vorteil nutzen« fasste die Kolumnistin Allie Firestone die Herausforderung zusammen:[9] »Ich mache ständig lebensverändernde Versprechen; tatsächlich mache ich das ziemlich oft. Das Problem ist, dass mein *altes Ich* (ohne wöchentliche Yogastunden, Kontrolle über meine Finanzen und eine ordentlichere Wohnung) oft die Oberhand gewinnt, bevor ich die Zeit habe, wenigstens so zu tun, als hielte ich mich an meine Versprechen.«

Das geschieht, wenn Menschen nicht mehr wissen, welche Probleme persönlich und welche systemisch sind. Wir zeichnen ein unvollständiges und ungerechtes Bild, wenn wir die Schuld für jede Schwierigkeit bei uns selbst suchen, weil wir damit die Existenz systemischer Probleme leugnen. *Die verbreitete Ansicht lautet, dass, wenn alles vom Individuum abhängt, lediglich das individuelle Verhalten geändert werden muss.* Die Lösung komplexer Probleme, wie zum Beispiel das Recycling zur Schonung der natürlichen Ressourcen der Erde, hängt dann nur davon ab, ob jeder Einzelne von uns einmal die Woche Glas, Pappe und Plastik in bunte Container wirft. Wenn jeder seinen

Teil dazu beiträgt und recycelt, wird das Problem gelöst oder zumindest erheblich gemildert. Indem wir unsere individuelle Verantwortung anerkennen, werden wir Teil der Lösung. Wenn es doch nur so einfach wäre. Verstehen Sie mich nicht falsch – ich bin selbst ein großer Recycling-Fan.

Nachdem das gesagt ist, muss ich allerdings auch zugeben, dass ich mich jeden Freitagmorgen, wenn ich meine farbig markierten Abfalleimer mit leeren Flaschen und alten Zeitungen zu den Sammelcontainern trage, frage, warum ich das eigentlich tue. Ich frage mich, welchen Einfluss meine wohlmeinenden Nachbarn und ich tatsächlich haben und mache mir Gedanken über den Kompromiss zwischen Recycling und dem zweiten Müllwagen, der inzwischen herumfährt und den wachsenden Berg an Getränkedosen einsammelt. Was ist mit dem Benzin, dem Kohlenstoffausstoß und dem Strom, der für die Herstellung und den Betrieb des zweiten Müllwagens nötig ist? Dann frage ich mich, ob ich meine farbigen Mülleimer deswegen voll packe, weil ich mich dann als besserer Mensch fühle oder weil irgendein prähistorischer Teil in mir den Wunsch hat, mit der Masse zu gehen. Weiß ich wirklich, ob Recycling dem Planeten hilft? Habe ich mich jemals näher damit beschäftigt? Welche Fakten besitze ich? Und wenn ich eigentlich keine Fakten habe, warum mache ich es dann weiter?

Schließlich habe ich es nicht mehr ausgehalten. Ich musste wissen, ob Recycling wirklich etwas nützt oder nicht, und wie ich befürchtet hatte, waren meine Überzeugungen weit von der Realität entfernt. Zu meiner Bestürzung fand ich heraus, dass laut US-Umweltschutzbehörde weniger als drei Prozent des von den amerikanischen Bürgern erzeugten Abfalls kommunaler Müll ist.[10] Mit anderen Worten: Selbst wenn jeder Einwohner jeder Gemeinde des Landes die persönliche Eigenverantwortung ernst nähme, wäre die Wirkung auf den Planeten kaum spürbar.

Ähnlich zwiespältige Gefühle habe ich, was den Kauf von Billigprodukten angeht. Mit der explosionsartigen Zunahme von Megamärkten wie Wal-Mart und Ikea, die hauptsächlich ausländische Produkte anbieten, befürchten viele von uns, dass die US-Wirtschaft von chinesischen Billigprodukten überschwemmt wird. Wenn wir diese Importprodukte einfach boykottieren würden, könnten wir wirtschaftlichen Druck auf China erzeugen, ihren Kohlenstoffausstoß zu verringern. Das würde zudem die einheimische Wirtschaft stärken, oder nicht?

Wussten Sie jedoch, dass wir in den 1980er-Jahren ähnliche Befürchtungen hatten, als die Japaner den US-Markt mit Billigprodukten überschwemmten und angeblich ganz Hawaii, Manhattan und San Francisco aufkauften? Überraschenderweise stützen die Fakten in beiden Fällen unsere Paranoia nicht.[11] Der Effekt, den jeder Einzelne auf die Wiederherstellung des Handelsbilanzgleichgewichts hat, ist weitaus geringer, als man sich vorstellt. Ich fand heraus, dass weniger als drei von hundert Produkten, die heute in den USA verkauft werden, aus China stammen. In den 1980er-Jahren betrug der Anteil an japanischen Produkten ebenfalls weniger als drei Prozent. Selbst wenn also jeder Bürger des Landes damals japanische Produkte boykottiert hätte und heute chinesische Produkte boykottieren würde, wäre der Nettoeffekt minimal – so wie der Nettoeffekt des Recycling.

Später fand ich heraus, dass weniger als sechs Prozent aller Waren, die Ikea verkauft, in China hergestellt werden. Bevor ich das feststellte, wäre ich jede Wette eingegangen, dass der Anteil mehr als 50 Prozent beträgt. Obwohl ich nun jedoch die Fakten kenne, fühle ich mich immer noch schuldig, wenn ich ein Sweatshirt für 10 Dollar kaufe. Ich bin ziemlich sicher, dass ich, wenn ich nicht zum Handelsungleichgewicht beitrage oder Umweltsündern helfe, irgendwo auf der Welt Kinderarbeit unterstütze oder es dem Geschäft, in dem ich billige Sweatshirts kaufe, unmöglich mache, seinen Kassenkräften eine Krankenversicherung zu bieten. Wenn ich jedoch kein billiges Sweatshirt kaufe, wird dann die Kassenkraft entlassen? Wird irgendein Kind, das in irgendeinem fremden Land gezwungen ist zu arbeiten, dann verhungern? Ich frage mich ständig, ob meine persönlichen Entscheidungen dazu beitragen, dass sich die bedrohlichen Probleme, mit denen wir heute konfrontiert sind, verschärfen. Ich will unbedingt das Richtige tun, anscheinend gelingt es mir aber nicht mehr herauszufinden, was das Richtige ist. Die Probleme und Lösungen scheinen zu viele Facetten zu haben und zu komplex zu sein. An praktisch allen Fronten fühle ich mich gelähmt. Und schuldig.

Genau das geschieht, wenn Individuen für komplexe soziale Probleme verantwortlich gemacht werden. Der Effekt, den wir auf systemische Probleme haben, wird stark übertrieben. Damit soll die Verantwortlichkeit von versagenden Institutionen, Führern und Experten auf den Normalbürger abgewälzt werden.

Das Paradox der Popkultur

Um zu verstehen, wie beherrschend die *Personalisierung der Schuld* im 21. Jahrhundert geworden ist, brauchen Sie sich nur einen Monat lang morgendliche oder nachmittägliche Talkshow-Sendungen im Fernsehen anzusehen. Beliebte Sendungen wie *Oprah, Dr. Phil, The Suze Orman Show, Mad Money* und *The Dr. Laura Show* gehen alle von derselben grundlegenden Voraussetzung aus: Wir haben die Kontrolle über unser Leben, und es hängt von unseren Entscheidungen ab, ob es uns gut oder schlecht geht. Täglich bieten Talkshow-Moderatoren schnelle Tipps zu den Fragen, wie wir abnehmen, Geld sparen, Kinder erziehen, der Armut entfliehen, beruflich erfolgreich werden, unsere Ehe kitten und unsere Beziehung zu Gott verbessern können. Alles, was wir brauchen, sind Entschlossenheit und eine Strategie.

Bei einer so starken Betonung der Eigenverantwortung dauert es nicht lange, bis die Zuschauer anfangen, sich selbst die Schuld an ihren Problemen zu geben. Sie haben sich nicht genug angestrengt oder nicht das Richtige versucht; sie waren nicht stark genug, nicht hartnäckig genug, nicht klug oder talentiert genug. Indem sich Talkshow-Moderatoren ausschließlich auf das konzentrieren, was das Individuum tun muss und keine oder nur wenig Zeit auf Diskussionen über die gewaltigen systemischen Hindernisse verwenden, die einer echten Veränderung im Weg stehen, überzeugen sie ihre Zuschauer davon, dass ihr Leben, ihre Familien, Gemeinden, Länder und der Planet gefährdet sind, weil sie persönlich versagen. Die überwältigende Mehrheit der Probleme, die von nachmittäglichen Talkshows untersucht werden, sind aber eigentlich überhaupt keine individuellen Probleme. Sie wurzeln in äußerst verwickelten sozioökonomischen Problemen, die die Menschheit seit vielen Generationen plagen. Menschen davon zu überzeugen, dass sie ihre eigene Situation verändern können, wenn sie es wirklich wollen, hat am Ende oft einen genauso geringen Nettoeffekt wie Recycling oder der Boykott von Billigprodukten.

Einer der besten Indikatoren für die Tatsache, dass diese Probleme nicht persönlicher, sondern systemischer Natur sind, ist die Art und Weise, wie die Fernsehshows ihr Geld verdienen. Die Themen für jedes Programm werden auf Basis der Zuschauervorlieben sorgfältig ausgewählt. Je höher die Einschaltquote, desto höher der Preis, den die Sendernetze für 30- und 60-Sekunden-Werbespots verlangen. Wenn die Themen von Fernsehsendungen von den Problemen bestimmt werden, die Millionen von Menschen plagen, ist das dann nicht ein Beweis, dass diese Probleme systemisch sind?

Bei einem derart hohen Prozentsatz der Bevölkerung, die von diesen Problemen betroffen ist, können diese nicht länger als persönliche Probleme betrachtet werden. Tatsache ist, dass es so einfach geworden ist, ein systemisches mit einem persönlichen Problem zu verwechseln, dass wir allmählich systemische Lösungen aufgeben, die gewaltige Investitionen verschlingen und nur langsam Ergebnisse zeigen. Unsere Einstellung zum Thema Fettleibigkeit ist ein wunderbares Beispiel dafür, wie dieses Supermem – *die Personalisierung der Schuld* – echten sozialen Fortschritt verhindert.

Die Hartnäckigkeit der Fettleibigkeit

Dank der allgegenwärtigen Experten ist die Mehrheit von uns inzwischen davon überzeugt, dass ein gesundes Körpergewicht eine reine Frage der persönlichen Disziplin ist. Wir glauben, Fettleibigkeit sei die Folge schlechter Ernährungsentscheidungen und mangelnder Bewegung. So wie beim Entschluss, das Rauchen aufzugeben, ist auch hier nur ein wenig Willenskraft nötig. Lässt sich das Problem der Fettleibigkeit wirklich so leicht lösen?

Wäre die Fettleibigkeit eine reine Frage der persönlichen Willenskraft, sollten wir erwarten können, dass Menschen, die in anderen Bereichen ihres Lebens eine große Disziplin unter Beweis stellen, sich nicht gehen lassen, was ihr Gewicht betrifft. Das würde nicht zu der Charakterstärke und Entschlossenheit passen, die sie bei der Bewältigung anderer Herausforderungen zeigen. Denken Sie jedoch einen Moment lang an eine der willensstärksten, mächtigsten Personen der Welt, als Beweis dafür, dass diese *Überzeugung* falsch ist.

Fast vier Jahrzehnte lang hat Oprah Winfrey die erfolgreichste Nachmittags-Talkshow der USA moderiert. Im Verlauf ihrer Karriere ist sie zudem eine unermüdliche Verfechterin persönlicher Verantwortung und Veränderung gewesen. Oprah hat mutig jedes Thema aufgegriffen, von Schönheitsoperationen, Rassismus, Hormonersatztherapie, Autismus und Ehebruch über private Finanzen und Brustkrebs bis hin zu Vergewaltigung, Politik und Religion. Durch ihre Buchklubs ist sie dafür verantwortlich, dass wieder mehr gelesen wird, und sie hat viele Millionen Dollar Spendengelder für Obdachlose, Hurrikan- und Tsunami-Opfer und die Opfer des 11. September aufgetrieben. Oprah hat Waisenhäuser gebaut, weltweite Führungspersönlichkeiten interviewt, neue Konsumprodukte eingeführt und eine Reihe von Fernsehprogrammen, wie *The Doctors, Dr. Phil* und *Dr. Oz,* gestartet, die Eigenverantwortung propagieren, um Menschen bei der Selbstdiagnose und Selbstverbesserung zu helfen. Wenn es je eine Ikone der individuellen Eigenverantwortung gegeben hat, ist es Oprah Winfrey.

Und dann bezog Oprah im Jahr 2008 eine mutige Position im Hinblick auf Fettleibigkeit.[12] In einer bewegenden Rede gestand sie öffentlich ein, einen erneuten Rückfall erlitten zu haben, nachdem sie seit 1984 mit wechselndem Erfolg alle möglichen Diäten gemacht hatte. Winfrey gab zu, in wenigen Monaten mehr als 40 Pfund zugenommen zu haben. Oprah Winfrey ist nicht nur gebildet, wohlhabend und einfallsreich. Sie bekennt sich persönlich und öffentlich zu persönlicher Eigenverantwortung. Und sie kann es sich leisten, sich eine Armada an privaten Köchen, Personal Trainers, Ernährungsspezialisten, Beratern und Ärzten zu halten – die sich alle der Aufgabe widmen, ihr bei der Wahrung eines gesunden Körpergewichts zu helfen. Was bedeutet es also, wenn es einer so starken Persönlichkeit wie Oprah nicht gelingt, ihr Übergewicht erfolgreich und dauerhaft zu bekämpfen?

In ihrem Fall schlug sie erwartungsgemäß Kapital aus ihrem persönlichen Scheitern, indem sie es in eine Themenwoche verwandelte, die ihren Zuschauern dabei helfen sollte, ihr »bestes Selbst« zu entwickeln. Sie schwor, einen gesünderen Lebensstil anzunehmen, sich richtig zu ernähren, Sport zu machen und die überschüssigen Pfunde wieder loszuwerden. Mutig versprach sie erneut, *dieses Mal* keinen Rückfall zu erleiden.

Ich wäre dumm, wenn ich gegen eine Kraftmaschine wie Oprah Winfrey wetten würde. Allerdings wage ich die Vermutung, dass Oprah, ohne eine Lösung der evolutionären und systemischen Kräfte, die die Kernursache der Fettleibigkeit sind, selbst mit eiserner Willenskraft und größter Anstrengung ihr Versprechen nicht halten können wird. Das liegt daran, dass Fettleibigkeit keine Frage der reinen Willenskraft ist. Das war sie nie.

Laut der amerikanischen Gesundheitsbehörde Center for Disease Control (CDC) ist heute mehr als ein Viertel aller Amerikaner fettleibig.[13] Haben alle diese Menschen ihre Willenskraft eingebüßt? Bei Kindern nimmt die Fettleibigkeit noch schneller zu. Laut CDC haben sich »die Fälle von Fettleibigkeit bei Kindern im Alter zwischen 6 und 11 Jahren in der Zeit von 1980 bis 2006 mehr als verdoppelt; das ist ein Anstieg von 6,5 auf 17 Prozent«. Zudem betrugen die durch Fettleibigkeit bedingten medizinischen Kosten für Erwachsene und Kinder im Jahr 1998 mehr als 47 Milliarden Dollar – mit steigender Tendenz.

Der kürzlich preisgekrönte Dokumentarfilm *Super Size Me* beschäftigt sich eingehender mit der systemischen Natur der Fettleibigkeit: »Amerika ist inzwischen die fetteste Nation der Welt. Herzlichen Glückwunsch. Fast 100 Millionen Amerikaner sind heute übergewichtig oder fett. Das sind mehr als 60 Prozent aller Erwachsenen. Seit 1980 hat sich die Fettleibigkeit insgesamt verdoppelt, wobei sich die Zahl der fettleibigen Kinder verdoppelt und die der fettleibigen Erwachsenen verdreifacht hat.« Der Film fährt fort: »McDonald's ernährt jeden Tag mehr als 46 Millionen Menschen weltweit; das ist mehr als die Bevölkerung Spaniens.«

Innerhalb von drei Jahrzehnten ist Fettleibigkeit zu einem gefährlichen weltweiten Problem geworden. Im Jahr 1997 bezeichnete die Weltgesundheitsorganisation (WHO) Fettleibigkeit angesichts von mehr als zwei Milliarden übergewichtigen Erwachsenen weltweit und ohne Aussicht auf Verbesserung als eine »globale Epidemie«.[14] Hier daher meine Frage: Ist der

Begriff »globale Epidemie« nicht genug, um zu erkennen, dass wir es mit einem größeren Gegner zu tun haben? Wenn ein immer größerer Anteil der Weltbevölkerung unter denselben Gesundheitsproblemen leidet wie die Amerikaner, sollten wir dann nicht aufhören, Fettleibigkeit weiterhin als Ergebnis individueller Willensschwäche zu brandmarken? Gibt es vielleicht andere mächtige Kräfte, die hier am Werk sind?

Ein Vorteil der Allesfresser

Eine der wichtigsten, aber selten diskutierten Ursachen für Fettleibigkeit ist unser evolutionäres Erbe. Wie zuvor erwähnt, werden wir nicht als unbeschriebenes Blatt geboren. Jeder Mensch wird mit Instinkten geboren, die ihm dabei helfen, Umweltherausforderungen zu bewältigen. In prähistorischen Zeiten waren die Zufuhr und intelligente Nutzung von Kalorien überlebenswichtig.[15] Unsere primitiven Vorfahren entwickelten drei Ernährungsveranlagungen, die ihnen ermöglichten, zu gedeihen: 1. eine Vorliebe für möglichst kalorienreiche Nahrung, 2. so viel wie möglich zu essen, wann immer Nahrung verfügbar war, und 3. sich auszuruhen, um Kalorien zu sparen, wenn sie nicht kämpfen oder auf Nahrungssuche gehen mussten.

Früher wäre es schlicht unmöglich gewesen, ein gesundheitsschädliches Übergewicht zu bekommen, egal wie viel die Menschen aßen oder faul herumlagen. Stellen Sie sich vor, wie viele Äpfel ein Mensch hätte finden, pflücken und essen müssen, um übergewichtig zu werden. Bei all der Auswahl an kalorienreichen, verarbeiteten Lebensmitteln, die es heute gibt, reichen heutzutage schon einige Fastfood-Mahlzeiten pro Tag aus. Die riesige Anzahl an Produkten in den Supermärkten, die reich an Öl und Fett und konzentriertem Zucker sind – wie zum Beispiel Maissirup mit seinem hohen Fruktosegehalt –, lassen sich genauso wenig ignorieren wie die Tatsache, dass diese Produkte so viel besser schmecken als gesündere Produkte. Also bitte, müssen wir wirklich darüber streiten, ob echte Butter und Sahne oder eine frisch gebackene Zimtrolle besser schmecken als ein Müsliriegel, eine Banane oder ein Reiscracker?

Außerdem sind wir eine Gesellschaft, die den Kauf von kalorienreichen Nahrungsmitteln vereinfacht hat. Sie sind angeblich billiger und überall verfügbar; an jeder Ecke gibt es einen Fastfood-Imbiss, in jeder Einkaufspassage gibt es Restaurantzonen, in denen fetthaltiges Fastfood angeboten wird, und jedes Kino, jedes Sportstadion und jeder Themenpark hat Imbissstände. Inzwischen findet sich in jedem Supermarkt ein ganzer Gang voller Chips unterschiedlicher Geschmacksrichtungen und Erfrischungsgetränke.

Unser Verstand weiß womöglich, dass wir zu viele Kalorien zu uns nehmen, aber unser biologisches Erbe hat sich mit massiven sozialen Anreizen verschworen, damit wir fetthaltige Nahrung zu uns nehmen. Wir wissen, dass wir Sport machen müssen, aber stattdessen kaufen wir uns einen Fernseher der neuesten Generation, sehen uns Filme an und spielen Videospiele. Wir wissen, dass zu viel Sitzen und zu viel Essen schlecht für unsere Gesundheit sind, aber wir machen es trotzdem. Doch wie bekämpfen wir tief sitzende Veranlagungen?

Fettleibigkeit ist ein systemisches Problem

Kürzlich hatte ich die Gelegenheit, Dr. John Ratey, Professor für Psychiatrie an der Universität von Harvard und Autor des Buches *Spark: The Revolutionary New Science of Exercise and the Brain* (Titel der deutschen Übersetzung: *Superfaktor Bewegung*) kennenzulernen. Im Verlauf des vergangenen Jahrzehnts ist Ratey zu einem Experten auf dem Gebiet geworden, welche Effekte Fettleibigkeit auf den menschlichen Körper hat und wie gefährlich die Auswirkungen eines bewegungsarmen Lebensstils auf die Lern- und Denkfähigkeit des Gehirns sind. Eines Nachmittags saßen wir in seinem altmodischen Büro in Cambridge, umgeben von Gemälden, Büchern, Stapeln an Forschungsnotizen und Hundespielzeug, während Ratey die alarmierenden Folgen der Fettleibigkeit bei Kindern schilderte. Seine Befürchtung? *Eine Gesellschaft, die Erwachsene für ihre eigene Fettleibigkeit verantwortlich macht, ist nur einen Steinwurf davon entfernt, Kinder für ihre eigene Fettleibigkeit verantwortlich zu machen.*

Meiner Ansicht nach versteht niemand das Ausmaß an systemischen Veränderungen, die nötig sind, um die Verbreitung von Fettleibigkeit bei Kindern zu stoppen, besser als Ratey. Er erklärte mir die Details einer jüngst durchgeführten Studie der Universität von Florida.[16] Wissenschaftler fanden heraus, dass stark fettleibige Kleinkinder im Alter von ungefähr vier Jahren einen erheblich »niedrigeren Intelligenzquotienten, erhebliche kognitive Verzögerungen und Hirnläsionen aufwiesen, die man sonst bei Alzheimer-Patienten findet«. Im Durchschnitt lag der Intelligenzquotient dieser Kleinkinder um 28 IQ-Punkte niedriger, was Ratey zu der Schlussfolgerung veranlasste, dass übergewichtige Kinder die Schulausbildung mit einem geistigen Handicap beginnen und somit zum Scheitern verurteilt sind. Was Ratey am meisten beunruhigt, sind die jüngsten Statistiken des Centers for Disease Control, die besagen, dass jedes fünfte vierjährige Kind in den USA heute fettleibig ist. Mit anderen Worten: Rund 20 Prozent aller Kinder, die in das Schulsystem eintreten, haben einen Lernnachteil. Laut Ratey weisen diese Zahlen auf einen gefährlichen sozialen Trend hin, der weit über schlechte Ernährungsentscheidungen hinausreicht.

Übergewicht hat zudem nicht nur Auswirkungen auf die kognitiven Fähigkeiten von Kindern. In einer zweiten Studie wurden ältere Bürger im Alter von durchschnittlich 70 Jahren untersucht. Die Untersuchungen zeigten, dass fettleibige Senioren über acht Prozent weniger Gehirnmasse verfügten, und dass die Herzkreislaufgesundheit schon bei 45 Minuten Bewegung am Tag das Hirnvolumen steigerte und die Wahrnehmung verbesserte. Ob alt oder jung, Ratey kommt zu dem Fazit, dass »zu viel Brennstoff und zu wenig Bewegung das menschliche Gehirn beeinträchtigen«.

Der Schlüssel scheint ein zunehmend bewegungsarmer Lebensstil zu sein, der die kognitive Verarbeitung beeinträchtigt. Jedes Mal, wenn der menschliche Organismus einen Muskel anspannt, schüttet er ein Eiweiß aus, das das Gehirn zu vermehrter Zellproduktion anregt und die Hirnzellen dazu veranlasst, auf neue Weise miteinander zu kommunizieren. In jüngsten Tierstudien wurde festgestellt, dass erwachsene Ratten, die sich bewegten, sowohl die Eiweißversorgung als auch die Blutzirkulation im Gehirn verbessern konnten, was dazu führte, dass sie eine um rund 25 Prozent höhere Intelligenz aufwiesen als Ratten, die sich nicht bewegten.

Rateys große Erkenntnis? Der menschliche Organismus mag kalorienreiche Kost suchen, aber er ist auch ein Organismus, der besser funktioniert, wenn er sich bewegt. Im Lauf der Zeit ist ein bewegungsarmer Lebensstil, der Gift für das Gehirn ist, institutionalisiert worden, und zur Lösung des Problems müssen wir wesentlich mehr tun, als Kinder und ältere Bürger verantwortlich zu machen.

Durch die neuen Untersuchungen über die Beziehung zwischen Bewegung und Wahrnehmung ist Ratey zu einem unermüdlichen Verfechter von Sportunterricht in öffentlichen Schulen, Altenheimen und Büros geworden. Er wirbt für gesündere, nahrhaftere und kalorienärmere Verpflegung und den sofortigen Stopp des Verkaufs von Fastfood an amerikanischen Schulen. Er reist oft nach Washington und berät im unablässigen Bestreben, Bewegung wieder in den normalen Tagesablauf zu integrieren, inzwischen Industriegiganten wie Google und Microsoft. Laut Ratey sind Mitarbeiter, die an »Stehschreibtischen« arbeiten – dabei handelt es sich um Schreibtische, die so konstruiert sind, dass der Mitarbeiter langsam auf einem Laufband gehen kann, während er gleichzeitig auf einer brusthohen Arbeitfläche arbeitet –, nicht nur gesünder, sondern treffen auch bessere Entscheidungen, haben ein besseres Gedächtnis und sind produktiver. In der Schule erzeugen Kinder, die statt auf unbeweglichen Stühlen auf großen Sitzbällen sitzen, die für Bewegung gemacht sind, zudem kognitiv nützliche Proteine. Und Senioren, die sich bewegen, produzieren neue Hirnzellen, die eine ganze Reihe von geistigen Erkrankungen verhindern.

Die gute Nachricht ist, dass nicht viel dazu gehört, eine kognitive Beeinträchtigung rückgängig zu machen. In einem jüngst durchgeführten Experiment wurde eine Gruppe von Senioren in New York gebeten, täglich für weniger als eine Stunde an Bewegungsübungen teilzunehmen. Nach nur drei Monaten waren erstaunliche Ergebnisse zu verzeichnen. Der *Hippocampus*, der Hirnbereich, der für die Speicherung und die Koordination des Gedächtnisses verantwortlich ist, wuchs in nur 90 Tagen um fast ein Drittel. Neben gesundheitlichen Vorteilen wie besserer Durchblutung, größerer Beweglichkeit, festerer Knochen und einer geringeren Depressionshäufigkeit, weniger ADS, ADHS und einer wachsenden Liste an psychischen Erkrankungen, spielt körperliche Aktivität eine entscheidende Rolle bei der Lern-, Erinnerungs- und Problemlösungsfähigkeit des Gehirns.

Ratey ragt deshalb heraus, weil er nicht nur eine wichtige Verbindung zwischen Fettleibigkeit und kognitiven Fähigkeiten hergestellt hat, sondern auch, weil er einer der wenigen Experten ist, die für einen massiven, systemischen Wandel plädieren, anstatt fettleibige Menschen für ihr eigenes Leiden verantwortlich zu machen. Ratey mag an Eigenverantwortung, das heißt, die individuelle Fähigkeit zur Selbstverbesserung, glauben, aber parallel zur persönlichen Eigenverantwortung erkennt er auch an, dass mächtige gesellschaftliche Kräfte gegen einen gesunden Lebensstil arbeiten. Fettleibigkeit ist kein ausschließlich persönliches, sondern ein systemisches Problem. Daher muss die Lösung systemisch sein.

Die Perfektionierung persönlicher Verantwortung

Als B. F. Skinner 1971 sein Werk *Jenseits von Freiheit und Würde* veröffentlichte, konnte niemand vorhersehen, dass es dazu führen würde, die Verantwortung für moderne Leiden auf jeden Einzelnen abzuwälzen.[17] Dennoch wurde die persönliche Verantwortung zu einer unbeabsichtigten Folge des Aufstiegs der Verhaltenspsychologie. In kurzer Zeit wurde der ganzen Welt die Idee nahegebracht, dass das *gesamte* menschliche Verhalten mit einer

Reihe positiver und negativer Verstärker erklärt werden konnte. Das bedeutete auch, dass sich das *gesamte* menschliche Verhalten einfach durch die Manipulation mittels Belohnung und Strafe verändern ließ.

Machtinhaber aller Orten freuten sich. Plötzlich verfügte die Gesellschaft über eine einfache, vorhersehbare Formel zur Veränderung menschlicher Gewohnheiten und Neigungen. Belohnungen wie Nahrung, Geld, Lob und Beförderung konnten so eingesetzt werden, dass erwünschte Verhaltensweisen gefördert wurden. Umgekehrt ließen sich mit Strafen wie Kritik, Elektroschocks, Isolation und dem Entzug von Privilegien eine Reihe unerwünschter Verhaltensweisen beseitigen. Durch den bewussten Einsatz von »Zuckerbrot und Peitsche« ließ sich das Verhalten eines Menschen umformen. Über Nacht versahen Lehrer die Namen besonders guter Schüler mit goldenen Sternen, Manager der mittleren Führungsebene verteilten »Verdienstzertifikate« an ihre Mitarbeiter und jeder Fußballspieler wurde für seine Einzelleistung gelobt und bekam eine Trophäe. Verstärken, verstärken, verstärken.

Außerdem schossen überall Kliniken für Aversionstherapie aus dem Boden. Wenn Sie das Rauchen aufgeben, abnehmen oder aufhören wollten, zu töten und zu vergewaltigen, reichte es aus, dass man Ihnen lediglich einen kleinen Elektroschock verabreichte, sobald Sie eine unerwünschte Verhaltensweise zeigten. Sie zünden eine Zigarette an, Sie bekommen einen Elektroschock. Sie zünden sich wieder eine Zigarette an, Sie erhalten wieder einen Elektroschock. Das wird so lange wiederholt, bis das Gehirn Zigaretten mit Schmerzen assoziiert und der Betroffene nicht mehr rauchen will. Auf diese Weise ließen sich natürliche Versuchungen unterdrücken, schlechte Gewohnheiten abstellen und neue Verhaltensweisen erlernen.

Sobald zwischen unerwünschten Verhaltensweisen und positiver/negativer Verstärkung eine direkte Verbindung hergestellt war, wurde es zur »Verantwortung« jedes Einzelnen, die eigenen unerwünschten Verhaltensweisen zu korrigieren. Plötzlich lag es an uns selbst, uns neu zu programmieren.

Da die langfristigen Ergebnisse der Aversionstherapie jedoch enttäuschend waren (mit der Zeit verfielen die Patienten wieder in ihre alten Gewohnheiten), kamen wir nicht umhin, uns mit der wahren Komplexität von Gewohnheiten, freiem Willen, Vernunft, Moral und vererbter genetischer Veranlagung auseinanderzusetzen. Es war nicht so einfach, wie uns die Verhaltenswissenschaft einst glauben machen wollte.

Das hielt uns jedoch nicht davon ab, weiterhin jeden Einzelnen für seine eigenen Umstände verantwortlich zu machen. Anstatt die komplexe, systemische Natur des menschlichen Verhaltens anzuerkennen, ersetzten wir die Aversionstherapie einfach durch Selbsthilfebücher, Pillen und nachmittägliche Talkshows und begannen, die Trommeln der Eigenverantwortung immer lauter zu schlagen, als wollten wir die Stimmen der wenigen Bedenkenträger – der wenigen Psychologen – übertönen, die zu Besonnenheit mahnten.

Als die Doktrin der persönlichen Verantwortung und Rechenschaftspflicht immer größere Verbreitung fand, stürzten wir uns auf soziale Opfer, einzelne Unternehmensführer, Experten und weltweite Führungspersönlichkeiten und warfen ihnen vor, sie täten nicht genug. Außerdem gaben wir uns auch selbst die Schuld, weil auch wir nicht genug taten. Und trotz all dieser Verantwortlichkeit, die die Runde macht, haben sich Fettleibigkeit, Arbeitslosigkeit, illegale Einwanderung, Umweltverschmutzung, Bandenkriminalität, Drogensucht und andere hartnäckige Probleme weiter verschärft.

Zwar mag die Bewegung der Verhaltenspsychologie ein modernes Zeitalter der individuellen Verantwortung eingeläutet haben, aber in Wahrheit sind Schuld und Eigenverantwortung keine Lösung für die komplizierten systemischen Probleme, die wir lösen müssen, um unser Überleben zu sichern.

Unternehmensberater David Gurteen, der sich selbst als »Unterstützer und Vermittler von Wissensmanagement« bezeichnet, fasste die Beziehung zwischen dem Verständnis, das zur Lösung komplexer Probleme nötig ist, und unserer Neigung, nach Schuldigen zu suchen, wie folgt zusammen:[18] »Wo Verständnis herrscht, gibt es keine Schuldzuweisung.«

Umgekehrt gilt: Wo das Verständnis fehlt, folgt vorhersehbarerweise die Suche nach Schuldigen. Da die zunehmende Komplexität den Erwerb von Wissen immer schwieriger macht und die globale Lage verschlimmert, wird die Personalisierung der Schuld zweifellos weiter zunehmen und den Fokus von der Lösung unserer bedrohlichsten Probleme ablenken. Das mag zwar nicht gerade nach einer hoffnungsvollen Zukunftsprognose klingen, aber *geben Sie nicht mir die Schuld dafür.*

6
Falsche Korrelationen: Das dritte Supermem

Es gibt eine beliebte Geschichte über einen Arzt, der beschloss, seinen Kollegen ein für alle Mal die wahre Ursache für Herzerkrankungen zu erklären. Mit einem müden Lächeln schilderte er die folgenden Fakten:

Japaner essen sehr wenig Fett und erleiden weniger Herzinfarkte als Engländer und Amerikaner.[1] Franzosen essen viel Fett und erleiden ebenfalls weniger Herzinfarkte als Engländer und Amerikaner. Chinesen trinken kaum Rotwein und erleiden weniger Herzinfarkte als Engländer und Amerikaner. Italiener trinken extrem viel Rotwein und erleiden ebenfalls weniger Herzinfarkte als Engländer und Amerikaner. Deutsche trinken viel Bier, essen viele Würstchen und viel Fett und erleiden weniger Herzinfarkte als Engländer und Amerikaner.

Seine Schlussfolgerung: Sie können essen und trinken, was Sie wollen. Es ist offensichtlich, dass es die englische Sprache ist, die einen umbringt.

Das dritte Supermem und Fortschrittshindernis sind falsche Korrelationen oder, wie ich es gelegentlich nenne, der »Clavinismus« – nach dem besserwisserischen Postboten Cliff Clavin der beliebten Sitcom *Cheers*.[2] Clavin war eine Figur, die dafür bekannt war, regelmäßig Banalitäten vom Stapel zu lassen, die er für verlässliche Forschungsergebnisse hielt. Seine Feststellungen leitete er stets mit den Worten ein: »Es ist eine kaum bekannte *Tatsache*, dass ...«

Oberflächlich betrachtet klingt der Begriff falsche Korrelationen stark nach Cliff Clavin oder dem Arzt, der seinen Kollegen die Ursache für Herzerkrankungen erklärt: Falsche Korrelationen erwecken den Anschein, tief in logischen und empirischen Beweisen verankert zu sein, tatsächlich sind sie jedoch eine irreführende Form der Logik. Infolgedessen sind die Schlussfolgerungen, die aus ihnen gezogen werden, interessant, aber falsch.

Im 21. Jahrhundert haben wir nicht nur die falschen Korrelationen perfektioniert, sondern uns auch von ihnen verhexen lassen.

Falsche Korrelationen sind das Ergebnis drei bequemer Praktiken:

- der Akzeptanz von Korrelationen als Ersatz für Kausalität,
- der Anwendung von Reverse Engineering zur Manipulation von Hinweisen und Belegen,
- dem Glauben, der allgemeine Konsens bestimme grundlegende Fakten.

Gemeinsam besitzen sie die Macht, unbewiesenen *Überzeugungen* den Anschein legitimierter wissenschaftlicher Fakten zu verleihen. Im Zusammenhang mit Fortschritt ist das problematisch.

Bei der Informationsflut, die immer schneller auf uns einstürmt, machen falsche Korrelationen eine Trennung der Fakten von Vermutungen, Meinungen und echten Korrelationen unmöglich. Wir haben einfach keine Zeit, jede Behauptung auf ihren Wahrheitsgehalt zu überprüfen. Selbst wenn wir sie hätten, ist die Menge an Informationen, durch die wir uns durcharbeiten müssten, um die empirischen Fakten zu erhalten, überwältigend, und die meisten von uns haben weder die Zeit noch die Fähigkeiten dafür.

Und was ist so schlimm daran, wenn wir einige Fakten verdrehen? Das ist schließlich nicht das Ende der Welt. Vielleicht nicht. Aber lassen Sie uns der Wahrheit ins Gesicht sehen. Die Verwirrung darüber, welche Dinge erwiesene Fakten und welche unbewiesene Überzeugungen sind, hat am Ende traurige Konsequenzen. Die Mayas, die Khmer und die Römer fanden das auf schmerzhafte Weise heraus.

Wenn wir die Fakten nicht von Fiktion trennen können, werden wir äußerst anfällig für eine Fehldiagnose unserer Probleme. Das führt dazu, dass eine erfolglose Linderungs- und Lösungsmaßnahme nach der anderen ausprobiert wird, und das nur, weil unsere Lösungskonzepte auf Annahmen beruhen, die sich einen wissenschaftlich erhärteten Anschein geben, es aber nicht sind. Auf diese Weise sind falsche Korrelationen – das heißt, die Akzeptanz falsch konstruierter Annahmen als Fakten – in unserer modernen Zeit zu einem extrem gefährlichen Fortschrittshindernis geworden.

Die Kanonisierung von Korrelationen

Der Grund, warum falsche Korrelationen so beliebt geworden sind, ist leicht zu verstehen: Zufällig eine Beziehung zwischen zwei Ereignissen zu beobachten, ist um ein Vielfaches einfacher als die gewaltige Anstrengung zu unternehmen, die erforderlich ist, wenn man beweisen will, dass ein Ereignis tatsächlich die *Ursache* für das Auftreten eines anderen Ereignisses ist. Wenn die Welt also komplexer und es immer schwieriger wird, die Ursachen unserer Probleme eindeutig zu bestimmen, beginnen wir einfach, *unsere Standards der Beweisführung zu senken*. Das ist eine natürliche Reaktion auf Komplexität.

Doch was genau ist Korrelation, und warum ist sie keineswegs dasselbe wie der Beweis von Ursache und Wirkung? Eine Korrelation ist dann gegeben, wenn sich zwei Dinge zur selben Zeit verändern. Nichts weiter. Wenn die Zahl der Menschen, die Schusswaffen besitzen, zur gleichen Zeit zunimmt wie die globale Klimaerwärmung, dann beinhaltet das gemäß der falschen Korrelationen, dass es irgendeinen Zusammenhang zwischen diesen zwei Phänomenen gibt. Bedeutet das, dass der Besitz von Schusswaffen Klimaerwärmung *verursacht*? Wohl kaum. Oder dass die Klimaerwärmung die Ursache für den vermehrten Verkauf von Schusswaffen ist? Ebenfalls unwahrscheinlich. Wenn man ein absurdes Beispiel wie Schusswaffen und globale Klimaerwärmung verwendet, reicht eine einfache Logik aus, um festzustellen, dass diese beiden Phänomene nichts miteinander zu tun haben. Es gibt einfach keinerlei Zusammenhang zwischen Klimawandel und Schusswaffen, und daher *spielt es überhaupt keine Rolle, wie stark die Daten korrelieren.*

Was geschieht jedoch, wenn die Beziehung zwischen zwei Ereignissen unklar ist? Nehmen wir den Zusammenhang zwischen Rotweinkonsum und Herzerkrankungen, oder zwischen Impfstoffen und Autismus, Subprime-Hypotheken und einer globalen Rezession oder zwischen Lehrergehältern und der Erziehung an öffentlichen Schulen. Ist das dasselbe wie Schusswaffen und Klimawandel oder gibt es solide Belege dafür, dass ein Ereignis tatsächlich die Ursache für das andere Ereignis ist?

Das ist das Problem mit Korrelation. Zwar *impliziert* Korrelation oft Kausalität, aber das heißt nicht automatisch, dass Ursache und Wirkung bewiesen wurden. In der heutigen schnelllebigen Welt, in der der Druck zur Erzielung schneller Ergebnisse allgegenwärtig ist, hat eine langsame Erosion der einstmals hohen Standards der Ursachenfeststellung eingesetzt. Jeden Tag ziehen Experten auf Basis von Korrelationen neue Schlussfolgerungen. Hastig werden Pressemitteilungen versendet, in denen es heißt, man habe die lange gesuchte Ursache für ein äußerst komplexes Problem gefunden, und anschließend machen diese Experten damit viel Geld und lassen sich feiern. Ohne diese Behauptungen überhaupt infrage zu stellen, übernimmt der Rest der Gesellschaft diese unbewiesenen Annahmen und wendet voreilig eine ungeeignete Lösungen nach der anderen an, während ihr die Zeit davonläuft.

Wenn plötzlich überall falsche Korrelationen auftauchen – in den Abendnachrichten, in einem Gerichtssaal, in Unterrichtsräumen, Büchern, bei Wahlen und in der öffentlichen Politik, wird es unmöglich, Vermutungen von Fakten zu trennen. Erinnern Sie sich daran, was geschah, als Leinweber »entdeckte«, dass die Butterproduktion in Bangladesh mit den Auf- und Abwärtsbewegungen an der Börse von New York einherging? Falsche Korrelationen. Und was ist mit den berüchtigten Anhörungen, die McCarthy 1954 anordnete, und die davon ausgingen, dass jeder, der einen kommunistischen Freund hatte, ein Spion wäre? Auch das waren falsche Korrelationen. Oder die Internierung Tausender amerikanischer Bürger japanischer Herkunft während des Zweiten Weltkriegs, denen man mit der Begründung, ihre japanische Herkunft mache sie zu einer Bedrohung für die nationale Sicherheit, die Bürgerrechte aberkannte? Alle diese Vorkommnisse basierten auf falschen Korrelationen und einer falschen Zuordnung von Ursache und Wirkung, die von der Öffentlichkeit schnell als Wahrheit übernommen wurden.

Als ob eine rasant zunehmende Komplexität noch keine ausreichende Herausforderung für das menschliche Gehirn wäre, verstärkt die Verwirrung über das, was grundlegende Fakten sind, unseren kollektiven Stillstand noch zusätzlich. Wenn wir nicht genau ausmachen können, was die Ursache für ein Problem ist, wie können wir es dann lösen? Immer noch nicht überzeugt? Lassen Sie mich Ihnen ein kurzes Beispiel geben, das deutlich macht, wie schwierig es geworden ist, Fakten von blinden Überzeugungen zu trennen, und auf welche Weise das dazu führt, dass falsche Lösungswege verfolgt werden.

Vor einigen Monaten brachte die Journalistin Charlene Laino folgenden Beitrag:[3]

> »Europäische Forscher berichten, dass Jugendliche, die ihre Mobiltelefone mehr als 15 Mal am Tag benutzen, größere Ein- und Durchschlafprobleme haben, als Jugendliche, die ihre Mobiltelefone selten benutzen.«

Die Nachricht, dass intensives Telefonieren mit Mobiltelefonen den Schlaf von Jugendlichen beeinträchtigt, veranlasste Eltern überall, ihre Kinder aufzufordern, weniger zu telefonieren, oder ihnen die Telefone wegzunehmen. Viele Schulen reagierten darauf, indem sie die Nutzung von Mobiltelefonen einschränkten und Psychiater, Schulpsychologen, Prominente und renommierte Nachrichtensprecher drängten die Öffentlichkeit, dasselbe zu tun. Der Beitrag, den Laino und andere geliefert hatten, basierte jedoch im Wesentlichen auf ihrer Interpretation einer Studie, die Dr. Gaby Badre von der Sahlgren's Academy im schwedischen Göteborg und der London Clinic in England durchgeführt hatte. Im Rahmen dieser Untersuchung stellte Dr. Badre fest, dass Jugendliche, die unter Schlafstörungen litten, neben einem intensiven Telefongebrauch 1. mehr koffeinhaltige Getränke, wie Kaffee und kohlensäurehaltige Erfrischungsgetränke zu sich nahmen, 2. mehr Alkohol konsumierten, 3. generell später aufwachten (11 Uhr morgens statt 8.30 Uhr morgens) und 4. vermehrt unter Angst- und Erregungszuständen litten. Mit anderen Worten: Jeder dieser Faktoren konnte ebenfalls als Erklärung für Schlafstörungen dienen. Badres Studie bewies nie, dass ein intensiver Telefongebrauch die *Ursache* für Schlafstörungen war; sie zeigte lediglich, dass die Schlafstörungen zusammen mit vielen weiteren Faktoren mit einem intensiven Telefongebrauch *korrelierten*. Ein klarer Fall von »Clavinismus«.

Doch welche Schlüsse ziehen wir daraus, wenn uns glaubwürdige Quellen in den Medien weismachen wollen, dass Schlafstörungen mit der Nutzung des Mobiltelefons zusammenhängen? Sofort glauben wir, wir müssten unseren Kindern die Mobiltelefone wegnehmen. Ironischerweise erzeugt das wahrscheinlich den gegenteiligen Effekt: Badres Untersuchungen und weitere Studien, die von Sergio Chaparro, einem ehemaligen Professor der Rutgers University durchgeführt wurden, legen nahe, dass ein Jugendlicher sogar mehr Angstzustände erleben kann, wenn ihm eines der Ventile für Stressabbau – wie zum Beispiel die Möglichkeit zu telefonieren – genommen wird. Was sollten Eltern also tun? Die Telefone wegnehmen oder ihre Kinder auffordern, noch mehr zu telefonieren?

Dadurch machen es falsche Korrelationen extrem schwierig, Fakten von Fiktion und Ursache und Wirkung von reinen Korrelationen zu trennen. Das wiederum macht es für Individuen, Familien, Schulen, Führungspersönlichkeiten und Nationen verwirrend und schwierig, verantwortlich zu handeln. *Dennoch sind wir eine Gesellschaft, die Korrelationen sehr schnell als erwiesene Fakten akzeptiert.*

Es gab eine Zeit, da waren wir davon überzeugt, dass eine Hormonersatztherapie das Risiko von Herzerkrankungen senke.[4] Wie viele andere Frauen auch, ging ich zum Arzt, um mir ein Rezept ausstellen zu lassen. Weniger als ein Jahr später bewies ein anderer Forscher, dass diese Therapie vielmehr das Risiko einer Herzerkrankung *erhöhe*. Wieder ein Jahr später widersprachen Ärzte diesen neuen Forschungsergebnissen und kehrten zur Empfehlung der Hormonersatztherapie zurück. Das gleiche Hin und Her erlebten wir mit Boxershorts, die erst angeblich besser für die männliche Zeugungsfähigkeit waren als Slips, und dann doch nicht, als Autos mit Hybridantrieb als umweltfreundlicher galten, es dann aber angeblich doch nicht waren, als Saddam Hussein angeblich die größte Bedrohung für Amerika war und dann doch wieder nicht, und als wir dachten, die Flut an chinesischen Billigprodukten verursache ein gefährliches Handelsbilanzungleichgewicht und später erfuhren, dass dem doch nicht so war.

Man kann mit Gewissheit sagen, dass wir in eine Zeit eingetreten sind, in der unsere Standards für den Nachweis von Ursache und Wirkung gefährlich gesunken sind. Wir sind bereit, einfache Korrelationen als Fakten hinzunehmen, anstatt Zeit und Energie darauf zu verwenden, hochkomplexe und oft bedrohliche Probleme zu untersuchen. Das wiederum hat zu einer Vielzahl von Lösungsversuchen geführt, die trotz aller Behauptungen, unsere schwierigsten Probleme beseitigen zu können, alle gescheitert sind.

Vor Kurzem stieß ich auf die Website eines Dr. John Mueller, Professor für Sozialpsychologie am North Central College und Experte in der Unterscheidung zwischen Kausalität und Korrelation.[5] Muellers Website bietet die folgenden Nachrichtenschlagzeilen als frappierende Beispiele dafür, wie leicht Korrelationen mit Ursachen verwechselt werden:

»Ventilator im Kinderzimmer scheint das Risiko des plötzlichen Kindstods zu senken«
»Das Schreiben von SMS verbessert die Ausdrucksfähigkeit«
»Studie weist darauf hin, dass die Teilnahme an religiösen Zeremonien das Sterberisiko drastisch senkt«
»Brustimplantate senken das Krebsrisiko, führen aber zu mehr Selbstmorden«
»Migräne wird oft mit psychischen Erkrankungen in Zusammenhang gebracht«
»Fernsehen im Hintergrund beeinträchtigt die Aufmerksamkeit von Kleinkindern«
»Einige Krebsarten erhöhen das Scheidungsrisiko«
»Soziale Isolation kann negative Effekte auf die intellektuellen Fähigkeiten haben«
»Das Führen eines Ernährungstagebuch verdoppelt die Gewichtsabnahme«
»Der Verzehr von fettreichen Fischsorten senkt das Demenzrisiko«
»Ein überraschendes Geheimnis für ein langes Leben: Brechen Sie nicht die Schule ab«

»Die Fed [amerikanische Notenbank] sagt, die Angst vor der Hölle mache uns reicher«
»Eltern, die auf eiserne Disziplin setzen, haben dicke Kinder«
»Liedtexte mit sexuellem Inhalt regen Jugendliche zum Sex an«

Die Liste geht noch weiter. Wenn wir bewusst darauf achten, stellen wir fest, dass es überall falsche Korrelationen gibt. Tatsächlich ist die Verwirrung über Korrelation und Verursachung inzwischen so üblich, dass der Psychologe und Satiriker Shane T. Mueller jüngst eine Gallup-Umfrage beschrieb, in der 1009 Amerikaner gefragt wurden: »Glauben Sie, dass Korrelation eine Verursachung einschließt?« Überraschenderweise wurde dies von 62 Prozent der Befragten bejaht. Mueller schließt daraus: »Das ist ein echtes Volksmandat. Es besagt, dass die amerikanische Bevölkerung den wissenschaftlichen Mummenschanz satt hat, den man uns ständig verkaufen will, und stattdessen klare Regeln über das will, was sie glauben soll. Nun, da Korrelation Verursachung einschließt, ist nicht nur alles leichter verständlich, sondern es zeigt auch, dass sich selbst die Wissenschaft dem Willen des Normalbürgers beugen muss.«

Die Wissenschaft »muss sich dem Willen der Öffentlichkeit beugen?« Sind Fakten nicht einfach Fakten? Mueller stellt auf brillante Art dar, was viele von uns schon seit Langem vermuten: Falsche Korrelationen haben die einst heilige Festung des rationalen Denkens infiltriert, in der Fakten noch einer genauen Überprüfung standhalten mussten.

Verblüffende öffentliche Politik

Was geschieht mit der öffentlichen Politik, wenn wirtschaftliche, politische und soziale Probleme als Folge falscher Korrelationen falsch diagnostiziert werden? An früherer Stelle in diesem Buch habe ich über die saisonale Wasserknappheit in Nordkalifornien gesprochen, die eine Bewässerung ausgedehnter Agrarflächen und eine ausreichende Trinkwasserversorgung für eine explodierende Bevölkerung erschwert hat. Jedes Jahr, wenn die Regenfälle nachlassen, wird die Situation in Kalifornien ein wenig schlimmer. Traurigerweise ist Dürre in dieser Region des Landes jedoch eine nicht zu leugnende historische Tatsache.

Und das gilt auch für die Wohnraumerschließung. Im Jahr 2002 bezifferte Kalifornien die Zahl seiner Einwohner auf fast 35 Millionen Bürgern – ein Zuwachs von 5 Millionen Menschen in zehn Jahren.[6] Bis zum Jahr 2030 wächst die Bevölkerung Prognosen zufolge auf 50 Millionen Menschen an. Die Region gilt laut verschiedenen Schätzungen als siebtgrößte Volkswirtschaft der Welt und Brutkasten für Zukunftstechnologien, daher gibt es keinerlei Anzeichen dafür, dass sie in Zukunft langsamer wachsen wird. Eine der unausgesprochenen Methoden, mit denen die Kleinstadt, in der ich lebe, die Entwicklung bremst, ist die Begrenzung der Zahl an gesetzlich erlaubten Duschen, Toiletten und Waschbecken pro Haus. Schon längst wären kleine Strandhäuschen durch riesige Villen ersetzt worden, wenn es diese Begrenzung nicht gäbe – denn ein Haus mit rund 740 Quadratmetern Wohnfläche, aber nur einem einzigen Badezimmer, ist wohl wenig sinnvoll. Wasserregulierung in Verbindung mit einer engagierten Carmel Heritage Society haben Carmels Charakter als ruhige Kleinstadt und lohnenswertes Urlaubsziel bewahrt, in das jedes Jahr viele Tausend Touristen strömen, um die bilderbuchhaften Häuser und Geschäfte zu bewundern.

Vor Kurzem renovierte ich ein kleines zweistöckiges Landhaus, das im ersten Stock bisher kein Badezimmer hatte. Ich beschloss, einen geräumigen Einbauschrank zu einer Gästetoilette umzufunktionieren, damit Gäste im oberen Stockwerk nicht mehr durch eines der Schlafzimmer gehen mussten, um die Toilette zu benutzen. Da ich auf meinem Grundstück noch über ein »Wasserguthaben« verfügte, ging ich zur lokalen Behörde, zahlte meine Gebühren und beantragte die Erlaubnis zur Installation einer Toilette und eines Waschbeckens. Der Antrag wurde schnell abgelehnt. Auf meine Frage nach der Begründung, hielt mir eine aggressive Sachbearbeiterin eine lange Gardinenpredigt über das Wasserproblem in unserer Region. Nachdem ich eine Viertelstunde lang ausgeschimpft worden war, schloss sie zu meiner Erleichterung mit den Worten: »Wir können einfach nicht jedem eine weitere Toilette genehmigen, wenn ihm danach ist! Wo soll das hinführen?« Ich dachte einen Moment lang darüber nach und antwortete: »Mehr Toiletten im Haus bedeuten aber nicht, dass ich sie deswegen öfter benutze. Ich spüle genauso oft, ob ich eine Toilette im Haus habe oder 14.« Die Sachbearbeiterin sah mich irritiert an. Dann zuckte sie mit den Achseln und verweigerte mir die Genehmigung trotzdem.

Für mich war klar, dass die Zahl der Toiletten fälschlicherweise mit dem Wasserverbrauch in Zusammenhang gebracht wurde. Doch offensichtlich hat dieses kleine Detail keinen Einfluss mehr auf die öffentliche Politik. Tatsache ist, dass die Häufigkeit, mit der die Toilettenspülung betätigt wird, von der Zahl der Hausbewohner abhängt, und nicht von der Zahl der Toiletten im Haus. Noch unklar – also noch nicht untersucht – war der Zusammenhang zwischen der Zahl der Toiletten und der Zahl der Mitglieder eines

Haushalts. Das waren die entscheidenden fehlenden Daten, auf denen die öffentliche Politik *hätte basieren sollen.*

Das ist jedoch nur ein kleines Beispiel dafür, wie falsche Korrelationen zu einer irrationalen Politik führen. Dieses Supermem hat noch wesentlich größere und ernstere Konsequenzen. Als wir einen Zusammenhang zwischen Aids und Homosexualität feststellten, wurden Homosexuelle ausgegrenzt und an den Pranger gestellt, und diese Krankheit wurde im Handumdrehen als »Schwulenproblem« etikettiert. Als wir beschlossen, dass es einen Zusammenhang zwischen Ernährung und Kriminalität gab, wurde ein Programm zur Veränderung der Ernährung von Gefängnisinsassen als neues Instrument zur Verbrechensbekämpfung gefeiert. Und als Rauchen mit Krebs in Verbindung gebracht wurde, wurde sofort überall das Rauchen verboten. Mit der Zeit stellten wir fest, dass nicht nur Schwule an Aids erkrankten. Das HI-Virus wird über Körperflüssigkeiten übertragen, und die sexuelle Orientierung macht dabei keinen Unterschied. Und wenngleich Ernährung wichtig ist, hat sie wenig zu einer Reduzierung der Gewalt in Gefängnissen oder der Zunahme von Kriminalität insgesamt beigetragen. Dann kam die Nachricht, es seien nicht die Zigaretten an sich, die Krebs *verursachten,* sondern die schädlichen chemischen Substanzen, die die Hersteller dem Tabak beimischen. Viel später erfuhren wir zudem, dass Kinder, die nachts mit Licht schlafen, kein höheres Kurzsichtigkeitsrisiko, sondern wahrscheinlich kurzsichtige Eltern haben, die das Licht im Kinderzimmer anlassen, weil sie selbst mehr Licht brauchen und diese genetisch vererbte Eigenschaft auf ihre Kinder übertragen. Außerdem änderten wir unsere Meinung über Grippeimpfungen, das nordamerikanische Freihandelsabkommen, über Racial Profiling – die Fahndung nach rassischen Kriterien – und die Verhörmethode Waterboarding, und zwar deswegen, weil falsche Korrelationen für Ursachen gehalten wurden.

Zwar mögen schnell herstellbare Zusammenhänge attraktiv sein, aber sie tragen wenig dazu bei, die komplexen, verflochtenen Ursachen für die Probleme zu beseitigen, die die Menschheit heute lösen muss.

Je mehr wir uns auf falsche Zusammenhänge verlassen und unsere Beweisführungsstandards senken, desto weiter öffnen wir die Tore für irrationale Meinungen und Verhaltensweisen. Das ist das historische Muster aller großen Zivilisationen gewesen, und wir sind im 21. Jahrhundert keineswegs dagegen immun. Nehmen wir zum Beispiel das Problem der abnehmenden Qualität des öffentlichen Bildungssystems. Hier gibt es so viele falsche Zusammenhänge – Meinungen und Studien – die zu erklären versuchen, warum unser öffentliches Schulsystem versagt, dass es unmöglich geworden ist, überhaupt noch festzustellen, worin das wahre Problem besteht. Es ist allgemein bekannt, dass die öffentliche Bildung in den USA seit mehreren Jahrzehnten beständig hinter den globalen Standards zurückbleibt. Neue standardisierte Testverfahren zeigen eine gefährliche Abnahme der Kenntnisse in mathematischen, wissenschaftlichen und sprachlichen Fächern, und zwar über alle Altersstufen.[7] Zwar ist die Abbrecherquote an den Highschools von 15 Prozent im Jahr 1972 auf 11 Prozent im Jahr 2008 gesunken, aber dieser Fortschritt variiert bedauerlicherweise stark nach ethnischen und sozioökonomischen Kriterien. Heute brechen nur 2,7 Prozent der Kinder aus einkommensstarken Haushalten die Highschool ab; bei einkommensschwachen Haushalten beträgt die Abbrecherquote dagegen fast 24 Prozent. Eine eingehendere Untersuchung enthüllt, dass fast ein Drittel der Schüler hispanischer Herkunft zu den Abbrechern gehört, gefolgt von 14 Prozent unter den Afroamerikanern. Bei weißen Jugendlichen beträgt die Abbrecherquote dagegen nur 9 Prozent.

Eine der schädlichen Folgen der hohen Abbrecherquote, abgesehen vom zunehmenden elterlichen Druck auf Jugendliche aus einkommensstarken Familien, eine Eliteuniversität zu besuchen, ist die »Noteninflation«.[8] Dabei handelt es sich um das Phänomen, dass Schüler bessere Noten für eine Leistung erhalten, die normalerweise eine schlechtere Note verlangt hätte. Seit Beginn der 1960er-Jahre steigen die Noten ständig weiter an. Je nachdem, auf welche Studie man sich beruft, hat die Notenverbesserung in den vergangenen zehn Jahren zwischen einer Viertelnote und einer ganzen Note betragen. Und das, während standardisierte Leistungstests zeigen, dass der tatsächliche Lernerfolg in die entgegengesetzte Richtung weist. Gute Noten haben viele Vorteile: Weniger Hausaufgaben, weniger und leichtere Tests, bessere Zeugnisse und höhere College-Zulassungsquoten machen alle glücklich – Schüler, Eltern, die Schule, den Schulbezirk und die staatliche Schulaufsicht. Leider hat dieses große Glück einen kleinen Haken: Niemand lernt noch irgendetwas.

Seit Jahrzehnten werden andauernde, leidenschaftliche Debatten darüber geführt, wie sich das marode staatliche Bildungssystem reparieren lässt. Merkwürdigerweise werden ethnische und sozioökonomische Probleme selten angesprochen, trotz aller Beweise, dass die Abbrecherquote entlang ethnischer und sozioökonomischer Faktoren verläuft. Wenn man das gesamte System repariert, so die Annahme, werden alle Schüler, egal welcher Herkunft, profitieren. Eine Gruppe argumentiert, die Lehrer müssten stärker zur Rechenschaft gezogen werden. Diese Gruppe plädiert für die Abschaffung der Unkündbarkeit und fordert regelmäßige Tests für Lehrer. Einige behaupten, die Lehrergehälter seien zu niedrig und das führe dazu, dass unterqualifizierte Pädagogen eingestellt würden, die für höher bezahlte Jobs in der Wirtschaft ungeeignet sind. Andere werfen der Lehrergewerkschaft vor, sie behalte untaugliche Lehrer im System, auch wenn diese längst nicht mehr effektiv arbeiteten.

Eine andere Gruppe hält dagegen, dass der eigentliche Grund das mangelnde Interesse der Eltern sei. In einem Doppelverdienerhaushalt wissen viele Eltern nicht, was ihre Kinder gerade in der Schule lernen, ob sie Probleme haben oder ob sie überhaupt Hausaufgaben machen. Andere werfen den Eltern vor, sie würden ihre Kinder verziehen und ihnen ein überzogenes Anspruchsdenken beibringen, mit der Folge, dass die Kinder nicht mehr leistungsmotiviert seien. Und wieder andere sehen die Schuld bei der Regierung, die zu wenig in die Bildung investiere. Sie behaupten, die wahre Ursache für das Versagen der Lehrer und Schüler seien die fehlenden Mittel für Lehrerfortbildung, heruntergekommene Schulen, veraltete Lehrbücher und Computer, ungesunde Schulverpflegung und zu niedrige Lehrergehälter.

Das sind jedoch nur einige der Gründe für das Versagen der staatlichen Bildung in den USA. Wenn wir diese Argumente um die wachsende Zahl an Kindern ergänzen, die heute depressiv sind, sich mit Mord- oder Selbstmordgedanken tragen, entsteht ein klareres, aber auch verstörenderes Bild.[9] Das Problem mit der staatlichen Bildung ist hochkomplex und systemisch und lässt sich kaum durch die Aktualisierung von Lehrbüchern und Gehaltserhöhungen lösen.

Dr. Yaneer Bar-Yam fasst die gefährliche Rolle zusammen, die falsche Korrelationen bei der Fehldiagnose für das Versagen staatlicher Schulen spielen:[10]

> »Im Jahr 1983 veröffentlichte das National Committee on Excellence in Education einen Bericht mit dem Titel ›Eine gefährdete Nation‹, der ein dringender Handlungsaufruf zur Verbesserung des [US-]Bildungssystems vor dem Hintergrund des internationalen Wettbewerbs war. Laut den Ergebnissen von Standardtests in Mathematik und naturwissenschaftlichen Fächern hinken die USA weit hinter vielen Ländern der Welt her. Die Ergebnisse sind im Laufe der Zeit eher schlechter als besser geworden. Wenn wir die Testergebnisse als Indikator für zukünftigen Erfolg nehmen, wirkt das wie ein Paradox. Seit Jahren sind die Noten schlecht und die Wirtschaft ist nach wie vor erstaunlich stark – wie sollen wir das interpretieren? Heißt das, dass Mathematik und Naturwissenschaften nichts mit wirtschaftlichem Erfolg zu tun haben,

oder dass eine umgekehrte Beziehung zu Erfolg besteht? Auf jeden Fall erscheint das unlogisch.«

Bar-Yam trifft hier eine beeindruckende Feststellung. Eine umgekehrte Beziehung zwischen schlechteren mathematischen und naturwissenschaftlichen Schulleistungen und einer zunehmenden Wirtschaftspotenz könnte uns zu der Schlussfolgerung verführen, dass die weniger gebildeten Bevölkerungsschichten produktiver und wirtschaftlich erfolgreicher sind. Denken Sie jedoch nur einen Moment lang über die Auswirkungen einer solchen Schlussfolgerung nach. Stellen Sie sich vor, welche Folgen es auf die Zukunft der staatlichen Bildung hätte, wenn man die falschen Statistiken auf die falsche Art und Weise in Korrelation bringen würde. Zum Beispiel: Wenn die Wirtschaft wächst, während die mathematischen und naturwissenschaftlichen Kenntnisse abnehmen, warum sollte man diese Fächer dann nicht ganz abschaffen?

Kausalzusammenhänge unter chaotischen, komplexen Bedingungen zu verstehen, erfordert ein Bekenntnis zu den höchsten Standards der wissenschaftlichen Beweisführung, egal wie lange das dauert. In einer ungeduldigen, *korrelationssüchtigen Welt* wurden die Standards stattdessen gesenkt, um stark vereinfachende Korrelationen zuzulassen, die oft eine geringe oder gar keine Relevanz für die Kernursachen haben.

Korrelation und Stillstand

Wenn eine Gesellschaft Korrelationen als schnellen Ersatz für Kausalität akzeptiert, führt sie Sozialprogramme ein, die auf eine Million Symptome abzielen, ohne jemals zur Problemursache vorzudringen. Für kurze Zeit mögen die Symptome abnehmen; möglicherweise sieht es sogar so aus, als sei das Problem verschwunden. Später kehrt es jedoch mit größerer Wucht zurück. Kurzfristige Besserung ist eine gefährliche Täuschung. Die Verwirrung beim Thema Wasserkonservierung ist ein perfektes Beispiel dafür, dass falsche Korrelationen den Eindruck erwecken, die Wasserknappheit ließe sich einfach durch einen *geringeren Wasserverbrauch* beseitigen.

Dr. Martin Parry, Professor am Grantham Institute for Climate Change und Centre for Environmental Policy des Imperial College in London, war der Erste, der beleuchtete, welche Rolle Linderungsmaßnahmen wie Konservierung bei der Lösung komplexer Probleme spielen. Seiner Ansicht nach besteht der Zweck von Linderungsmaßnahmen lediglich darin, die Härten zu mildern, die eine Gesellschaft am Ende überwinden muss, um zu überleben. Laut Parry führen unzureichende Linderungen zu einem »Anpassungsdefizit«, auf das schließlich eine extreme und sehr schmerzhafte Korrektur folgt.[11]

Parry weiß, dass eine erfolgreiche Linderung ein Problem zwar zeitweilig reduzieren, *aber nie lösen kann.* Aus diesem Grund wird es als »Linderung« bezeichnet. Als Mitvorsitzender des Intergovernmental Panel on Climate Change 2008 wendet Parry seine Beobachtung auf die Ökologiebewegung an: »Linderungsmaßnahmen haben die gesamte Aufmerksamkeit beansprucht. Wir können das Problem aber nicht ›weglindern‹. Wir haben heute die Wahl zwischen einer Zukunft in einer beschädigten Welt oder einer schwer beschädigten Welt.« Egal um welches Problem es sich handelt – ob ein verheerendes wirtschaftliches, politisches oder soziales Problem –, die drastischen Maßnahmen, die wir ergreifen müssen, wenn ein Problem unsere Existenz bedroht, werden davon abhängen, welche Dinge wir bereits unternommen haben, um die Auswirkungen des Problems *zu dämpfen.*

Der Schlüssel liegt hier jedoch in dem Wort »dämpfen«. Linderungsmaßnahmen sind nicht darauf angelegt, unsere Probleme zu lösen. Parry vergleicht das mit einem Felsbrocken, der den Abhang herunterrollt und direkt auf uns zukommt: Der Schaden, den er letztlich anrichtet, wenn er unten ankommt, wird davon bestimmt, inwieweit es uns gelingt, sein Tempo zu drosseln und Stücke herauszumeißeln, um ihn zu verkleinern.

Reverse Engineering

Der Ersatz der Kausalität durch Korrelation ist eine Sache, aber es gibt noch weitere Wege, über die Fakten verdunkelt werden, wenn eine Gesellschaft ihre kognitive Schwelle erreicht und beginnt, Glauben an die Stelle von Wissen zu setzen. Im 21. Jahrhundert sind wir zu Experten in der Anhäufung von Fakten geworden, mit der sich jede beliebige Schlussfolgerung unterstützen lässt, die wir anschließend in logische, plausible Argumente verpacken. Im Marketing nennt man das »Spin«; in der wissenschaftlichen Gemeinde wird es als »Reverse Engineering« oder »Nachkonstruktion« bezeichnet.

Auf diese Weise bestimmen wir zum Beispiel die Ursache für Flugzeugunglücke. Im Anschluss an einen Flugzeugabsturz wird stets die »Blackbox« gesucht, auf der alle Gespräche aus dem Cockpit aufgezeichnet sind, und es werden die verbleibenden Trümmerteile zusammengesetzt, um die Ursache des Unglücks zu bestimmen. Die gleiche Technik verwenden wir, um Brandstiftung zu identifizieren, Autos zu reparieren und in der Wissenschaft, um nicht beobachtbare Phänomene wie Quarks zu bestimmen.

Die ursprüngliche Absicht des Reverse Engineering bestand in der Zerlegung eines Ereignisses in kleinere Bestandteile, die sich wiederholen ließen, um die Geschehnisse zu verstehen. Bei diesem Prozess ist das Endergebnis der Ausgangspunkt und von da aus arbeitet man sich zurück, bis alle Teile und Prozesse, die zu den Geschehnissen beigetragen haben, identifiziert sind.

Wir verwenden weitgehend den gleichen Prozess, um zu Schlussfolgerungen über schwarze Sterne und entfernte Planeten zu kommen, die zu weit weg sind, um aus nächster Nähe studiert werden zu können. Wir erkennen ein neues Phänomen und durchforsten dann unser wissenschaftliches Repertoire, um bekannte Gesetze und Theorien so anzupassen, dass sie die Reaktion erklären. Anschließend entwickeln wir theoretische Tests, um zu sehen, welche Erklärungen einer Überprüfung standhalten. Auf diese Weise setzen sich im Laufe der Zeit neue Theorien durch.

Weil Reverse Engineering für die Erklärung von Phänomenen, die viele Millionen Kilometer von der Erde entfernt stattfinden, so gut geeignet ist, verwenden wir diese Technik nun auch, um Dinge zu erklären, die in näherer Umgebung stattfinden. Oft gehen wir dabei ein wenig über eine reine Erklärung hinaus. Wir manipulieren die Fakten, bis sie zu dem werden, was heute als »Spin« bezeichnet wird. In der Tat ist das Reverse Engineering zu einem der wirksamsten Instrumente im Massenmarketing geworden. Mit dieser Technik lässt sich eine Reihe von Fakten so zusammenstricken, dass fast jedes erwünschte Ergebnis erzielt wird. Wie sagt das alte Sprichwort? »Wenn die Fakten nicht zur Theorie passen, dann verändere die Fakten.« Ist es da ein Wunder, dass wir nicht mehr wissen, was empirisch belegte Fakten und was nicht erwiesene Überzeugungen sind?

Vor einigen Jahren, als ich noch eine Führungskraft im Silicon Valley war, lernte ich eine wichtige Lektion darüber, wie einfach es ist, eine Geschichte im Nachhinein so anzupassen, dass sie zu den Fakten passt. Ich arbeitete für einen Kunden, der ein neues Mobiltelefon entwickelte, aber irgendwie die Marktentwicklungen verpasst hatte. Anstatt kleinerer Telefone mit einer Minitastatur und farbigen taktilen Oberflächen – sogenannten Touchscreens –, hatte er ein unhandliches Telefon mit einer großen Tastatur und einem gleichermaßen unhandlichen Akku entwickelt. Das Telefon wirkte plump, unattraktiv und klobig – alles andere als praktisches Hosentaschenformat. Mittels Reverse Engineering versuchte unsere Marketingfirma, sich einen Nutzungszweck für dieses Telefon vorzustellen. Wir führten landesweite Untersuchungen durch, einschließlich Fokusgruppen, Umfragen et cetera. Als unsere Prüfung abgeschlossen war, hatten wir die Antwort gefunden: Dieses große Telefon mit seinen begrenzten Funktionen war ideal für Senioren. Das Telefon wurde neu positioniert und bei älteren Bürgern, die eine größere Tastatur brauchten und lediglich an der Telefonfunktion interessiert waren, umgehend zu einem Verkaufsschlager. Im Handumdrehen wurde der Hersteller als Anbieter nutzerfreundlicher Technologie für Senioren repositioniert. Seine gesamten Broschüren und Werbematerialien, seine Website und alles Pressematerial wurde angepasst, um diese neue Markenpositionierung zu unterstützen: Eine nutzerfreundliche, auf das Wesentliche reduzierte Technologie in einem größeren Gerät, das speziell auf die Bedürfnisse älterer Bürger zugeschnitten ist. Gute Arbeit.

Als ich vor Kurzem an einer lokalen karitativen Veranstaltung teilnahm, hatte ich die Gelegenheit, den neuen Vorstandsvorsitzenden des Unternehmens kennenzulernen. Er wusste nicht, dass ich zuvor mit seinem Unternehmen zusammengearbeitet hatte, und so begann er, mir alles über dessen erfolgreiche Geschichte zu erzählen, und erklärte, dass sein Unternehmen eigens zu dem Zweck gegründet worden sei, Technologie für das Marktsegment der älteren Konsumentengeneration anzubieten. Er beschrieb die Ursprünge seines Unternehmens ehrlich und aufrichtig, aber auch geradezu schmerzlich inkorrekt. Seiner Überzeugung nach war der Erfolg der Mobiltelefone für Senioren das bewusste und geplante Ergebnis einer von Anfang an wohldurchdachten Unternehmensstrategie. In Wahrheit war die Strategie im Nachhinein angepasst worden, um einen Produktflop in einen Markterfolg zu verwandeln. Ganz eindeutig war die Geschichte hier umformuliert worden.

Reverse Engineering ist in der modernen Gesellschaft zu einer akzeptierten Technik geworden. Die Fakten werden verschleiert, und die Geschichte wird einfach entsprechend den neuen Schlussfolgerungen umformuliert. Das macht es umso schwieriger, die wahren Fakten zu bestimmen. Auch in der Politik ist Reverse Engineering heute üblich. Wenn Präsidenten aus dem Amt ausscheiden, werden die Absichten, die sie während ihrer Amtszeit verfolgten, oft im Nachhinein so angepasst, dass sie geradezu als öffentliche Wohltäter gelten. Heute lässt Präsident Nixons Erfolg bei der Aufnahme von Beziehungen zu China seine Verwicklung in die Watergate-Affäre als eine reine Parteienverschwörung erscheinen. Selbst die Invasion in den Irak, die ursprünglich mit irakischen »Massenvernichtungswaffen« gerechtfertigt wurde, wurde im Nachhinein als einzigartige Gelegenheit neu verpackt, Demokratie und Stabilisierung in den Nahen Osten zu bringen. Nehmen Sie jeden beliebigen Staatsführer und beobachten Sie, wie seine oder ihre Fehler im Verlauf der Zeit in eine logische, heldenhafte und idealisierte Story umformuliert werden. Das sollte aber keine Überraschung sein. Wenn die Komplexität die Beschaffung von Wissen und Fakten erschwert, werden wir für Glauben, Meinungen und unbewiesene Überzeugungen anfällig. Geschichtsklitterung ist nur ein weiteres Beispiel für dieses Phänomen.

Wenn Reverse Engineering auf hochkomplexe Probleme, wie zum Beispiel eine globale Rezession, Terrorismus oder Flugsicherheit angewendet wird, führt das ebenfalls zu inkorrekten und gefährlichen Schlussfolgerungen.[12] In seiner Abhandlung »Reverse Engineering Gone Wrong: A Case Study« illustriert A. J. McEvily, dass Komplexität nicht für eine Zerlegung im Sinne des Reverse Engineering geeignet ist:

> »Bei der Inspektion, die alle 2000 Flugstunden fällig ist, werden Wellen, Buchsen und Muffen [des Privatflugzeugs] inspiziert und bei Verschleiß ersetzt. Im vorliegenden Fall wurde festgestellt, dass diese Teile ausgetauscht werden mussten. Der Originalhersteller des Klappenventils war jedoch pleite und so wurden die Ersatzteile von einem anderen Hersteller geliefert. Der zweite Hersteller verwendete jedoch einen Fertigungsprozess, der als Reverse Engineering bekannt ist. Das heißt, er versuchte, die Eigenschaften der Originalteile zu kopieren. Allerdings wurde die Bedeutung der richtigen Hitzebehandlung übersehen, und infolgedessen fiel das Klappenventil aus und das Flugzeug stürzte ab.«

Der Versuch, ein einfaches Klappenventil nachzubauen, zeigt, wie leicht sich grundlegende Eigenschaften übersehen und falsche Schlussfolgerungen ziehen lassen, wenn wir versuchen, zu viele miteinander verflochtene Prozesse in ihre Einzelteile zu zerlegen. Die Wahrscheinlichkeit, dass nur ein Bestandteil ausgelassen wird, nimmt exponentiell zu, wenn die Komplexität unserer Technologie und unserer Umstände zunimmt. Bei komplexen Problemen wie Flugsicherheit, finanzieller Rettungsmaßnahmen, steigender Kriminalität und Atommüllentsorgung führt Reverse Engineering oft zu katastrophalen Ergebnissen.

Die Demokratisierung der Fakten

Eines späten Abends lauschte ich dem beliebten Komiker Jon Stewart und seinen Klagen über die Popularität von Wikipedia im Internet. Falls Sie nicht wissen, was Wikipedia ist: Es handelt sich um eine gemeinschaftlich erstellte, kostenlose Online-Enzyklopädie, die sich von jedermann bearbeiten, ergänzen und verbessern lässt, unabhängig von den persönlichen Vorurteilen, der Ausbildung oder den Referenzen des Bearbeiters. Die Idee hinter dieser Website ist, dass Fehler von den Wikipedia-Nutzern selbst korrigiert werden. Wenn sie eine falsche Information lesen, haben sie die Gelegenheit, diese in Echtzeit zu korrigieren. Die Gründer von Wikipedia hoffen, dass auf diese Weise das gesamte Wissen der Menschheit aktuell, akkurat und für die Allgemeinheit zugänglich bleibt.

Um Ihnen einen Eindruck darüber zu vermitteln, wie erfolgreich Wikipedia inzwischen ist: Die Website enthielt im Jahr 2009 mehr als drei Millionen Beiträge zu einem breiten Themenspektrum, und die Online-Enzyklopädie wächst weiterhin schnell. Laut den Gründern von Wikipedia »enthielt Wikipedia bei einem Vergleich von Enzyklopädien *in der Vergangenheit* insgesamt rund 1,4 Millionen Beiträge mit insgesamt 340 Millionen Wörtern. Die Encylopedia Britannica enthielt dagegen ungefähr 85 000 Einträge mit insgesamt 55 Millionen Wörtern, und Microsofts Encarta ungefähr 63 000 Einträge mit insgesamt 40 Millionen Wörtern.«[13]

Laut comScore, einem Service, der die Internetnutzung misst und beobachtet, benutzen inzwischen rund 326 Millionen Nutzer pro Monat Wikipedia als Informationsquelle. Als Reaktion darauf erinnerte Jon Stewart seine Zuschauer vor Kurzem an die Gefahren, die damit verbunden sind, sich auf anonyme Experten zu verlassen, insbesondere wenn es keine Garantie für die Richtigkeit der Informationen gibt: »Seit wann sind Fakten etwas, über das man abstimmt? Laut Wikipedia ist eine Sache, über die wir uns alle einig sind, eine Tatsache. Reicht das aus? Sich einfach nur einig zu sein? Ich dachte, Fakten wären etwas anderes.«

Was bedeutet es, wenn Fakten durch Konsensentscheidung bestimmt werden? Und ist das ungewöhnlich? Schließlich weisen Umfragen darauf hin, dass die überwältigende Mehrheit der Amerikaner davon überzeugt ist, dass O. J. Simpson seine Frau umgebracht hat, obwohl er in einem Gerichtsprozess von einer Jury freigesprochen wurde. Ist das nicht ein »Fakt-durch-Konsens«? Wie steht es mit der Schuld der drei Konzernführer am Niedergang der amerikanischen Automobilindustrie? Auch ein Fakt-durch-Konsens. Und lassen Sie uns nicht den Nutzen des wöchentlichen Abfallrecyclings vergessen. Auch hier herrscht einseitiger Konsens.

Wie wir inzwischen wissen, ersetzen irrationale Überzeugungen die Fakten, wenn diese schwer zu beschaffen sind. Manchmal beruhen diese Überzeugungen auf falschen Korrelationen, manchmal sind sie das Ergebnis von Manipulation und manchmal beruhen sie einfach auf einem populären

Konsens. *Ohne harte Fakten verlieren wir jedoch die Fähigkeit, die Ursachen für unsere bedrohlichsten Probleme zu bestimmen. Und so beginnen wir einfach, Überzeugungen als Ersatz für Wissen zu akzeptieren.*

Eines Nachmittags hatte ich die Gelegenheit, den ehemaligen Vorsitzenden der Federal Reserve und Finanzikone Alan Greenspan bei seinem halbjährlichen Bericht an den Kongress zu beobachten.[14] Während er seine Worte sorgfältig auswählte, um die Supermeme Oppositionsverhalten und Personalisierung der Schuld nicht auf den Plan zu rufen, sprach er mit ruhiger Stimme eine indirekte Korrelation nach der anderen an. Schließlich blickte er in einem Moment der Verzweiflung auf das Podium der Kongressmitglieder und erinnerte sie: »Meine Damen und Herren, jeder von Ihnen hat das Recht auf eine eigene Meinung, aber Sie haben nicht das Recht auf Ihre eigenen Fakten.«[15]

Eine treffende Warnung vom großen Meister der Komplexität persönlich.

7
Silodenken: Das vierte Supermem

Am 9. September 2009 standen zwei Legenden der Wissenschaft – James Watson, der gemeinsam mit Francis Crick für die Entdeckung der DNS-Struktur mit dem Nobelpreis ausgezeichnet wurde, und E. O. Wilson, der weltberühmte Naturforscher und Vater der Soziobiologie – zusammen auf der Bühne eines kleinen Theaters an der Universität von Harvard.[1] Wilson, der inzwischen in den Achtzigern ist und seine übliche lässige Sportjacke, Khakihosen und eine Krawatte trug, hatte den wachen, agilen Blick eines Diplomstudenten. Watson, der ebenfalls in den Achtzigern ist, kam in einem weißen Leinenanzug mit der ganzen Autorität eines Senators aus den Südstaaten. Als sich die zwei Titanen dem Moderator gegenüber setzten, herrschte im Saal eine gespannte Stille. Das war ein historischer Augenblick. Watson und Wilson waren fast ein Vierteljahrhundert lang erbitterte Rivalen in der Welt der Biologie gewesen. Zu irgendeinem Zeitpunkt in den 1950er-Jahren hatte Watson den Nerv, Wilsons Arbeit auf dem Gebiet der Naturforschung als »Briefmarkensammeln« zu bezeichnen. Und das trat eine Lawine los. Wilson konterte mit dem Hinweis, Watsons Forschungsarbeit sei möglicherweise besser in der Chemiefakultät aufgehoben, da er eindeutig den Zweck der Biologie missverstanden habe. Als die Molekularbiologie mit der Zeit immer größere Aufmerksamkeit erhielt, wurde die wissenschaftliche Feindschaft zwischen den beiden Experten öffentlich. Watson beharrte auf seiner Forderung, es sollten mehr Geld und Ressourcen in die mikrobiologische Forschung investiert werden.[2] Die Evolutionsbiologie tat er als einen alten Hut ab, prangerte die Ökologie an und erklärte, die Genetik sei die legitime Grenze der Biologie. Wilson schlug zurück: In seiner Autobiografie bezeichnete er Watson als »Caligula der Biologie«.

Dieser Schlagabtausch setzte sich über mehrere Jahrzehnte fort. Die Biologie wurde in der Mitte gespalten, wobei zwei Giganten um ihre Zukunft fochten. An diesem besonderen Abend waren die beiden Wissenschaftler aber in einer dramatischen Wendung offensichtlich willens, ihre gegenseitigen Beiträge zur Wissenschaft anzuerkennen. Wilson war der Erste, der einräumte, dass ihre erbitterte Rivalität ihnen schließlich beiden genützt hatte. Watson war ein derart würdiger Gegner, dass Wilson sich veranlasst fühlte, seine eigene Forschung und seine Methoden immer weiter zu verbessern. Als er von dem Moderator der Veranstaltung zu seiner früheren ablehnenden Haltung gegenüber der Molekularbiologie befragt wurde, machte Wilson ein erstaunliches Eingeständnis: »Ich lag falsch«, sagte er achselzuckend. Anschließend beschrieb er, als wie wichtig sich Watsons Arbeit für die evolutionäre Biologie erwiesen hatte. Dank der Entdeckung der DNS verfügten Biologen endlich über die nötigen Instrumente, um die Evolution aller Spezies zurückzuverfolgen. Damit war den bisherigen Vermutungen ein Ende gesetzt. Watson stimmte Wilson zu. Nach seiner Auffassung waren alle Streitpunkte beseitigt: Evolution lässt sich durch Zellbiologie erklären, und die Zellbiologie wird eindeutig von der Evolution erklärt. Mit der Zeit war die Arbeit der beiden einstigen Rivalen verschmolzen. Und so war es zu einem Waffenstillstand zwischen ihnen gekommen.

Ob es die Weisheit und Milde des Alters, der natürliche Fortschritt der Wissenschaften oder Wilsons Überzeugung von der Einheit des Wissens war, die im Jahr 1998 mit seiner Veröffentlichung des Buches *Die Einheit des Wissens* eintrat, jedenfalls machte eine ehemals erbitterte Rivalität einem tiefen und *dauerhaften* Respekt Platz.[3] An diesem Abend kamen zwei Giganten der Biologie auf der kleinen Bühne des Harvard-Theaters zusammen wie alte Freunde – mit dem gemeinsamen Wunsch, die Geheimnisse des Lebens auf der Erde zu lüften.

Es kommt vor, dass das Gesamtbild nicht erkennbar ist, vor allem, wenn wir an dem kleinen Bildausschnitt festhalten, den wir direkt vor unserer Nase haben. Zunächst können wir möglicherweise nicht verstehen, was die Doppelhelix der DNS mit Evolution zu tun hat, und umgekehrt, oder wir fragen uns vielleicht, wie sich die religiösen Doktrinen jemals mit den Evolutionsprinzipien vereinbaren lassen. Vielleicht ist auf den ersten Blick nicht ersichtlich, was Physik mit Psychologie, Psychologie mit Geologie und Geologie mit Wirtschaft zu tun hat. Na und?

Wie Wilson und Watson nach einer jahrzehntelangen Fehde herausfanden, *bedeutet das nicht, dass ein Standpunkt falsch und der andere richtig ist.* Es bedeutet ganz einfach, dass wir noch nicht herausgefunden haben, wie zwei Gebiete im Kontext eines größeren, wachsenden Systems zusammenwirken. Manchmal liegt das an unserer eigenen Kurzsichtigkeit, aber oft liegt es auch daran, dass unser Gehirn einfach noch nicht in der Lage ist, diese komplexen Verbindungen herzustellen. Schließlich hat unser geistiges Verständnis biologisch bedingte kognitive Grenzen. Manchmal ist das Gesamtbild einfach zu groß.

Undurchdringliche Silos

Das menschliche Gehirn besitzt die natürliche Neigung, Komplexität in einzelne, zu bewältigende Bestandteile zu zerlegen. Dieses Phänomen manifestiert sich in zahlreichen Formen: voneinander abgeschottete Unternehmenssparten, Regierungsministerien, akademische Disziplinen und religiöse Sekten. Generalisten werden durch »Spezialisten« auf zunehmend eng gesteckten Fachgebieten ersetzt, und strategische Ziele werden in übersichtliche Teilziele aufgespaltet, die sich messen und verfolgen lassen und für deren Erreichung man Individuen zur Rechenschaft ziehen kann. Wenn die Summe größer ist als ihre einzelnen Bestandteile, warum sollte man die Summe dann nicht einfach zunächst in kleinere Teile unterteilen? Klingt nach einer vernünftigen Methode. Aber ist sie das wirklich?

Das vierte Supermem ist Silodenken – das heißt eine Denkhaltung und Verhaltensweisen, die alles in separate und voneinander isolierte Schubladen einsortieren, wodurch die nötige Zusammenarbeit zur Lösung hochkomplexer Probleme verhindert wird.

Anstatt zu einer Kooperation zwischen Individuen und Gruppen zu ermutigen, die ein gemeinsames Ziel verfolgen, führt Silodenken zu Aushöhlung, Rivalität und Aufspaltung. Wenn Silos den Austausch und die Zusammenarbeit über organisatorische Schranken hinweg verhindern, werden Informationen, die an sich schon schwer zu beschaffen sind, noch unerreichbarer. Carol Kinsey Goman beschreibt den Effekt des Silodenkens in ihrem Artikel »Tearing Down Business ›Silos‹«:[4]

> »Ich habe aus erster Hand erlebt, was Silos in einem Unternehmen anrichten können. Die Organisation zerfällt in eine Gruppe isolierter Lager, die kaum Motivation zur Zusammenarbeit, zum Informationsaustausch oder zur Teamarbeit haben, um äußerst wichtige Ergebnisse zu erzielen. Verschiedene Gruppen errichten unüberwindliche Mauern und torpedieren damit die Effektivität von Menschen, die an den Schnittstellen arbeiten. Lokale Führungskräfte konzentrieren sich auf ihre individuellen Ziele, und das oft zulasten der übrigen Organisation. Die daraus resultierenden internen Grabenkämpfe um Autorität, Finanzen und Ressourcen vernichten die Produktivität und gefährden die Erreichung der Unternehmensziele.«

Heute findet man überall Silos. Die CIA spricht nicht mit dem FBI, und die Physikfakultät setzt keinen Fuß in die Wirtschaftsfakultät. Umweltaktivisten sprechen nicht mit Ölmanagern, Verteidiger sprechen nicht mit Staatsanwälten, Republikaner sprechen nicht mit Demokraten, Ärzte sprechen nicht mit Versicherungen und Al-Qaida spricht überhaupt mit niemandem.

Und dann wundern wir uns, dass unsere Gesellschaft festgefahren ist und breite, komplexe, systemische Probleme immer schlimmer werden.

Drei klassische Silos

Eines der erschreckendsten Beispiele dafür, wie Silodenken Fortschritt verhindert, findet sich in der Gesundheitsbranche.

Laut dem Institute of Medicine wuchs die Bevölkerung der USA zwischen 1993 und 2003 um 12 Prozent, und die Notarztbesuche stiegen um 27 Prozent.[5] Jüngsten Studien zufolge nimmt dieses Problem jedes Jahr um ein Vielfaches zu. Aber warum?

Vor Kurzem hatte ich auf einem Inlandsflug das Glück, neben dem Executive Vice President eines der größten Krankenversicherer des Landes zu sitzen. Dabei handelte es sich um einen gut gekleideten, wortgewandten ehemaligen Chirurgen, der seine Praxis viele Jahre zuvor verkauft hatte, um etwas in der Gesundheitsversorgung zu bewegen. Aus seiner Perspektive hielten die Versicherungen die meisten Karten in der Hand.[6]

Als ich ihn fragte, was er von der Initiative einer staatlichen Krankenversicherung für alle Bürger hielt, antwortete er, dass *keine Erhöhung der Ausgaben für Medicare oder Medicaid** *das Problem lösen würde.* Anschließend erklärte er, der beste Weg, um die Gesundheitsindustrie zu verstehen, sei, sie als drei separate Silos zu betrachten: Krankenhäuser, Ärzte und Versicherungen. Er fuhr fort, dass – wenn wir heute in die Notaufnahme kämen – der behandelnde Notarzt praktisch keine Informationen über unsere Gesundheit vor dem Notfall besitze. Wenn wir in die Notaufnahme gebracht werden, sind wir für den behandelnden Notarzt ein völlig unbekannter Patient. Wenn wir Glück haben, erzählt ihm eine Person, die uns begleitet hat, unsere medizinische Vorgeschichte – welche Medikamente wir einnehmen, wer unser Hausarzt ist, welche Allergien wir haben und andere Informatio-

* Medicare ist ein US-Gesundheitsversorgungsprogramm für ältere und behinderte und Medicaid für einkommensschwache Bürger (A. d. Ü.)

nen, die dieser Person in diesem Moment einfallen. Gelegentlich gelingt es dem Notfallpersonal, sich unsere Patientenakte zu beschaffen und ein Profil zusammenstricken, das dem Notarzt dabei hilft, eine Diagnose zu stellen. Aber bestenfalls ist das ein eiliger und fehlerhafter Prozess. Meistens muss der Notarzt raten, indem er einfach unsere Symptome interpretiert, ohne irgendein Detail aus unserer medizinischen Vorgeschichte zu kennen.

Der Notarzt, auf dessen Behandlung wir in diesem kritischen Moment angewiesen sind, besitzt keinerlei grundlegende Informationen über uns. So kann es passieren, dass etwas, das für unseren *eigenen* Körper ganz normal ist, bei anderen aber eine Abweichung von der Norm darstellt, höchstwahrscheinlich als eines der Symptome unserer Beschwerden behandelt wird. Zum Beispiel hat der behandelnde Arzt keine Ahnung, dass unser Herz schon von Geburt an immer ein wenig schneller schlug oder dass unsere Körpertemperatur schon immer leicht erhöht gewesen ist oder dass wir schon unser ganzes Leben lang leicht angeschwollene Knöchel hatten, genau wie unsere Mutter, Großmutter und Urgroßmutter.

Stattdessen ist der Notarzt darauf geschult, die Parameter für »Durchschnittswerte« anzuwenden. Jedes Symptom, das von diesen Durchschnittswerten abweicht, wird als »Unregelmäßigkeit« registriert und fließt in die abschließende Diagnose ein – egal ob es sich um ein Phänomen handelt, das für unseren eigenen Körper völlig normal ist oder nicht. Zum größten Teil sind Notfalldiagnosen und -behandlungen daher ein reines Ratespiel – der behandelnde Arzt bemüht sich um eine möglichst zutreffende Vermutung. Die Statistiken über die Ergebnisse »möglichst zutreffender Vermutungen« sind ernüchternd. Laut dem *New England Journal of Medicine* besteht eine Wahrscheinlichkeit von 34 Prozent, dass ein Notfallpatient innerhalb von 90 Tagen erneut in die Notaufnahme gebracht wird.

Hier aber der echte Schocker: Innerhalb eines Jahres wurden 50 Prozent der Patienten, die nach einem chirurgischen Eingriff entlassen wurden, wieder ins Krankenhaus eingeliefert oder starben innerhalb von zwölf Monaten nach ihrer Entlassung. Aufgrund welcher Art von Notfällen wurden diese Patienten behandelt? Nachdem untersucht worden war, welche Diagnosen am häufigsten zu einer Wiedereinlieferung innerhalb der ersten 30 Tage nach erstmaliger Notfallbehandlung geführt hatten, erwiesen sich die folgenden Erkrankungen als wahrscheinlichste Kandidaten[7]:

1. Herzinfarkt aufgrund von Stauungsinsuffizienz, 27 Prozent
2. Psychosen, 25 Prozent
3. Gefäßchirurgie, 24 Prozent
4. Chronisch obstruktive Lungen, 23 Prozent

Ein Viertel der Patienten, die an einer dieser Erkrankungen leiden, kehren innerhalb von vier Wochen in die Notaufnahme zurück. Kann das möglich sein? Theoretisch würde jeder Patient mit einem schweren Leiden nach einer Notfallintervention regelmäßig seinen Arzt aufsuchen, damit er nicht erneut zum Notfall wird. Und hier kommen wir zum zweiten Silo: den Ärzten.

Heute müssen Ärzte pro Stunde vier bis sechs über die staatliche Krankenversicherung Medicare versicherte Patienten behandeln, um finanziell über die Runden zu kommen. Sie können sich das selbst ausrechnen: Das bedeutet, dass jeder Arzt, der heute noch Medicare-Patienten annimmt, höchstens zehn bis fünfzehn Minuten pro Patient aufwenden kann – anschließend zahlt er aus eigener Tasche. Wenn wir also nach einer erstmaligen Notfallbehandlung ernsthafte Komplikationen haben, hat unser Hausarzt, der die fünfzehn Minuten aufgebraucht hat, zwei Möglichkeiten: Wenn Zeit ist, kann er uns an einen Spezialisten überweisen, der ebenfalls fünfzehn Minuten für unsere Behandlung zur Verfügung hat. Andernfalls verweist er uns wieder an die Notaufnahme – genau der Ort, der schon beim ersten Mal die Fehldiagnose gestellt hat. Die Zahl der Patienten, die einfach an die Notambulanz zurückverwiesen werden, steigt. Und nun kommt die Abwärtsspirale erst richtig in Fahrt.

Während unser Arzt (Silo 1) es sich möglicherweise nicht leisten kann, uns so oft zu sehen, wie es nötig wäre, freut sich das Krankenhaus (Silo 2), uns so oft wie nötig wieder in der Notaufnahme zu behandeln. Das Krankenhaus verdient nämlich dasselbe, egal, ob wir ein neuer Patient oder ein Wiederholungspatient sind. Tatsächlich machen Wiederholungspatienten inzwischen einen erheblichen Prozentsatz der Krankenhauseinnahmen aus. In dieser Hinsicht sind Fehldiagnosen, die zu einer erneuten Einlieferung führen, also zu einer unerwarteten Einnahmequelle geworden. Im Jahr 2009 wurden 17,4 Milliarden Dollar für Notfall-Wiederholungsbehandlungen an Krankenhäuser gezahlt. Diese Zahl steigt rasant an, da Ärzte schwer kranke Patienten, denen sie in den fünfzehn Minuten, die ihnen zur Verfügung stehen, nicht helfen können, zurück an die Notaufnahme verweisen.

Und dann ist da noch das dritte Silo: die Krankenversicherungen. Jedes Mal, wenn ich einen Notdienst aufsuche, zahlt meine Versicherung gutes Geld an das Krankenhaus, das Geld mit Wiederholungspatienten verdient. Mein Hausarzt weiß, dass mich die Notaufnahme gern behandelt, also hat er keinerlei Anreiz, irgendetwas anderes zu veranlassen. Und die Versicherungen wälzen die erhöhten Kosten einfach über höhere Beiträge auf ihre Versicherten ab. Den Notärzten fehlt die medizinische Vorgeschichte, die sie für eine Diagnose und die richtige Behandlung schwer kranker Patienten brauchen. Infolgedessen steigt die Zahl der Wiedereinlieferungen und Todesfälle weiterhin astronomisch an. Das Gleiche gilt für die Kosten. Das Ganze ist ein Teufelskreis, und die Patienten bezahlen den Preis.

Im Jahr 2009 erhöhte die Krankenversicherung Anthem Blue Cross von Kalifornien meinen Versicherungsbeitrag um fast 30 Prozent, obwohl ich keinerlei Leistungen in Anspruch genommen hatte. Als ich die Versicherung anrief, um zu fragen, mit welcher Begründung sie diesen steilen Anstieg rechtfertigten, erhielt ich die Antwort: »Diese Erhöhung gilt für alle Policen, nicht nur für Ihre. Wir müssen alle Beiträge anheben, um die gestiegenen Kosten zu decken. Das hat nichts mit Ihnen persönlich zu tun; alle Versicherten zahlen die gleiche Erhöhung.« Nicht persönlich? Warum stammt das Geld dann von meinem *persönlichen* Bankkonto?

Im Februar 2010 erwähnte Präsident Obama Anthem Blue Cross in einer Ansprache an die Nation zum Thema Gesundheitsreform.[8] Er bezeichnete diese Versicherung als ein Beispiel für die völlig außer Kontrolle geratenen Versicherungsbeiträge. Kurz darauf leiteten der US-Kongress und die Versicherungsaufsicht von Kalifornien ihre eigenen Ermittlungen zu Anthems Beitragserhöhungen ein.

Sich auf Anthem Blue Cross einzuschießen, ähnelt jedoch stark dem Versuch, einige wenige Spitzenmanager aus der Automobilindustrie in Detroit oder eine Handvoll Finanzinstitute für die globale Rezession verantwortlich zu machen. Indem man eine Versicherung zur Rechenschaft zieht, wird das Silodenken, das die Kernursache der Krise im Gesundheitssektor ist, nicht beseitigt. Und bevor wir uns versehen, werden wir die Führungskräfte von Anthem fragen, ob sie mit Privatflugzeugen nach Washington geflogen sind.

Heute hat die USA die höchsten Pro-Kopf-Gesundheitskosten der Welt. Was die Qualität der Gesundheitsversorgung betrifft, rangiert das Land jedoch unter den 191 Mitgliedsnationen der WHO an 37. Stelle.[9] Um es milde auszudrücken, gibt es viel Raum für Verbesserung. Der Versicherungsmanager, den ich im Flugzeug kennenlernte, sah für Versicherungen eine gewaltige Chance zur Kostensenkung und zur Verbesserung der Leistungen, indem grundlegende Patienteninformationen und die Krankengeschichte eines jeden Patienten, der in der Notaufnahme behandelt werden muss, verfügbar gemacht werden – was eine Zusammenarbeit aller drei Silos erfordert. Das würde augenblicklich die Diagnosen verbessern und die Zahl der Wiedereinlieferungen verringern. Aus seiner Sicht ließen sich die eskalierenden Kosten mit dieser Maßnahme sofort senken. Ähnlich wie Dean Kamen und andere Innovatoren stimmte er aber auch zu, dass die größte Herausforderung nicht die Technologie, sondern das Silodenken sei. Obwohl jeder zu wissen scheint, worin das Problem besteht und wie es sich lösen lässt, glauben Krankenhäuser, Ärzte und Versicherungsgesellschaften, dass irgendjemand anderes für die Sammlung, Aktualisierung und Weitergabe von Patienteninformationen zuständig ist.

Silodenken macht es extrem schwierig, ein systemisches Problem zu lösen, weil kein Silo für das Gesamtproblem verantwortlich ist.

Die Gesundheitsversorgung ist nur ein Beispiel für Silodenken. Soweit das Auge reicht, stehen Silos der Lösung systemischer Probleme im Weg. Bis zu den Attentaten des 11. September und dem gescheiterten Attentat auf den Flug von Northwest Airline Richtung Detroit im Jahr 2009, waren wir damit zufrieden, dass CIA und FBI jeweils ihre eigenen Ermittlungen anstellten und kaum Informationen austauschten. Dann erhöhten neue Terrorangriffe plötzlich die Notwendigkeit einer besseren Zusammenarbeit zwischen beiden Behörden. Zudem gab es die Erkenntnis, dass ein verbesserter Informationsaustausch – Informationen, deren Beschaffung sehr schwer und sehr teuer ist – zwischen Regierung und Universitäten für die Forschungsabteilungen großer Lehrinstitute nützlich wäre. Im Einklang damit investierte die CIA verstärkt in das MEDEA-Programm (Measurements of Earth Data for Environmental Analysis), um Informationen, die zuvor unter Verschluss gehalten wurden, für Umweltstudien verfügbar zu machen.[10] Das bedeutete, dass kostspielige Informationen, die die CIA bereits besaß, nicht noch einmal von Universitäten beschafft werden mussten. Es dauerte nicht lange, bis die CIA für ihre Kooperationsinitiativen unter Beschuss geriet. In der *Business Week* berichtet Saul Kaplan, dass »Fernsehsprecher in allen Kabelnachrichten der CIA eine Vernachlässigung ihrer Aufgaben vorwerfen, mit dem Argument, der Datenaustausch mit Umweltwissenschaftlern sei eine Ablenkung von ihrer eigentlichen Kernmission, die darin besteht, für die Sicherheit der amerikanischen Bevölkerung zu sorgen«. Anschließend fuhr er fort, die Silomentalität zu geißeln:

> »Die Experten liegen falsch. Die CIA und die Behörde für Heimatschutz sollten mehr, und nicht weniger behördenübergreifende Zusammenarbeit und Datenaustausch pflegen. Der Datenschutz, mangelnde Fähigkeiten und Territorialdenken haben uns das derzeitige Chaos eingebrockt. Wenn der Fokus auf Netzwerkfähigkeiten und Datenaustausch zwischen den einzelnen Silos gelegen hätte, wäre Amerika heute vielleicht ein sichereres Land.«

In dem Maße, wie sich *Silodenken* zu einem tief verankerten Supermem entwickelt, wird es immer schwieriger, Ressourcen zusammenzulegen, und infolgedessen wird die Informationsbeschaffung immer schwieriger. Wenn jede Behörde versucht, das Rad neu zu erfinden, kostet das Zeit, Geld und Energie. Außerdem rücken gemeinschaftliche Lösungen für unsere drängendsten und komplexesten Probleme in immer weitere Ferne.

Ein weiteres Beispiel dafür, wie Silodenken Fortschritt verhindert, ist die wachsende Zahl an Nonprofit-Organisationen. Es ist schockierend, wie viele unabhängige Nonprofit-Organisationen heute an der Lösung derselben Probleme arbeiten[11]. In Monterey County, wo ich lebe, gibt es rund 1212 registrierte Nonprofit-Organisationen. Übersetzt heißt das, dass ungefähr drei solcher Organisationen auf 1000 Einwohner kommen, von denen jede einzelne jedes Jahr um dieselben Finanzierungsgelder konkurriert. Aber was tun all diese unabhängigen Organisationen eigentlich? Gibt es wirklich 1212 verschiedene und voneinander losgelöste soziale Probleme, die einer Lösung bedürfen? Wahrscheinlich nicht.

Im Anschluss an das verheerende Erdbeben in Haiti im Jahr 2010 wurde das Überangebot an Nonprofit-Silos schmerzhaft deutlich.[12] 900 verschiedene Freiwilligen- und Regierungsorganisationen landeten mit Mitarbeitern und Hilfsmitteln gleichzeitig auf der Insel. Zwar verfolgte jede einzelne gute Absichten, aber als so viele voneinander unabhängige Organisationen auftauchten, konnten viele ihrer Mitarbeiter gar nicht einreisen, weil Häfen und Flughäfen schwer beschädigt waren. In vielen Fällen wurden statt dringend benötigter Ärzte, Krankenschwestern und Rettungshelfern ungeschulte und nicht ausgebildete freiwillige Helfer ins Land gelassen, während Erstere vom Militär auf Nachbarinseln umgeleitet wurden, wo sie warten mussten, bis sich der Andrang auflöste. Um das Chaos noch zu vergrößern, schossen im Internet im Minutentakt neue Organisationen aus dem Boden, die Spenden sammelten und noch mehr Freiwillige rekrutierten. Anstatt Organisationen wie das Amerikanische Rote Kreuz, das seit 130 Jahren erfolgreich Nothilfe für Katastrophenopfer leistet, zu optimieren, werkelte jedes unabhängige Silo allein vor sich hin, wodurch die Komplexität, das Überangebot, die Verwirrung und die Verzögerungen in dieser Notsituation nur noch schlimmer wurden. Die mangelnde Kooperation mit erfahrenen Organisationen wie dem Roten Kreuz führte dazu, dass die Nonprofit-Organisationen bei ihren Hilfsbemühungen übereinander stolperten. Sie tappten in die Falle zu glauben, unabhängige Initiativen seien einer Zusammenarbeit irgendwie überlegen.

Die Fakten lassen jedoch anderes vermuten. Zu viele Silos sind wie zu viele Köche – sie verderben den Brei. Und was für das Gesundheitssystem und Nonprofit-Organisationen gilt, gilt auch für Unternehmen. Dr. Carol Kinsey Goman, Unternehmensberaterin und Autorin des Buches *This Isn't the Company I Joined: How to Lead in a Business Turned Upside Down*, berichtet, eine Studie der *Industry Week* habe ergeben, »dass Unternehmensfunktionen, die wie Silos betrieben werden, die größten Hindernisse für Unternehmenswachstum sind.[13] Einer jüngeren Umfrage der American Management Association zufolge geben 83 Prozent der Führungskräfte an, in ihren Unternehmen gebe es Silos, und 97 Prozent waren der Meinung, diese hätten einen negativen Effekt.«

Mit zunehmender Komplexität und der wachsenden Schwierigkeit, Wissen und Fakten zu beschaffen, erschweren Silos die Beschaffung lebenswichtiger Informationen weiter. Ist es ein Wunder, dass wir uns gern mit falschen Korrelationen, Vermutungen und Überzeugungen zufrieden geben, wenn wir die Chinesische Mauer überwinden müssen, um zu den Fakten zu gelangen? Überzeugungen können nicht nur kognitiv leichter verstanden und als wahr akzeptiert werden, sie ersparen uns überdies, mühselig einen Berg zu erklimmen, um auf dem Gipfel von irgendjemandem wieder hinuntergeschubst zu werden. Darüber hinaus ist es eine ermüdende und frustrierende Aufgabe voller Gefahren, eine Silomauer zu überwinden, um eine verbesserte Kooperation zu erreichen. Zusammenarbeit ist schwierig, und Zusammenarbeit in einem komplexen, hochdynamischen Umfeld ist oft unmöglich. Was lässt sich dagegen tun?

Wir müssen damit beginnen, zunächst unsere eigenen Silos abzureißen. Wie E. O. Wilson und James Watson müssen wir davon ausgehen, dass Menschen, die dieselben Ziele anstreben, mehr erreichen, wenn sie untereinander Informationen austauschen und ihre Ressourcen zusammenlegen, als wenn sie gegeneinander konkurrieren. Wir müssen bereit sein, primitive Instinkte zum Schutz unseres Territoriums zu überwinden und mit vereinten Kräften für das übergeordnete Wohl der Menschheit zu arbeiten.

Das Problem mit Territorien

Biologen, die sich mit Schimpansen beschäftigen, mit denen wir einen großen Teil unseres Genmaterials teilen, behaupten, *die Entstehung von Silos sei nichts anderes, als die natürliche Fortsetzung des Territorialverhaltens.*[14] Wieder einmal liegt die Erklärung dafür, dass Zusammenarbeit für Gruppen so schwierig geworden ist, in Instinkten, die einst ausschlaggebend für das Überleben unserer Vorfahren waren.

Territorialverhalten ist der Prozess, mit dem Tiere Grenzen abstecken, um Nahrung, Wasser, Paarungspartner und ihren Nachwuchs zu schützen und so ihr Überleben zu sichern.[15] Wenngleich die Größe des geschützten Gebiets – wie auch der Grad der eindeutigen Definition territorialer Grenzen – von Spezies zu Spezies variiert, sind Schimpansen und andere Tiere, einschließlich der Menschen, dafür bekannt, zu ihrem eigenen Wohlergehen schnell territoriale Grenzen zu ziehen und zu verteidigen. Das ist der Grund, warum wir Gräben um Schlösser gezogen haben. Es ist auch der Grund für unsere umstrittenen Immigrationsgesetze. Der Gedanke hinter der Errichtung dekorativer Zäune ist die Trennung unseres Grundstücks von den Grundstücken unserer Nachbarn. Und es ist auch der Grund dafür, dass wir uns von Kollegen entfernen, die in eine andere Abteilung oder zu einem Wettbewerber wechseln, obwohl wir sie einst als Freund bezeichnet haben. Das alles sind Versuche, um unser Überleben vor »Fremden« zu schützen. Aus historischer Perspektive wurde die Notwendigkeit, gutes Ackerland zu verteidigen, größer, als Menschen von nomadischen Jägern und Sammlern – die nicht an festgelegte Landgebiete gebunden waren – zu sesshaften Bauern wurden.[16] Der Schutz des eigenen Lands war gleichbedeutend mit dem Schutz der zum Überleben notwendigen Nahrung. Die Grenzen wurden starrer und die Strafen für ihre Übertretung härter. Die Überschreitung einer Grenze ohne Genehmigung bedeutete Gefängnis und manchmal den Tod.

In einem komplexen sozialen Umfeld ist Silodenken möglicherweise nichts anderes als ein irrationaler Instinkt zur Verteidigung des eigenen »Territoriums«, um die Überlebenschancen zu verbessern. Schließlich stellen Angriffe eines Kollegen, Übergriffe anderer Abteilungen, Kritik unseres Vorgesetzten und selbst die andere Ideologie eines Wettbewerbers allesamt eine Bedrohung für unseren Arbeitsplatz, unseren Status und unsere Fähigkeit dar, uns den Lebensunterhalt zu verdienen und für unsere Familie zu sorgen. In dieser Hinsicht vereinfachen Silos nicht nur Komplexität, indem sie sie in kleinere, verständlichere Bestandteile aufteilen, sie definieren auch »soziale Territorien«, die heftig verteidigt werden müssen. Der Psychologe Aidan Sammons beschreibt, wie Silos funktionieren:

> »Um in einer komplexen und unberechenbaren Welt für Ordnung und Berechenbarkeit zu sorgen, greifen wir zu Vereinfachung.[17] Das funktioniert über abstrakte geistige Modelle. Eine sozial-kognitive Perspektive des Territorialverhaltens würde sagen, dass die Aufteilung der Welt in primäre, sekundäre und tertiäre Territorien ein solches geistiges Modell ist, das von Menschen verwendet wird, um Erwartungen über das Verhalten anderer zu erzeugen, dieses zu verstehen und vorherzusagen

(Edney, 1975). Weil wir Kontrolle über unser Primärterritorium besitzen, können wir vorhersagen, was wahrscheinlich geschehen wird.«

Heute erweisen unsere prähistorischen Instinkte zur Verteidigung unseres Territoriums der Gesellschaft allerdings keinen guten Dienst mehr. Tatsächlich haben Silodenken und Siloverhalten mehr Risiken als Vorteile, da Komplexität eine Kooperation innerhalb von Gruppen und zwischen verschiedenen Gruppen erfordert.

Geheime Solarsilos

Manchmal ist die Bremswirkung, die Silos auf den Fortschritt haben, offensichtlich – so wie im Fall der Gesundheitsversorgung, der Katastrophenhilfe und der Wirtschaft. Es gibt jedoch noch weitaus mehr Beispiele, in denen wirksame Lösungen für unsere größten Probleme niemals bekannt werden. Was zum Beispiel kostenlose Solarenergie für jeden Haushalt der Erde betrifft, haben wir das Problem möglicherweise schon gelöst. Überraschenderweise kam die Lösung nicht von einem risikofinanzierten Start-up aus dem Silicon Valley, einem Universitätslabor oder dem Energieministerium. Stattdessen kam sie aus der unwahrscheinlichsten Ecke: von der NASA.

Die NASA wurde 1958 von US-Präsident Dwight D. Eisenhower als »Folge des *Sputnik*-Schocks« gegründet.[18] Ihr anfängliches Ziel war die bemannte Raumfahrt, die zu den Mercury- und Gemini-Projekten führte und schließlich im Apollo-Raumfahrtprogramm kulminierte und die erste Mondlandung eines Menschen ermöglichte. Anschließend entwickelte die NASA das Skylab und den Space Shuttle – zwei äußerst erfolgreiche Beispiele für eine komplexe Zusammenarbeit.

Im Laufe der Zeit begann die Begeisterung der USA an Weltraummissionen jedoch abzunehmen, und die NASA machte sich Sorgen, dass ihre Arbeit an Bedeutung verlieren würde. In einem Versuch, ihre wirtschaftliche Rentabilität unter Beweis zu stellen, ging die Raumfahrtbehörde kommerzielle Partnerschaften ein, bei denen ein Großteil des Fokus auf Kommunikationssatellitentechnologie, GPS-Navigation und Landsat sowie Erdbeobachtung lag. Als sich der Wettbewerb um die Mittelzuweisung in Washington, D.C. jedoch verschärfte, wurde die NASA zunehmend unsicher, was ihre Rolle im 21. Jahrhundert betraf. Wie viele Starts und Landungen des Space Shuttle würden die Amerikaner noch beobachten? Also richtete die NASA ihre Aufmerksamkeit auf einen neuen Markt, über den sich das Land zunehmend Gedanken machte: erneuerbare Energien.[19] In dem Versuch, die einst prestigeträchtige Führungsrolle der NASA in der Welt zurückzugewinnen, startete eine Handvoll Wissenschaftler ein heimliches Programm: *weltraumbasierte Solarenergie*. Sie sollte das Problem unbegrenzter sauberer Energie für die gesamte Welt ein- für allemal lösen.

Wenn man darüber nachdenkt, ist der effizienteste Ort zur Gewinnung von Solarenergie nicht die Erdoberfläche. Die Atmosphäre fungiert als Schutzhülle, aber diese Schutzhülle schirmt auch in erheblichem Maße die Stärke der Sonnenenergie ab, die gewonnen werden kann. Über Jahrzehnte hat die NASA mit Solarzellen im Weltraum experimentiert, um damit Satelliten und Raumschiffe anzutreiben, und in dieser Zeit hat eine kleine Gruppe von NASA-Wissenschaftlern eine Methode zur Gewinnung und sicheren Rückleitung der Sonnenenergie auf die Erdoberfläche perfektioniert. Strom von Weltraumsatelliten?[20] Klingt nach Science-Fiction.

Stellen Sie sich die Wirkung vor, wenn jeder Haushalt eine kleine Satellitenschüssel (ähnlich einer TV-Satellitenschüssel) hätte, mit der wir unseren gesamten Energiebedarf decken könnten – kostenlos. Das stimmt: Kostenlose Solarenergie könnte umgewandelt und sicher in jedes Haus gelenkt werden. Das würde nicht nur unsere Brieftasche entlasten, sondern auch bedeuten, dass wir keine Elektrizitätswerke oder riesige Hochspannungsmaste mit dicken Überlandleitungen mehr bräuchten. Keine unterirdischen Leitungen, keine Endlager für Atommüll und keine gewaltigen Kohlenstoffemissionen von Kohlekraftwerken. Die Nation wäre sicherer, weil es keine zentralisierten Energieversorger und keine wichtigen Stromleitungen geben würde, die als potenzielles Angriffsziel dienen und die Energieversorgung wichtiger Funktionen außer Kraft setzen könnten. *Weltraumbasierte Solarenergie würde alles verändern.* Was hält uns also davon ab?

Es ist schockierend zu hören, dass die Wissenschaftler, die bei der NASA an weltraumbasierter Solarenergie gearbeitet haben, mehr als ein Jahrzehnt lang an die Türen des US-Energieministeriums geklopft haben. Aber niemand antwortete.

NASA? Sind das nicht die Typen, die das Tang-Getränkepulver erfunden haben, das man nur mit Wasser aufgießen muss?

Wie bei der CIA, die versucht hat, der Forschung und Lehre Daten für die Umweltforschung zur Verfügung zu stellen, lag grüne Energie weit außerhalb der ausdrücklichen NASA-Mission. Das Energieministerium warf der NASA vor, sie mische sich in Dinge ein, die sie nichts angingen, und forderte sie auf, sie möge sich an die Weltraumerforschung halten. Egal wie oft es die NASA-Wissenschaftler versuchten, es gelang ihnen nicht, die Silomauern zu durchbrechen, die Energie von Weltraumerforschung trennte. In der Zwischenzeit investierten das Energieministerium und Risikokapitalgeber für umweltfreundliche Technologien viele Milliarden Dollar in Technologien, von denen die NASA wusste, dass sie denjenigen, die sie in ihren Labors bereits getestet hatte, unterlegen waren. Die Wissenschaftler der NASA waren jedoch Staatsbeamte, die an strenge Vertraulichkeit gebunden waren. Was hätten sie tun können?

Eine Handvoll Forscher, die frustriert waren, weil sie ständig gegen Mauern rannten, machte sich daran, die Silos einzureißen, die den Fortschritt verhinderten. Das war ein riskantes Vorhaben und eines, das die Karriere von Personen gefährdete, die schon seit 30 Jahren in der Weltraumbehörde gearbeitet hatten: Die Wissenschaftler baten um Genehmigung, mit Kanada über ein »gemeinsames Forschungsprojekt« sprechen zu dürfen, das ihnen ermöglichte, Feldtests durchzuführen, um die Umsetzbarkeit ihrer Technologie zu beweisen. Die kanadische Regierung war sehr interessiert. In ihren Augen bot sich ihr die Chance, weltraumbasierte Solarenergie zu perfektionieren, sie kommerziell nutzbar zu machen *und die Energie zurück an die USA zu verkaufen!*

Plötzlich erhält das Sprichwort »Der Prophet gilt nichts im eigenen Land« eine neue Bedeutung. Nachdem viele Millionen Dollar an Steuergeldern in die Erfindung weltraumbasierter Energie – die Dauerlösung für unbegrenzte, saubere und sichere Energie für den gesamten Planeten – investiert worden sind, sind die USA kurz davor, sich von anderen Nationen in den Schatten stellen zu lassen – und alles, weil eine US-Behörde eine andere nicht dazu bringen kann, ihr zuzuhören. Nur weil Menschen immer noch genetisch darauf programmiert sind, ihr Territorium zu verteidigen, selbst wenn es zum Schaden des übergeordneten Wohls ist. Alles wegen der Silos.

Wenn diese Geschichte ans Licht kommt, werden einige ihre Wut gegen die NASA-Wissenschaftler richten. Andere werden dem Energieministerium Unfähigkeit vorwerfen. Wieder andere Extremisten werden Präsident Obama ins Visier nehmen. Möglicherweise werden mir Einzelne vorwerfen, ich sei unpatriotisch, weil ich die Tatsache in die Öffentlichkeit trage, dass wir die Technologie besitzen, unbegrenzte Energie aus dem Weltraum zu beziehen. Das wären aber alles unangebrachte und daher wenig hilfreiche Vorwürfe.

Regierungssilos, die Festungen gleichen und nicht in der Lage sind zu kooperieren, Informationen auszutauschen und gemeinsam komplexe systemische Probleme zu lösen, sind das eigentliche Problem, und nicht individuelle Beteiligte. Wenn Sie darüber nachdenken, mag weltraumbasierte

Solarenergie ein alarmierendes Beispiel dafür sein, wie Silos Fortschritt verhindern, aber unterscheidet sich dieses Beispiel wesentlich von der fortgesetzten Wiedereinlieferung von Patienten in die Notfallaufnahme? Oder dem Widerstand, Informationen zwischen CIA, NSA, FBI und der Behörde für Heimatschutz auszutauschen? Oder dem historischen Kampf zwischen Genetik und Evolution in der Biologie?

Konvergenz statt Konkurrenz

In seinem 1998 erschienenen Buch *Die Einheit des Wissens* erklärte E.O. Wilson, dass Silos einen noch heimtückischeren Effekt haben als die gelegentliche Verhinderung von Problemlösungen.[21] Wilson warnte, die »berufliche Atomisierung« wirke ebenfalls der Einheit des gesammelten Wissens, der Entdeckungen und der Wissenschaft, die uns heute zur Verfügung stehen, entgegen. Ob es sich um schwarze Löcher im Weltall oder um die derzeitige globale Rezession handelt, Wilson zufolge verhindert Silodenken, dass wir *alle* bekannten Gesetz der Physik, Musik, Chemie, Technik, Wirtschaft und Biologie zusammen nutzen, um Naturphänomene zu erklären. Seiner Ansicht nach müssen die Barrikaden, die dem über Jahrhunderte erworbenen Wissen im Weg stehen, niedergerissen werden, damit die Menschheit Fortschritte erzielen kann. Wilson hat Recht.

Je stärker und zahlreicher die Silos werden, desto weiter entfernt sich die Menschheit von einem einheitlichen, systemischen Ansatz zur Lösung unserer größten Probleme. Stellen Sie sich die Menschheit als Garnisonen von Soldaten mit kognitiven Begrenzungen vor, die gegen eine schnell ansteigende Komplexität anmarschieren. Stellen Sie sich nun vor, welche Chance diese Garnisonen haben, ihren mächtigen Gegner zu besiegen, wenn sie nicht zusammenarbeiten. Erfolg verlangt ein gewisses Maß an Kooperation und Vereinigung, das wir bisher nicht erreichen konnten.

Was ist also nötig, um vom Silodenken auf Zusammenarbeit umzuschalten? Um den Weg für systemische Lösungen zu ebnen? Um das Energieministerium dazu zu bewegen, mit der NASA zusammenzuarbeiten? Hier bekommt der Autor Saul Kaplan das letzte Wort:[22]

> »Es ist nicht die Technologie, die der Innovation im Weg steht. Es sind die Menschen und die Organisationen, in denen wir leben, die sich Experimenten und Veränderungen hartnäckig verweigern. Wenn wir bei den großen Themen unserer Zeit Fortschritte erzielen wollen, müssen

wir unsere Silos verlassen und uns daran gewöhnen, unsere Fähigkeiten auf neue Weise zu kombinieren, um mit den unüblichen Verdächtigen zusammenzuarbeiten.«

8
Extremes Wirtschaftlichkeitskalkül: Das fünfte Supermem

Alle Menschen, die ich kenne, haben ein merkwürdiges Verhältnis zu Geld. Sie wollen mehr davon. Sie geben zu viel davon aus. Sie investieren, erben und schützen es und leben in der Angst, ihnen könne das Geld ausgehen. Einige Menschen sprechen nie über Geld, andere können über nichts anderes reden. Ehen zerbrechen am Geld, Kinder werden mit Geld verzogen und Prominente gewinnen durch Geld an Macht. Doch meistens tragen wir das Geld dort, wo wir einst unser Herz trugen. Vor nicht allzu langer Zeit vertrauten wir uns gegenseitig statt auf Verträge, den Aktienmarkt und die Sozialversicherung. Das war zu einer Zeit, als Geld noch nicht der einzige Maßstab für Erfolg und Misserfolg war. Damals galten noch andere Werte.

Heute wächst das Gefühl, dass Geld nicht mehr so funktioniert, wie es beabsichtigt war – ein Hinweis darauf, dass unsere Romanze mit der Wirtschaft vielleicht zu weit gegangen ist. Schließlich ist Geld nicht unbedingt der Lohn für harte Arbeit. Wenn es so wäre, wären Gärtner, die jeden Tag in der heißen Sonne schwitzen, reicher als Führungskräfte. Und wie steht es mit den Bauern in Afrika und China, die sich aufarbeiten, um gerade so viel anzubauen, dass sie genug zu essen haben? Arbeiten sie weniger als Bill Gates?

Geld ist aber auch keine Folge des Glücks. Wäre es so, dann wären die Menschen reich, die Hurrikane und Autounfälle überleben. Und Geld ist auch nicht der Lohn für Intelligenz. Viele Gelehrte, die ich kenne, kommen gerade so eben über die Runden. Menschen mit Geld arbeiten weder härter, noch haben sie mehr Glück oder mehr Intelligenz. Umgekehrt sind Menschen, die gerade eben zurechtkommen, weder faul noch dumm noch Pechvögel. In einer von Kommerz bestimmten Welt ist dieses weit verbreitete Stereotyp – der Glaube, dass Menschen mit Geld anderen irgendwie überlegen sind – jedoch genauso schädlich für den menschlichen Fortschritt wie Rassismus, Sexismus und Altersdiskriminierung.

Es muss also gesagt werden: Geld ist einfach nur Geld – Papier und runde Metallscheiben, die von Menschen erfunden wurden, um Transaktionen zu erleichtern. Wenngleich Reichtum keinerlei intrinsische Eigenschaften außer denen hat, die wir ihm anheften, assoziieren wir Reichtum sehr schnell mit einer ganzen Reihe erstrebenswerter Eigenschaften. Infolgedessen ist die Anhäufung von Reichtum zu einer neuen Methode geworden, diese Eigenschaften auf dem schnellsten Weg zu erwerben. Anstatt das natürliche Ergebnis von Leistung zu sein, ist Geld zum ersten Mal in der Geschichte zu einem Selbstzweck geworden.

Eine Medaille mit zwei Seiten

Das fünfte und letzte Supermem wird als *extremes Wirtschaftlichkeitskalkül* bezeichnet, und es gibt einen Grund, warum dieses Supermem als Letztes genannt wird.

Dieses Supermem tritt auf, *wenn schlichte Geschäftsprinzipien wie Risiko/Chance und Gewinn/Verlust zum Lackmustest für die Bestimmung des Wertes von Menschen und Prioritäten, Initiativen und Institutionen werden.* Wir beginnen, die Strategien, die wir im Geschäftsleben anwenden, um beruflichen Erfolg zu haben, undifferenziert auf andere Lebensbereiche zu übertragen. Mit anderen Worten: In einer geschäftsfokussierten Gesellschaft trennt finanzieller Erfolg die Gewinner von den Verlierern und sichere Wetten von Luftschlössern, unabhängig davon, ob wir ein Haus für unsere Familie kaufen, einen Partner auswählen oder den Planeten retten. Anders als die ersten vier Supermeme *irrationale Ablehnung, Personalisierung der Schuld, falsche Korrelationen* und *Silodenken,* die leicht als schädlich erkennbar sind, fühlt sich das *extreme Wirtschaftlichkeitskalkül* eher wie ein Verwandter an, der zu Besuch gekommen und zu lange geblieben ist. Wir haben dabei gemischte Gefühle.

Auf der einen Seite argumentieren viele Menschen, Handel und Geschäft seien gut. Gewinnstreben sei der Motor hinter großen Fortschritten in der modernen Technologie und Wissenschaft gewesen. Diese hätten zu einem höheren Lebensstandard, einer höheren Lebenserwartung und einem erhöhten Niveau von Effizienz und Produktivität geführt – ein Beleg dafür, dass Gewinn ein äußerst wirksamer Anreiz und somit ein grundlegender Bestandteil des Fortschritts sei. Und zum größten Teil haben diese Menschen Recht. Mit dem Zusammenbruch der Sowjetunion und anderen kommunistischen beziehungsweise sozialistischen Ländern, begünstigt der Fortschritt Gesellschaften, die sich zum freien, ungehinderten Streben nach Wohlstand bekennen.

Auf der anderen Seite lässt sich dagegen halten, dass eine übertriebene Betonung der finanziellen Ergebnisse viele Lösungen verhindert, von denen die Menschheit profitieren würde. Wenn wirtschaftliche Überlegungen zur *einzigen* Überlegung werden, begeben wir uns auf Glatteis. Hilfreiche Lösungen, die sich finanziell nicht rechtfertigen lassen, werden niemals Zugkraft entwickeln. Fragen Sie nur Dean Kamen.

Erinnern Sie sich an Kamen? Den Bilderstürmer und Erfinder des umweltfreundlichen, batteriebetriebenen Segway-Scooters? Wie es für viele Genies typisch ist, erkennt Kamen überall Chancen für Verbesserung.[1] Vor Kurzem verlegte er sich von futuristischen Rädern auf globale Ideale: *Kamen glaubt, er habe das weltweite Trinkwasserproblem ein- für allemal gelöst.* Und wir reden hier nicht von einer Linderungsmaßnahme, sondern einer echten, dauerhaften Lösung.

Um Kamens bahnbrechende Lösung in die richtige Perspektive zu rücken, will ich hier einen jüngst in der *Newsweek* erschienenen Artikeln zitieren, der enthüllte, dass »wasserbedingte Krankheiten alle acht Sekunden ein Kind töten und für 80 Prozent leicht vermeidbarer Krankheiten und Todesfälle in den Entwicklungsländern verantwortlich sind.« Darüber hinaus zeigen weitere Statistiken, die von den Vereinten Nationen zusammengetragen wurden, dass mehr als eine Milliarde Menschen weltweit derzeit keinen Zugang zu sauberem Wasser haben. Und diese Zahl steigt, während sich in neuen Industrieländern wie Indien und China, die zu den Ländern gehören, die seit Generationen mit verschmutztem Wasser leben, das Problem verschärft.

Im Jahr 2008 verkündete Kamens Unternehmen die Einführung eines kleinen Wasserentkeimungssystems namens Slingshot, das »mit 500 Watt Strom fast 40 Liter sauberes Wasser pro Stunde produziert«. Das ist ungefähr die Menge an Strom, die »eine Christbaum-Lichterkette in einer Stunde verbraucht«. Laut Kamen lässt sich das System leicht mit Methangas betreiben, das aus einer geringen Menge Kuhdung hergestellt werden kann. Anders als andere Wasserentkeimer erfordert Kamens Erfindung keine Verbrauchsgüter wie Chemikalien, Aktivkohle oder Osmosemembranen. Außerdem nutzt es einen Teil der Hitze, die zur Entkeimung des Wassers verwendet wird, um den Strom zu erzeugen, der für den Betrieb des Entkeimungssystem gebraucht wird – eine Funktion, die vom Stirling-Motor inspiriert ist, der 1816 erfunden wurde. Kamen schätzt, dass er in zwei Jahren soweit ist, aus diesem System ein Massenprodukt zu machen, das genug Trinkwasser erzeugen kann, um »den Bedarf der ganzen Welt zu decken«. Kompliment!

Trotz dieses Durchbruchs ist Kamen der Erste, der zugibt, dass mit der Lösung eines Problems im Labor erst die halbe Schlacht gewonnen ist. Der Trick besteht darin, die Nutzung zu fördern. Das bedeutet, dass die Menschen davon überzeugt werden müssen, dass die langfristigen Vorteile den kurzfristigen hohen Preis mehr als ausgleichen. Und hier stolpert Kamen: »Wir glauben, dass jedes System weniger als 1 000 Dollar kosten wird. Wir müssen ein Geschäftsmodell entwickeln und Beziehungen knüpfen. In einigen Ländern wird das Mikrofinanzierung und Unternehmergeist erfordern, in anderen Ländern Nichtregierungsorganisationen oder Regierungen.« Viel Glück.

Seit Jahrzehnten besitzen wir Produkte, um jedem Menschen auf der Erde mit unbegrenzter, kostenloser Energie zu versorgen. Das Gleiche gilt für Nahrungsmittel, Impfstoffe und Medizin. Außerdem könnten wir die globale Klimaerwärmung sofort aufhalten, wenn wir bereit wären, unsere Dächer und Straßen weiß zu streichen, wenn wir aufhören würden, mehr Bäume abzuholzen als anzupflanzen, oder wenn wir bereit wären, keine Kohle mehr zu verbrennen. Wir haben bereits das Wissen und die Lösungen, um viele unserer hartnäckigen Probleme zu lindern und in einigen Fällen sogar, um sie dauerhaft zu beheben. Das Problem ist nicht, ob wir schrittweise hilfreiche Lösungen finden. Das Problem sind die Hindernisse, auf die ihre Umsetzung trifft. Und was die Lösung systemischer Probleme betrifft, gibt es Tausende davon. Von diesen Hindernissen ist Gewinn – nicht Technologie – eines der größten. *Das liegt daran, dass breite, systemische Lösungen, die der Menschheit nützen, nicht immer zu akzeptierten Wirtschaftsmodellen passen. Und wenn sie das nicht tun, wird der Fortschritt verhindert.*

Solange Kamen und andere ihre Innovationen nicht in finanziell einträgliche Produkte verwandeln, werden sich Slingshot und andere Erfindungen wahrscheinlich nicht allgemein durchsetzen und somit keine Wirkung zeigen. Fragen Sie nur die Hersteller von Solarpanelen, die bereits seit vier Jahrzehnten mit ihren Produkten hausieren gehen; oder Landwirte, die Hydrokultur betreiben und gigantische Getreideernten einfahren und nur einen Bruchteil des Wassers verbrauchen, das für konventionelle Anbaumethoden nötig ist – alles ohne Erde.[2] Oder Ernährungsberater, die eine Vielzahl von Krankheiten verhindern können, indem sie einfach die Ernährungsgewohnheiten eines Menschen verändern. Im Verlauf meiner beruflichen Laufbahn habe ich mit vielen Hundert Start-up-Unternehmen Gespräche geführt, und ich habe mit ansehen müssen, wie eine nützliche Technologie nach der anderen verworfen wurde, weil die finanziellen Vorteile einfach nicht ausreichten, um Finanzkapital anzulocken. Traurigerweise bleiben wesentlich mehr wichtige Durchbrüche auf der Strecke, als eingeführt werden, weil sie sich wirtschaftlich einfach nicht rechnen. *Zweifellos ist Rentabilität im 21. Jahrhundert zum wichtigsten Maßstab für Legitimität geworden.*

Doch denken Sie einmal darüber nach. Was hat Gewinn eigentlich mit der Behebung einer globalen Dürre oder der Eindämmung eines sich schnell ausbreitenden Virus zu tun, das sich in Stunden über die ganze Welt verbreitet? Wie quantifizieren wir die Investitionsrendite auf die Aktualisierung von Schullehrplänen oder menschenwürdige Gefängnisse? Müssen wir beweisen, dass die Lösungen für diese Probleme eine solide Investition sind, oder dass das Geld gut angelegt ist? Ist das überhaupt möglich? Und darin liegt die Ironie. Die gleichen wirtschaftlichen Anreize, die zu unternehmerischer Innovation anspornen, behindern gleichzeitig unsere wichtigsten und lebensnotwendigsten Entdeckungen.

Da die Probleme, die die Menschheit lösen muss, immer komplexer, globaler und systemischer werden, wird die finanzielle Rentabilität bis zu einem gewissen Grad irrelevant. Zwar sind die Prinzipien, die die Wirtschaft bestimmen, rational und darauf ausgelegt, ein positives Ergebnis sicherzustellen, aber wenn dieselben Prinzipien auf komplexe, globale Probleme angewendet werden, erweisen sie sich als kontraproduktiv. Eine Risiken-Chancen-Bewertung zur Messung des Werts einer globalen, humanitären Lösung ist wie der Versuch, Intelligenz mit einem Lineal messen zu wollen: Das falsche Instrument.

Ökumenische Ökonomie

Vielleicht verwenden wir nicht dieselbe Sprache wie ein Ökonom, aber die meisten von uns denken inzwischen wie Ökonomen.[3] Wenn wir heute eine wichtige Entscheidung treffen müssen, sei es zu illegaler Einwanderung, staatlicher Gesundheitsversorgung oder Scheidung, prüfen Ökonomen, Politiker, Führungskräfte und der Normalbürger alle die gleiche Checkliste:

- *Kapitalisierung*: Wie viel kostet mich das?
- *Risiko*: Wie hoch ist die Wahrscheinlichkeit, dass dieses Vorhaben scheitert, und wie viel wird das kosten?
- *Investitionsrendite*: Ist das die beste Lösung, die ich für mein Geld bekommen kann?
- *Nutzen*: Lassen sich mit dieser Investition auch noch andere Ziele erreichen?

Um diese Behauptung zu beweisen, müssen wir uns nur ansehen, wie beliebt Eheverträge in den letzten 20 Jahren geworden sind. Der Grund, warum Eheverträge in letzter Zeit explosionsartig zunehmen, ist, dass wir die Ehe heute nicht mehr als romantische Verbindung betrachten, sondern als eine wirtschaftliche Partnerschaft. Ähnlich der früheren Aussteuer oder Eheschließungen, die von politischen Allianzen motiviert waren, sind Eheverträge moderne Verträge, die vorab die finanziellen Bedingungen der Ehe festlegen.[4] In den letzten Jahren haben sie sich so verbreitet, dass sich die meisten von uns nicht vorstellen können, jemand wie Donald Trump, Bill Gates oder Madonna würde ohne einen Ehevertrag heiraten. Und je mehr Vermögen eine Person besitzt, desto mehr sollte sie ihr Vermögen schützen. Aber wenn man das von einer nicht geschäftsorientierten Perspektive aus betrachtet, stellt sich die Frage, warum jemand einen Menschen heiraten sollte, dem er sein Leben, seine Kinder, seine Zukunft und sein Herz, aber nicht sein Geld anvertraut.

Und noch konkreter: Warum hören wir nie, dass angehende Ehepartner Verträge über das Sorgerecht für ihre zukünftigen Kinder abschließen? Es ist anzunehmen, dass die meisten Paare, die sich zur Ehe entschließen, Kinder haben wollen oder die Kinder, die sie bereits haben, in die Ehe einbringen. Warum gibt es dann keine Verträge, die vorab festlegen, wer sich im Falle einer Trennung um die Kinder kümmert? Wäre das nicht sinnvoll, solange es darum geht, Vorkehrungen zur Reduzierung von Risiken zu treffen? Das wäre es, wenn wir nicht unser Geld über das Wohlergehen unserer Kinder stellen würden.

Und was geschieht, wenn eine Ehe zerbricht? Beide Seiten versuchen, die höchste *Rendite auf ihre Investitionen* zu erzielen. Da können Sie jeden fragen, der eine Scheidung hinter sich hat. Die meisten Scheidungen sind nicht einvernehmlich und beinhalten langwierige Verhandlungen über die Aufteilung des Vermögens, Unterhaltsansprüche des Expartners und der gemeinsamen Kinder. Dieser Prozess kann sich oft über Jahre hinziehen und – abhängig vom Umfang des Vermögens – eine Vielzahl von Anwälten und Spezialisten in Anspruch nehmen. Auch hier reduziert sich der Streit um das Sorgerecht oft auf die Höhe der Unterhaltszahlungen.

Eheverträge und Scheidungsregelungen sind jedoch nur zwei bescheidene Beispiele dafür, wie sich wirtschaftliche Überlegungen in alle Bereiche unseres Lebens eingeschlichen haben. Egal wohin wir blicken, hat irgendjemand ausgetüftelt, wie er ein paar Dollar verdienen oder einsparen kann. Was früher ein üppiges Panorama unverbauter Landschaft war, sind heute geplante »offene Flächen« oder Nationalparks mit Kassenhäuschen. Brauchen Sie eine Decke im Flugzeug? Kostet einen Dollar. Sie wollen Ihr Auto parken? Das kostet. Sie wollen in Ihrem Hinterhof einen Brunnen graben? Bezahlen Sie für die Genehmigung und reihen Sie sich in die Warteschlange ein. Es ist aber auch wichtig, darauf hinzuweisen, dass dieses Phänomen vor 30 Jahren noch nicht existierte, als Campingplätze kostenlos waren, wir unser Wohnhaus noch nicht als Vermögenswert betrachteten und niemand von Eheverträgen gehört hatte.

Das Streben nach dem übergeordneten Gesamtwohl

Wenn Gewinnstreben der Motor für Innovation ist, müssen wir dann davon ausgehen, dass es auch der Motor hinter dem Streben nach dem übergeordneten Gesamtwohl ist? Nicht ganz.

Hier ein kleines, aber aufschlussreiches Beispiel, das deutlich macht, dass das eine nicht immer dem anderen dient. In einem bestürzenden Bericht aus dem Jahr 2010 schilderte eine junge Frau, wie sie herausfand, dass Wal-Mart-Märkte und H&M-Bekleidungsgeschäfte in New York riesige Säcke mit brandneuen, unverkauften Produkten in die Müllcontainer hinter ihren Geschäften warfen, allerdings nicht ohne die Produkte zuvor mit einer Schere bewusst und absichtlich zu beschädigen, damit sie unbrauchbar waren.[5] Laut Cynthia Magnus, die die ruinierten Kleidungsstücke fand, »[waren darunter] Handschuhe mit abgeschnittenen Fingern … Warme Socken. Schöne Mary-Jane-Schuluniformschuhe aus Kunstleder – vielleicht für Viertklässler –, deren Innenfutter mit einer Schere zerschnitten war. Männerjacken, deren Ärmel und Vorder- und Rückseite aufgeschlitzt waren, und aus denen das Füllmaterial in dicken weißen Baumwollbäuschen quoll. Aber warum?

Jedes Jahr bewegt sich die Zahl der Menschen in New York, die unterhalb der Armutsgrenze leben, bei rund 20 Prozent. In den kalten Wintermonaten müssen die Armen und Obdachlosen harte Zeiten durchstehen. Was veranlasst eine profitable Einzelhandelskette also dazu, warme Jacken und Handschuhe zu zerschneiden, anstatt sie einer nahe gelegenen karitativen Organisation zu spenden? *Das Supermem des extremen Wirtschaftlichkeitskalküls.* Denn was würde mit den Preisen geschehen, wenn sich herumspräche, dass Kunden die Kleidung von H&M kostenlos bekommen könnten? Welche Auswirkungen hätte das auf den zukünftigen Absatz? Die Kunden? Unter *faktischen* Gesichtspunkten wahrscheinlich gar keine. Obdachlose kauften sowieso weder bei Wal-Mart noch bei H&M ein, sodass diese Ketten keine Kunden verlieren würden. Und normale Kunden würden wohl kaum vor einer karitativen Kleiderausgabe Schlange stehen, in der Hoffnung, sie würden eventuell genau das begehrte Kleidungsstück in genau ihrer Größe kostenlos ergattern.

Doch wie wir bereits festgestellt haben, ist das nicht der Punkt. Der Punkt ist, was *nach Meinung* dieser beiden Ketten mit ihren Gewinnen geschehen würde: Es ist besser, unverkaufte Kleidung zu vernichten, als mit sich selbst in den Wettbewerb zu treten. Und da haben wir es: Im Kern jeder irrationalen Verhaltensweise befindet sich ein irritierendes Supermem – in diesem Fall verhinderten rationale Geschäftsleute eine Aktion, die im Interesse des übergeordneten Wohls steht.

Heute ist die Übermacht des wirtschaftlichen Kalküls so groß, dass es inzwischen darüber bestimmt, ob und wie die größten Probleme der Menschheit gelöst werden.

Im Jahr 2009 traf ich bei einem meiner Besuche der Universität von Harvard auf E. O. Wilson, nachdem er soeben von einer prestigeträchtigen internationalen Jahreskonferenz zurückgekehrt war, zu der er regelmäßig als Redner eingeladen wird. Als er die Einladung annahm, ging er davon aus, dass er über ein Thema sprechen sollte, auf dem er bekanntermaßen Experte ist. Wilson ist der berühmteste Naturforscher der Welt. Außerdem gilt er als Vater der Soziobiologie und Biodiversität, als unbestrittene Autorität in der Ameisenforschung, als überaus produktiver Autor und leidenschaftlicher Verfechter der grünen Bewegung. Doch Wilson kehrte äußerst bestürzt und tief besorgt von dieser Konferenz zurück:

> »Sie wollten über nichts anderes sprechen als die Rezession. Was würde passieren? Welche Ursachen hat die Rezession, und wie lange würde es dauern, bis sich die Wirtschaft wieder erholt? Vermutlich waren die klügsten Experten auf allen Gebieten vertreten; die besten und brillantesten Persönlichkeiten, die die Menschheit zu bieten hat. Und wir haben nichts zustande gebracht. Gar nichts. Tatsächlich wollten sie wissen, ob ich bereit sei, meinen Vortrag zu ändern. Sie fragten mich, ob ich über die Rezession sprechen könne, weil das ein Thema sei, an dem alle interessiert seien.«

Dann machte er eine Pause, bevor er hinzufügte: »Dieses Wirtschaftlichkeitsdenken ruiniert alles.« Das ist ein trauriger Kommentar, wenn kritische Quellen wie E. O. Wilson und andere Experten ihre Informationen nicht mehr weitergeben und bei wichtigen Problemen nicht mehr zusammenarbeiten können, vor allem in einer Zeit, in der wir alle herausragenden Köpfe brauchen, um die Gefahren, die vor uns liegen, bewältigen zu können.

Bedauerlicherweise ist Wilsons Erfahrung kein Einzelfall. Die gleichen Sorgen und Befürchtungen hörte ich auch von anderen Autoritäten, die seit Jahrzehnten an globalen Gipfeltreffen teilnehmen. Sie befürchten, dass keine nennenswerten Ergebnisse erzielt werden, weil wirtschaftliche Kalkulationen jede andere Agenda verdrängt haben. Und damit geht die wachsende Befürchtung einher, dass die Zivilisation auf eine gefährliche Einseitigkeit zusteuert.

Warum wird alles, was wir tun, plötzlich von wirtschaftlichen Berechnungen bestimmt? Wie konnten diese Prinzipien die Zivilisation derart bestimmen? Warum sind wir heute derart von Geld besessen? Auch hier lässt sich die Antwort bis zu unseren frühen Vorfahren und unseren ererbten biologischen Veranlagungen zurückverfolgen.

Eine abschreckende Veränderung bei Schimpansen

Vor einigen Jahren entwickelten Diplomstudenten einer großen Universität ein Experiment, um zu sehen, was passieren würde, wenn man Schimpansen einige grundlegende Wirtschaftsprinzipien beibrachte.[6] Die Idee hinter diesem Experiment war, die Schimpansen zu Konsumenten zu erziehen und ihr Verhalten bei unterschiedlichen Arten von Transaktionen zu beobachten. Zu diesem Zweck erhielt eine Gruppe Schimpansen jede Woche eine bestimmte Anzahl von Geldstücken als Zahlungsmittel, mit denen sie wie normale Konsumenten Einkäufe tätigen konnten. Sobald diese Geldstücke verteilt waren, wurde jeweils ein Schimpanse aus dem Gemeinschafts- in einen Einzelkäfig geführt. Ein Laborassistent betrat den Einzelkäfig mit einem Teller Süßigkeiten, die der Schimpanse untersuchen und anschließend mit seinen Geldstücken kaufen durfte. Nachdem der Schimpanse sich entschieden hatte, half ihm der Laborassistent, die korrekte Anzahl an Geldstücken abzuzählen und diese auf den Teller zu legen, und gab ihm dafür die ausgewählte Süßigkeit. Nachdem der Schimpanse seinen Einkauf abgeschlossen hatte, ging er wieder in den Gemeinschaftskäfig. Anschließend wurde der nächste Schimpanse in den Einzelkäfig geholt, damit er einkaufen konnte. Das wurde so lange wiederholt, bis alle Mitglieder der Affengruppe die Chance gehabt hatten, etwas einzukaufen.

Bei diesem Experiment gab es jedoch einen Trick. Alle Süßigkeiten hatten unterschiedliche Preise. Während ein Geldstück fünf Kekse wert war, gab es für das gleiche Geldstück aber nur ein kleines Stück Apfel. Jeder Schimpanse musste entscheiden, welcher Snack sich für seine Geldstücke am meisten lohnte. Innerhalb kürzester Zeit fanden die Schimpansen den Wert ihrer Geldstücke durch Versuch und Irrtum heraus. Bald wurden sie zu anspruchsvollen Konsumenten, die menschenähnliche Urteile über Wert und Preis trafen und die Artikel auf dem Teller oft eingehend prüften, bevor sie ihre abschließende Entscheidung trafen. Je vertrauter die Schimpansen mit den angebotenen Snacks und ihren Preisen wurden, desto schneller wurden die Transaktionen abgewickelt. Die Schimpansen hatten bereits im Voraus den höchsten »Wert« bestimmt. Sobald sie den Einzelkäfig betraten, ließen sie schnell ihr Geld fallen und verließen den Käfig mit ihren Einkäufen, ohne die inzwischen vertrauten Waren näher zu begutachten.

Doch dann beschlossen die Forscher, einige Veränderungen vorzunehmen. Sie veränderten die Preise der Snacks. Über Nacht »inflationierten« sie die Zahl der Geldstücke, die ein Schimpanse für seinen bevorzugten Snack zahlen musste, das heißt, die Geldstücke waren auf einmal viel weniger wert. Als die Schimpansen herausfanden, dass sie nicht mehr das Gleiche für ihr Geld bekamen wie zuvor, brach zunächst eine erhebliche Verwirrung aus, die anschließend in Aufregung und Wut umschlug. Die Schimpansen rebellierten gegen die Laborassistenten, wurden oft kampflustig und unkooperativ. Einige streikten und kauften überhaupt nichts mehr ein. Andere wurden unentschlossen, aggressiv und depressiv. Als die Wissenschaftler umgekehrt die Preise senkten, zeigten die Schimpansen große Freude über diesen plötzlichen Zugewinn. Der Warenüberfluss spiegelte sich in ihrer Großzügigkeit gegenüber anderen Schimpansen, weniger Streit und gelegentlich in Lethargie wider.

Was die Universität jedoch dazu veranlasste, die Studie abzubrechen, waren die schwerwiegenden Nebeneffekte, die niemand vorausgesehen hatte. Als die Schimpansen begannen, ihre neu erworbenen Wirtschaftsprinzipien auf andere Bereiche des Gemeinschaftslebens zu übertragen, entwickelten sie unerwartete und irritierende Verhaltensweisen. Zum Beispiel beobachteten die Forscher in einer überraschenden Wendung der Ereignisse, dass weibliche Schimpansen anfingen, mit männlichen Schimpansen zu flirten und ihnen im Austausch für Geldstücke Sex anzubieten. Wohlgemerkt, nicht im Austausch für Snacks, sondern für Geldstücke. Echtes Geld. Das war schamlose Prostitution, die allein von einer einzigen Sache motiviert zu sein schien: dem Wunsch der Weibchen, Reichtum anzuhäufen. Und sie waren bereit, alles zu tun, um an Geld zu kommen.

Als ob das allein nicht amüsant genug gewesen wäre, kam es eines Tages zu einem Überfall. Ein normalerweise schüchterner Schimpanse betrat den Einzelkäfig, um seine Snacks zu kaufen. Er tat so, als betrachte er die Auswahl und positionierte sich strategisch möglichst in der Nähe der Snacks und der Geldstücke. Plötzlich stieß er mit einer abrupten Bewegung das Tablett um, sodass die Snacks und Geldstücke in den Gemeinschaftskäfig flogen. Seine Komplizen von nebenan kreischten und griffen eilig nach der Beute, bevor der Laborassistent dem Tumult Einhalt gebieten konnte. Kein Zweifel: Das war ein vorsätzlicher, geplanter Raubüberfall. Neben Prostitution und Raub begann sich eine Serie von weiteren ungewöhnlichen Verhaltensweisen breitzumachen: Manipulation, Horten, Tauschgeschäfte und sogar primitive Anfänge eines Schwarzmarkts für teure Snacks.

Dann bekamen Tierschützer Wind von diesem Experiment und gerieten in Aufruhr. Sie argumentierten, die Schimpansen würden korrumpiert, wobei ihnen das bizarre Verhalten der Tiere als Beweis diente. Um weitere Kontroversen und das Risiko einer negativen Presse zu vermeiden, war die Universität gezwungen, das Experiment einzustellen. In die kleine Schimpansengemeinschaft, die für kurze Zeit zu erfahrenen Konsumenten geworden war, zog wieder Frieden ein. Über Nacht war Schluss mit Geldstücken, Einkäufen und Kriminalität und Sex für Geld.

Aber erst, nachdem wir die Gelegenheit erhalten hatten, einen eingehenden Blick auf das *extreme Wirtschaftlichkeitskalkül* in Aktion zu werfen.

Affen und Geld

Der renommierte Biologe und Autor Richard Dawkins liefert eine evolutionsbezogene Erklärung für die Wirkung, die Geld kurzfristig auf die kleine Schimpansengruppe und heutzutage auf die Menschen hat.[7] In seinem wegweisenden Buch *Das egoistische Gen* schreibt Dawkins: »Die natürliche Selektion begünstigt Individuen, die das Verhalten anderer Individuen erfolgreich manipulieren, unabhängig davon, ob dies zum Vorteil der manipulierten Individuen ist oder nicht.« Nirgendwo lässt sich erfolgreiche Manipulation besser ausmachen als in der Wirtschaft.

Vom biologischen Standpunkt aus betrachtet, erhöhen Menschen, denen es gelingt, Reichtümer anzuhäufen, ihre Überlebenschancen, indem sie Überschüsse erzielen. Wenn sich also die Gelegenheit zur Steigerung des Reichtums bietet, ist unsere normale biologische Reaktion, diese Chance zu nutzen, um unsere Überlebenschancen zu verbessern. Das ist ein tief verwurzelter Instinkt. Aus dieser Perspektive sind Affen, die Sex für Pfandmarken bieten, völlig normal, und das gilt auch für Raub, Horten, Betrügen und Aggression. Die Leitsätze der natürlichen Selektion diktieren, dass jeder Organismus sein Bestes tun muss, um die Umgebung zu seinem Vorteil zu manipulieren, und wenn ein dominantes Merkmal der Umgebung Geld (Zahlungsmittel) ist, manipulieren wir die Ökonomie instinktiv zu unseren Gunsten. So einfach ist das.

Der Harvard-Forscher Terence Charles Burnham drückt es anders aus:[8] »Die Evolutionstheorie besagt, dass Organismen, die physiologischen und informatorischen Beschränkungen unterworfen sind, so handeln werden, dass sie ihren Reproduktionserfolg *maximieren.*« In diesem Kontext betrachtet, ist es leicht zu verstehen, warum Geschäftsprinzipien so dominant geworden sind. *Wirtschaftlichkeitskalkül ist die effizienteste Methode zur Manipulation der Ressourcen zugunsten unseres Evolutionsvorteils.* Geld verschafft uns Zugang zu Gesundheitsversorgung, sauberem Wasser, Nahrung, Sicherheit, Obdach und anderen Vorteilen, die für das Überleben in der modernen Welt entscheidend sind.

Es ist also kein Wunder, dass wir versuchen, wirtschaftliche Prinzipien auch auf andere Lebensbereiche außerhalb des Geschäftslebens zu übertragen. Sobald wir gelernt haben, wie man Handel und Geschäft erfolgreich zum eigenen Nutzen handhabt, ist es nur natürlich, dass man dieselben Instrumente auch auf anderen Gebieten erfolgreich einsetzen möchte. Im Falle der Schimpansentruppe waren es neugierige Universitätsforscher, die das Geld (Zahlungsmittel) einführten. Doch wo hat das Geld seinen Ursprung? Wie ist es ihm gelungen, das menschliche Verhalten zu bestimmen?

Mensch, Geld und Chaos

Heute kann man sich nur schwer vorstellen, wie Gesellschaften funktionierten, bevor Geld und Kredit erfunden wurden. Um die Ursprünge des Supermems des extremen Wirtschaftlichkeitskalküls wirklich zu verstehen – das heißt zu verstehen, wie es dazu kommen konnte, dass Geld und Handel das moderne Verhalten dominieren –, ist es hilfreich, einen kurzen Abstecher in die Vergangenheit zu machen und mit den einfachen Ursprüngen des Geldes zu beginnen.[9]

Bevor Geld existierte, wurden Waren und Dienstleistungen über Tauschhandel beziehungsweise Bartergeschäfte ausgetauscht. Barter war eine effektive Handelsmethode, weil er auf dem Wert der Güter und Dienstleistungen basierte, mit denen wir bereits vertraut waren. Damals drehte es sich bei den Tauschgeschäften um manuelle Arbeit und Produkte wie Vieh und Ernteerträge. Wenn Sie in einer Barterwirtschaft mehr Kühe hatten, als Sie brauchten, und ich mehr Weizen hatte, als ich verbrauchen kann, dann hätten wir uns einfach auf eine Menge geeinigt, von der wir *beide* das Gefühl hatten, es sei ein faires Tauschgeschäft. Dann hätten wir den Tausch vorgenommen – eines von Ihren Rindern gegen eine bestimmte Menge von meinem Weizen. Das war's. Keine Rückerstattung, keine Mitgliedspunkte, keine Rabattcoupons.

Bartergeschäfte hingen jedoch von dem ab, was Ökonomen als »das Zusammentreffen von Bedürfnissen« bezeichnen, wobei das Rind und der Weizen zu exakt demselben Zeitpunkt für das Tauschgeschäft verfügbar sein mussten. Wenn Sie meinen Weizen also heute brauchten, Ihre Kuh aber noch nicht das Kalb geboren hatte, das Sie gegen den Weizen eintauschen wollten, hatten Sie Pech. Die offensichtliche Lösung bestand darin, den Weizen gegen irgendeine »Zwischenware« zu tauschen, die es Ihnen ermöglichte, den Weizen heute zu bekommen und mir später das Kalb zu geben, sobald es geboren war. Dies und die Bequemlichkeit, Papier und Münzen zum Markt zu tragen, anstatt Wagenladungen voller Weizen und Vieh, waren der ursprüngliche Antrieb hinter der Erfindung des Geldes.

Den Wert von Vieh und Ernteerträgen für Tauschgeschäfte zu bestimmen, ist kognitiv jedoch wesentlich einfacher, als den Wert einer Währung zu bestimmen. Währung basiert auf einem ausgefeilten Prozess, indem einem Wertsymbol für Papier- oder Metallgeld ein bestimmter Wert beigemessen wird. Mit anderen Worten: Das Papier und die Münzen an sich sind nicht viel wert; es kommt darauf an, was sie *repräsentieren*. Und einem Objekt, das etwas anderes repräsentiert, einen Wert beizumessen, ist wesentlich komplexer, als den Wert eines realen Produkts, wie zum Beispiel ein Kalb oder ein Sack Weizen zu bestimmen. Auf diese Weise bedeutete die breite Akzeptanz eines Wertsymbols – Geld – einen großen Schritt in der menschlichen Entwicklung.

Sobald die Menschen mit der Massenproduktion von Geld begonnen hatten, war es nicht mehr weit bis zu dem, was wir heute moderne Ökonomie nennen. Daraus entstanden komplizierte Gesetze und Systeme für Kredit, Schulden, Investition, Spekulation und Handels- und Geschäftsprinzipien. Und dann dauerte es nicht mehr lange, bis die Wirtschaftsprinzipien von Regierungsführung nicht mehr zu trennen waren. Vergessen Sie nicht, dass bei direkten Bartergeschäften über Waren und Dienstleistungen früher der Wert von den beiden Tauschpartnern, und nicht von einer Regierung oder Experten bestimmt wurde. Sobald die Produktion der Währung allerdings ein zentrales Regierungsmonopol wurde, fand eine Abkehr von Bartergeschäften statt und die Menschheit trat in ein neues Wirtschaftszeitalter ein. Die Bedeutung von Werten veränderte sich, und die von Reichtum ebenfalls. Reichtum wurde etwas Symbolisches.

Und dann fand die Industrierevolution statt. Während dieser Zeit wurden beispiellose Fortschritte in der Massenproduktion erzielt, die zu gewaltigen Überschüssen an billigeren Waren führten. Innerhalb kurzer Zeit vollzogen wir den Übergang von einer hauptsächlich agrarwirtschaftlichen Gesellschaft zu einer Industriegesellschaft, die das Warenangebot so steigern konnte, dass sich buchstäblich jede Nachfrage erfüllen ließ. Der nächste Schritt war die *Optimierung*, das heißt die Produktion von Waren zu noch geringeren Kosten, Absatzsteigerung, Ausdehnung der Märkte, Verdrängung des Wettbewerbs, Fusionen, Subunternehmen, Diversifizierung, Partnerschaften, Fremdfinanzierung, Marken, Positionierung und Werbung. Das markierte den Beginn des *extremen Wirtschaftlichkeitskalküls*: die Entstehung ausgefeilter Prinzipien, die auf Gewinnmaximierung ausgerichtet waren.

Das extreme Wirtschaftlichkeitskalkül hat zu einem noch höheren Niveau der Effizienz, der institutionalisierten Unternehmerschaft und ausgeklügelter Methoden zur Steigerung der Rentabilität geführt, indem Ressourcen, Menschen und Märkte manipuliert werden. Diese neue Epoche ist für die Entstehung von Risikokapitalgesellschaften verantwortlich gewesen, die im Alleingang eine Revolution in Elektronik, Computertechnologie, Internet und Mobiltelefonie finanziert haben. Extremes Wirtschaftlichkeitskalkül hat auch zu einer explosionsartigen Vermehrung von Business Schools und MBA-Studiengängen sowie der Geburt einer neuen Gattung an Finanzgurus wie Peter Drucker, Jack Welch, Warren Buffett und Donald Trump geführt. Extremes Wirtschaftlichkeitskalkül hat Druck auf Regierungen, öffentliche Schulen und Nonprofit-Organisationen ausgeübt, ihre Etats auszugleichen, ihre Ergebnisse zu steigern, ihr Vermögensmanagement zu verbessern und Wettbewerbsstrategien zu entwickeln. Zudem ist das extreme Wirtschaftlichkeitskalkül die Triebkraft hinter der Standardisierung des internationalen Handels gewesen. Das Streben nach einer größeren Effizienz hat alle Industrienationen dazu veranlasst, auffallend ähnliche Geschäftsprinzipien zu verfolgen.

Auf diese Weise perfektionierte das Zeitalter des extremen Wirtschaftlichkeitskalküls die Fortschritte, die während der Industrierevolution erzielt wurden, indem Wirtschaftlichkeit zu einem universell akzeptierten Supermem erhoben wurde. Doch mit all diesen Fortschritten ist auch eine Kehrseite verbunden. Unsere Geldsysteme sind so komplex geworden, dass selbst die brillantesten Ökonomen der Welt, wie zum Beispiel Alan Greenspan, inzwischen Schwierigkeiten haben, exakt zu beschreiben, wie der Wert des Geldes bestimmt wird. Heute hängt der Wert der Währung von zahlreichen Dingen ab: Produktion, Exporte, Umlauf, Liquidität, Devisen, Inflation, Deflation und Hunderte weiterer Faktoren. Kurzum, er ist extrem komplex. Wenn die Komplexität unserer Geldsysteme größer ist als unsere Fähigkeit, die Fakten zu beschaffen oder zu verstehen, dann ist es normal, dass wir uns auf irgendwelche Überzeugungen verlassen, anstatt auf erwiesene Tatsachen. *Und was die moderne Ökonomie angeht, gibt es keine gefährlichere Überzeugung, als unsere Einstellung zu Krediten.*

Nirgendwo ist der Einfluss des Geldes auf das menschliche Verhalten dem Verhalten der Schimpansen so ähnlich, wie bei den verworrenen Vorstellungen über Kredit. Aus biologischer Perspektive bot Kredit ein weiteres wirksames Instrument zur Manipulation unserer Umgebung. Mit Krediten ließen sich noch schneller noch mehr Güter kaufen, und das scheinbar ohne negative Konsequenzen. Infolgedessen veranlasste uns unser natürlicher biologischer Instinkt dazu, die Schuldenaufnahme zu unseren Gunsten zu nutzen. Wie wir vor Kurzem erfahren haben, haben viele Menschen, Unternehmen, Nonprofit-Einrichtungen, Regierungen, Schulen und Organisationen genau das getan.

Je mehr Kredite angeboten wurden, desto mehr wollten wir. Ein neues Auto vom Hof fahren, ohne einen Cent Anzahlung? Ja! Ein neues Haus kaufen, ohne Vermögenswerte oder Einkommen als Sicherheit? Ja! Dreißig Prozent Preisnachlass auf alle Einkäufe, wenn Sie die neue Kundenkarte des Geschäfts beantragen? Ja! Es ist daher keine Überraschung, dass viel Verwirrung darüber besteht, was wir besitzen und was wir schulden. Viele junge Leute behandeln Kreditkarten, als handele es sich dabei um Bargeld. Anstatt Kredit als ein Darlehen zu betrachten, das man zurückzahlen muss, sehen sie darin keinen Unterschied zu ihrem Nettovermögen. Nach ihrer Vorstellung ist ein höheres Kreditlimit das Gleiche, als würden sie mehr Geld auf ihrem Girokonto einzahlen. Und ist es bei einer neuen Generation von kontogebundenen Debitkarten noch ein Wunder, dass sich junge Menschen überhaupt nicht mehr auskennen?

Dafür gibt es jede Menge Belege. Im Jahr 2007 nahm der durchschnittliche Amerikaner je gesparte 135 Dollar 9800 Dollar an persönlichen Schulden auf.[10] Mit anderen Worten: Jeder Mann, jede Frau und jedes Kind in Amerika schuldet jetzt mehr als das 72-fache der Summe, die sie für schlechte Zeiten zurückgelegt haben. Und als ob das nicht schon bedrohlich genug klingen würde, kommt obendrein hinzu, dass wir unsere Regierungen genauso führen wir unseren Haushalt.

Im Jahr 2009 hatte die Verschuldung der USA Berichten zufolge die 12-Billionen-Dollar-Grenze überschritten.[11] Das ist jedoch noch lange nicht die ganze Geschichte. Nicht finanzierte Verbindlichkeiten, die allgemein als »gesetzliche Ansprüche« bezeichnet werden, wie zum Beispiel Leistungen aus der Sozialversicherung, Kriegsveteranenunterstützung, Arbeitslosengeld, Medicare, Medicaid, Lebensmittelmarken und Agrarsubventionen, sind gesetzlich vorgeschrieben und müssen daher ausbezahlt werden. Laut dem Congressional Budget Office »beträgt der gegenwärtige Wert dieser Defizite ungefähr 41 Billionen Dollar.«

Nehmen Sie jetzt die Defizite hinzu, die einzelne Bundesstaaten und Verwaltungsbezirke angehäuft haben und die schätzungsweise 30 bis 50 Milliarden Dollar betragen.[12] Die Gesamtsumme des Haushaltsdefizits, der gesetzlichen Ansprüche und der Verbindlichkeiten der Bundesstaaten und Verwaltungsbezirke? Mehr als 53 Billionen Dollar oder rund 175 000 Dollar für jeden Mann, jede Frau und jedes Kind, das in Amerika lebt.

Zählen Sie nun die 9 800 Dollar an persönlichen Schulden hinzu, und jeder von uns hat jetzt Schulden in Höhe von fast 200 000 Dollar. Bei den täglich steigenden Zinsen muss eine vierköpfige Familie eine Schuldenlast von fast einer Million Dollar an Privat- und Staatsschulden tragen, die eines Tages zurückgezahlt werden müssen. Trotz dieser alarmierenden Zahlen leihen wir uns munter weiter Geld. Wir verpfänden unsere Zukunft, als ob die Rechnung nie präsentiert werden würde.

Doch im Jahr 2007, als eine Rekordzahl an Hausbesitzern ihre Hypothekenkredite nicht mehr bedienen konnte, holten uns die Schulden plötzlich ein. Eine Vielzahl von Immobilienbesitzern brach unter der Schuldenlast, die sich über viele Jahre aufgetürmt hatte, zusammen. Zudem schien dieser Umstand Experten und Unternehmensführer der größten Finanzinstitute der Welt unvorbereitet zu treffen. *Auch sie waren dem Irrglauben erlegen, dass Kredit dasselbe war wie veräußerbare Vermögenswerte.* Es war, als hätten plötzlich alle gleichzeitig erkannt, dass ihr Vermögen auf Sand gebaut war. Als sich der Wind drehte, brach alles ein.

Diese Ereignisse sind die Folge davon, dass Supermeme wie extremes Wirtschaftlichkeitskalkül Fakten und Rationalität verdrängen. Wir werden für Verhaltensweisen anfällig, die langfristig großen Schaden anrichten. Fragen Sie nur die vielen Familien, deren Häuser zwangsversteigert wurden, weil sie den Unterschied zwischen Bargeld und Kredit nicht erkannt haben. War ihr Wunsch, ein Haus zu kaufen, das sie sich nicht leisten konnten, so anders als das Verhalten der Schimpansen, die bereit waren, zu stehlen und sich zu prostituieren, um mehr Snacks zu bekommen? Wie die

Schimpansen sind wir Lebewesen, die biologisch so veranlagt sind, dass wir uns so viel Überschüsse wie möglich beschaffen wollen, um unsere Überlebenschancen zu steigern. Und wie sich herausstellt, sind wir nicht so zimperlich wie wir glauben, wenn es um die Frage geht, wie wir diese Überschüsse beschaffen.

Vielleicht hatten die Tierschützer Recht, den Abbruch der Versuche zu verlangen, bevor die Invasion des Kommerzes noch mehr gefährliche Konsequenzen hervorgebracht hätte. Wir werden es nie erfahren.

Eine wankelmütige öffentliche Politik

Abgesehen davon, dass extremes Wirtschaftlichkeitskalkül Auswirkungen auf unser persönliches Leben und einst immune soziale Institutionen wie Universitäten und Ehen hat, hat es einen ebenso großen Einfluss auf die öffentliche Politik. Nachdem die finanziellen Ergebnisse zunehmend zum alles bestimmenden Maßstab für Erfolg werden, wird ein gutes Geschäft leicht mit dem übergeordneten Wohl der Zivilisation verwechselt. Diese Verwirrung wird in wirtschaftlichen Krisenzeiten besonders deutlich.

Zum Beispiel war der Bundesstaat Kalifornien im Jahr 2009 angesichts eines historischen Defizits gezwungen, unkonventionelle Finanzierungsquellen neu zu überdenken, die er in der Vergangenheit vehement abgelehnt hatte. Als die Welt in eine tiefe Rezession schlitterte, war Kalifornien – die zwölftgrößte Volkswirtschaft der Welt – gezwungen, Schuldscheine auszustellen, anstatt Steuerzahler, Kreditgeber und Kommunalverwaltungen zu bezahlen. Auch Steuerrückerstattungen wurden verzögert, und zahlreiche öffentliche Dienstleistungen wurden eingestellt oder auf ein mageres Mindestmaß reduziert. Feuerwehren wurden zusammengelegt, Polizisten entlassen und öffentliche Bibliotheken geschlossen. Als sich die Rezession verschärfte und die Zahl der Arbeitslosen, Bankrotte und Zwangsversteigerungen stieg, wurde klar, dass eine Steuererhöhung für die Bürger, die bereits Mühe hatten, über die Runden zu kommen, keine Lösung war, um das leere Staatssäckel zu füllen. Wie konnte Kalifornien weiterhin grundlegende Dienstleistungen wie Feuerwehr und Polizei unterhalten? Was konnte der Staat tun?

Und dann schlug jemand vor, Marihuana zu legalisieren.[13] Wenn Marihuana legal verkauft werden durfte, konnte der Staat Steuern darauf erheben und würde augenblicklich Einnahmen erzielen. Laut Alison Stateman, Reporter des Magazins *Time*, »ist Pot schließlich Kaliforniens wichtigste Exportpflanze, mit der jedes Jahr Umsätze in Höhe von 14 Milliarden Dollar erzielt werden – was das zweitgrößte Agrarprodukt, Milch und Sahne, das 7,3 Milliarden Dollar pro Jahr einbringt, laut jüngsten Statistiken des US-Landwirtschaftsministeriums weit in den Schatten stellt. Die Steuerbehörden schätzen, dass dieses Gesetz rund 1,3 Milliarden Dollar pro Jahr an dringend benötigten Staatseinnahmen erzielen würde.«

In demselben Artikel erläuterte das Mitglied des kalifornischen Parlaments, Tom Ammiano, die Gründe, die für eine Legalisierung von Marihuana sprachen: »Bei jedem Vorschlag zur Erhöhung der Staatseinnahmen heißt es, man solle kreativ sein und die ausgetretenen Wege verlassen, und ich habe das Gefühl, dass die Entkriminalisierung, Regulierung und Besteuerung von Marihuana diese Anforderungen erfüllt. Diese Idee ist nicht neu; sie kursiert schon seit einiger Zeit, und jetzt ist möglicherweise der politische Wille vorhanden, sie umzusetzen.« Aber warum jetzt? Weil dieser Vorschlag angesichts der gewaltigen Steuereinnahmen, die zu der einen Milliarde Dollar hinzukämen, die sich laut James Gray, Richter des Superior Court von Orange County, jedes Jahr durch den Verzicht auf Verhaftung, Strafverfolgung und Freiheitsentzug nicht gewalttätiger Gesetzesbrecher einsparen ließe, viel zu attraktiv ist, als dass man ihn ignorieren könnte. Vielleicht ist das der Grund dafür, dass der US-Generalstaatsanwalt ebenfalls verkündete, die Razzien und die Verfolgung der Anbauer, Händler und Konsumenten von Marihuana auf Bundesebene würden eingestellt, und jeder Bundesstaat verabschiede nun seine eigenen Gesetze über den Umgang mit Marihuana. Die US-Regierung ebnete den Bundesstaaten den Weg zur Legalisierung einer bisher illegalen gewerblichen Anbaupflanze, und das direkt vor den Augen der Bevölkerung.

Vergessen Sie nicht, dass es noch ein Jahr zuvor einem politischen Selbstmord gleichgekommen wäre, wenn sich ein Politiker oder Rechtsvertreter für die Legalisierung von Marihuana ausgesprochen hätte. Da sich die gesamte Nation aber in einer Wirtschaftskrise befand, schoben die Politiker ihre bisherigen Vorurteile beiseite und machten einen großen Schritt zu einer radikalen neuen Lösung für ihre Finanzprobleme. Doch dann wurden neue Fakten bekannt, und das politische Klima schlug genauso rasch in die entgegengesetzte Richtung um.

Ein Ökonom wies darauf hin, dass die ursprünglich prognostizierten Steuereinnahmen aus dem Verkauf von Marihuana viel zu hoch angesetzt waren und niemals die prophezeiten Einkünfte erzielen würden. Die frühen Prognosen basierten fälschlicherweise auf dem hohen Preis für *illegales* Marihuana. Nach einer Legalisierung würde der Markt wahrscheinlich mit Marihuana überflutet und die Preise würden höchstwahrscheinlich sinken. Mit steigendem Angebot und fallenden Preisen würden die Steuern auf Marihuana wahrscheinlich stark den Steuern auf beliebte Anbaupflanzen wie Erdbeeren und Salat gleichen. Im Jahr 2010 prophezeite eine Studie des RAND Drug Policy Research Center, die Preise würden nach der Legalisierung um beeindruckende 90 Prozent sinken. Sobald die finanziellen Vorteile entkräftet waren, schwand der Enthusiasmus im Weißen Haus. Einige wenige Befürworter wie Ammiano vertreten jedoch weiterhin das Argument, eine Legalisierung könne »substanzielle« wirtschaftliche Vorteile haben. Die Moral von der Geschichte? *Die öffentliche Politik und vermutlich auch die ethischen Werte der Gesellschaft werden von wirtschaftlichen Bedürfnissen bestimmt.*

In vielfacher Hinsicht unterscheidet sich unsere Einstellung gegenüber Marihuana nicht von unserer Einstellung gegenüber Musik- und Sportprogrammen außerhalb des regulären Schulunterrichts, grüner Energie, Rehabilitation von Straftätern und illegaler Einwanderung. Wenn eine Lösung für ein Problem wirtschaftliche Vorteile bringt, sind wir dafür, doch sobald sie sich als ineffizient, kostspielig oder bar jeder wirtschaftlichen Vorteile erweist, verwerfen wir sie. Betrachten Sie das folgendermaßen: Wenn wir eine Lösung nicht wirtschaftlich rechtfertigen können, dann ist sie höchstwahrscheinlich keine gute Idee. Umgekehrt gilt: Wenn sie mehr Staatseinnahmen erzielt, lohnt es sich, darüber nachzudenken. Doch stimmt das wirklich?

Beschädigte Institutionen

Der Effekt des extremen Wirtschaftlichkeitskalküls betrifft nicht nur die öffentliche Politik, sondern auch wichtige soziale Institutionen. Es spielt keine Rolle, ob es sich dabei um die Institution Ehe, ein Familienunternehmen oder höhere Bildung handelt – die finanziellen Ergebnisse bestimmen heute alles.

Man kann zum Beispiel mit Gewissheit sagen, dass Universitäten und Colleges in den Köpfen der Menschen zu den letzten sicheren Häfen für Gelehrte, Freidenker, Erfinder und Ikonoklasten gehören. Viele der nützlichsten Erfindungen der Gesellschaft stammten von brillanten Köpfen, die den Schutz und die Ressourcen von Lehr- und Forschungsinstituten suchten.

Um einen unbeeinflussten und ungetrübten Wissenserwerb zu schützen, haben die meisten fortschrittlichen Lehrinstitute bestimmte Regelungen entwickelt, wie zum Beispiel die unkündbare Anstellung ihrer Professoren. Das heißt, einem Professor wird eine Dauerstellung angeboten, die ihn davor schützt, aufgrund seiner Auffassungen gekündigt zu werden. Die meisten Lehrinstitute wissen um die wichtige Rolle, die ein neutrales, angstfreies Umfeld bei der Verfolgung des übergeordneten Gesamtwohls spielt. Daher haben sie große Vorkehrungen getroffen, um Unabhängigkeit von äußeren Einflüssen zu gewährleisten.

In den letzten drei Jahrzehnten hat sich diese Sichtweise jedoch drastisch verändert. Heute wird der Kapitalbeschaffung, den Immatrikulationszahlen und dem Aufbau von Franchise-Beziehungen mehr Aufmerksamkeit denn je geschenkt, und wichtige Schutzmaßnahmen wie eine unkündbare Dauerstellung in Forschung und Lehre stehen unter Beschuss.[14] Und obwohl ein Großteil der Universitätsfinanzierung nach wie vor von der Regierung und privaten Spendern geleistet wird, sind die meisten Colleges heute gezwungen, wie gewinnorientierte Unternehmen zu operieren. Universitäten investieren inzwischen mehr Geld in den Bau hochmoderner Sportstadien als in Gehälter, da der Universitätssport eine große Geldmaschine ist. Außerdem nutzen sie das Internet, indem sie bequeme »Online«-Fernstudiengänge und -Diplome anbieten. Sie veranstalten hochkarätige Konzerte, Festivals und Vortragsreisen und widmen sich der profitablen Nutzung Hunderter von Campus-Konzessionen, die inzwischen so ausgefeilt sind wie die Konzessionen nationaler Einzelhandelsketten. Finanziell betrachtet sind die Partnerschaften mit Wirtschaftskonzernen jedoch der größte Segen.

Wayne C. Johnson, ehemaliger Executive Director von Hewlett-Packard University Relations Worldwide, sagte im Jahr 2004, es gebe »ein gestiegenes Bedürfnis nach Kollaboration zwischen Universitäten und Wirtschaftsunternehmen« – und er hatte Recht.[15] Universitäten brauchen mehr Geld. Doch warum ist das Bedürfnis nach Zusammenarbeit mit Unternehmen plötzlich »gestiegen«? Die Antwort liegt im extremen Wirtschaftlichkeitskalkül: Zusammenarbeit bedeutet mehr Nutzen und Gewinn für beide Institutionen. Heute ist es üblich, dass Lehrinstitute Primärforschung gegen harte Dollars verkaufen. Oft werden sie zum verlängerten Arm der kommerziellen Forschungs- und Entwicklungsabteilung eines börsennotierten Unternehmens. Diese Partnerschaft ist erfolgreich, weil sie der Universität Finanzierung bietet und Unternehmen im Gegenzug ermöglicht, Lehrinstitute mit schwierigen, langfristigen, geheimen Forschungsarbeiten zu beauftragen. Oberflächlich betrachtet ist das eine Ehe, die im Himmel geschlossen wurde. Vor dem Hintergrund, dass Universitäten jedoch immer dringender Geld brauchen, hat diese scheinbar perfekte Allianz einen Nebeneffekt: Forschung, die kommerziell nutzbar ist, hat Vorrang vor Forschung, die dieses Kriterium nicht erfüllt. Und mit »Vorrang« meine ich, dass sie *finanzier*t wird.

Sehen Sie sich an, was mit den Fakultäten für Physik und Technik der Universität von Stanford und des MIT passierte, als die Konsummärkte für Halbleiter, Computer und Kommunikation wuchsen. Oder die aktuelle Partnerschaft zwischen Biotech-Unternehmen und den Fakultäten für Mikrobiologie in Harvard, Cornell und der Universität von Texas. In jedem einzelnen Fall floss reichlich Geld in diese Fakultäten, sobald sich zeigte, dass ihre Forschung kommerziell nutzbar war. Wenn wir voraussehen wollen, in welche Richtung Universitäten zielen, brauchen wir bedauerlicherweise nur dem Aktienmarkt zu folgen. In einem Weißbuch mit dem Titel »Geistiges Eigentum: Universitäten, Unternehmen und die Bestimmung gemeinsamer Interessen« (*Intellectual Property: Universities, Corporations and Finding Common Ground*) fasste die Amerikanische Gesellschaft für technische Ausbildung (ASEE) den gefährlichen Trend in der akademischen Forschung wie folgt zusammen:

> »Ende der 1950er- und Anfang der 1960er-Jahre betrugen die bundesweiten Forschungsausgaben für Physik und Technik zwei Prozent des Bruttonationaleinkommens. Das endete jedoch in den 1970er-Jahren, während die Forschungsgelder für Biologie und Gesundheitsforschung üppig anstiegen. Die Zahlen der NSF [National Science Foundation] zeigen, dass die Bundesausgaben für technische Forschung zwischen 1970 und 2000 mit rund 5 bis 7 Milliarden Dollar relativ niedrig waren. Die Forschungsausgaben im Bereich Physik schwankten zwischen 3 und 5 Milliarden Dollar. In derselben Zeit kletterten die Forschungsgelder für Biowissenschaften von rund 5 auf rund 20 Milliarden Dollar.«

Heute gerät die Vorstellung, Forschung um der Forschung willen zu betreiben, allmählich aus der Mode. Und die Triebkraft hinter dieser beunruhigenden Veränderung ist extremes Wirtschaftlichkeitskalkül. Fragen Sie die anthropologische, zoologische oder humanwissenschaftliche Fakultät jeder beliebigen Universität. Sie erleiden regelmäßige Mittelkürzungen und sehen gleichzeitig mit an, wie Millionen von Dollar aus der Wirtschaft in Technik, Biotechnologie und Physik fließen. Kurzum, der Forschungsetat jeder Universität ist unauflöslich an kommerzielle Vorhaben gebunden. Wie im Bericht der ASEE angemerkt, »nutzen Unternehmen, die in ihren eigenen Labors hauptsächlich Produktentwicklung und die Erforschung von Hochtechnologie betreiben, die Universitätsforschung zunehmend ›als eine Quelle für … angewandte Forschung‹«.

Das war nicht immer so. Es hat zwar schon immer *ein gewisses Maß* an Kollaboration zwischen dem Bildungssektor, der Regierung und der Wirtschaft gegeben, aber niemals in diesem Ausmaß; nie bis zu dem Punkt, an dem die Wirtschaftsinteressen bestimmen, welche Fakultät und welche Forschungsschwerpunkte Finanzierung erhalten, nie bis zu dem Punkt, an dem die »Investitionsrendite« der bestimmende Faktor war und nie bis zu dem Punkt, an dem Entdeckungen, die keinen anderen Wert oder Zweck hatten, als der Menschheit zu dienen, zugunsten profitablerer Vorhaben verworfen wurden.

Es wäre allerdings falsch, Universitäten dafür verantwortlich zu machen, dass sie sich dem Druck des extremen Wirtschaftlichkeitskalküls beugen. Auch die Verantwortlichen zahlreicher Nonprofit-Organisationen sind von der Infiltrierung ihrer Organisationen durch Geschäftsprinzipien betroffen. Es ist herzzerreißend, mit anzusehen, wie viel Zeit die Verwaltungsräte und Führungskräfte von Nonprofit-Organisationen heute mit Fundraising und der Überlegung verbringen, wie sich die gleichen Leistungen für weniger Geld erbringen lassen. Spenden müssen angelegt und diese Anlagen professionell verwaltet werden, Spender müssen umworben werden, und um erfolgreiche Spendenwerbung zu betreiben, müssen Nonprofit-Organisationen zu Marketingexperten werden. Ein ständiger Konkurrenzkampf.

Die Konzentration auf die finanziellen Ergebnisse erstreckt sich auch auf Kirchenführer, die nach der Höhe der Spenden, die sie sammeln, beurteilt und mit wichtigeren, prestigeträchtigeren Ämtern belohnt werden. Auch US-Politiker werden je nach der Höhe der Gelder belohnt, die sie für die Wahlkampagnen ihrer Partei beschaffen.

Egal wohin wir blicken: Wirtschaftlichkeitsberechnungen spielen eine dominante Rolle bei der Art und Weise, wie Institutionen heute betrieben werden. Und je mehr wir den Fortschritt der Menschheit in Dollar und Cent messen, anstatt in Dollar und Vernunft, desto schlimmer wird die Kurzsichtigkeit. Da die Lösungen der komplexesten und bedrohlichsten Probleme der Welt auf profitable Investitionen beschränkt werden, kommen die umfassenden Talente der Menschen nie zum Tragen.

Fairness in der Pharmaindustrie

Wahrscheinlich ist der Konflikt zwischen Wirtschaftlichkeit und Fortschritt nirgendwo deutlicher als in der anhaltenden Debatte über die Gesundheitsversorgung. Was die Abwägung zwischen dem menschlichen

Leben und Gewinn betrifft, sind wir eine Gesellschaft mit einer eindeutig zwiegespaltenen Einstellung.

Zunächst sind die meisten Pharmaunternehmen und Gesundheitsorganisationen gewinnorientierte Unternehmen, und die meisten sind börsennotiert. Viele Millionen Menschen besitzen Aktien von Pharmakonzernen oder anderen Unternehmen aus der Gesundheitsindustrie in ihrem Finanzportfolio, mit dem sie ihr Einkommen und ihre spätere Rente aufbessern. Aus dieser Perspektive erwarten wir als Anleger, dass die Pharmaunternehmen eine hohe finanzielle Rendite erwirtschaften. Wir wollen, dass sie ihre Umsätze steigern, ihre Kosten senken und ihre Gewinne maximieren, damit der Wert unserer Aktien steigt. Warum sollten wir sie sonst kaufen?

Und bisher haben uns Unternehmen aus dem Pharma-, Gesundheits- und Biotech-Sektor nicht enttäuscht. Laut Pharmaceutical Research and Manufacturers of America (PhRMA) waren die Pharmagewinne im Jahr 2002 fünfeinhalb Mal höher als der Mittelwert aller Branchen, die in der Fortune-500-Liste enthalten sind.[16] Im September 2007 berichtete Med Ad News, die 20 größten Pharmakonzerne erwirtschafteten kombinierte Nettoeinkünfte von ungefähr 110 Milliarden Dollar. Um es in nüchternen Zahlen auszudrücken: Das ist mehr als die Hälfte der Staatskredite, die der Versicherungskonzern AIG erhielt. Mit anderen Worten: In weniger als zwei Jahren könnte die US-Pharmaindustrie allein die gesamten Rettungsgelder für AIG zurückzahlen. Das wird natürlich nicht passieren, aber es rückt die kümmerlichen Bonuszahlungen, über die wir uns so aufgeregt haben, in die richtige Perspektive.

Allerdings hat die treuhänderische Verantwortung für Gewinnerzielung, die Pharma- und Healthcare-Unternehmen gegenüber ihren Aktionären haben, auch einen beunruhigenden Aspekt – eine heikle moralische Seite. Wie viel darf ein gewinnorientiertes Unternehmen für das einzige Medikament verlangen, das einem Menschen das Leben retten kann? Aus streng wirtschaftlicher Perspektive lautet die Antwort: *den höchsten Preis, den die größte Zahl an Menschen zu zahlen bereit ist*. Das ist eine simple Frage von Angebot und Nachfrage, und die Nachfrage nach lebensrettenden Medikamenten ist immer hoch, also …

Wenn es jedoch um die Frage von Leben und Tod geht, wissen wir allerdings, dass das irgendwie nicht richtig ist. Wenn Kinder Krankheiten erliegen, verlangen selbst die Hartherzigsten von uns, dass etwas geschehen müsse, um ihrem Leiden ein Ende zu setzen – und zwar zu beinahe *jedem* Preis. Was soll ein gewinnorientiertes Unternehmen also tun, wenn es darüber entscheiden muss, ob ein Mensch lebt, stirbt oder leidet? Einerseits ist es der Geschäftsethik und dem Gesetz der Erzielung einer höchstmöglichen Rendite für seine Aktionäre verpflichtet. Andererseits hat das Unternehmen die moralische Verantwortung, Leben zu retten. Was ist wichtiger? Gewinn oder Menschen? Unsere Verpflichtungen gegenüber den Aktionären oder die Verpflichtungen gegenüber der Menschheit? Wie dient das Unternehmen zwei Herren?

Der Druck, schnell zu reagieren

Bisher haben wir über die Effekte gesprochen, die Geld, Gewinn und prähistorische Instinkte auf das moderne menschliche Verhalten haben. Es gibt jedoch ein gleichermaßen mächtiges viertes Nebenprodukt des Supermems des extremen Wirtschaftlichkeitskalküls: Wenn Geschäftsprinzipien dominieren, herrscht ein enormer Druck auf Individuen, möglichst schnell und effizient auf komplexe Probleme zu reagieren. Schnelles, entschlossenes Handeln wird höher geschätzt als eine langsame, durchdachte und methodische Untersuchung.

Obwohl strategische Fünfjahrespläne einst eine Notwendigkeit waren, nehmen heute immer weniger Unternehmen diese Übung ernst, und viele haben sich ganz davon verabschiedet. Im 21. Jahrhundert kommt es darauf an, opportunistisch, geschickt und schnell auf veränderte Marktbedingungen zu reagieren. Kann man das den Unternehmen zum Vorwurf machen, wenn man bedenkt, wie komplex und schnelllebig die Welt in so kurzer Zeit geworden ist? Langfristige Strategien zu entwickeln, wenn sich die globale Landschaft in Nanosekunden verändert, scheint völlig vergeblich zu sein. In einer Minute tritt General Electric in die boomende Computerindustrie ein und kauft wie ein Trommelfeuer ein Unternehmen nach dem anderen auf, und in der nächsten Minute stößt es das gesamte Geschäftsfeld wieder ab. An einem Tag stehen Microsoft und Google kurz vor einer Fusion, und am nächsten Tag verhalten sie sich, als seien sie Wettbewerber.[17] In einer Woche verkündet ein Unternehmen stolz, es habe die Gewinnprognosen der Analysten übertroffen, und in der folgenden Woche stürzt sein Aktienkurs ab. Eine beschleunigte Komplexität und der Druck, schnell zu reagieren, führt zu unberechenbarem Verhalten, und zwar nicht nur in der öffentlichen Politik, sondern auch bei einst unerschütterlichen Fortune-500-Unternehmen.

Heute ist schnell gleichbedeutend mit kompetent und langsam mit unfähig. Schnell bedeutet, Chancen auszunutzen, und langsam bedeutet, hinterher zu hinken. Schnell bedeutet beweglich, langsam bedeutet archaisch.

In dieser Hinsicht sind wir eine Gesellschaft, die ganz klar macht, was sie will. Wir wollen entschlossene, handlungsorientierte Führungspersönlichkeiten auf der Vorstandsetage und im Weißen Haus. Wir wollen starke, geschäftsorientierte, rationale Macher, die eine Situation schnell einschätzen können und entsprechend handeln. Macht ja nichts, dass die Probleme, die wir heute lösen müssen, um ein Vielfaches komplexer sind als zuvor. Macht ja nichts, dass diese Führungspersönlichkeiten den gleichen biologischen Zuschnitt haben wie wir und daher genauso von der Komplexität überwältigt sind wie wir in unserem täglichen Leben.

Bevor wir uns darüber im Klaren sind, fangen wir aufgrund des Drucks zur schnellen Reaktion an, die Ergebnisse an der Wall Street mit der Butterproduktion in Bangladesh zu vergleichen, die Zahl der Toiletten pro Haus zu begrenzen und Saddam Hussein die Schuld an den Terrorattentaten vom 11. September zu geben. Das führt zu einer Gesellschaft, die sich übereilt auf Kriege einlässt, übereilt Gesetze erlässt und übereilt das nächste große Wundermittel finanziert. Überall Hast und Eile. Es ist allerdings eine Tatsache, dass sich keines der hochkomplexen, systemischen Probleme, mit der die Zivilisation heute konfrontiert ist, auf die Schnelle lösen lässt. Noch lassen sich diese Probleme leicht, billig oder dadurch dämpfen, dass man ein Symptom nach dem anderen lindert. Wenn weiterhin auf langfristige Investitionen und langfristige Planung verzichtet wird und wir nur kurzfristige Lösungen umsetzen, dann sind die Aussichten für eine dauerhafte Beseitigung der Probleme schlecht.

Der Kampf für eine Gesellschaft, die auf Geschäftsprinzipien basiert

Um wirklich zu verstehen, wie sehr die Wirtschaftsprinzipien alle Lebensbereiche vereinnahmt haben – das heißt um die echte Gefahr des extremen Wirtschaftlichkeitskalküls zu verstehen –, brauchen wir nur einen Blick auf die jahrhundertealten Konflikte im Nahen Osten werfen.

Wie viele Menschen habe ich die Höhen und Tiefen, den knapp verpassten und beinahe zustande gekommenen Frieden im Nahen Osten seit meiner Kindheit miterlebt. Es brachen Konflikte aus, Israel bot zusammen mit einer Reihe anderer Länder Konzessionen an, es wurde »Waffenstillstand« erklärt, es entstanden neue politisch-militärische Gruppierungen, Führer kamen in Camp David zusammen oder tranken Tee in Golda Meirs Küche und es wurden neue Vereinbarungen und Allianzen geschmiedet. Dann wurde irgendwo ein Soldat getötet oder jemand stieß eine Drohung aus, und der Topf kochte erneut über. Diese Konflikte begannen, als die meisten von uns noch gar nicht geboren waren, und werden – so wie es aussieht – auch noch anhalten, wenn wir nicht mehr da sind.

Auch wenn ich mich noch so anstrenge, muss ich peinlicherweise zugeben, dass ich mir die verschiedenen religiösen Gruppierungen und ihre individuellen Glaubensrichtungen nicht merken kann.[18] Es gibt Al-Qaida, Hamas und Hisbollah. Dann gibt es verschiedene Stämme, die die Taliban bilden. Dann sind da noch die Abu-Nidal-Organisation, die Al-Aksa-Märtyrerbrigaden und die PFLP und PFLP-GC sowie die Palästinensische Befreiungsbewegung, Maktab al-Khidamat, der Ägyptische Islamische Dschihad und der Palästinensisch-Islamische Dschihad. Realistischerweise würde das Studium der historischen und aktuellen Probleme eines 30-Stunden-Tags bedürfen, um eine verantwortliche Position zum Nahost-Konflikt beziehen zu können. Es gibt einfach zu viele terroristische Gruppierungen, von denen jede ihre eigene Geschichte und ihre eigenen Ziele hat, und ich komme einfach nicht mehr mit, wer was wem antut.

Wenn es unmöglich wird, sich die Fakten zu beschaffen, dann haben wir die Angewohnheit, die Entscheidungen an eine höhere Autorität abzugeben, und genau das haben – ob einem das gefällt oder nicht – die meisten Amerikaner getan. Abgesehen von Gelehrten und einigen wenigen Experten, die sich vornehmlich mit Nahoststudien beschäftigen, vertrauen die meisten von uns darauf, dass unsere Regierung die wichtigen Probleme herausfiltert und in unserem Namen handelt – etwas, das, wie wir festgestellt haben, nicht immer funktioniert. Das ist eine unhaltbare Position, die von Komplexität verursacht wird. Vielleicht wollen wir sogar persönliche Verantwortung übernehmen und handeln, aber wir sind von unserer Unfähigkeit gelähmt, die gesamten Fakten zu verstehen. Am Ende lässt uns das keine andere Wahl, als uns darauf zu verlassen, dass andere uns sagen, was richtig und auch *was real ist.*

Zwar bin ich mir des gewaltigen Ausmaßes der Herausforderung und auch des Risikos bewusst, die mühselige und langwierige Litanei an Erklärungen zu verlängern, aber ich möchte eine wesentlich einfachere Sicht des Nahostkonflikts anbieten. *Kriege im Nahen Osten sind Kriege zwischen Supermemen.* Einige der Auseinandersetzungen sind Konflikte zwischen zwei oder mehreren religiösen Supermemen gewesen, aber in jüngerer Zeit haben sie sich zu unversöhnlichen Auseinandersetzungen zwischen dem Supermem des extremen Wirtschaftlichkeitskalküls – das die westliche Kultur beherrscht – und einem religiösen Supermem entwickelt, das die Kultur des Nahen Ostens beherrscht. Beides sind tief eingefleischte Überzeugungen, und keine basiert auf erwiesenen Fakten.

Der Grund, warum die USA keine Fortschritte im Nahen Osten erzielen, ist, dass wir von den moslemischen Nationen erwarten, rationale Entscheidungen auf Basis ökonomischer Prinzipien zu treffen. Zu diesem Zweck versuchen wir immer wieder, die Religion aus der Diskussion herauszuhalten, aber diese Nationen ziehen sie jedes Mal wieder hinein. Wir fragen: »Warum können sich die Fanatiker im Nahen Osten nicht wie reife Geschäftsleute verhalten? Warum stellen sie einen höheren Lebensstandard für ihre Bevölkerung nicht über eine religiöse Doktrin?« Das erscheint uns vollkommen vernünftig. Also versuchen wir weiterhin, die Verhandlungen zu zensieren, indem wir das Thema Religion umschiffen, als sei die Geschäftsdoktrin keine Religion und wir nicht gleichermaßen dogmatische Missionare.

In seinem Buch *The Stillborn God: Religion, Politics, and the Modern West* stellt Mark Lilla, Professor für Humanwissenschaften an der Universität von Columbia fest, dass »der Westen nach Jahrhunderte währendem Unfrieden gelernt hat, Religion und Politik zu trennen und die Legitimität seiner Führungsfiguren ohne Hinweis auf göttliche Weisung festzulegen.«[19] Lilla beschreibt den Konflikt zwischen den Ideologien des Westens und des Nahen Ostens zutreffend wie folgt:

> »Wir im Westen sind irritiert und verwirrt. Zwar haben wir unsere eigenen Fundamentalisten, aber wir finden es völlig unverständlich, dass theologische Konzepte immer noch messianische Leidenschaften auslösen und Gesellschaften in den Ruin treiben können. Wir hatten angenommen, das sei nicht mehr möglich, die Menschen hätten gelernt, religiöse von politischen Fragen zu trennen, und der Fanatismus sei ausgestorben. Wir haben uns geirrt.«

Er fährt fort:

> »Vor etwas mehr als 200 Jahren begannen wir zu glauben, der Westen befinde sich auf einem unumkehrbaren Kurs in Richtung einer modernen, säkularen Demokratie, und andere Gesellschaften würden unweigerlich folgen, wenn sie einmal auf den gleichen Kurs gebracht würden.«

Lilla beschreibt die US-Regierung als ein »kürzlich erfolgtes Experiment in der Menschheitsgeschichte«: den ersten modernen Versuch, unabhängig von einer spezifischen religiösen Doktrin zu regieren. Allerdings ist seine enge Definition einer »religiösen Doktrin« problematisch. *Zwar mag der Westen versuchen, das Christentum von der Regierungsführung zu trennen, aber in Wahrheit hat er einfach ein Glaubenssystem gegen ein anderes ausgetauscht: Christentum gegen extremes Wirtschaftlichkeitskalkül.*

Wir müssen nur einen Blick auf das bevorzugte Waffenarsenal des Westens werfen: Handelsembargo, Schutzzölle, Verweigerung von Rohmaterialien und Entwicklungshilfe sowie Schaffung von Anreizen mittels massiver Investitionen in ausländische Infrastruktur und Handel. Wir legen unsere besten ökonomischen Leckerbissen und Abschreckungsmaßnahmen als Fallen aus und wundern uns, warum niemand anbeißt. Und wenn einmal jemand angebissen hat, wundern wir uns, warum er nicht zurückkommt, um sich mehr zu holen.

Religionszentrierte Gesellschaften wie die im Nahen Osten aufzufordern, Geschäftswerte über ihren Glauben zu stellen, ist nichts anderes, als sie aufzufordern, wie Christen zu denken. Die USA mögen das Streben nach Geld als objektiven, hygienischen Prozess betrachten, aber im Nahen Osten gilt das als Unterwanderung eines heiligen Lebensstils, und sie kämpfen erbittert darum, ihre eigenen Supermeme zu erhalten, selbst wenn das zulasten des Lebensstandards geschieht. In einer solchen Umgebung können wir mit wirtschaftlichen Anreizen und Abschreckungsmaßnahmen keinen Frieden stiften. Sie werden neben dem gewaltigen Opfer, das eine Religion erfordert, die jede Minute des Tages aktiv praktiziert wird, immer mickrig erscheinen.

Während meiner Reisen in den Nahen Osten war ich sehr davon beeindruckt, wie sehr die Religion in das tägliche Leben integriert wird: Erwachsene Männer in Geschäftsanzügen rollten mitten am Tag auf dem Bürgersteig einen Gebetsteppich aus und fielen auf die Knie, um ihre Routinegebete zu sprechen. Am Minarett jeder Moschee sind Lautsprecher angebracht, die in alle Himmelsrichtungen zeigen und aus denen Tag und Nacht religiöse Lieder und Gebete erschallen. Frauen sitzen mit verschleiertem Körper und Gesicht in Internet-Cafés und surfen durchs Web. Egal wohin ich blickte, jede Gepflogenheit, die ich beobachtete, war in irgendeiner Weise von religiöser Tradition geprägt.

Vergleichen Sie das mit dem Leben in den USA, wo religiöse Überzeugungen praktisch aus dem Alltag verbannt wurden. In den letzten Jahren hat es einen Trend zur Abschaffung der Weihnachtskrippe im Rathaus, der stillen Gebete in öffentlichen Schulen und jeder Erwähnung Gottes in Gerichtssälen und Vorstandsetagen gegeben. Es ist kein Zufall, dass der einzige Platz, an dem Gott noch erlaubt ist, unser Geld ist. »In God We Trust« steht auf jedem

Geldschein – eine allgegenwärtige Erinnerung an die Anbeter der Wirtschaftlichkeit, unseren Glauben in die höhere Macht des Geldes zu setzen.

Der Beweis für die Kluft zwischen der westlichen Doktrin der Wirtschaftlichkeit und der nahöstlichen islamischen Doktrin erreichte die USA im Jahr 2006 in einen Brief des iranischen Präsidenten Mahmoud Ahmadinejad an US-Präsident George W. Bush inmitten schwerwiegender politischer Differenzen zwischen beiden Ländern. Stellen Sie sich die Konfusion vor, die im Weißen Haus über die Frage herrschte, wie man einem Staatsoberhaupt antworten sollte, das folgende Zeilen geschrieben hatte:[20]

> »Mir wurde gesagt, Ihre Exzellenz folge der Lehre von Jesus und glaube an das göttliche Versprechen der Gerechtigkeit auf Erden ... Laut der göttlichen Verse sind wir alle dazu aufgerufen, einen Gott zu verehren und den Lehren göttlicher Propheten zu folgen ... der Liberalismus und die Demokratie nach westlichem Stil sind nicht in der Lage gewesen, die Ideale der Menschheit zu realisieren. Heute sind diese beiden Konzepte gescheitert. Diejenigen, die mit Erkenntnis gesegnet sind, können bereits das Geräusch des Zusammenbruchs und Niedergangs der Ideologie und Denkweise des liberalen demokratischen Systems hören ... Ob es uns gefällt oder nicht, die Welt zieht es zum Glauben an den Allmächtigen, und Gerechtigkeit und der Wille Gottes werden über allen Dingen herrschen.«

Wenn wir im Westen von einem anderen Staatsoberhaupt einen Brief wie diesen erhalten, »verstummen wir wie Forscher, die auf eine antike Hieroglyphen-Inschrift stoßen«, sagt Professor Lilla. Der US-Präsident hatte schließlich ein renommiertes MBA-Diplom der Universität von Harvard und war ein selbst ernannter »Geschäftsmann«, der entschlossen war, wieder solide Geschäftsprinzipien ins Weiße Haus zu holen. Seiner Ansicht nach würden zahlreiche der Probleme, mit denen die Welt konfrontiert ist, gelöst, wenn Regierungen genauso effizient und objektiv geführt würden wie große Wirtschaftskonzerne. Das Letzte, worauf Bush vorbereitet war, war ein Streit über Religionsgeschichte. Was sollte das bezwecken?

Wir haben heute im Nahen Osten eine komplexe Situation, in der der Glaube an den Koran möglicherweise stärker ist, als unser Glaube an die Doktrin der Wirtschaftlichkeit. Terroristen sind bereit, alles zu riskieren, um die Ausbreitung des Supermems der extremen Wirtschaftlichkeit in ihrem Teil der Welt zu stoppen, weil sie erlebt haben, was Geschäftsprinzipien in Gesellschaften angerichtet haben, die politische Theologie betreiben. Auf der anderen Seite ist die westliche Zivilisation bereit, alles Notwendige zu unternehmen, einschließlich der Anzettelung eines Kriegs, um sicherzustellen, dass terroristische Nationen fairen Handel betreiben, ihre natürlichen Ressourcen mit uns teilen und sich wie gute Konsumenten verhalten.

Timur Kuran, Professor für Wirtschaftswissenschaften und politische Wissenschaften und Gorter-Family-Professor für islamische Studien an der Duke University, ist ein Experte für »islamische Wirtschaftswissenschaften«.[21] Laut Kuran herrschen zwischen den Auffassungen des Westens und des Nahen Ostens über Geschäft, Geld und grundlegende Wirtschaftsprinzipien riesige Unterschiede. In seinem Artikel »The Genesis of Islamic Economics« (»Die Entstehung der islamischen Wirtschaft«) unterstreicht Kuran diesen Punkt: »In mehr als 60 Ländern gibt es islamische Banken, die behaupten, zinsfreie Alternativen zu konventionellen Bankgeschäften anzubieten. Unter Berufung auf religiöse Prinzipien haben mehrere Länder, darunter Pakistan und Iran, sogar jede Form von Zinsen verboten. Sie zwingen alle Banken, einschließlich ausländischer Tochtergesellschaften, zumindest formal islamische Methoden des Einlagen- und Kreditgeschäfts vorgeblich zu beachten.« Können wir uns im Westen vorstellen, etwas so Grundlegendes wie das Recht zu verbieten, Zinsen auf ein Darlehen zu erheben? Lächerlich!

Möglicherweise drückt niemand den Blickwinkel des Westens besser aus, als Ayn Rands Figur Francisco D'Anconia in Rands Roman *Atlas wirft die Welt ab* – ein Buch, das für Unternehmenstycoone und Wirtschaftsikonen wie Alan Greenspan zur New-Age-Bibel geworden ist:[22]

> »Wenn Sie mich bitten, das stolzeste Unterscheidungsmerkmal der Amerikaner zu nennen, würde ich mich für die Tatsache entscheiden, dass sie den Ausdruck ›Geld *machen*‹ geprägt haben, weil er alles andere enthält … Die Amerikaner waren die Ersten, die verstanden haben, dass Reichtum geschaffen werden muss. Der Ausdruck ›Geld machen‹ enthält das Wesentliche der menschlichen Moral.«

Beim Konflikt im Nahen Osten geht es nicht um Christen gegen Moslems oder Moslems gegen Juden oder die Sharks gegen die Jets. Es ist komplizierter. Es geht um das Supermem des extremen Wirtschaftlichkeitskalküls gegen ein gleichermaßen tief verwurzeltes religiöses Supermem: ein Kreuzzug der säkularen Wirtschaft gegen Allahs Mandat, dieser Einhalt zu gebieten. *Und wenn Überzeugungen – ob sie auf Wirtschaftlichkeit oder Religion beruhen – das rationale Wissen verdrängen, kann es kein rationales Ergebnis geben.* Zum ersten Mal in der Geschichte des Nahen Ostens verstehen wir nun diese Dynamik.

Vor einigen Jahren charakterisierte der französische Autor, Philosoph und Nobelpreisträger Albert Camus die Rolle, die rationales Denken in Zeiten großer Umwälzungen spielt.[23] Er sagte: »In einer solchen Welt der Konflikte, der Opfer und Scharfrichter ist es die Aufgabe *denkender* Menschen, sich nicht auf die Seite der Scharfrichter zu schlagen.« Scharfrichter kommen jedoch in unterschiedlichem Gewand daher, nicht nur mit Gewehren bewaffnet und Schwerter schwingend. Einige Scharfrichter ermorden dringend benötigte Technologien. Andere eliminieren unkündbare Professuren und akademische Freiheit. Einige zerstören das Versprechen und die Hoffnung auf Eheglück mit finanziellen Verträgen und wieder andere vernichten langfristige Pläne und Lösungen im Namen der Zweckmäßigkeit. Mit einer Doktrin des extremen Wirtschaftlichkeitskalküls bewaffnet, tritt ein Scharfrichter des menschlichen Fortschritts nach dem anderen auf den Plan, gefolgt von einer großen Zahl an Opfern, die blind in ihre Fußstapfen treten.

Angesichts dieses Szenarios kann ich Camus nur eines fragen: Wie sollen wir Opfer und Scharfrichter auseinanderhalten?

9
Wie sich Supermeme überwinden lassen: Rationale Lösungen in einer irrationalen Welt

An einem windigen Mainachmittag im Jahr 2009 stand der Visionär der Bewegung für nachhaltige Geschäftspraktiken, Paul Hawken, in Portland, Oregon, vor einer Klasse Studenten, die in diesem Jahr ihren Diplomabschluss machten. Monate zuvor hatte man ihn gebeten, die jährliche Ansprache auf der Abschlussfeier zu halten. Er hatte für sich entschieden, eine Rede zu halten, die »direkt, unverblümt, straff, ehrlich, leidenschaftlich, scharf, aufrüttelnd, alarmierend und gleichzeitig ansprechend« sein sollte. Hawken hat einen Großteil seiner Zeit mit der Bekämpfung moderner Supermeme verbracht, folglich hatte er eine Menge über die unterschiedlichen Rollen zu sagen, die Fakten und Überzeugungen heute beim Fortschritt der Menschheit spielen:[1]

> »Wenn ich gefragt werde, ob ich pessimistisch oder optimistisch bin, was die Zukunft betrifft, ist meine Antwort immer dieselbe: Wenn Sie die wissenschaftlichen Erkenntnisse über die Entwicklungen auf der Erde betrachten und nicht pessimistisch sind, verstehen Sie die Daten nicht. Aber wenn Sie die Menschen treffen, die daran arbeiten, die Erde zu erneuern und das Leben der Armen zu verbessern, und nicht optimistisch sind, dann haben Sie kein Empfinden. Was ich überall auf der Welt sehe, sind ganz normale Menschen, die bereit sind, Verzweiflung, Macht und ein unberechenbares Schicksal zu bekämpfen, um wenigstens den Anschein von Gerechtigkeit, Schönheit und Anstand in dieser Welt wiederherzustellen.«

Hawken hat eine klare Sicht unserer Situation. Destruktive Überzeugungen, die den Fortschritt der Menschheit bedrohen, sind menschengemacht und daher kein Dauerzustand. »Ganz normale Menschen« können daher tief verwurzelte Supermeme überwinden und das entscheidende Gleichgewicht zwischen Wissen und Glaube wiederherstellen.

Die Wiederherstellung des Gleichgewichts

Es gibt zahlreiche historische Beispiele dafür, dass Individuen gegen alle Widrigkeiten über Supermeme triumphiert haben. Fortschritt verlangt jedoch oft große persönliche Opfer. Im Jahr 1633 wurde Galileo Galilei von der katholischen Kirche wegen Ketzerei und für seine Entdeckung, dass sich die Erde um die Sonne dreht, zu lebenslangem Kerker verurteilt.[2] Zwar gelang es seinen Kollegen, durch Fürsprache die Umwandlung der Strafe in Hausarrest zu erwirken, aber er blieb bis zum Ende seines Lebens in seiner Bewegungsfreiheit eingeschränkt, denn ihm blieb auch jegliche Lehrtätigkeit verboten.

Auch Charles Darwin wollte sein Buch *Die Entstehung der Arten* 16 Jahre lang nicht veröffentlichen, weil er befürchtete, seine Familie würde von strenggläubigen Religionsanhängern angegriffen werden.[3] Und er hatte Recht. Die Kirche und viele seiner Kollegen, Freunde und Verwandten ächteten ihn augenblicklich für seine ihrer Meinung nach häretische Theorie.

In jüngerer Zeit mussten sich die beiden Physiker Martin Fleischmann und Stanley Pons, die verkündet hatten, sie hätten die kalte Fusion entdeckt, in weit abgelegene Landstriche in Frankreich und England zurückziehen, weil man sie verfolgt, der Inkompetenz bezichtigt und öffentlich gedemütigt hatte.[4] Seit ihrer bahnbrechenden Entdeckung im Jahr 1989 wurden die Ergebnisse ihrer Experimente jedoch von so vielen unabhängigen Labors auf der ganzen Welt bestätigt, dass der wissenschaftliche Autor des MIT, Dr. Eugene Mallove sagt, die Belege für die kalte Fusion seien derart überzeugend, dass sie als gesichert gelten könnten. *Die Überwindung von Supermemen ist nichts für Zartbesaitete.*

Gott sei Dank sind Supermeme wie *irrationale Ablehnung, Personalisierung der Schuld, falsche Korrelationen, Silodenken* und *extremes Wirtschaftlichkeitskalkül* der Problemlösung durch Erkenntnisse nicht gewachsen. Dean Kamen, Bill Gates, James Watson, Paul Hawken und E. O. Wilson lassen sich wahrscheinlich nicht von irrationalen Überzeugungen oder üblichen Gepflogenheiten frustrieren. Im Gegenteil, mit zunehmender Ablehnung wichtiger Entdeckungen werden diese unermüdlichen Kämpfer energischer und entschlossener als je zuvor, eine Veränderung zum Gesamtwohl der Menschheit zu bewirken.

Im Juni 2006 verkündete der Finanzgigant Warren Buffett, der 42 Milliarden Dollar besitzt, zum Beispiel öffentlich, dass er 85 Prozent seines Vermögens spenden werde, beginnend mit einer Spende von rund 1,5 Milliarden Dollar an die Bill-&-Melinda-Gates-Stiftung zur Bekämpfung von Malaria, AIDS und Tuberkulose.[5] Ein weiterer Anteil gehe an die Verbesserung der weltweiten Bildung. Im Jahr 2010 spendete Bill Gates weitere 10 Milliarden Dollar für die Entwicklung und Verteilung von Impfstoffen an arme Länder. Und im Jahr 2005 gründeten E. O. Wilson, Neil Patterson und andere Vordenker die E. O. Wilson Stiftung für Biodiversität, die das erste umfassende und kostenlose Online-Biologielehrbuch entwickelt. Ihr Ziel ist es, das gesamte Wissen, das die Menschheit über das Leben auf dem Planeten Erde besitzt, jedem Mann, jeder Frau und jedem Kind zugänglich zu machen. Und es gibt noch Tausende andere Beispiele.

Eines der bei Weitem besten Beispiele für einen Pionier, der moderne Supermeme erfolgreich überwand, ist der Ökonom Muhammad Yunus aus Bangladesh, der als Erster die »Mikrokredite« erfand.

Die Bekämpfung von Konventionen

Im Jahr 2006 wurde Muhammad Yunus für die Perfektionierung und Verbreitung von Mikrofinanzierung mit dem begehrten Friedensnobelpreis ausgezeichnet.[6] Für alle diejenigen, die nicht mit seiner Geschichte vertraut sind, mag dies als ein Erfolg erscheinen, der sich über Nacht eingestellt hat, aber laut Yunus war es eine 38 Jahre währende Reise, in deren Verlauf er zahlreiche irrationale Hindernisse überwinden musste.

Yunus testete seine Idee, Geld an Arme zu verleihen, erstmals im Jahr 1974, inmitten einer großen Hungersnot in Bangladesh. Er fing ganz klein an; er nahm 856 Taka – eine Summe, die damals 27 Dollar entsprach – seines eigenes Geldes und lieh sie einer Gruppe von 42 fleißigen Korbflechterinnen, die in dem kleinen Ort Jobra lebten. Von dem Geld kauften die Frauen Material, um ihre Korbwaren später auf dem nahe gelegenen Markt zu verkaufen. Sie waren voller Hoffnung, dass sie genug verdienen konnten, um ihre Familien zu ernähren. In erstaunlich kurzer Zeit konnten alle 42 Frauen Kleinstbetriebe aufbauen, die sich selbst erhielten, und den Kredit zuzüglich Zinsen zurückzahlen. Das beschäftigte Yunus.

Nach Meinung erfahrener Banken und Kredithaie, die exorbitante Zinsen verlangten, waren die Armen riskante Kreditkunden. Da sie keinerlei Vermögen besaßen, war die Wahrscheinlichkeit, dass sie das Geld verschwenden und den Kredit nicht zurückzahlen würden, angeblich besonders groß. Als die Frauen den Kredit schnell und mit großer Dankbarkeit zurückzahlten, begann Yunus, traditionelle *Überzeugungen* (Meme) über die Kreditvergabe an Arme infrage zu stellen. Waren diese Überzeugungen zutreffend?

War die Gefahr, beliehene Vermögensgegenstände zu verlieren, der einzige Grund, aus dem Schuldner ihre Kredite zurückzahlten? Oder war der Wunsch, als Gruppe erfolgreich zu sein oder sich den eigenen Lebensunterhalt verdienen zu können, möglicherweise ein genauso großer Anreiz?

Im Jahr 1983 gründete Yunus gegen den Rat von Finanzexperten, der Regierung und privaten Kreditgebern – eigentlich gegen jeden Rat – die Grameen Bank (was so viel bedeutet wie »Dorfbank«), und zwar auf Basis des Prinzips der »Solidaritätskreisläufe«. Abgesehen davon, dass für die Kreditbewilligung keine Kreditsicherheit nötig war, vergab die neue Bank ihre Kredite an *Gruppen* von fünf bis acht Personen. Die Kreditsummen waren sehr gering und die Rückzahlungsdauer kurz – rund sechs Monate. Außerdem hatte der Zahlungsausfall eines Gruppenmitglieds negative Auswirkungen auf *alle Mitglieder der Gruppe*. Wenn ein Kreditnehmer nicht zahlen konnte, wurde von den anderen erwartet, dass sie ihm dabei halfen, seinen Rückzahlungsverpflichtungen nachzukommen.

Durch die Anwendung des Gruppendrucks anstelle von Kreditsicherheiten machte sich Yunus unwissentlich ein hochwirksames biologisches Phänomen zunutze: unsere prähistorischen Instinkte, zusammenzuhalten und erfolgreich in kleinen Gruppen zu arbeiten. Auf diese Weise überlebten unsere Vorfahren in der Wildnis, und wie sich herausstellt, ist dieser Instinkt auch heute noch tief in unserer genetischen Veranlagung verankert. Wir sind eine Spezies, die für ihr Überleben naturgemäß Gruppenbildung und Gruppenzusammenhalt anstrebt. Jeder, der das Verhalten unserer nächsten Verwandten, der Bonobo-Schimpansen, beobachtet hat, kann diese Tatsache bezeugen. Infolgedessen funktioniert die genetische Veranlagung zur Zusammenarbeit, um extremer Armut und einem potenziellen Hungertod zu entkommen, genauso effektiv wie die Gefahr, dass unser Zuhause zwangsversteigert wird.

Der Beweis liegt jedoch in der realen Anwendung. Bisher wurden mehr als 97 Prozent der Kredite, die die Grameen Bank an Arme vergeben hat, pünktlich und vollständig zurückgezahlt. Die Bank hat in 58 Ländern, einschließlich den USA, Frankreich und Kanada sowie in 78000 Dörfern in Bangladesh Kredite an mehr als 7 Millionen bitterarme Menschen vergeben, die von normalen Banken als nicht kreditwürdig eingestuft werden. Richtig – eine Rückzahlungsquote von 97 Prozent.

Keines der größten und modernsten Institute der Welt erreicht auch nur annähernd eine ähnliche Quote. Yunus berichtet darüber hinaus, dass »die Bank seit ihrer Gründung Kredite im Wert von 6 Milliarden Dollar vergeben hat … Finanziell ist [die Bank] unabhängig und hat seit 1995 keine Spendengelder mehr angenommen.«[7] Er fügt hinzu: »64 Prozent der Kreditnehmer, die seit fünf Jahren oder länger zu unseren Kunden gehören, haben die Armutsgrenze überschritten.«

Und was noch wichtiger ist: Der Erfolg der Grameen Bank hat die Entstehung Tausender von Mikrofinanzierungsorganisationen auf der ganzen Welt ausgelöst. Dem Artikel »Mikrokredite verhelfen zur Unabhängigkeit« (»Small Loans Empower«) der Mikrofinanzierungsexpertin Sue Wheat zufolge »ist Mikrofinanzierung inzwischen zu einer entscheidenden Strategie der Armutsbekämpfung geworden, und es gibt weltweit 7000 Mikrofinanzinstitute, die rund 16 Millionen Menschen erreichen.«[8]

Wheat verweist dabei auf die jüngsten Statistiken, die zeigen, dass 1,5 Milliarden Menschen möglicherweise von weniger als einem Dollar pro Tag leben müssen. Organisationen wie der Verband der selbstständigen Frauen (Self-Employed Women's Association, SEWA) in Indien, der wie die Grameen Bank kurzfristige Kredite selbst über so geringe Summen wie 1,50 Dollar vergibt, sind zu einem entscheidenden Instrument geworden, um Tausende von Frauen aus der Armut zu befreien. Laut SEWA befinden sich bis zu 94 Prozent der indischen Frauen in einer höchst prekären finanziellen Lage, weil sie »selten Kapital oder Produktionswerkzeuge besitzen und keinen Zugang zu modernen Einrichtungen oder Technologien haben.« Mikrofinanzierung ist ein effizienter Weg, um für Arme bessere Voraussetzungen zu schaffen und den Benachteiligten eine Chance zu bieten, indem der Gruppenzusammenhalt gefördert wird.

Yunus und die Fünf Goliaths

Die Mikrofinanzierung war erfolgreich, weil Yunus nicht nur einen genetisch vorgegebenen menschlichen Instinkt genutzt hat, sondern weil er außerdem die fünf Supermeme überwunden hat – mächtige, tief verankerte Überzeugungen, die den modernen Fortschritt verhindern.

Das erste Supermem, auf das Yunus traf, war ein massiver *Widerstand* gegen die Vorstellung, Arme würden Kredite ohne Sicherheiten zurückzahlen. Laut den Banken waren unbesicherte Kredite ein Risiko. Zudem musste Yunus die traditionelle Überzeugung überwinden, eine Kreditvergabe an Arme würde nichts zur Verbesserung ihrer Situation beitragen. Die allgemeine Überzeugung lautete, dass es viele Gründe dafür gab, dass Arme arm waren, und dass der mangelnde Zugang zu Kapital nicht dazu gehöre. Außerdem lehnten sie die Idee ab, Kredite an Gruppen statt an Einzelpersonen zu vergeben. Bis dahin hatten Banken lediglich Einzelpersonen und Unternehmen Kredite gewährt, aber keinen Ad-hoc-Gruppen. Die Idee, niedrige Kreditzinsen zu verlangen, lehnten sie ebenfalls ab. Kredithaie hatten bereits festgelegt, dass auf unbesicherte Kredite höhere Zinsen zu verlangen seien als auf besicherte Kredite, warum sollten Banken diesem Beispiel also nicht folgen? Egal wohin sich Yunus wandte, überall schlug ihm ein anderer Einwand entgegen.

Und selbst nachdem Yunus schließlich Hunderte von Fallbeispielen gesammelt hatte, die bewiesen, dass die Vergabe von Mikrokrediten an Arme funktionierte, gelang es ihm weitere zehn Jahre lang nicht, finanzielle Unterstützung für die Gründung seiner Bank zu bekommen.[9] Supermeme sind hartnäckig und fügen sich Tatsachen nicht so leicht. Yunus erinnert sich:

> »Man sollte meinen, diese positive Bilanz hätte traditionelle Banken dazu veranlasst, ihre Meinung über die Kreditvergabe an Arme zu ändern. Es gab jedoch nicht die geringste Chance … Sie zeigten keinerlei Interesse. Sie hatten tausend Gründe, warum der Erfolg, den wir bereits gehabt hatten, mit Sicherheit bald enden würde. Sie konnten einfach die Tatsache nicht akzeptieren, dass arme Menschen ihre Kredite zurückzahlen. ›Die Leute, die zu Ihnen kommen, können nicht wirklich arm sein‹, sagten einige. ›Wie könnten sie es sich sonst leisten, die Kredite zurückzuzahlen?‹ – ›Kommen Sie mit und wir besuchen sie zu Hause‹, antwortete ich. ›Dann werden Sie sehen, dass sie definitiv arm sind. Sie besitzen nicht ein Möbelstück und zahlen ihre Kredite mit nichts anderem als tagtäglicher, harter Arbeit zurück.‹«

Das zweite Supermem, das Yunus überwand, war die *Personalisierung der Schuld*. Unter den Finanzinstituten herrschte die Überzeugung, dass die Armen arm waren, weil sie Charakterschwächen hatten – sie hatten ein schlechtes Urteilsvermögen, waren finanziell unverantwortlich, faul oder ungebildet und daher schlecht gerüstet, um sich in Geschäft und Handel zu behaupten. Diese falschen Vorstellungen führten dazu, dass Finanzinstitute arme Menschen als kreditunwürdige Schuldner betrachteten, die an ihrem Schicksal selbst schuld waren. Yunus sah das jedoch ganz anders. Er glaubte, Arme seien einfach *Menschen, die keine Chancen hatten*. Niemand, der eine Chance hat, entscheidet sich für den Hungertod. Anstatt den Opfern für ihre Lebensumstände die Schuld zu geben, nahm Yunus die systemischen Kräfte unter die Lupe. Und sobald er das tat, kam ihm die Erkenntnis. Die Armen waren keine Menschen, die keine Chancen hatten. *Vielmehr wur-*

den ihnen aufgrund falscher Überzeugungen die Chancen systematisch vorenthalten. Diese falschen Überzeugungen mussten beseitigt werden, bevor echter Fortschritt erzielt werden konnte.

Der dritte Goliath, den Yunus besiegte, waren falsche Daten, die angeblich bewiesen, dass die Rückzahlungsbilanz armer Kreditnehmer äußerst mager war. Dabei handelte es sich um *falsche Korrelationen.* Die Korrelation zwischen fehlendem Vermögen und Zahlungsausfall war falsch, und trotzdem wird sie selbst heute noch von führenden Finanzinstituten vertreten. Als die Zahlungsausfälle auf Hypothekenkredite in den USA ein Allzeithoch erreichten, gerieten die Kreditnehmer unter den Druck, nicht nur zu beweisen, dass sie genügend Vermögenswerte besaßen, um einen Kredit zu rechtfertigen, sondern auch, dass sie ein regelmäßiges Einkommen hatten. Vermögenswerte allein reichten plötzlich nicht mehr aus, um die Kreditrisiken zu senken, nicht einmal, wenn Sie Millionen von Dollar an Immobilien, Aktien, Anleihen oder ein schuldenfreies Unternehmen besaßen. Kein regelmäßiges Gehalt zu haben bedeutete plötzlich, dass Sie von Krediten ausgeschlossen waren.

Es ist daher keine Überraschung, dass es mehr als ein Jahrzehnt dauerte, bis Yunus genügend empirische Daten beschaffen konnte, um das Supermem der *falschen Korrelationen* zu überwinden, das von falschen Daten, Forschungsergebnissen und Expertenmeinungen gestützt worden war, die allesamt bewiesen, dass kurzfristige unbesicherte Kredite an Arme eine schlechte Idee waren.

Das vierte Supermem, das Yunus überwand, war das *Silodenken.* Yunus ging es auf zweifache Weise an. Erstens lehnte er die Vorstellung ab, die Ziele eines Finanzinstituts unterschieden sich von den Zielen der Allgemeinheit. Nach seiner Auffassung standen diese Ziele in einer Wechselbeziehung: Wenn die Kunden der Bank erfolgreich waren, würde die Bank ebenfalls erfolgreich sein. Yunus weigerte sich auch, die Vorstellung zu übernehmen, Kredite an Einzelpersonen seien weniger riskant als eine Kreditvergabe an Gruppen. Nach seiner Auffassung war das Agieren als individuelles Silo nicht annähernd so effektiv wie Kooperation, vor allem in einem wettbewerbsintensiven und komplexen Umfeld.

Und was schließlich das Supermem des *extremen Wirtschaftlichkeitskalküls* betrifft, stellte Yunus Menschen über Gewinne. Nach seiner Auffassung ist eine Allgemeinheit, der es wirtschaftlich gut geht, besser für ein Finanzinstitut als eine Allgemeinheit, die das Opfer kurzfristiger Wucherzinsen ist. Und nach den jüngsten Konsequenzen der Hypotheken-Knebelverträge in den USA zu urteilen, hatte Yunus Recht. Abgesehen davon, dass die Grameen Bank ein erfolgreiches Unternehmen ist, könnte sie ein langfristiges Instrument für den Wandel sein: Je höher die Gewinne der Bank waren, desto mehr Kredite konnte sie vergeben und desto mehr Menschen kamen in den Genuss einer Finanzierung. Das war eine endlose Aufwärtsspirale und eine dauerhafte Lösung im Kampf gegen die Armut. Tatsächlich waren Yunus' Erkenntnisse so erfolgreich, dass er im Jahr 2007 erklärte: »Einlagen und andere Ressourcen der Grameen Bank machen heute 157 Prozent aller ausstehenden Kredite aus.«[10] Vergleichen Sie das mit den erfolgreichsten Banken der USA, die eine Gesamtreserve von lediglich 3 bis 4 Prozent ihrer Kundeneinlagen vorhalten.[11]

Mit der Ablehnung des Konzepts *Gewinne um jeden Preis* gelang es Yunus, eines der wachstumsstärksten und stabilsten Finanzinstitute der Welt aufzubauen.[12] Er überwand fünf mächtige Fehlannahmen (Supermeme) über die Kreditvergabe an arme Menschen und verhalf dem Fortschritt zum Erfolg.

Wenn Yunus ein moderner Held ist, dann weil er auf einem Gebiet, das von sich selbst behauptet, objektiv zu sein, alte Mythen durch erwiesene Fakten ersetzt hat. Wie er jedoch feststellte, ist keine Branche gegen Supermeme gefeit. Auf diese Weise trugen Yunus' Erkenntnisse dazu bei, das Gleichgewicht zwischen dem undurchdringlichen Aberglauben, den die erfolgreichsten Finanzinstitute der Welt zementiert hatten, und empirischen Belegen über die Kreditvergabe an Arme wiederherzustellen. So wie Wag Dodges plötzliche »Erleuchtung«, die ihm während der Bekämpfung einer Feuersbrunst kam, veränderte auch Yunus' Erleuchtung – sein ganz persönlicher »Aha-Moment« – das menschliche Leid.

10
Bewusstsein und Handlung: Ein taktischer Ansatz

Als ich vor vielen Jahren in Japan unterwegs war, hörte ich eine alte Parabel. Sie lautete ungefähr so:[1]

Eines Tages ging ein Bauer auf dem Land einen Pfad entlang, als er zufällig auf einen Buddha traf. Als er bemerkte, dass der Buddha völlig mittellos war – er besaß keine Schuhe, nichts zu trinken und nichts zu essen –, bekam er Mitleid und bot dem Fremden an, sein Essen mit ihm zu teilen. Während sie im Schatten eines Baumes saßen, konnte der Bauer nicht widerstehen, den Buddha, der in jeder Hinsicht ein ganz gewöhnlicher Mann zu sein schien, zu fragen, warum er völlig mittellos unterwegs war.

Der Bauer fragte: »Glaubst du, dass du Gott bist?«

Der Fremde antwortete: »Nein.«

»Bist du ein wiedergeborener Gott?«

»Nein.«

»Bist du ein Mann?«

»Nein.«

Entnervt rief der Bauer aus: »Was bist du dann?«

Der Fremde lächelte und antwortete: »Ich bin wach.«

Wach sein für Muster

Bis hierher haben wir viel dazugelernt. Zunächst haben wir entdeckt, dass erfolgreiche Zivilisationen gedeihen, wenn sie energisch *sowohl nach Glauben als auch nach Wissen* streben. Wie die Mayas, die alten Römer und die Khmer gezeigt haben, geschieht dies in den ersten Jahren der Entwicklung, wenn die Bevölkerung wächst, gedeiht und Kontrolle über ihre natürliche Umgebung gewinnt. (Das wussten wir zuvor nicht.)

Wenn die sozialen Systeme, Regierungen, Rituale und Probleme, die eine Zivilisation lösen muss, komplexer werden, stößt die Gesellschaft an eine Decke. Die traditionellen Problemlösungsmethoden unter Einsatz der beiden Gehirnhälften, die sich über Jahrmillionen herausgebildet hat, funktionieren nicht mehr. Die Komplexität und Größenordnung der Probleme übersteigen die biologischen Fähigkeiten unseres Gehirns. (Diese Möglichkeit haben wir bisher nie in Betracht gezogen.)

Der Unterschied zwischen der langsamen Evolution des menschlichen Gehirns und dem rasanten Tempo, in dem die Komplexität zunimmt, wird als »kognitive Schwelle« bezeichnet. Jede bisherige Zivilisation hat irgendwann eine kognitive Schwelle erreicht, und in dem Moment, in dem diese erreicht wurde, setzte der Niedergang der Zivilisation ein. (Auch eine neue Information.)

Das erste Anzeichen dafür ist Stillstand. Führer und Experten sind nicht mehr in der Lage, die größten Bedrohungen für eine Gesellschaft, wie zum Beispiel Dürre, Krieg und Krankheiten zu beseitigen, und sie beginnen, diese Probleme in einer endlosen Kette von einer Generation auf die nächste zu verschieben. Auch das Individuum beginnt, sich gelähmt, ängstlich und hoffnungslos zu fühlen. (Bisher wussten wir nicht, dass Stillstand Teil des Musters ist. Nun erscheint es ganz offensichtlich.)

Sobald wir in eine festgefahrene Situation geraten und Stillstand eintritt, fangen unbewiesene Überzeugungen an, Fakten und rationale Argumente zu verdrängen. Mit der Zeit gewinnen einige der Überzeugungen eine solche Macht, dass sie zu Supermemen werden. Der Zweck der Supermeme ist, die kognitiven Defizite auszugleichen, allerdings richten sie weitaus mehr Schaden als Nutzen an. (Wir hätten uns nie vorstellen können, dass Komplexität dazu führt, dass wir uns von Fakten verabschieden.)

Schließlich werden Supermeme so beherrschend, dass sie sämtliche sozialen Institutionen, Gebräuche, Werte und rationalen Argumente bestimmen. Heute verhindern fünf Supermeme den Fortschritt: *irrationale Ablehnung, Personalisierung der Schuld, falsche Korrelationen, Silodenken* und *extremes Wirtschaftlichkeitskalkül*. Je größer und stärker diese Supermeme werden, desto stärker verursachen sie einseitig ausgerichtete Denk- und Verhaltensweisen. Diese Einseitigkeit wiederum verhindert, dass hilfreiche Lösungen entwickelt werden. Währenddessen bleiben die gefährlichen Probleme bestehen. (Wir hätten nie geglaubt, dass alltägliche Überzeugungen Fortschritt verhindern.)

Schließlich werden unsere systemischen Probleme so gewaltig, dass sie zum Zusammenbruch der Gesellschaft führen. Der letzte Auslöser kann vielfältige Gestalt annehmen: ein pandemisches Virus, globale Klimaerwärmung, Atomkrieg. Es spielt keine Rolle, welches ungelöste Problem ungelöst bleibt; eine der Bedrohungen wird schließlich zu groß, um noch von den kollektiven Ressourcen einer Zivilisation aufgehalten werden zu können. Wie ich schon sagte, haben wir viel dazugelernt. Und das ist die gute Nachricht – *weil Verstehen die halbe Miete ist.*

Die alten Zivilisationen hatten nicht die Möglichkeit, Jahrmillionen an Menschheitsgeschichte zu untersuchen. Sie wussten nichts über Evolution und profitierten weder von den Erkenntnissen der Neurowissenschaft noch denen der Technologie, die einen Blick ins Innere des menschlichen Körpers und Gehirns erlaubt. Heute ist dieses Wissen jedoch zum ersten Mal in der Geschichte vorhanden und verschmolzen und ermöglicht dem modernen Menschen, den biologischen Gründen für Aufstieg und Niedergang einer Gesellschaft auf den Grund zu gehen.

Die Frage lautet also: Wie nutzen wir dieses Wissen für den Fortschritt? Schließlich hat die Evolution ihren eigenen Zeitplan und der bestimmt, in welchem Tempo sich das menschliche Gehirn weiterentwickelt. Und allem Anschein nach ist Komplexität ein unaufhaltsames Phänomen, das sogar noch an Tempo gewinnt. Wenn das eigentliche Problem die Diskrepanz zwischen zwei unterschiedlichen Veränderungsgeschwindigkeiten ist, gibt es dann irgendeinen Weg, diese Kluft zu überbrücken?

Kurzfristig Zeit für langfristige Lösungen gewinnen

Was machen wir, wenn wir mit einem scheinbar unschlagbaren Gegner konfrontiert sind – einer, der stärker und größer ist, mehr Geld, Unterstützer oder Ressourcen hat, besser bewaffnet und uns auch zahlenmäßig überlegen ist? Wir tun, was wir immer tun: Wir versuchen ihn *auszutricksen.* Ob auf dem Fußballfeld oder auf dem Schlachtfeld, im Geschäft oder in der Politik, wenn wir kurzfristig taktisch und langfristig strategisch vorgehen, haben wir Erfolg. Mit anderen Worten: Wir handeln, um den unmittelbaren Angriff abzuwehren und bekämpfen gleichzeitig die Wurzel des Problems. Auf diese Weise gewinnen wir.

Ich habe 24 Jahre lang mit Start-up-Unternehmen im Silicon Valley gearbeitet, wo eine meiner Aufgaben darin bestand, an der Vorbereitung kurz- und langfristiger Strategiepläne mitzuwirken. Eine kurzfristige Strategie bedeutete, Prognosen für Produkte, Serviceleistungen und Umsätze für das kommende Jahr zu treffen. Die langfristigen strategischen Pläne bestanden darin, Marktprognosen, Wettbewerbsdaten, Konsumtrends, neue Technologien und historische Muster zu durchforsten, bis wir eine Strategie für die folgenden fünf Jahre ausgetüftelt hatten. Wichtiger als die Laufzeit dieser Schlachtpläne war jedoch ihre Beschaffenheit. Einjahrespläne waren vollgepackt mit detaillierten Taktiken, die sofort umgesetzt werden konnten, wohingegen längerfristige Pläne wesentlich allgemeiner waren. Erstere waren unmittelbare Handlungspläne, letztere ein Wegweiser in die Zukunft. Und weil Produktlebenszyklen im Silicon Valley sehr kurz sind – im Allgemeinen dauert es weniger als zwölf Monate, bis eine neue Technologie zu einem Standardprodukt wird oder gar überholt ist –, lag die gesamte Aufmerksamkeit auf den Einjahresplänen.[2] Infolgedessen wurden die Drei- und Fünfjahrespläne auf eine mehrwöchige, alljährliche Pflichtübung reduziert. Sobald der Prozess abgeschlossen war, wanderten ganze Ordner mit ausgefeilten Prognosen ins Regal und alle kehrten wieder zu der Arbeit zurück, die sie an diesem Tag, in dieser Woche und in diesem Monat erledigen konnten. Am Ende dieser aufreibenden Planungsübungen wiederholte ich oft etwas, das mir mein erster Boss eingetrichtert hatte:

»Was die Planung betrifft, sollten Sie immer daran denken, dass unser kurzfristiger Plan lautet, lange genug im Geschäft zu bleiben, um einen langfristigen Plan haben zu können.«

25 Jahre später gilt der gleiche Satz auch für unsere heutigen Sorgen. *Wir brauchen einen kurzfristigen Plan, um lange genug am Leben zu bleiben, um eine Dauerlösung zu finden.* Glücklicherweise ermöglicht die Natur beides. Was die Bewältigung komplexer Probleme betrifft, die unsere kognitiven Fähigkeiten übersteigen, drehen sich unsere kurzfristigen Pläne um eine intelligente Problemlinderung. Das allein reicht jedoch nicht aus. Gott sei Dank hat die Natur auch einen langfristigen Plan: die Evolution der spontanen Erkenntnis – eine wachsende biologische Reaktion auf Komplexität.

Absorbiert von Problemlinderung

Wie wir gesehen haben, liegt der Zweck kurzfristiger Linderungsmaßnahmen (Taktiken) wie Konservierung und Recycling darin, Zeit zu gewinnen, um eine dauerhafte Lösung umzusetzen. Wenn die Probleme jedoch systemischer und komplexer werden und es mehr falsche als richtige Antworten gibt, wird es extrem schwierig, effektive Linderungsmaßnahmen zu bestimmen. Wenn wir uns stark auf ein oder zwei Behelfslösungen konzentrieren, werden sie nie die erhoffte Wirkung oder Dauer haben, selbst wenn wir sie einfach immer weiter anwenden. Wir reden uns ein, wir würden kleine »nachhaltige« Maßnahmen ergreifen, und alle diese Maßnahmen zusammen würden zusammen etwas bewirken. Stimmt das?

Es gibt viele Gründe, aus denen kurzfristige Linderungsmaßnahmen scheitern.[3] *Der erste Grund ist, dass Linderung oft mit Heilung verwechselt wird.* Und wenn das geschieht, erlahmt die Suche nach einer Dauerlösung.

Nehmen Sie zum Beispiel die Bürgerwehr, die die Grenze zwischen den USA und Mexiko schützt. Zwar mögen ihre Anstrengungen kurzfristig etwas nützen, aber egal wie viele Grenzschützer rekrutiert werden, um an Amerikas Grenzen zu patrouillieren, ist das keine *nachhaltige* Lösung für das komplexe Sicherheitsproblem. Und zwar aus folgendem Grund: Wenn der Südwesten irgendwann in der Zukunft einmal eine Dürreperiode erleiden sollte, wie die Wasserknappheit, unter der die Mayas einst litten, wäre eine Masseneinwanderung in die USA unvermeidlich, und nichts würde sie aufhalten – keine Wachleute, keine Zäune, keine Gräben und keine Hubschrauber. Stellen Sie sich Millionen von Menschen vor, die gleichzeitig auf der Suche nach Wasser und Nahrung gen Norden ziehen. Die USA haben keine Chance, eine nie gesehene Flüchtlingswelle aufzuhalten, die vom Klimawandel zur Migration gezwungen ist, es sei denn, die US-Behörden wären darauf vorbereitet, Soldaten einen Schießbefehl auf Frauen und Kinder zu erteilen, die die Grenze illegal überqueren. Grenzpatrouillen mögen heute zwar eine nützliche Linderungsmaßnahme sein, aber jede Maßnahme, die gegenwärtig erwogen wird – von Mauern bis zu Kanälen –, muss zwangsläufig scheitern.

Das Gleiche gilt für die Linderung grippeähnlicher Symptome an Flughäfen, um die Verbreitung gefährlicher pandemischer Viren zu verhindern. Unglücklicherweise haben die meisten Viren eine längere Inkubationszeit. Das bedeutet, dass viele menschliche Überträger zunächst keine Symptome aufweisen. Wie wir vor Kurzem feststellen mussten, genügt ein einziger Tourist, Restaurantmitarbeiter, eine Krankenschwester oder ein Mitarbeiter vom Bodenpersonal, um eine Epidemie auszulösen. Und auch hier gilt: Es scheint keinen Weg zu geben, die globale Verbreitung hochansteckender neuer Grippeviren zu verhindern, es sei denn, wir wären bereit, die bürgerlichen Rechte zu beschneiden, indem Zwangstests und Quarantänen vorgeschrieben werden.

Obwohl wir jedoch wissen, dass wir lediglich oberflächliche Flickschusterei betreiben, sind wir eine Gesellschaft, die regelmäßig Linderung mit dauerhafter Heilung verwechselt. Im Jahr 2008 veröffentlichte zum Beispiel der Harvard-Arzt Atul Gawande das Buch *The Checklist Manifesto* – ein Werk, das höchste Aufmerksamkeit erregt hat.[4] Laut Dr. Gawande erhalten *Checklisten* mit steigender Komplexität und den damit einhergehenden zunehmenden Fehlerquellen bei den Verfahren in Krankenhäusern, im Flugverkehr, dem Finanzsektor und anderen kritischen Bereichen eine entscheidende Bedeutung. Checklisten senken die Zahl der Fehler ganz erheblich und ermöglichen jedem, unabhängig von seinem Hintergrund und seiner Erfahrung, mit denselben Standards zu arbeiten. Wie bei vielen Enthüllungen dieser Art, schreibt Gawande aus persönlicher Erfahrung. Er schildert eine schlimme Geschichte, wie während einer Operation versehentlich eine Arterie des Patienten durchtrennt wurde. Normalerweise würde das dazu führen, dass sich die Hohlräume des Körpers mit Blut füllen und der Patient auf dem Operationstisch an Blutverlust stirbt. In Gawandes Fall überlebte der Patient dank einer OP-Checkliste, die vorschrieb, dass bei jeder Operation vier Einheiten Blut bereitstehen müssen.

Gawande plädiert auch auf anderen hochkomplexen Gebieten für die Verwendung von Checklisten. In seinem Buch schreibt er, dass Checklisten in der Luftfahrt schon seit Jahren verwendet werden, um Flugzeugkatastrophen zu vermeiden. Er zitiert zahlreiche Beispiele, von der Finanzindustrie über die Gastronomie bis zur Bauwirtschaft – Bereiche, in denen hochkomplexe Aufgaben in einfache Checklisten aufgegliedert wurden, wodurch eine größere Einheitlichkeit und Produktivität gewährleistet wurden. Gawande erklärt zudem, wie sich Checklisten als effektives Gegenmittel für die zunehmende Komplexität in unserem persönlichen Leben verwenden lassen.[5] Er sagt: »Checklisten scheinen jeden, selbst den erfahrensten Menschen, bei wesentlich mehr Aufgaben gegen Fehler zu schützen, als wir glauben. Sie bieten eine Art kognitives Sicherheitsnetz. Sie fangen mentale Schwächen auf.«

Zwar nennt Gawande bezwingende Argumente für die Verwendung von Checklisten, aber er scheint sich nicht bewusst zu sein, dass er für eine vorübergehende Linderung plädiert, die, wie andere Linderungsmaßnahmen auch, *nicht nachhaltig ist.*

Wenn die Komplexität weiter zunimmt, nimmt auch die Zahl der Punkte einer Checkliste zu, und angesichts der derzeitigen Beschleunigung würde die Liste schnell wachsen. Schließlich wird die Checkliste umso länger, je mehr wir wissen, was alles schiefgehen kann. Eine Liste mit zehn Punkten kann leicht auf das Doppelte anwachsen, von da aus auf 50 und schließlich auf 100 Punkte, bis die Liste irgendwann zu lang wird und in kleinere Unterlisten aufgeteilt werden muss, damit sie noch nützlich ist. Es spielt keine Rolle, ob wir eine Liste mit 100 Prüfpunkten haben oder zehn Listen mit jeweils zehn Punkten. Wenn Aufgaben immer komplexer werden, sind sie irgendwann nicht mehr beherrschbar.

Aus diesem Grund liegt die Wurzel des Problems nicht in der Organisation, sondern in der Komplexität. OP-Verfahren sind bei jeder Spezialchirurgie anders, und jedes Jahr nimmt die Zahl der benötigten Sicherheitsvorkehrungen erheblich zu. Das Gleiche gilt für die hochkomplexen modernen Flugzeuge, Waffen-, Finanz- und Informationssysteme.

Es dauert nicht lange, und die Checklisten beginnen, anderen kurzfristigen Linderungsmaßnahmen zu ähneln, wie zum Beispiel Recycling, Konjunkturanreize oder Grenzpatrouillen zur Verhinderung illegaler Einwanderung. Wenngleich jede dieser Maßnahmen die Symptome eines komplexen Problems vorübergehend lindert, tragen sie nichts zur dauerhaften Lösung der Kernprobleme bei.

Das bringt uns zum zweiten Grund, warum Linderungsmaßnahmen scheitern: *Linderungsmaßnahmen nehmen den Menschen das Gefühl, wie dringlich es ist, eine echte Problemlösung zu finden.*

Linderungsmaßnahmen vermitteln uns den Eindruck, das Problem sei gelöst, sobald die Symptome nachlassen. Es liegt in der Natur des Menschen, nachlässig zu werden und ein Problem nicht mehr so ernst zu nehmen, sobald die Symptome nachlassen – vor allem, wenn eine langfristige Lösung teuer und schwierig ist, und ihre Wirkung möglicherweise erst Jahre später zu spüren ist. Anstatt uns anzustrengen, eine Dauerlösung zu finden, neigen wir daher eher dazu, eine vorübergehende Reparaturmaßnahme nach der anderen vorzunehmen.

Ein Beispiel: Sobald die US-Regierung die amerikanischen Automobilhersteller gerettet und den Verlust von Millionen Arbeitsplätzen verhindert hatte, wurde die Automobilindustrie schlagartig nicht mehr in den Nachrichten erwähnt. Ähnliches geschah, als Bernie Madoff in Handschellen abgeführt wurde. Die Nation atmete erleichtert auf, und damit war das Thema erledigt. Das System hatte sich bewährt, und reiche Wall-Street-Betrüger waren mit Sicherheit gewarnt. Und sobald alle Einwohner Kaliforniens aufgehört hatten, ihren Rasen zu sprengen, erschien die beunruhigende Dürre plötzlich beherrschbar. Obwohl wir aus logischer Perspektive wissen, dass das Problem nicht gelöst wurde, auch wenn die Schmerzen nachlassen, verlieren wir einfach unser Interesse und unsere Motivation, ein hartnäckiges, systemisches Problem zu beseitigen.

Der dritte Grund, warum Linderungsmaßnahmen keine Dauerlösung sind, ist folgender: Individuelle Linderungsversuche verhindern, dass systemische Probleme systematisch gelöst werden. Die bedrohlichsten Probleme, denen wir heute gegenüber stehen, sind allesamt systemisch, und systemische Probleme erfordern hochkomplexe, vielseitige Lösungen. Diese Probleme lassen sich nicht einfach auf Ursache und Wirkung beschränken, und daher werden Lösungen, die auf einer einfachen Ursache-Wirkung-Logik basieren, nichts bewirken. Übersetzt bedeutet das ganz einfach, dass die Beseitigung unserer drängendsten Probleme Geld, Energie, Zielgerichtetheit, Ausdauer und die Verschiebung der Belohnung auf unbestimmte Zeit erfordert. Wer wollte das auf sich nehmen? Dagegen sind Linderungsmaßnahmen naturgemäß billiger, leichter, schneller und führen sofort zu Resultaten. Doch jede Linderungsmaßnahme – finanzielle Rettungspakete, Wasserrationierung, Waffenstillstände, Grenzpatrouillen und eine erhöhte Flughafensicherheit – zielen nur auf ein oder zwei Aspekte eines größeren Problems ab. Am Ende wird nie die kritische Masse erreicht, um einen systemischen Wandel zu erzeugen.

Das vierte Problem mit Linderungsmaßnahmen ist, dass sie nicht nachhaltig sind. Wie wir gesehen haben, ist Komplexität nichts Statisches. Vielmehr ist sie ein bewegliches Ziel, das zunimmt und sich immer mehr beschleunigt. Das führt dazu, dass die Wirkungsdauer von Linderungsmaßnahmen immer kürzer wird. Nach jedem Versagen einer Linderungsmaßnahme beeilen wir uns, sie durch Maßnahme B, C, D, E und so weiter zu ersetzen.

Und schließlich scheitern Linderungsmaßnahmen, weil wir eine schrittweise Verbesserung verfolgen und jeweils immer nur ein Leck in einem Damm zustopfen, der zehn Löcher hat.

Linderungsmaßnahmen, die etwas bewirken

Wenn unsere Probleme systemisch sind, können einzelne Gewehrschüsse nichts ausrichten – Repetiergeschütze dagegen schon. Vereinzelte Linderungsmaßnahmen haben nicht die Kraft, die Dynamik eines Problems zu bremsen, aber wenn viele Linderungsmaßnahmen gleichzeitig durchgeführt werden, ergibt das Ganze schnell mehr als die Summe der Einzelteile. Eines der besten Beispiele für die Effektivität parallel durchgeführter Linderungsmaßnahmen stammt aus den USA zur Zeit des Zweiten Weltkriegs.[6]

Als die USA in den Zweiten Weltkrieg eintraten, waren bereits 22 Länder, die sich über den asiatischen, europäischen und afrikanischen Kontinent erstreckten, seit mehr als zwei Jahren in einen weltweiten Konflikt verwickelt. Selbst als dieser sich ausweitete, beharrten die USA auf ihrer Neutralität, das heißt, bis zum 7. Dezember 1941, nach dem japanischen Angriff auf Pearl Harbor. Ein direkter Angriff veränderte alles. Am Tag nach diesem Angriff traten die USA sofort in den Krieg ein – *erklärten allerdings nur Japan den Krieg.* Erst am 11. Dezember, nach der offiziellen Kriegserklärung an Japan, erklärten Deutschland und Italien den USA den Krieg. Innerhalb weniger Wochen fand sich ein Land, das hart darum gekämpft hatte, sich aus dem weltweiten Aufruhr herauszuhalten, plötzlich inmitten eines Machtkampfes wieder, wie ihn die Menschheit so noch nicht erlebt hatte. Im Kampf um die Weltherrschaft bildeten Deutschland, Italien und Japan zusammen mit Ungarn, Rumänien und Bulgarien eine Front gegen England, die Sowjetunion, die USA und 50 weitere Verbündete.

Angesichts so vieler Schlachten, die in so vielen unterschiedlichen Teilen der Welt gleichzeitig stattfanden, und so vieler unterschiedlicher Armeen mit unterschiedlichen Führern, Waffen, Vorgehensweisen und Ausbildung, gab es nur eines, was die USA tun konnten: die Verbündeten um sich scharen und so viele taktische Manöver *gleichzeitig* durchführen, wie nur irgend möglich.

Abgesehen von der erstklassig koordinierten Logistik durch die Militärkommandeure der drei stärksten alliierten Mächte (Stalin, Roosevelt und Churchill auf der europäischen Bühne und Chiang Kai-shek, Roosevelt und Churchill auf der pazifischen Bühne), versammelte sich jede Institution und jeder Mann, jede Frau und jedes Kind in den USA hinter dem gemeinsamen Ziel. Frauen verließen ihr Heim und arbeiteten in Fabriken, montierten Flugzeuge und verpackten Munition; die Rationierung von Nahrungsmitteln und Treibstoff wurde enthusiastisch begrüßt; Schulen installierten Bombensirenen und veranstalteten Bombenalarmübungen; junge Männer erhielten die Erlaubnis, die Universität zu verlassen, um sich freiwillig zum Militär zu melden und zugelassene Ärzte und Krankenschwestern meldeten sich in Rekordzahlen zum Kriegssanitätsdienst. Die Verbraucher boykottierten ausländische Produkte und kauften mehr Regierungsanleihen als je zuvor, um den Krieg zu unterstützen, während die Flughäfen USO-Einrichtungen* eröffneten. Die Regierung erließ das Gesetz *GI Bill*, um Veteranen dabei zu helfen, sich nach ihrer Rückkehr wieder in die Wirtschaft zu integrieren, und die Einwanderungsschranken wurden gelockert, um Rekordzahlen an Kriegsflüchtlingen ins Land zu lassen. An jedem Tag fand irgendwo in Amerika eine Willkommensparade für Kriegsheimkehrer statt.

Während des Zweiten Weltkriegs war jede Institution und jeder Mensch in jeder alliierten Nation bereit, seinen Teil beizutragen, aber der Schlüssel lag darin, dass alle *an einem Strang zogen*. Es dauerte daher nicht lange, bis Tausende kleine und große inkrementelle Anstrengungen in einen überwäl-

* Die USO ist eine unpolitische Nonprofit-Organisation, die US-Soldaten und ihre Familien sowie Kriegsversehrte und die Angehörigen von Gefallenen unterstützt und betreut. (A. d. Ü.)

tigenden Sieg mündeten. Deutschland, Italien und Japan wurden besiegt, und nach ihrer Kapitulation verloren die alliierten Mächte keine Zeit und arbeiteten an langfristigen Maßnahmen, um sicherzustellen, dass sich ein derartiger Krieg niemals wiederholen würde. Sie waren weise genug, die Erarbeitung einer Dauerlösung nicht zu beenden, nur weil die Kampfhandlungen beendet waren und die Linderungsmaßnahmen einstweilen Wirkung zeigten. Stattdessen blieben sie beharrlich und optimistisch darauf konzentriert, eine Dauerlösung zu finden, damit es nie wieder Krieg geben würde. Im Anschluss an den Zweiten Weltkrieg wurden die Vereinten Nationen gegründet, die NATO gebildet, alle Industrieländer unterzeichneten die Genfer Konvention und darüber hinaus wurden zahllose weitere innovative Maßnahmen umgesetzt, um ein eindeutig facettenreiches Problem ein für alle Mal zu lösen.

Sowohl aus kurz- als auch aus langfristiger Perspektive markierte der Zweite Weltkrieg einen Höhepunkt unserer Fähigkeit, ein hochkomplexes globales Problem zu verstehen, zu steuern und zu lösen. Die Menschheit triumphierte über eine unvorstellbar große Herausforderung und war anschließend so weise, Sicherheitsvorkehrungen zu treffen, um einen nachhaltigen Frieden zu sichern. Viele Amerikaner, die den Krieg erlebt haben, blicken mit Nostalgie auf diese Zeit zurück. Sie haben das Gefühl, sie seien Teil eines größeren Ganzen, einer bedeutsamen Sache gewesen, weil jeder sich auf ein- und dasselbe Ziel konzentrierte. Manche Menschen bezeichnen das als Patriotismus, aber in Wahrheit ist es ein herzerwärmendes Beispiel für die Macht des *parallelen Inkrementalismus.*

Der parallele Inkrementalismus ist eine Linderungsstrategie, bei der durch gleichzeitig durchgeführte, vielfältige, inkrementelle, nützliche Linderungsmaßnahmen ein Effekt erzielt wird, der um ein Vielfaches größer ist, als wenn jeweils nur eine Maßnahme zur selben Zeit umgesetzt wird. Einfach ausgedrückt heißt das, dass es einen Zeitpunkt gibt, an dem ein Problem so groß und kompliziert wird, dass Sie einfach sämtliche Geschütze auffahren müssen.

Wenn es nicht das eine ist, ist es das andere

Paralleler Inkrementalismus lässt sich nicht nur in Kriegszeiten oder bei Naturkatastrophen anwenden, wir nutzen ihn auch in unserem Privatleben. Nehmen wir zum Beispiel an, wir würden – wie viele Millionen andere Bürger – aufgrund der rasant steigenden Hypothekenzinsen plötzlich Gefahr laufen, unser Haus zu verlieren. Welche Optionen hätten wir?

Als Erstes würden wir auf unnötige Ausgaben verzichten. Wir würden unsere Ausgaben auf das absolut Notwendige beschränken und dann noch einmal die Ausgaben kürzen. Wahrscheinlich würden wir unsere Rentenpläne, Aktien, Anleihen und andere Geldanlagen auflösen. Wir könnten auch versuchen, unser Hypothekendarlehen zu einem geringeren Zinssatz zu refinanzieren oder unser Kreditinstitut und unsere Bank kontaktieren, um zu sehen, ob sie uns helfen können. Wir würden jede mögliche staatliche Unterstützung für überschuldete Kreditnehmer beantragen und zu einer Schuldnerberatung gehen. Wir würden unseren Zweitwagen verkaufen, einen privaten Flohmarkt veranstalten, unseren Schmuck ins Pfandhaus tragen und uns einen zweiten oder dritten Job suchen. Einige von uns würden Familienmitglieder oder Freunde um finanzielle Unterstützung bitten. *Mit anderen Worten: Wir würden alles unternehmen, um unser Zuhause zu retten. Und wir würden alle diese Dinge gleichzeitig tun, und nicht eins nach dem anderen.*

Einige dieser Maßnahmen würden eine große Wirkung haben und andere würden überhaupt nichts nützen. Möglicherweise finden wir zum Beispiel heraus, dass wir nicht die Kriterien für die Unterstützung durch den Einlagensicherheitsfonds FDIC erfüllen, stattdessen stellen wir vielleicht fest, dass uns die Genossenschaftsbank helfen kann. Vielleicht haben der Autoverkauf und der private Flohmarkt nicht die erhofften Einnahmen gebracht, aber der Schmuck war wesentlich mehr wert, als wir dachten.

Der Punkt ist, dass die beste Strategie in Notsituationen lautet, *alles zu versuchen*. Wir können nicht darauf warten, dass Plan A scheitert, bevor wir zu Plan B greifen. Dieser Ansatz dauert zu lange, und bis wir bei unserer letzten Alternative angelangt wären, wäre das Haus bereits im Besitz der Bank. In harten Zeiten müssen wir stattdessen unser Bestes tun, um gleichzeitig Plan A, B, C, D, E und F umzusetzen, in der Hoffnung, dass sich einige Ideen bewähren, selbst wenn wir nicht genau wissen, welche. Das ist paralleler Inkrementalismus.

Paralleler Inkrementalismus geht davon aus, dass die Summe unserer inkrementellen Anstrengungen uns die größte Chance auf Erfolg bietet. Je komplexer und vernichtender ein Problem ist, desto entscheidender ist es, alle Register gleichzeitig zu ziehen. Denn wenn man mit einer extremen Komplexität konfrontiert ist, lässt sich unmöglich im Voraus sagen, welche Lösungen sich bewähren werden. Tatsächlich ist es manchmal gar nicht möglich, unsere Optionen nach Priorität zu ordnen.

Folglich ist der parallele Inkrementalismus die effektivste Methode, wenn wir unser Zuhause, unsere Freiheit oder unser Leben zu verlieren drohen.

Diese Methode ist auch die effektivste, wenn die Menschheit als Ganzes bedroht ist. Ob es darum geht, eine katastrophale Ölpest zu bekämpfen, die gefährliche Verbreitung von Krankheiten zu verhindern, die durch verschmutztes Wasser ausgelöst werden, oder eine globale Rezession aufzuhalten – ein breites Netz an Maßnahmen zu spannen, ist *ein* Weg, um mit Komplexität umzugehen.

Die Weisheit der Risikokapitalfinanzierung

Es heißt, Thomas Edison habe bei einem Interview folgenden Satz geäußert: »Ich bin nicht gescheitert. Ich habe nur 10 000 Wege gefunden, die nicht funktionieren!«

Interessanterweise ist niemand überrascht zu erfahren, dass die überwältigende Mehrheit der Experimente von Erfindern, Ingenieuren, Wissenschaftlern und Forschern scheitert. Ihre Arbeit bringt oft über lange Zeit keine greifbaren Ergebnisse hervor, manchmal sogar nie. Je schwieriger und komplexer das Problem, das sie zu lösen versuchen, desto höher die Misserfolgsquote, die man erwarten muss. Wenn Sie jedoch irgendeine Person auf der Straße fragen, ob sie einen Präsidenten, Senator, Gouverneur oder Bürgermeister wählen würde, der 80 Prozent der Zeit Misserfolge produziert, würde diese Person wie aus der Pistole geschossen mit Nein antworten. Wie sieht es mit dem CEO eines großen börsennotierten Unternehmens, Ihrem Finanzberater oder Ihrem Arzt aus? Wahrscheinlich würde die Antwort auch hier Nein lauten.

Es gibt allerdings ein sehr erfolgreiches Geschäftsmodell, das ideal für komplexe Probleme geeignet ist, weil es darauf aufbaut, das in der Mehrheit Misserfolge produziert werden. Es heißt Risikokapital.[7]

Risikokapitalgeber sind Experten im Scheitern. Diese erfahrenen Experten finanzieren jedes Jahr Tausende neuer Unternehmen in spekulativen, nicht erprobten Märkten, und zwar in dem Wissen, dass weniger als ein Viertel ihrer Investitionen ihre gesamten Gewinne erwirtschaften. Zwar hoffen Risikokapitalgeber, dass jede Investition profitabel sein wird, aber in Wirklichkeit erzielen lediglich rund 20 Prozent der Unternehmen ihres Portfolios Renditen in Höhe des Zehnfachen ihrer anfänglichen Investition. Rund 50 Prozent der Unternehmen erzielen nur sehr bescheidene Gewinne und das verbleibende Drittel an Unternehmen erwirtschaftet nicht einmal die Investitionen. Die Gewinne, die die 20 Prozent der erfolgreichen Unternehmen erzielen, stellen die übrigen Misserfolge jedoch weit in den Schatten. Mit anderen Worten: Eine extrem hohe Misserfolgsquote ist einfach der Preis, den Risikokapitalgeber zu zahlen bereit sind, um mit einer kleinen Zahl an Erfolgen den Jackpot zu knacken. Interessanterweise behauptet niemand, dieses Geschäftsmodell sei fehlerhaft und rentiere sich nicht. Warum nicht?

Der Versuch, vorherzusagen, wie sich eine unbekannte Technologie in einem unbekannten Markt behaupten wird, ist so komplex, schwierig und wenig berechenbar, dass auch eine noch so sorgfältige Prüfung die Trefferquote nicht erhöhen kann. Man kann daher sagen, dass Risikokapitalgeber *ihr Geld damit verdienen, mehr falsche als richtige Investitionsentscheidungen zu treffen*. Der Schlüssel liegt darin, *genügend* richtige Investitionsentscheidungen zu treffen, damit diese die Verluste ausgleichen können.

Man kann es auch so ausdrücken, dass erfolgreiche Risikokapitalgeber Experten darin sind, ein hohes Maß an Ungewissheit und Komplexität zu bewältigen, weil ihr Geschäftsmodell auf dem *parallelen Inkrementalismus* beruht – viele inkrementelle Investitionen, die gleichzeitig getätigt werden. Stellen Sie sich jedoch vor, die Risikokapitalgemeinde würde sich von ihrer 80-prozentigen Verlustquote lähmen lassen. Stellen Sie sich vor, sie würden in dem vergeblichen Versuch, ihr Risiko zu senken, in immer weniger Unternehmen investieren. Stellen Sie sich vor, sie würden an Start-up-Unternehmen die gleichen Maßstäbe anlegen, die wir an unsere politischen Führer oder an die Unternehmensführer von AIG oder der Ford Motor Company anlegen. Ihr Geschäftsmodell würde schnell zusammenbrechen.

Das geschieht, wenn eine Gesellschaft keine vergeblichen Anstrengungen, vergeblich eingesetzte Ressourcen, Zeit, Forschung und Optimismus mehr toleriert. Wenn wir verlangen, dass jede vorgeschlagene Lösung und jedes Programm garantiert erfolgreich zu sein hat, *bevor* wir auch nur einen Cent investiert haben, dann kommt der Fortschritt zum Stillstand. Ironischerweise wächst unsere Intoleranz gegenüber vergeblichen Bemühungen proportional zum Umfang und der Komplexität unserer ungelösten Probleme. Je verzweifelter unsere Lage wird, desto mehr verlangen wir nach einer garantiert erfolgreichen Lösung und desto mehr Präzision verlangen wir von unseren Führern. Am Ende liegt die Messlatte für garantierten Erfolg so hoch, dass kein Lösungsvorschlag sie noch überwinden kann. Dann kommen wir dahin, dass wir alle Vorschläge mit der Begründung ablehnen, sie hätten Schwächen, seien nicht erprobt oder ineffizient, und das verschärft die festgefahrene Situation, in der wir uns befinden.

Nehmen Sie zum Beispiel die jüngste globale Rezession. Nur wenige Monate, nachdem die US-Regierung Finanzinstitute gerettet hatte, die sich am

Rande des Bankrotts befanden, entrüsteten wir uns bereits über die Verschwendung der Bonuszahlungen an die AIG-Manager. Anschließend stürzten wir uns auf die Verschwendungssucht der Spitzenmanager aus der Automobilindustrie, die mit Privatflugzeugen nach Washington flogen. Nach unserer Vorstellung waren Bonuszahlungen und Privatflugzeuge unverantwortliche Geldverschwendung. Unsere Toleranz für Verschwendung und Misserfolg ist gefährlich gering. Hätten wir wie ein guter Risikokapitalgeber gedacht, hätten wir nicht einmal mit den Augenlidern gezuckt, wenn 70 Prozent der Rettungsgelder verschwendet und nur 30 Prozent die angestrebte Rückführung in die Rentabilität bewirkt hätten. Was wäre, wenn nur drei von zehn investierten Dollars die amerikanischen Autobauer davor bewahrt hätten, noch weiter in die Rezessionsspirale abzugleiten? Gibt es irgendeinen Zweifel daran, dass wir Letzteres als kolossales Scheitern betrachtet hätten?

Wenn eine Zivilisation jedoch mit einer nicht entwirrbaren Komplexität konfrontiert ist, hängt der Fortschritt davon ab, wie viel verschwendete Anstrengung und Ressourcen sie zu tolerieren bereit ist. Mit anderen Worten: Je komplexer die Probleme werden, desto weniger Effizienz dürfen wir erwarten. Wenn wir die Ursache oder Natur unserer größten Bedrohungen nicht verstehen können, dann besteht kaum eine Chance, dass wir genau bestimmen können, welcher Lösungsvorschlag Erfolg haben wird. Daher müssen wir bereit sein, so viel Verschwendung wie ein Risikokapitalgeber zu tolerieren, um überhaupt vom Fleck zu kommen. Um aus einer kleinen Zahl an Programmen mit gewaltigem Nutzen Vorteile ziehen zu können, müssen wir die Tatsache akzeptieren, dass in einer hochkomplexen Umgebung mehr Lösungsversuche scheitern, als erfolgreich sind. Das ist der Preis des Fortschritts.

Parallele Pläne in der öffentlichen Politik

Wir verstehen, wie der parallele Inkrementalismus in der Risikokapitalindustrie funktioniert, aber wie übersetzt sich das in die öffentliche Politik?

Ganz einfach. Anstatt von einer fehlgeschlagenen Linderungsmaßnahme zur nächsten zu springen, setzen wir gleichzeitig alle Maßnahmen um, die die Situation inkrementell verbessern können. Das heißt, die Methode zur Bekämpfung unserer größten, bedrohlichsten und hartnäckigsten Probleme besteht darin, alle Geschütze aufzufahren, die uns zur Verfügung stehen, keine Zeit damit zu verlieren, abzuwarten, ob eine bestimmte Maßnahme Wirkung zeigt oder nicht, keine Einmalschüsse, keine weiteren Studien, um festzustellen, welche Lösung den größten Nutzen für die aufgewendeten Ressourcen bietet und keine weiteren Auseinandersetzungen darüber, welcher Lösungsvorschlag der beste ist.

In einer perfekten Welt würden wir zum Beispiel proaktiv vielfältige staatliche Programme umsetzen, um die Auswirkungen der kommenden Dürre zu neutralisieren – und zwar heute: Wir würden Entsalzungsanlagen und riesige Staubecken bauen, Steueranreize für den Bau privater unterirdischer Zisternen einführen, neue Technologien anwenden, um Wasser aus der Atmosphäre zu gewinnen, massive Rohrleitungen für den Wassertransport in trockene Gegenden verlegen, in Forschung zur künstlichen Herbeiführung von Niederschlägen – die sogenannte Wolkenimpfung – investieren und so weiter. Wir würden nicht darüber streiten, welches dieser Programme das nützlichste oder effektivste ist. Und wir würden uns nicht darauf verlassen, eine Maßnahmen *nach* der anderen zu ergreifen, weil wir wüssten, dass uns die Zeit davon laufen würde, bevor wir das Problem gelöst hätten.

Traurigerweise unternehmen die Gebiete, die in den kommenden Jahren am meisten von einer Dürre betroffen sein werden, sehr wenig, um sich darauf vorzubereiten. Wie die Mayas, die Tausende von Jahren hatten, um eine Vielzahl von praktischen Maßnahmen umzusetzen, kapituliert die moderne Gesellschaft vor irrationaler Verleugnung und bequemen Überzeugungen. In dieser Hinsicht geht Kalifornien mit seinem gefährlichen Wassermangel genauso um, wie die Regierungen der Welt mit anderen gefährlichen Bedrohungen umgehen.

Es ist weithin bekannt, dass die Menschheit die Ozeane schneller überfischt, als diese sich regenerieren können. Da die Technologie es heute großen Fischfangflotten erleichtert, Fischschwärme ausfindig zu machen und Rekordmengen zu fischen, fügen wir einer wichtigen Nahrungsquelle und einem ganzen marinen Ökosystem verheerenden Schaden zu. Zwar fallen die Statistiken sehr unterschiedlich aus, aber sie sind alle derart alarmierend, dass es eigentlich keine Rolle spielt, welcher man den Vorzug gibt. Laut Nick Nuttall vom Umweltprogramm der Vereinten Nationen (UNEP), berichtet die UN-Organisation für Ernährung und Landwirtschaft (FAO), dass seit 2004 »mehr als 70 Prozent der weltweiten Fischarten entweder überfischt oder sogar vom Aussterben bedroht sind.«[8] Nuttall berichtet: »In den vergangenen zehn Jahren sind die kommerziell nutzbaren Fischpopulationen im Nordatlantik, das heißt Kabeljau, Seehecht, Schellfisch und Flunder um mehr als 95 Prozent zurückgegangen und haben den Ruf nach dringenden Maßnahmen laut werden lassen.«

Die Folgen der Überfischung unserer Ozeane werden nun allmählich spürbar. Zum Beispiel führte die Überfischung von Anchovis entlang der peruanischen Küste zu einem Rückgang der Fangquote von 10,2 Tonnen auf 4 Tonnen in nur einem Jahr. Im Jahr 1992 brach der Kabeljaufang vor Neufundland, Kanada, völlig zusammen und führte zu einem Verlust von ungefähr 40000 Arbeitsplätzen. Der Fischfang in der Nordsee und der Baltischen See wird nun schnell vom gleichen Schicksal ereilt.[9] Greenpeace beklagt: »Anstatt zu versuchen, eine langfristige Lösung für diese Probleme zu finden, richtet die Fischfangindustrie ihren Blick nun auf den Pazifik. Das ist aber keine Antwort.«

Egal wohin wir blicken, es gibt anscheinend überall nur kurzfristige Reparaturmaßnahmen, wie zum Beispiel die Verlegung des Fischfangs in einen anderen Ozean. Solange wir von diesem Problem nicht unmittelbar persönlich betroffen sind, wie es auch bei dem geplanten Neubau von Gefängnissen der Fall war, warum sollten wir uns dann darüber Gedanken machen?

Die Überfischung unserer Ozeane ist ein hochkomplexes, systemisches Problem, das vielfältige Faktoren beinhaltet. Erstens müssen die Rechte der kommerziellen Fischer berücksichtigt werden. Viele fischen seit vielen Generationen in denselben Gewässern und haben sich damit den Lebensunterhalt verdient. Kann irgendjemand ihnen zum Vorwurf machen, dass sie die besten Sonargeräte und Netze einsetzen, um die höchstmögliche Fangquote zu erzielen? Und die Fische? Welche Chance haben sie gegen Technologie? Sie können einfach keine neuen evolutionären Instrumente entwickeln, um die zunehmenden Kompetenzen der Menschen zu überlisten. Denken Sie auch an die Konsumenten. Fisch ist für einen großen Teil der Weltbevölkerung eine wichtige Proteinquelle. Die Überfischung hat also auch gefährliche Auswirkungen auf die Überlebensfähigkeit vieler Menschen. Außerdem müssen wir auch die diplomatischen Beziehungen zu anderen Ländern berücksichtigen, nachdem ausländische Fischflotten lange respektierte Grenzen auf dem Ozean überqueren, nur um ihre Fangquote zu erfüllen. Und zuletzt sind da die Ökologen, Biologen, Naturforscher, Wissenschaftler und ihre Anhänger, die sich Sorgen um die unbeschreiblichen Schäden machen, die die Überfischung dem maritimen Leben und dem Planeten als Ganzes zufügt.

Es ist klar, dass der Fischfang die Rechte und Anliegen vieler Anspruchs- und Interessengruppen berührt. Das ist ein hochkomplexes Problem mit vielen Facetten, das sicherlich nicht durch die Eröffnung »nachhaltiger« Fischrestaurants oder eine Preiserhöhung für Thunfischdosen im Supermarkt gelindert wird. So einfach ist es nicht. In dieser Hinsicht unterscheidet sich die Überfischung nicht von dem Versuch, den Terrorismus zu stoppen, überfüllte Gefängnisse oder einen Zusammenbruch des globalen Finanzsystems zu verhindern. Sie unterscheidet sich nicht von dem einseitigen Versuch, ein versagendes öffentliches Schulsystem zu verbessern oder die Ausbreitung der Drogensucht zu stoppen und auch nicht von den Herausforderungen, die wir einst im Zweiten Weltkrieg bewältigen mussten. In jedem einzelnen Fall erfordert eine erfolgreiche Linderung, dass das Problem von allen Seiten angegriffen wird – politisch, wirtschaftlich, rechtlich, international, bildungstechnisch, kulturell und ökologisch. Solange nicht jeder Aspekt des Überfischungsproblems – von den Rechten der Fischer, sich ihren Lebensunterhalt zu verdienen, bis zu den Rechten der Menschen, die den Planeten über die Gewinnerzielung stellen – mit dem gleichen Eifer angegangen wird, wird sich das Problem nicht lösen lassen.

Der parallele Inkrementalismus ist erfolgreich, weil er dazu zwingt, Linderungsmaßnahmen auf die Lösung systemischer Probleme auszurichten, und nicht auf die Linderung einzelner Symptome.

Auf lange Sicht

Der parallele Inkrementalismus ist die effektivste Methode, um die volle Wirkung von Linderungsmaßnahmen auszuschöpfen, wenn Probleme zu komplex werden, um noch verstanden oder bewältigt werden zu können. Jede Linderungsstrategie, ob es sich um eine Einzellösung oder eine facettenreiche Lösung handelt, ist nur von begrenzter Dauer. Wie sieht es mit dauerhafteren Lösungen aus? Können wir irgendetwas tun, um die Lücke zwischen Komplexität und Wahrnehmung zu schließen? Auch hier stehen dem modernen Menschen zwei Waffen zur Verfügung, die früheren Zivilisationen nicht zur Verfügung standen: die Wiederherstellung des Wissens und die Evolution der Erkenntnis. Das erstgenannte Gegenmittel gegen den Zusammenbruch ist die *Wiederherstellung des Gleichgewichts zwischen Wissen und Glauben.*

Einer der Wege, über den wir das historische Muster des Aufstiegs und Niedergangs von Zivilisationen durchbrechen, besteht darin, aufmerksam das Gleichgewicht zwischen dem Streben nach Glauben und Fakten zu wahren. Wie zuvor besprochen, gedeihen Gesellschaften und Individuen, wenn erwiesene Fakten und Glaube nebeneinander bestehen. Erst wenn die Komplexität dazu führt, dass die Beschaffung der Fakten zu schwierig wird, drängt sich der Glaube in den Vordergrund. Und wie wir gesehen haben, werden aus einigen dieser unbewiesenen Überzeugungen im Laufe der Zeit dominante Supermeme, die den Fortschritt der Menschheit behindern. *Das heißt: Wenn eine Gesellschaft ihr Streben nach Wissen verstärkt, wirkt es der schleichenden Durchsetzung von nicht fundierten Überzeugungen entgegen und immunisiert eine Zivilisation gegen Supermeme. Betrachten Sie Fakten und Wissen als wirksame Impfstoffe, die uns davor schützen, uns irrationalen Überzeugungen zu ergeben.*

Es gibt viele Wege, über die eine moderne Zivilisation das Streben nach Wissen schützen kann. Ein Weg ist, die Integrität der Bildungsinstitute gegen den Einfluss von Supermemen zu schützen. Wie wir zuvor entdeckt haben, sind Universitäten und Colleges inzwischen zunehmend auf Finanzierung durch Wirtschaftsunternehmen angewiesen. Folglich erhalten Forschungsprojekte, die eine Aussicht auf kommerzielle Nutzbarkeit bieten, wahrscheinlich eher eine Finanzierung als Forschungsprojekte, die aus reinem Wissensgewinn initiiert werden. Das hat dramatische Auswirkungen auf die Prioritäten von Universitäten.

Unsere wichtigen Lehrinstitute sind ein Barometer für das Ungleichgewicht, das zwischen Wissen und Glauben herrscht. Je mehr Supermeme (zum Beispiel Rentabilität, Produktivität, Investitionsrendite und andere Glaubenssätze der Wirtschaft) die Ziele höherer Lehrinstitute bestimmen, desto mehr sinkt die Wahrscheinlichkeit, dass die Universitäten Forschungsprojekte verfolgen, die keinen kurzfristigen, kommerziell nutzbaren oder greifbaren Nutzen haben. Viele Hochschulleiter geben zu, dass sie über dieses Problem bestürzt sind, sich aber gezwungen fühlen, diesem Trend zu folgen, um dem finanziellen Ruin zu entgehen. Sie sitzen in der Falle; sie versuchen, die Prinzipien der Ökonomie zu befolgen und gleichzeitig das Streben nach Wissen und Fortschritt der Menschheit in Ehren zu halten.

Die Universitäten würden heute gut daran tun, proaktiv eine Grenze zu setzen, bis zu welcher Höhe ihre gesamten Finanzmittel aus der Wirtschaft kommen dürfen. Anstatt alles Geld zu nehmen, das sie bekommen können, wäre es klug von ihnen, der Versuchung zu widerstehen, unbeabsichtigt zum Forschungsarm kommerzieller Unternehmen zu werden.

Zwar sind die heutigen Universitäten ein offensichtlicher Ausgangspunkt, aber es gibt auch viele andere Bereiche, in denen das Wissen an Boden verliert. Zum Beispiel werden der Etat und die Zeit, die für investigativen Journalismus nötig sind, immer schneller zu einem Relikt der Vergangenheit. Selten investiert eine Zeitung oder ein Nachrichtenprogramm die notwendigen Ressourcen für profunde, langfristige Rechercheprojekte. Das kann sich heute niemand mehr leisten. Die Konsequenzen des modernen Trends, möglichst schnell eine Story auf den Markt zu bringen, ohne Zweit- und Drittquellen zu konsultieren, ist nichts anderes als Hörensagen zu drucken. Fragen Sie nur den amerikanischen Nachrichtenredakteur Dan Rather, der falsche Angaben über Präsident George Bushs Militärzeit verbreitete, oder Jayson Blair, den Redakteur der *New York Times*, der in die Schlagzeilen geriet, weil seine Storys zwischen 1999 und 2003 auf Plagiaten und erfundenen beziehungsweise gefälschten Nachrichten basierten.

Selbst in unserem Privatleben haben wir nur sehr wenig Zeit, uns Wissen anzueignen. Die Komplexität hat nicht nur dazu geführt, dass die Fakten schwer auszumachen sind; durch das Internet und die schnelle Kommunikation gibt es auch einfach zu viele Informationen. Auf uns stürmt in so kurzer Zeit eine derartige Informationsflut ein, dass wir nicht mehr links von rechts unterscheiden können. In einem solchen Umfeld haben wir kaum eine andere Chance, als uns auf Experten, Prominente und Talkshowmoderatoren zu verlassen, die die relevanten »Fakten« für uns vorsortieren und für uns Schlussfolgerungen ziehen. Auch wenn es vielleicht eine Versuchung ist, mit dem Finger auf die Universitäten, Medien oder andere Institutionen zu zeigen, müssen wir selbst ebenfalls einen Teil der Verantwortung für die mangelnde Bereitschaft übernehmen, Zeit und Energie auf die Trennung zwischen Fiktion und Fakten zu verwenden.

Es gibt viele Wege, rationales Denken, Forschung und wissenschaftliche Beweisführung zu stärken, um sich gegen lähmende Überzeugungen zu schützen. Das mag mehr Faktenprüfer im Nachrichtenstudio oder die Investition von mehr Zeit und Ressourcen bedeuten, die für wirklich profunden Journalismus nötig sind. Es könnte eine Aufforderung an die Regierung bedeuten, Zeitungen zu subventionieren, damit jeder Bürger Zugang zu kostenlosen Informationen hat. Es könnte erfordern, dass Lehrtätigkeit zu einem der höchstbezahlten Berufe wird, um so die besten und brillantesten Köpfe auf dieses Gebiet zu locken – Profis, die Kindern und jungen Studenten die Freude am Lernen vermitteln und junge Erwachsene dazu anspornen, eine klare Unterscheidung zwischen erwiesenen Fakten und Annahmen zu treffen.

In einer besseren Welt würde die Stärkung der Bedeutung von Wissen dazu führen, dass Freunde und Nachbarn wöchentliche »Diskussionsgruppen« abhalten, die darauf abzielen, verwirrenden Themen, von der Gesundheitsversorgung und Geldanlagen bis zur Klimaerwärmung und Terrorismus auf den Grund zu gehen. Vielleicht würden diese Diskussionsgruppen so beliebt werden wie die wöchentlichen Buchklubs, die dank Oprah einst die USA überschwemmt haben. Vielleicht würden die Menschen darauf bestehen, mehr als eine Perspektive zu lesen und zu hören. Die Zuschauer von Fox News würden ein- oder zweimal pro Woche MSNBC sehen, und umgekehrt. Eine meiner guten Freundinnen liest jeden Morgen zwei Zeitungen – eine nationale und eine internationale –, nur um sich eine möglichst objektive Meinung bilden zu können. Sie gibt zu, dass es aufwendig und teuer ist, aber sie sagt auch, es sei der einzige Weg, den sie gefunden habe, um kulturelle Vorurteile zu vermeiden.

Wenn wir dem Streben nach Wissen dieselbe Bedeutung geben wie dem Streben nach Geld und Bequemlichkeit, wird die Zivilisation das nötige Gleichgewicht wiederfinden. Das bedeutet, Wissen muss so erstrebenswert werden wie Prominenz, so wertvoll wie ein Sieg, so normal wie Meinungsbildung und so verehrt wie Traditionen. Dann und nur dann werden Wissen und Glaube nebeneinander bestehen können.

Dann und nur dann wird die strapazierte alte Debatte zwischen Religion und Evolution ihr verdientes Ende finden. Wenn wir anerkennen, das Menschen sowohl das Bedürfnis nach Glauben als auch nach Wissen haben, rüsten wir uns selbst mit einer neuen Waffe gegen Extremisten, die verlangen, dass wir dem einen zulasten des anderen den Vorzug geben. Vielleicht verstehen wir nicht genau, wie die Evolution heute noch zur religiösen Doktrin passt, aber das heißt nicht, dass eines von beiden falsch und deswegen für den Fortschritt der Menschheit überflüssig ist. Es heißt ganz einfach, dass wir nicht die kognitive Fähigkeit besitzen, beides unter einen Hut zu bringen – so wie wir bei Einsteins Relativitätstheorie und Newtons Theorie der Schwerkraft noch nicht herausgefunden haben, wie die beiden genau zusammenwirken. Na und?

Solange wir weiterhin darauf beharren, dass eine Idee richtig und die andere falsch ist, bleibt das Gleichgewicht zwischen Wissen und Glauben gefährdet. Ob es der Wissenschaftler und Atheist Richard Dawkins ist, der darauf beharrt, dass religiöse Überzeugungen der Menschheit einen sehr schlechten Dienst erweisen, oder Geistliche, die dem rationalen Denken oft im Weg stehen – beide behindern den Fortschritt der Zivilisation, indem sie die historischen Belege ignorieren, dass wir eine Spezies sind, die seit Beginn der Zeitrechnung Wissen und Gottesglauben angestrebt hat. Experten auf beiden Seiten der Auseinandersetzung verlangen von uns nichts weniger, als zwischen zwei gleichermaßen geliebten Kindern auszuwählen: unserem Bedürfnis nach Wissen und unserer Notwendigkeit zu glauben.

Wachhunde im Weißen Haus

Heute gibt es keinen Ort, an dem Wissen und Fakten dringender benötigt werden, als in unserer Regierung. Mit zunehmender Komplexität unserer

Probleme und dem wachsenden Druck, schneller bessere Lösungen für unsere Probleme zu finden, geschieht es immer öfter, dass Regierungsführer ihre Entscheidungen auf falsche logische Schlussfolgerungen und nicht erwiesene Überzeugungen gründen, anstatt auf rationale Fakten. Die Verwirrung darüber, was wissenschaftlich solide Daten und was reine Theorie, Korrelationen oder Ratespiele sind, führt dazu, dass selbst Führer auf höchster Ebene gefährliche Schlussfolgerungen ziehen und eine ganze Nation in die Irre führen.

Im Rückblick müssen wir zum Beispiel zugeben, dass es kaum greifbare Beweise für die Existenz von Massenvernichtungswaffen im Irak gab, dabei war dieses Argument die Basis für den Einmarsch der USA in den Irak im Jahr 2003.[10] Colin Powell präsentierte einige verschwommene Satellitenbilder vor den Vereinten Nationen. Daneben gab es einige Aufklärungsarbeit am Boden, die nie bestätigt werden konnte. Das waren letztlich die Fakten, die die USA besaßen.

Durch das verstärkte Gefühl der Gefahr, das im Anschluss an den 11. September herrschte, waren die politischen Führer verwirrter als je zuvor, was den Unterschied zwischen Fakten und Überzeugung anbelangt. Mit ihrem Wunsch, den Feind zu vernichten, und sehr wenigen greifbaren Fakten votierten der Senat und das Repräsentantenhaus im Jahr 2002 einstimmig dafür, »den Einsatz der US-Militärstreitkräfte gegen den Irak zu autorisieren.« Auf diese Weise war die Verwirrung bezüglich realer Fakten und reiner Spekulation für eine übereilte und irrationale Entscheidung verantwortlich, die viele Tausend Soldaten und Zivilisten das Leben kostete.

Traurigerweise ist Krieg nur eines von zahllosen deutlichen Beispielen, in denen Überzeugungen so stark werden, dass Führer und Experten sie mit Beweisen verwechseln. In jüngster Zeit wurde der Streit über die Gesundheitsreform in den USA im Wesentlichen von Politikern mit einem Jura- oder Wirtschaftsstudium geführt. Soweit ich weiß, war nur ein einziger Arzt unter ihnen. Dieselben Juristen sind auch für die Politik auf anderen komplexen Gebieten verantwortlich, wie zum Beispiel Stammzellenforschung, Klimawandel, Nukleartechnologie und Bildung. Zwar sind sie mit jeder Menge Berichten und Daten ausgerüstet, für deren Verständnis ihnen aber die Ausbildung fehlt oder die zu umfangreich sind, um sorgfältig gelesen oder untersucht werden zu können. Folglich sind die Politiker gezwungen, sich auf ihre Instinkte, die Mitarbeiter ihrer Ministerien, auf Politik und Überzeugungen zu verlassen. Niemand erwartet von einem Minister, dass er auf jedem Gebiet ein Experte ist, aber wir erwarten auch nicht, dass er oberflächliche Entscheidungen über gefährliche Themen trifft, ohne die glaubwürdigsten Autoritäten auf dem jeweiligen Gebiet konsultiert zu haben.

Doch was geschieht, wenn sie das nicht tun? Was geschieht, wenn die Zeit oder das Geld einfach nicht reichen, um Experten zu befragen oder sich durch Berge von Daten und Studien zu kämpfen? Gibt es irgendeine Methode, um sich gegen politische Entscheidungen zu schützen, die auf reinen Überzeugungen basieren? Ja, die gibt es.

Im Jahr 1951 machte sich US-Präsident Harry Truman die gleichen Sorgen. Und so begann er, heimlich Wissenschaftler ins Weiße Haus einzuladen und sich privat mit ihnen zu treffen.[11] Die Wissenschaftler wurden weder bezahlt noch suchten sie Ruhm oder Reichtum oder ein Amt in der Regierung. Truman machte deutlich, dass der Zweck dieser Gespräche ausschließlich darin bestand, dass er als Präsident die ungeschminkten Fakten unmittelbar aus dem Mund der brillantesten Köpfe des Landes erhielt. Das war Trumans Weg, die Wahrheit gegen die politischen Ziele zu halten, die andernfalls möglicherweise zu falschen Entscheidungen geführt hätten.

Auch Präsident Dwight D. Eisenhower, der auf Truman folgte, suchte den Rat der besten Wissenschaftler des Landes. Nach dem Zweiten Weltkrieg wuchs in den USA die Befürchtung, die Nation verliere ihre Führungsstellung auf dem Gebiet von Technologie und Wissenschaft. Und so begann Eisenhower im Jahr 1953, kleine Gruppen von Wissenschaftlern informell ins Weiße Haus einzuladen. Eisenhower zufolge war das die beste Methode, um ein Gegengewicht zu den Informationen zu bilden, die er von Kabinettsmitgliedern und dem US-Militär über die Entstehung und Entwicklung der Radar-, Nuklear- und Weltraumtechnologie erhielt.

Im Jahr 1957 erreichten die Spannungen während des Kalten Kriegs mit dem Start der russischen Sputnik-Satelliten einen neuen Höhepunkt. Diese Satelliten waren genau der Beweis, den das US-Militär brauchte, um zu dem Fazit zu gelangen, dass »die Sowjetunion auf dem Gebiet der Interkontinentalraketen einen gefährlichen Vorsprung besaß«. In dieser beunruhigenden Zeit verließ sich Präsident Eisenhower zunehmend auf regierungsfremde Experten. Tatsächlich wurden die Beiträge der Wissenschaftler so unverzichtbar, dass der Präsident beschloss, aus den Expertenrunden eine formale Organisation zu bilden. Und so wurde aus Trumans ursprünglichen Zusammenkünften mit herausragenden Wissenschaftlern der wissenschaftliche Beratungsausschuss des Präsidenten PSAC (President's Science Advisory Committee).

Später perfektionierte John F. Kennedy die Rolle, die das PSAC dabei spielte, komplexe wissenschaftliche Forschungsarbeiten verständlich zu machen, sodass sie dazu verwendet werden konnten, die öffentliche Meinung zu bilden. Außerdem erweiterte Kennedy den vornehmlich militärischen Fokus dieses Gremiums auf die Weltraumforschung (NASA), um sein Versprechen einhalten zu können, den ersten Menschen auf den Mond zu bringen.

Laut Charles Townes, Nobelpreisträger für Physik und häufiger PSAC-Teilnehmer während der Regierungszeit von Eisenhower und Kennedy, reisten 15 bis 20 der besten Wissenschaftler einmal im Monat nach Washington, um mit dem Präsidenten dringende Themen zu besprechen. Die Wissenschaftler rotierten im Beratungsausschuss, je nach ihrem speziellen Fachgebiet. Abgesehen vom Vorsitzenden des PSAC erhielt niemand ein regelmäßiges Gehalt. Das Ziel dieses Gremiums bestand darin, der Nation die Gelegenheit zu geben, jeden Monat einige Tage von den herausragendsten Köpfen des Landes profitieren zu können. Das war eine zivile Pflicht, die jeder Wissenschaftler und Experte begrüßte.

Wenn die Wissenschaftler in Washington eintrafen, wurden sie für ein oder zwei Tage abgesondert, damit sie ohne Aufsicht oder Einmischung miteinander sprechen konnten. Am letzten Tag trafen sie sich in einem privaten Gespräch mit dem Präsidenten, um ihm die Ergebnisse ihrer Diskussionen in einem offenen und unzensierten Meinungsaustausch mitzuteilen. Dabei waren sich die Experten untereinander und auch mit dem Präsidenten durchaus nicht immer einig. Nachdem sie ihre Ergebnisse präsentiert hatten, kehrten die vorübergehenden Berater wieder an ihre eigentlichen Arbeitsstätten zurück.

Im Jahr 1973 löste US-Präsident Richard Nixon das PSAC aus unbekannten Gründen auf. Mit dieser Entscheidung ging ein entscheidender Kanal zum Erhalt objektiver Fakten verloren. Die Auflösung des PSAC war ein ebenso deutliches Zeichen dafür, dass die USA in die falsche Richtung zielte, wie die Entscheidung der Mayas, den Bau von Staubecken einzustellen und die Götter mit Menschenopfern zu besänftigen.

Richard Garwin, Autor des Buches *How the Mighty Have Fallen*, weist auf die Tatsache hin, dass unabhängige Experten »zunehmend politischen und ideologischen Tests unterzogen werden«, was den Einzug der Objektivität ins Weiße Haus erschwert hat. Er merkt an, dass viele Menschen die Abschaffung von Behörden und Gremien, die vorurteilsfreie Fakten liefern – so zum Beispiel das Office of Technology Assessment und das PSAC – damit gleichsetzen, man würde »sich selbst ins Gehirn schießen«. Im Jahr 2001 versuchte Präsident George Bush, mit der Gründung des Technologie-Beratungsgremiums PCAST (President's Council on Science and Technology), dessen Mitglieder vom Präsidenten ernannt wurden, wieder eine PSAC-ähnliche Organisation einzuführen. Laut Bush stellte das PCAST eine verbesserte Version von Eisenhowers ursprünglicher Organisation dar. Doch in Wirklichkeit hat diese neue Einrichtung nur eine schwache Ähnlichkeit mit dem PSAC, das einst ein maßgebliches Organ war, um »Tacheles« mit dem Präsidenten zu reden.

Zum Beispiel arbeitet das PCAST unter der strengen Aufsicht des Office for Science and Technology (OSTP). Das OSTP ist eine Abteilung, die aus Vollzeitregierungsangestellten besteht und von Dr. John Holdren geleitet wird, der nicht nur Co-Vorsitzender des PCAST ist, sondern auch Direktor des OSTP und Assistent des President for Science and Technology. Das bedeutet, dass alle Experten, Mitglieder, Forschungsprojekte, Empfehlungen et cetera von Holdren und OSTP-Mitarbeitern unter die Lupe genommen werden, bevor man sie an den Präsidenten weiterleitet.

Der ursprüngliche Zweck des PSAC bestand aber darin, ein Gegengewicht zu den Meinungen innerhalb des politischen Zirkels von Washington zu bilden, und zwar unabhängig vom politischen Parteibuch oder Überlegungen, ob die Empfehlungen der Wissenschaftler die aktuelle Politik der Regierung unterstützten oder nicht. Das war auch einer der Gründe, warum alle PSAC-Treffen private Gespräche mit dem Präsidenten waren, an denen nur wenige Stabsmitglieder teilnahmen und die immer unter Ausschluss der Presse und der Öffentlichkeit stattfanden. Damit war gewährleistet, dass die Wissenschaftler offen ihre Meinung äußern konnten, ohne sich über die politischen Pläne der Regierung oder ihren Arbeitsplatz Sorgen machen zu müssen. Vergleichen Sie das mit den heutigen PCAST-Treffen: Sie werden ganz offensichtlich von Holdren und dem OSTP gesteuert und sind für die Presseberichterstattung freigegeben, sodass der Druck der öffentlichen Aufmerksamkeit den freien Austausch neuer Ideen behindert.

Nehmen Sie zum Beispiel die jüngste Ölpest im Golf. Ein festes Expertenpanel aus 35 Mitgliedern, die vom Präsidenten ernannt wurden, setzte sich zusammen, um Empfehlungen zu erarbeiten. Keines der Mitglieder besaß irgendwelche spezifischen Referenzen im Zusammenhang mit leckgeschlagenen Hochsee-Ölplattformen. Wissenschaftler, die sofortige Lösungen für eine der größten Umweltkatastrophen in der US-Geschichte hatten, fanden jedoch keinen Platz in dieser Runde. Anstatt externe Experten zu Rate zu ziehen und ein hochspezialisiertes Team zusammenzustellen, verließ sich der Präsident zunächst hauptsächlich auf das OSTP und das PCAST, bevor er außerhalb der Regierungskreise Rat suchte.

Tatsächlich bewegten sich die Dinge so langsam, dass private Bürger, die versuchten, zum OSTP, dem Weißen Haus oder anderen Behörden vorzudringen – Menschen wie der Schauspieler und Fürsprecher Kevin Costner – keine andere Wahl hatten, als persönlich aktiv zu werden und ihre eigene

Armee von Experten aufzustellen und gleichzeitig dringend an andere Gruppen zu appellieren, *nicht auf Washington zu warten*, um bereits verfügbare Technologien einzusetzen.

Auch wenn ich mich dem Risiko aussetze, der Fehlinformation oder des Oppositionsverhaltens bezichtigt zu werden – erlauben Sie mir, die Erste zu sein, die es öffentlich ausspricht: Das PCAST ist kein PSAC. Das einst fließende Spezialistengremium, das monatlich zusammentrat, um der höchsten Regierungsstelle die ungeschminkte Wahrheit zu überbringen, wurde langsam auf eine Verlängerung des OSTP reduziert und ist somit weit davon entfernt, das objektive und leistungsfähige Problemlösungsorgan zu sein, das es einst war. Dabei ist der Bedarf der Öffentlichkeit und der Erde an herausragenden Köpfen nie so groß gewesen wie heute.

Da sich die Gesellschaft immer mehr ihrer kognitiven Schwelle nähert, gibt es keinen besseren Zeitpunkt als heute, um den PCAST zu restrukturieren oder das PSAC wiederzubeleben und jeden Abgeordneten und Senator dazu anzuspornen, sich so oft wie möglich mit regierungsfernen Experten zusammenzusetzen. Warum sollen wir daraus nicht das neue Vorbild für die Welt machen: eine Regierung, die sich auf eine kleine Armee von vorurteilsfreien Vordenkern stützt, um sich davor zu schützen, dass sich Supermeme einschleichen und in der Politik breitmachen; eine Regierung, die ihr intellektuelles Kapital nutzt, um sich aus dem Stillstand, der daraus folgt, zu befreien und den Weg für eine rationale und nachhaltige Politik zu ebnen? Wenn die USA glauben, ihr rechtmäßiger Platz in der Geschichte sei es, die freie Welt anzuführen, müssen sie nun mit gutem Beispiel vorangehen. Auf diese Weise können sie der Menschheit das echte Geschenk machen, die unvermeidliche und gefährliche kognitive Schwelle sicher zu überschreiten.

Was bleibt, ist die Evolution

Erinnern Sie sich an die alte japanische Parabel? Als der Mönch gefragt wurde, ob er Gott eine Reinkarnation Gottes oder ein Mensch sei, antwortete er einfach, er sei »wach«. Was meinte er damit wirklich? Er wollte damit sagen, dass er sehen könne, was zuvor nicht sichtbar gewesen sei. Und mit dieser klaren Vision kam auch die Klarheit über Sinn und Zweck und über das Handeln.

Dasselbe gilt für die Menschheit heute. Wir besitzen diese Klarheit, also können wir handeln. Was die Bekämpfung der Komplexität betrifft, besitzen wir die Fähigkeit, auf den parallelen Inkrementalismus zurückzugreifen und das kritische Gleichgewicht zwischen Wissen und Glauben wiederherzustellen. Damit gewinnen wir unmittelbar Zeit. Das ist jedoch noch nicht alles. Wir besitzen außerdem eine dauerhafte Lösung, die von niemand anderem stammt als Mutter Natur selbst: die *Erkenntnis.*

Egal welche Herausforderungen sich einem biologischen Organismus stellen: Es ist eine unleugbare Tatsache, dass die Evolution am Ende jede Herausforderung auf irgendeine Weise bewältigt. Vor mehr als 150 Jahren bewies Charles Darwin, dass dies ein Prinzip ist, auf das wir uns verlassen können. Vom Standpunkt der Reaktion auf unsere Umgebung aus gesehen, unterscheiden sich unsere sich verändernden kognitiven Fähigkeiten also nicht wesentlich von der Evolution des Menschen vom Vier- zum Zweibeiner. Wir verbessern ständig unsere Überlebenschancen, indem wir uns biologisch an unsere Umgebung anpassen. Und im Falle des modernen Menschen ist die Komplexität die maßgebliche Antriebskraft für diese Anpassung.

Wenngleich die Evolution der Erkenntnis möglicherweise schmerzhaft langsam stattfindet, gibt es kaum Zweifel darüber, dass sie langfristig der Heilige Gral ist: die elegante Verteidigungsstrategie der Natur. Gott sei Dank sind die heutigen Neurowissenschaftler kurz davor, dieses scheue, neue Talent des menschlichen Gehirns für die Menschheit nutzbar zu machen. Und dabei gilt es, keine Zeit zu verlieren.

11
Wie sich die Kluft überbrücken lässt: Die Entwicklung eines leistungsfähigeren Gehirns

Als ich noch zur Grundschule ging, sagte mir eine Lehrerin eines Tages, ich würde nur 10 Prozent meines Gehirns nutzen. Ich war zutiefst besorgt. Diese Lehrerin vergaß jedoch den Hinweis, dass wir alle nur 10 Prozent unseres Gehirns nutzen, also dachte ich, das gelte nur für mich. Nach Wochen, in denen ich mich wegen ihrer Bemerkung schlecht fühlte, ging ich zu meinem Vater – dem klügsten Menschen, den ich kannte. Vater hatte eine Antwort auf alles. Einen platten Reifen an meinem Fahrrad? Hier ist das Flickzeug – lies die Anleitung. Ein Kind auf dem Spielplatz war gemein zu mir? Geh woanders spielen. Ich schaffe es nicht, meine Aufgaben zu erledigen? Steh früher auf.

Eines Abends stellte ich aus dem Nichts heraus die Frage: »Wie kann ich mein Gehirn besser nutzen?«

»Was?«

»Ich möchte wissen, wie ich mein Gehirn besser nutzen kann.«

Vater legte seine Zeitung hin. »Dafür gehst du in die Schule. Da lernst du es.«

»Aber das mache ich bereits und meine Lehrerin sagt, ich würde nur 10 Prozent meines Gehirns nutzen.«

»Das stimmt. Das liegt daran, dass du nicht mehr nutzen kannst. Wir alle nutzen nur 10 Prozent unseres Gehirns.«

»Ich will aber mehr nutzen.«

»Nun, das ist einfach ...« Er machte eine Pause und holte tief Luft. »Sobald du glaubst, du hättest die Antwort ... sobald du ganz sicher bist, dass du weißt, wie die Lösung lautet, und du ganz sicher bist, dass du die richtige Antwort hast, musst du dich dazu zwingen, eine andere zu finden.«

»Eine andere Antwort? Das ist alles?«

Er fuhr fort: »Du musst Geduld haben. Bald wirst du wie ein Läufer sein, der jeden Tag etwas weiter läuft. Bevor du es merkst, kannst du einen Marathon laufen. Danach kannst du länger und schneller laufen, als jemals irgendjemand gelaufen ist. Wenn du mehr als 10 Prozent deines Gehirns nutzen willst, dann musst du Folgendes tun: Erstens lässt du deine Eltern in Ruhe, wenn sie Zeitung lesen wollen. Und zweitens, fang an daran zu arbeiten, 11 Prozent deines Gehirns zu nutzen.«

Wirksame Worte eines einfachen Mannes.

Viel später erfuhr ich, dass die 10-Prozent-Regel ein Mythos ist. Es ist ein Mem, das sich seit Ende des 19. Jahrhunderts hartnäckig hält. Angeblich untersuchte der Psychologe William James die physiologischen Grenzen von Athleten, als er begann, sich für ein Phänomen zu interessieren, das als »zweite Gehirnwindung« bezeichnet wird. Ausgehend von seinen Forschungsergebnissen schloss James, dass wir nicht nur selten unser gesamtes körperliches Potenzial nutzen, sondern auch selten unser gesamtes geistiges Potenzial ausschöpfen. Von dort aus war es nur ein kleiner Schritt bis zur Annahme, dass wir meistens nur einen Teil unseres Gehirns nutzen. Anschließend berichtete eine Gruppe Forscher, dass »ein gewaltiger Prozentsatz der Hirnrinde aus dem sogenannten »Silent Cortex« – einer Art stiller, ungenutzter Reserve – besteht«. Sobald Wissenschafter festgestellt hatten, dass ein großer Teil des Gehirns »stumm« war, interpretierte die Öffentlichkeit dieses Ergebnis fälschlicherweise dahingehend, dass dieser Teil des Gehirns *untätig* war. Das traf jedoch nicht zu. *Wir wussten einfach nicht, was das übrige Gehirn tat.*

Dr. Barry L. Beyerstein, inzwischen verstorbener Professor für Psychologie am Brain Behavior Laboratory der Simon Fraser University in Vancouver, erklärte in einem Artikel mit der Überschrift »Nutzen wir wirklich nur 10 Prozent unseres Gehirns?«:[1]

> »Zunächst ist es offensichtlich, dass das Gehirn, wie alle unsere Organe, von der natürlichen Selektion geformt wurde. Wachstum und Funktion der Hirnmasse sind aus Sicht des Stoffwechsels sehr aufwendig, und es ist wenig glaubwürdig, dass die Evolution eine derartige Verschwendung der Ressourcen erlaubt hätte, wie sie für den Aufbau und die Versorgung eines zum größten Teil ungenutzten Organs nötig ist. Darüber hinaus geben die vielfältigen Hinweise aus der klinischen Neurologie Anlass zu berechtigten Zweifeln an dieser Annahme. Der Verlust eines weitaus geringeren Anteils als 90 Prozent des Gehirns aufgrund von Unfällen oder Krankheit hat katastrophale Auswirkungen.«

Heute wissen wir dank EEG, PET-Scannern, bildgebenden Verfahren, Magnetenzephalografie und anderen Technologien, die Neurowissenschaftlern ermöglichen zu beobachten, was sich unter unserer Schädeldecke abspielt, dass wir unser *gesamtes* Gehirn nutzen. *Wir nutzen nur nicht alle Bereiche gleichzeitig.*

Dr. Elkhonon Goldberg, klinischer Professor für Neurologie an der New York University School of Medicine, drückt es folgendermaßen aus:[2] »Neue Neuroimaging-Methoden haben die Neurowissenschaften auf die gleiche Weise verändert, wie das Teleskop die Astronomie verändert hat.« Zum ersten Mal in der Geschichte können Forscher in Echtzeit beobachten, welche Teile des Gehirns verstärkt aktiv werden, wenn wir Probleme lösen, uns verlieben, unsere Schnürsenkel zubinden und einen Marathon laufen. Dieser Vorsprung allein bietet der modernen Zivilisation einen enormen Vorteil, den die Gesellschaften der Antike nicht hatten: das Potenzial, das menschliche Gehirn so gut zu begreifen, dass wir es gegen eine wiederkehrende kognitive Schwelle rüsten können.

Durch das Studium des menschlichen Gehirns unter verschiedenen Bedingungen haben die Neurowissenschaftler heute bereits drei hochwirksame Gegenmittel gegen das Erreichen einer kognitiven Grenze gefunden: Brainfitness-Technologie, die Evolution der spontanen Erkenntnis und wertvolle neue Informationen über das Unterbewusstsein.

Die geistige Leistungsfähigkeit erhalten und verbessern

An einem nebligen Morgen im Jahr 2007 eröffnete das erste Brainfitness-Studio in der Sacramento Street in San Francisco. VibrantBrains entsprang der Inspiration von Jan Zivic und Lisa Schoonerman, zwei Unternehmer, die entschlossen waren, der allgemeinen Öffentlichkeit die neuesten Erkenntnisse der Neurowissenschaften über die Verbesserung der natürlichen Fähigkeiten des Gehirns zugänglich zu machen.[3] Schoonerman betrachtet Hirnfitness als ein Element, das in der Fitnessbewegung fehlt:

> »Die Nachfrage nach Lösungen, die möglicherweise Demenz und Alzheimer oder altersbedingtem Gedächtnisverlust entgegenwirken, ist gewaltig. Die Menschen wollen etwas tun, um ihre Denkfähigkeit zu erhalten. Und wenn sie das tun, dann merken sie, dass es um mehr geht, als das zu schützen, was man bereits hat. Das Gehirn kann zu jeder Zeit neue Verknüpfungen herstellen. Es ist wirklich beeindruckend, dass man unabhängig vom Bildungshintergrund oder Alter jederzeit etwas Neues lernen und neue Denkweisen entwickeln kann.«

Schoonerman hat Recht. Immer mehr Menschen machen sich Sorgen, sie könnten ihre kognitiven Fähigkeiten verlieren, und wollen wissen, was sie tun können, um ihr Gehirn gesund und leistungsfähig zu erhalten. Infolgedessen wurde VibrantBrains über Nacht zu einem Erfolg. In Foster City, Kalifornien, eröffnete eine zweite Niederlassung und weitere Expansionspläne sind im Gespräch.

Doch wie groß ist der Trend eigentlich? In einem Artikel des *Wall Street Journal*, der vor Kurzem erschien, interviewte Kelly Greene den Mitgründer von SharpBrains, Alvaro Fernandez, demzufolge die Amerikaner im Jahr 2008 beeindruckende 80 Millionen Dollar für Produkte zum Erhalt der geistigen Fitness ausgegeben haben.[4] Trotz der Wirtschaftskrise steigt die Nachfrage rasant an. Da Neurowissenschaftler immer mehr Belege dafür finden, dass sich das menschliche Gehirn ganz bewusst manipulieren lässt, um Schutzmaßnahmen gegen kognitive Krankheiten wie Demenz und Alzheimer zu entwickeln, wird Brainfitness immer populärer und findet zunehmend Eingang in Senioreneinrichtungen, Schulen, Krankenhäuser und Haushalte. Ähnliche Organisationen wie VibrantBrains sind bereits in Boca Raton, Florida (Sparks of Genius) und in Kalifornien und Texas (Nifty after Fifty) entstanden. Neue Websites, die sich der kognitiven Fitness widmen, schießen wie Pilze aus dem Boden, ganz zu schweigen von einer wachsenden Zahl an Spielen, die für sich in Anspruch nehmen, das »geistige Alter« einer Person zu senken. Vor dem Hintergrund, dass die gewaltige Zahl an Menschen der Babyboomer-Generation auf das Rentenalter zusteuert, steigt der Wunsch, unsere Fähigkeit zur Verarbeitung von Informationen und unsere geistige Wachheit zu erhalten. *Egal wie fit und leistungsfähig unser Körper ist: Wir begreifen heute, dass das Leben, wie wir es kennen, vorbei ist, wenn unser Gehirn nicht mehr leistungsfähig ist.*

Um zu beweisen, dass Brainfitness genauso funktioniert wie körperliche Übungen, hat VibrantBrains sein Programm intelligenterweise den Programmen traditioneller Fitnessklubs nachempfunden. Die Mitgliedschaft bei VibrantBrains ähnelt einer Mitgliedschaft im Fitnessklub: Kunden zahlen 60 Dollar Monatsbeitrag für eine Jahresmitgliedschaft, die ihnen den Zugang zu Einrichtungen bietet, in der sie eine Reihe von computergenerierten Gehirnübungen absolvieren, die sich Neurobics Circuit – Zirkeltraining für das Gehirn – nennen. Der Neurobics Circuit besteht aus speziellen kognitiven Übungen, die der Verbesserung des Gedächtnisses, des visuellen und räumlichen Vorstellungsvermögens, der Argumentationsfähigkeit, der geistigen Aufmerksamkeit und Reaktionsfähigkeit sowie der Verbesserung der Konzentrationsfähigkeit dienen. Das Trainingsprogramm beinhaltet überdies Übungen zum Stressabbau, zur Stimmungsverbesserung und zur Entspannung – Fähigkeiten, die erwiesenermaßen auch unsere Problemlösungsfähigkeiten verbessern. Die Kunden stellen ihren eigenen Trainingszeitplan zusammen und besuchen die Einrichtungen so oft sie wollen. Üblicherweise kommen sie vor oder nach der Arbeit und wechseln zwischen dem Hirntraining bei VibrantBrains und dem Fitnesstraining im Fitnessstudio hin und her.

Eines der einzigartigen Merkmale von VibrantBrains ist ein einfaches Computerprogramm, das den Kunden ermöglicht, ihre Fortschritte, zum Beispiel ihrer Problemlösungsfähigkeiten, zu verfolgen. Dieses Feedback bietet den Mitgliedern die Gelegenheit, ihr individuelles Trainingsprogramm feinzusteuern, um Bereiche zu stärken, in denen sie schlechter abschneiden. Ähnlich dem Trainingsprogramm eines Athleten, der mit ganz bestimmten Geräten und Übungen bestimmte Muskelgruppen trainiert, ist jedes Softwareprogramm darauf ausgerichtet, verschiedene Hirnfunktionen zu trainieren.

Eines der Computerprogramme von VibrantBrains beginnt zum Beispiel mit einer einfachen Disney-ähnlichen Unterwasserszene, die wie das Innere eines Aquariums aussieht: Es gibt verschiedene Gräser und Algen und eine tropische Pflanzenwelt, Korallen, Sand und so weiter. Plötzlich taucht ein Schmuckstück auf, gefolgt von drei identischen Fischen. Einer der Fische verdeckt plötzlich das Schmuckstück auf dem Bildschirm, und anschließend beginnen alle drei Fische, wild umherzuschwimmen – gelegentlich schwimmen sie über- und untereinander hinweg, aneinander vorbei, dann wieder in unterschiedliche Richtungen. Und plötzlich stoppen alle drei Fische. Das Ziel ist herauszufinden, hinter welchem Fisch das Schmuckstück versteckt ist – eine Aufgabe, die relativ leicht zu lösen ist, wenn es nur drei Fische und ein Schmuckstück gibt.

Mit der Zeit tauchen auf dem Bildschirm jedoch immer mehr identische Fische auf, die immer schnellere und immer unberechenbarere und komplexere Schwimmbewegungen machen. Die Aufgabe, das versteckte Schmuckstück zu verfolgen, wird immer schwieriger. Später tauchen zudem weitere Schmuckstücke auf, sodass mehr als ein Fisch Schmuckstücke versteckt. Es dauert nicht lange, und unser Gehirn versagt völlig. Wir spüren sofort, wenn wir an unsere kognitive Schwelle gelangen. Es gibt einfach zu viele Fische, die zu viele Schmuckstücke verstecken. Wir können sie nicht mehr alle verfolgen.

Ähnlich wie bei Videospielen werden wir jedoch immer besser, je mehr wir üben. Obwohl es keine Muster gibt, die man sich einprägen kann, lernt unser Gehirn überraschenderweise, drei, vier und fünf Fische zu verfolgen, die zwei, drei oder vier Schmuckstücke verstecken. Mit zunehmender visueller Komplexität des Spiels verbessern sich das räumliche Vorstellungsvermögen, die Konzentration, die Reaktionszeit und die visuelle Interpretation. Unser Gehirn wird trainiert und minütlich agiler, schneller und stärker. Auf diese Weise wirkt Brainfitness als mühelose und unterhaltsame Methode zur Entwicklung »eines schnelleren Denkvermögens, einer gesteigerten Konzentrationsfähigkeit und eines besseren Gedächtnisses« – alles Fähigkeiten, die der kognitiven Schwelle entgegenwirken.

Der Impuls hinter dem Neurobics Circuit von VibrantBrains ist »Jewel Diver«, ein Brainfitness-Programm, das vom Pionier Dr. Michael Merzenich, Neurowissenschaftler und Professor Emeritus der Universität von Kalifornien in San Francisco, entwickelt wurde.[5] Merzenich ist ein Feuerkopf, der unermüdlich um die Welt reist und Vorträge über den erwiesenen Nutzen der Brainfitness für Millionen von Schulkindern und Senioren hält. Ausgerüstet mit hieb- und stichfesten klinischen Daten und Statistiken verfolgt Merzenich die Mission, unsere Lern- und Lehrmethoden zu verändern. Seiner Auffassung nach wissen wir heute wesentlich mehr darüber, wie sich das Gehirn darauf »vorbereitet«, neue Informationen leichter und dauerhafter aufzunehmen und zu speichern. Warum sollten wir dieses neue Verständnis vom menschlichen Gehirn nicht praktisch umsetzen?

Merzenichs These, dass sich die kognitiven Fähigkeiten mit Übungen verbessern lassen, deren visuelle Komplexität schrittweise zunimmt, ist jedoch heftig umstritten. Hauptsächlich, weil er ein eigenes Unternehmen, Posit Science, gegründet hat, das Softwareprodukte wie Jewel Diver produziert und vertreibt. Viele von Merzenichs Kollegen befürchten, er könne in einen »Interessenkonflikt« geraten, und vertreten überdies die Meinung, die Ergebnisse der Brainfitness seien übertrieben. Merzenich sieht das jedoch praktisch:[6]

> »Die Instrumente, die wir besitzen, mögen nicht perfekt sein, aber wir wissen, dass sie bis zu einem gewissen Grad hilfreich sind. Nur weil wir keine Daten darüber haben, inwieweit uns die Technologie hilft, heißt das nicht, wir wüssten nicht, dass sie funktioniert. Das haben wir bereits bewiesen. Ob sie also viel oder wenig nützt – warum sollten wir nicht damit beginnen, sie anzuwenden? Wenn wir unser Wissen mit der Zeit vergrößern, werden sich auch die Produkte weiter verbessern.«

Gibt es unabhängige Belege dafür, dass sich Merzenich auf dem richtigen Weg befindet? Irgendwelche Daten, die zeigen, dass wir uns auf dem Gipfel der *volitionalen, also willentlichen Wahrnehmung* befinden? Im Jahr 2007 nahmen zum Beispiel drei große Universitäten zusammen mit der Mayo-Klinik an einer Studie über die Effektivität der Brainfitness teil. Der wissenschaftliche Redakteur und Herausgeber von *Faith in Science*, Gordy Slack, berichtet über die Ergebnisse des Forschungsprojekts:[7]

> »Die Hälfte der Gruppe absolvierte das Brainfitness-Programm jeden Tag mindestens eine Stunde lang, und das fünf Tage die Woche. Die andere Hälfte sah sich Lehrfilme auf DVD an. Nach acht bis zehn Wochen machte die Gruppe verschiedene Lern- und Gedächtnistests, einschließlich einer Übung, in der sich die Teilnehmer an Einzelheiten einer Geschichte oder Worte aus einer Liste erinnern sollten. Der Test zeigte, dass sich das Gedächtnis derjenigen, die das Brainfitness-Programm absolviert hatten, gegenüber den Teilnehmern, die nur die Lehrfilme angesehen hatten, durchschnittlich um ein Jahrzehnt verbessert hatte.«

Eine Verbesserung um ein Jahrzehnt? Ich melde mich sofort an.

Das ist jedoch nur die Spitze des Eisbergs. Weitere Studien, die am W. M. Keck Foundation Center für Integrative Neurowissenschaften an der UCSF durchgeführt wurden, zeigten, dass die Teilnehmer über 50 Jahre, die an Brainfitness-Programmen teilnahmen, die »neurologische Leistungsfähigkeit« von 20- bis 30-jährigen Erwachsenen aufwiesen.[8] Unser geistiges Alter um 20 Jahre zurückdrehen? Ist es da ein Wunder, dass Neurowissenschaftler wie Merzenich fragen, warum dieses Thema keine Schlagzeilen macht? Warum ist es nicht bereits Teil eines täglichen Gesundheitsprogramms? Zudem gibt es zunehmend Hinweise darauf, dass die Leistungsfähigkeit unseres Gehirns noch lange ansteigt, nachdem wir unser Hirntraining absolviert haben. Die Effekte der Brainfitness sind möglicherweise nicht vorübergehend, wie wir einst dachten, sondern dauerhaft.

Vor neun Jahren begann das National Institute of Aging (NIA), ein »Useful Field of View« (UFOV) zu testen, das von Karlene Ball und Dan Roenker entwickelt wurde.[9] Ähnlich dem von Merzenich entwickelten Brainfitness-Programm waren die UFOV-Übungen speziell darauf ausgerichtet, die Reaktionszeit auf Objekte zu verkürzen, die sich an der Peripherie des Blickfelds einer Person befanden, ohne das »Blickzentrum« zu stören. 3000 freiwillige Teilnehmer wurden gebeten, das UFOV-System insgesamt zehn Stunden lang zu nutzen. Die Teilnehmer spielten eine Reihe von Spielen, deren Aufgabenkomplexität schrittweise zunahm, indem immer mehr Dinge in ihrem peripheren Blickfeld auftauchten. Folgestudien zeigten, dass sich bei den Teilnehmern fünf Jahre nachdem sie lediglich zehn Stunden mit diesem Programm verbracht hatten immer noch eine vorteilhafte Wirkung nachweisen ließ. Sie konnten erheblich mehr Informationen aus einem breiteren Sichtfeld verarbeiten als andere Studienteilnehmer. Außerdem zeigten sie ein besseres Erinnerungsvermögen, hatten weniger Autounfälle, führten ein selbstbestimmteres Leben und wiesen eine bessere körperliche Gesundheit auf als die Kontrollgruppe, die nie Hirnfitnessübungen gemacht hatte.

Die Zeitschrift *Journal of the American Geriatrics Society* bestätigte diese Ergebnisse:[10] Eine Studie mit 487 Erwachsenen im Alter von 65 Jahren und darüber, die über einen Zeitraum von acht Wochen vierzig Stunden mit Brainfitness-Programmen verbracht hatten, zeigte ebenfalls langfristige Verbesserungen des Erinnerungs- und Reaktionsvermögens, der Konzentration und der Problemlösungsfähigkeiten.

Tatsächlich gibt es heute Hunderte von klinischen Studien weltweit, die zu den gleichen Ergebnissen kommen. Ob jung oder alt, gebildet oder nicht, Hirnfitness hat einen messbaren langfristigen Effekt auf die kognitiven Fähigkeiten des menschlichen Gehirns. Unser Gehirn wird wendiger, schneller und lernfähiger, wenn wir es kontinuierlich fordern, aber nicht nur, indem wir Kreuzworträtsel lösen und Fernsehquizsendungen sehen. Wir müssen unser Gehirn auf ganz spezielle Weise fordern. Und wir verstehen immer besser, mit welchen Methoden. Wort für Wort erstellen wir nun eine Anleitung für das menschliche Gehirn – eine Art »Ground Zero« für alles was wir tun, wissen, denken und fühlen – und die Nachhaltigkeit des menschlichen Fortschritts.

Plastizität – unsere große Chance

Auf internationaler Ebene ist Merzenich am meisten für seine Pionierarbeit zu einem Phänomen bekannt, das als »Hirnplastizität« bezeichnet wird.[11] Die Plastizität bezieht sich ganz einfach auf die Fähigkeit des Gehirns, neue Hirnschaltkreise zu erzeugen, wann immer es will. Merzenich war einer der ersten Neurowissenschaftler, die bewiesen, dass das menschliche Gehirn *in jedem Alter* entscheiden kann, neue Hirnschaltkreise zu entwickeln, um die alten zu ersetzen (oder parallel mit den alten Schaltkreisen zu nutzen). Das ist wirklich nützlich, wenn die alten Hirnschaltkreise allmählich verschleißen – ein Prozess, der bei Menschen ungefähr *im Alter von 30 Jahren* einsetzt. (Ja, das stimmt. Ungefähr in diesem Alter beginnen unsere kognitiven Fähigkeiten nachzulassen.)

Die Entdeckung der Hirnplastizität war ein beispielloser Durchbruch in den Neurowissenschaften, weil sie bewies, dass das Hirn nach einer schweren Verletzung neu »verdrahtet« werden konnte. Wenn die Hirnzellen, die einst für die Bewegung unseres rechten Arms verantwortlich waren, beschädigt werden, besitzt unser Gehirn die Fähigkeit, andere Hirnzellen darauf zu programmieren, diese Funktion zu übernehmen. So lassen sich brandneue Hirnschaltkreise entwickeln, um neue Aufgaben auszuführen. Merzenich liefert ein einfaches Beispiel dafür, wie das menschliche Gehirn neue Tricks erlernt:[12]

»Wenn Sie ein Junge sind, der im brasilianischen São Paulo aufgewachsen ist, haben Sie eine um 50 Prozent größere Chance, dass Sie gleichzeitig laufen und einen Ball auf Ihrem Kopf balancieren können. Schon in sehr jungen Jahren lernt das Gehirn eines brasilianischen Jungen, diese Aufgabe mühelos zu beherrschen – weil das etwas ist, was Jungen in São Paulo tun. Im Zentrum von Minneapolis erwarten Sie dagegen nicht, dass jemand auf diese Weise mit einem Ball jongliert. Tatsächlich werden Sie nur sehr wenige Jungen sehen, die diese Akrobatik beherrschen. Warum? Weil ihre »sozialen Umstände« diese Fähigkeit in ihrem Gehirn nicht zu einem erstrebenswerten Ziel erheben. Wenn kein Vorteil erkennbar ist, bildet das Gehirn keine entsprechenden Schaltkreise, um gleichzeitig laufen und einen Ball auf dem Kopf balancieren zu können. Kann ein Junge aus Minneapolis lernen, gleichzeitig zu laufen und einen Ball auf dem Kopf zu balancieren? Selbstverständlich. Eines der erstaunlichen Merkmale der Hirnplastizität besteht darin, dass wir beschließen können, im Verlauf unseres gesamten Lebens neue Fähigkeiten zu erlernen. Im Gegensatz zu anderen Lebewesen bleibt das menschliche Gehirn bis zu unserem Tod formbar. Warum entwickeln Jungen aus Minneapolis dann nicht dieselben kognitiv-muskulären Fähigkeiten wie Jungen aus São Paulo? Einfach ausgedrückt beginnt das Gehirn zu entscheiden, wie es sich entwickeln will, indem es die soziale Umgebung beobachtet und Ziele auswählt, die es als lohnenswert für das Individuum und die Gruppe betrachtet. Sobald das Gehirn ein Ziel auswählt, macht es sich zudem selbst zum Richter über die Entscheidung, ob das Ziel erreicht wird. Jedes Mal, wenn ein Junge in São Paulo einen neuen Versuch unternimmt, einen Ball auf dem Kopf zu balancieren, flüstert sein Gehirn: »Gut gemacht! Präge dir diesen Erfolg ins Gedächtnis ein.« Oder: »Guter Versuch, aber mach es das nächste Mal anders.« Dem vergleichbar würde das Gehirn eines Jungen aus Minneapolis auf die gleiche Weise beginnen, neue Schaltkreise für diese Ballübung zu produzieren, wenn der Junge entscheiden würde, dass diese Fähigkeit in seinem sozialen Umfeld nützlich ist. Auf diese Weise lernt unser Gehirn.«

Dr. Michael Stryker, ein Kollege Merzenichs am W.M. Keck Foundation Center für Integrative Neurowissenschaften, erklärt, wie das Gehirn in Bezug auf die Dinge, die es erlernen will, Prioritäten setzt:[13] »Teile Ihres Gehirns befinden sich im konstanten Wettbewerb, um zu erkennen, welche [Nervenzellen] dauerhafte Veränderungen erzeugen können. Und die Dinge, auf die Sie Ihre Aufmerksamkeit richten, tragen zu der Entscheidung bei, wo die positive Plastizität wirksam wird.«

Letztlich reduziert sich alles auf Folgendes: Nervenzellen – auch als Neuronen bezeichnet –, die gleichzeitig feuern, bilden Hirnschaltkreise, die das Gehirn später verwenden kann, um Aufgaben zu erfüllen und Probleme zu lösen – oder wie Autor Gordy Slack es ausdrückt: »Neuronen, die gleichzeitig feuern, verdrahten sich.«[14] Wenn das Gehirn also mit einer zunehmenden Komplexität konfrontiert ist, besteht die wahre Herausforderung darin, Wege zur Bildung neuer Schaltkreise – neuer Denkweisen – zu finden, und das so oft und so schnell wie möglich.

Hier weist Merzenich darauf hin, dass die erste Regel der Problemlösung lautet, *dass wir nur auf das zurückgreifen können, was unser Gehirn geerbt, erfahren oder gelernt hat.* Das ist das Rohmaterial, aus dem alle unsere Gedanken, Ideen, Innovationen und Lösungen entstehen – alles, was wir wissen und uns vorstellen können. Wenn wir zum Beispiel nie irgendetwas über Mathematik, Physik oder Technik gelernt haben, ist es nicht sehr wahrscheinlich, dass der nächste große Durchbruch in Teilchenphysik plötzlich und überraschenderweise »aus dem Nichts auftaucht«. Wir werden nicht eines Tages plötzlich aufwachen und etwas Vergleichbares wie Einsteins Relativitätstheorie niederschreiben. Das liegt daran, dass unser Gehirn einfach nicht über den nötigen *Inhalt* verfügt, um das zu ermöglichen. Und dabei spielt es keine Rolle, wie intelligent oder kreativ wir sind. Die Art und Menge des Inhalts, mit dem wir unser Gehirn füllen, hat einen großen Effekt auf die Lösungen, die wir für komplexe Probleme finden können.

Mit anderen Worten: Das menschliche Gehirn findet keine Lösungen aus dem Nichts heraus – nicht einmal kreative. Unser Gehirn braucht Rohmaterial, mit dem es arbeiten kann, selbst wenn dieses Rohmaterial in der abschließenden Lösung nicht zu erkennen ist. Es ist zum Beispiel unklar, welcher spezifische Inhalt Wag Dodges Gehirn dazu führte, dass er inmitten der Feuersbrunst von Mann Gulch einen lebensrettenden Geistesblitz hatte, aber es ist klar, dass es Ressourcen besaß, die es anzapfen konnte, und die die 15 Feuerwehrmänner, die ums Leben kamen, nicht besaßen.

Tatsächlich ist es so, dass wir, abhängig von der Menge an Informationen, die unser Gehirn verarbeitet, absorbiert und speichert, selbst entscheiden, ob wir – im übertragenden Sinne – in einem Megawarenhaus einkaufen, dessen Regale bis unter die Decke mit Optionen angefüllt sind, oder in einem Tante-Emma-Laden mit begrenzter Auswahl. Das ist der Grund, warum die frühkindliche Bildung so wichtig ist: *Je bessere Lerner wir werden, desto größer ist das Geschäft, in dem unser Gehirn für den Rest des Lebens einkaufen kann.* Oder mit Worten von Louis Pasteur: »Das Glück begünstigt diejenigen, die gut *vorbereitet* sind.«[15] Je besser wir auf eine spontane Erkenntnis vorbereitet sind, desto wahrscheinlicher ist es, dass uns dieser Geistesblitz kommt. Zu lernen, *wie man das Gehirn auf effiziente Weise mit Inhalt füllt, ist ein Schlüsselelement für die Verbesserung unserer Chancen, dass sich spontane Erkenntnisse einstellen.*

Aus diesem Grund ist Merzenichs Durchbruch in Hirnplastizität historisch. Wenn Lernen für unser Gehirn zur Gewohnheit, zu einem natürlichen Bestandteil unseres täglichen Lebens wird, wird unser Gehirn bis zu unserem Tod jeden Tag mit neuem Inhalt gefüllt und bildet ständig neue Schaltkreise. Das ist eine der wirklich einzigartigen und aufregenden Charakteristiken des menschlichen Gehirns: Es ist nie zu spät, um einen kleinen Tante-Emma-Laden in ein Megawarenhaus zu verwandeln, dessen Regale randvoll mit Inhalten sind. Alles, was wir tun müssen, ist Unterricht nehmen, ein Buch lesen oder einen Spaziergang machen, einen neuen Tanz lernen oder Brainfitness-Übungen machen, um neue Hirnschaltkreise herzustellen.

Neue Instrumente für Schulen

Wenn Kinder von klein auf mittels Brainfitness-Übungen »lernen, zu lernen«, führt das zu erstaunlichen Ergebnissen. Merzenich wies darauf hin, dass in den USA heute mehr als 1,5 Millionen Kinder und Jugendliche im Grundschul- oder Gymnasialalter bereits Brainfitness-Technologien zur Verbesserung ihrer Sprachfähigkeiten, ihres Vokabulars und ihrer gesamten kognitiven Entwicklung nutzen.[16] Das neue »Fast-Forward«-Softwareprogramm, das darauf ausgerichtet ist, »die Genauigkeit und die Geschwindigkeit zu verbessern, mit der ein Kind Informationen aufnehmen kann«, erzielt Ergebnisse, die weit über die Effekte hinausreichen, die eine Erhöhung der Lehrergehälter, neue Lehrbücher oder Testverfahren erzielt haben. Stellen Sie sich das vor. Mehrmals am Tag ein einfaches Videospiel zu spielen, ist unter Umständen alles, was Schulkinder brauchen, um schneller lernen zu können.

Merzenich hat entdeckt, dass Kinder, die kurz vor Unterrichtsbeginn Brainfitness-Programme absolvieren, wesentlich leichter neue Inhalte aufnehmen und verarbeiten. Und je mehr Inhalte ein Kind abspeichern kann, desto mehr Ressourcen hat es zur Verfügung, egal ob es sich um die klassische Problemlösung unter Einsatz der beiden Gehirnhälften oder um Erkenntnisprozesse handelt. Merzenich sieht bemerkenswerte Ähnlichkeiten zwischen Brainfitness-Übungen und Aufwärmübungen, die Sportler vor einem Wettbewerb machen. Genau wie der Körper will das menschliche Gehirn *aufgewärmt* werden, bevor es arbeitet. Und die Methode, um es vor der Arbeit aufzuwärmen, besteht darin, es kontinuierlich Lernprozessen zu unterziehen.

Ein Beispiel: In Jacksonville, Florida, wurden rund 23 000 Kinder, die insgesamt 15 bis 17 Stunden Brainfitness-Training absolviert hatten, in der Folge über eine Dauer von drei Jahren untersucht. Die Ergebnisse sind auffällig. Die Kinder, die an dem Brainfitness-Training teilgenommen hatten, erbrachten *doppelt* so hohe intellektuelle Leistungen wie die Kinder, die nicht daran teilgenommen hatten.[17] Zudem scheinen die kognitiven Vorteile jedes Jahr exponentiell zuzunehmen. Brainfitness scheint Vorteile zu bieten, die sich über die gesamte Lebensspanne ständig multiplizieren. Wenn Sie Ihr Gehirn einmal in die richtige Richtung gelenkt haben, läuft es von allein. So viel zu profitabler Nutzung.

Die Förderung der spontanen Erkenntnis

Ist Brainfitness jedoch ausreichend? Sie mag ein wichtiges Element für die Angleichung der kognitiven Fähigkeiten an die zunehmende Komplexität des Lebens sein, aber ist die Verbesserung unserer Fähigkeit, mehr Inhalte abspeichern zu können, nützlich, wenn wir sie nicht zu unserem Vorteil nutzen können? Schließlich definiert sich Intelligenz auf zweifache Weise: die Fähigkeit, sich Wissen aneignen zu können, und *die Fähigkeit, dieses Wissen zur Problemlösung einsetzen zu können.*

Wichtiger als die *Menge* des Wissens, das wir uns aneignen, ist daher möglicherweise, *was* wir mit diesem Wissen anfangen. Ein Lehrplan, der im Hinblick auf Problemlösungsfähigkeiten weiterhin die linkshälftige Analysefähigkeit und die rechtshälftige Synthesefähigkeit stärkt, vergrößert am Ende nur mehr vom selben. Und wie wir bereits festgestellt haben, dauert es nicht lange, bis beide Methoden vom Ausmaß der Komplexität, mit der wir heute fertig werden müssen, überwältigt werden. Und hier kommt die *spontane Erkenntnis* ins Spiel.

Laut Dr. Kalina Christoff, Dr. Alan Gordon und Dr. Rachelle Smith, Autoren einer vor Kurzem veröffentlichten Studie mit dem Titel: »Die Rolle des spontanen Gedankens in der menschlichen Erkenntnis« (»The Role of Spontaneous Thought in Human Cognition«, University of British Columbia), liegt die Antwort im »spontanen Gedanken«:[18] »Spontane Gedanken erleichtern den Prozess, einen Sinn in unseren Erfahrungen zu erkennen, Verbindungen zwischen Erinnerungen und Begriffen herzustellen, den Fokus der Aufmerksamkeit so zu erweitern, dass eine größere Menge an Informationen berücksichtigt wird, und den Prozess, Erfahrungen einen Motivationswert beizumessen – alles Faktoren, die für eine gute Entscheidung in einer komplexen Situation ausschlaggebend sind.« Sie fahren fort: »Der bewusste gedankliche Prozess mag Teil des Entscheidungsprozesses sein, aber es ist eher der spontane, nicht fokussierte Denkmodus ... der möglicherweise nötig ist, um erfolgreich wichtige Entscheidungen zu treffen.« Kurzum, die *spontane Erkenntnis* – der nächste wichtige Schritt in der menschlichen Erkenntnis – ist dem methodischen, analytischen Denken, auf das wir uns über Jahrhunderte verlassen haben, diametral entgegengesetzt.

Merzenich hat die richtige Vorstellung von der Bedeutung, die *kontinuierliches Lernen* für das menschliche Gehirn hat. Gleichermaßen wichtig ist jedoch die Vermeidung stark strukturierter, uniformer Lehrpläne, die alle Schüler und Studenten über einen Kamm scheren. Um eine *erkenntnisgesteuerte* Problemlösung zu fördern, müssen wir damit beginnen, Schüler für spontane, korrekte Antworten zu belohnen. Um Schüler erfolgreich darauf vorzubereiten, sich in einer zunehmend komplexen Welt zu behaupten, müssen wir ihnen beibringen, neue Verbindungen herzustellen, anstatt uns weiterhin auf reduktionistisches Denken zu verlassen.

Laut Dr. Hemai Parthasarathy, ehemaliger Herausgeber der *Public Library of Science (PLoS)*, berichten Menschen, die spontane Erkenntnisse beziehungsweise Geistesblitze haben, über die unerwartete Fähigkeit, »Verbindungen zu erkennen, die sie zuvor nicht wahrgenommen hatten«.[19] Die wahre Chance in der Bildung liegt also nicht nur darin, die Fähigkeit der Schüler zu verbessern, mehr Inhalte aufzunehmen und abzuspeichern, sondern auch darin, die spontane, erkenntnisgesteuerte Problemlösung zu fördern.

Hier spielt die Arbeit der Neurowissenschaftler, die sich mit dem Erkenntnisprozess beschäftigen, eine entscheidende Rolle für die Zukunft der Menschheit: In der Erkenntnis liegt der Schlüssel zur Überwindung der kognitiven Schwelle, die in der Vergangenheit für den Zusammenbruch jeder entwickelten Gesellschaft verantwortlich gewesen ist. Sie ist eine erwiesene und erprobte Methode zur Bewältigung einer ansonsten unüberwindlichen Komplexität.

Eine neue Methode für eine neue Zeit

Es steht außer Frage, dass die spontane Erkenntnis an sich nichts Neues ist. Aber erst seit etwa zehn Jahren sind wir in der Lage zu beobachten, wie sie im menschlichen Gehirn entsteht. Tatsächlich ist das so neu, dass wir mehr Fragen als Antworten haben, was den Zeitpunkt und den Auslöser eines Geistesblitzes betrifft. Was wir bisher aufgedeckt haben, gibt uns große Hoffnung, dass die spontane Erkenntnis die kognitive Kluft zwischen der physischen Evolution unseres Gehirn und der zunehmenden Komplexität unserer Umwelt überbrücken kann.

Erstens wissen wir, dass die spontane Erkenntnis existiert. Sie wurde nicht nur beobachtet und dokumentiert, sie wurde auch »bei der Arbeit« im Gehirn fotografiert. Die Hirnaktivität während eines Erkenntnisprozesses unterscheidet sich optisch ganz erheblich von einem normalen Problemlösungsprozess unter Einsatz der rechten und linken Gehirnhälfte. Wenn wir einen plötzlichen Geistesblitz haben, *fühlen* wir uns auch anders. Laut Dr. Karuna Subramaniam von der Universität von Kalifornien in San Francisco »beinhaltet der analytische Prozess die bewusste Anwendung von Strategien und gedanklichen Schritten zur allmählichen Annäherung an eine Lösung. Der Geistesblitz, der als eine Art kreative Wahrnehmung gilt, ist der Prozess, mit dem Menschen spontan und unerwartet zu einer Lösung kommen, und zwar mithilfe von Prozessen, die die Betroffenen nicht bewusst beschreiben können.«[20] Subramaniam fährt fort: »Erkenntnisgesteuerte Lösungen beinhalten eher eine konzeptionelle Neuorganisation, die oft erfolgt, nachdem der Lösungssuchende mit seinen Lösungsanstrengungen zunächst in eine Sackgasse geraten und dann plötzlich in der Lage ist, entfernte oder atypische Beziehungen zwischen Problemelementen zu erkennen, die er zuvor nicht wahrgenommen hat ... Wenn eine Lösung gefunden wird, wirken diese Faktoren zusammen und erzeugen eine einzigartige phänomenologische Erfahrung, die auch als Aha- oder Eureka-Erlebnis bezeichnet wird.«

Zweitens ist die plötzliche Erkenntnis ein biologisches Phänomen. Dabei handelt es sich nicht um eine »übernatürliche Wissenschaft« oder irgendeine Art mystische Erfahrung, sondern eher um eine physikalische Funktion, die auf natürliche Weise in jedem menschlichen Gehirn stattfindet. Unabhängig von ihren Erfahrungen, ihrer Bildung oder ihrer Herkunft haben Menschen aller Altersgruppen und aus allen Lebensbereichen spontane Erkenntnisse. Das ist ein natürlicher und kein anerzogener Prozess.

Drittens werden bei einer plötzlichen Erkenntnis, mit der komplexe Probleme gelöst werden, unübliche Hirnbereiche aktiviert. In ihrem 2006 erschienenen Artikel »Das vorbereitete Gehirn« beschreiben Dr. John Kounios, Dr. Mark Jung-Beeman und fünf andere Wissenschaftler von drei führenden Universitäten ein wegweisendes Experiment, in dessen Rahmen 19 Testpersonen gebeten wurden, Wortprobleme zu lösen, während ihre Hirnaktivität gemessen wurde.[21] Bei diesem Experiment wurden jedem Teilnehmer drei einfache Worte, wie zum Beispiel »Haus, Fuchs, Raub« präsentiert. Die Teilnehmer wurden gebeten, ein Wort zu finden, dass sich mit jedem dieser drei Worte zu einem neuen Begriff kombinieren ließ. Wenn man diese Worte zum Beispiel mit »Bau« kombiniert, entstehen drei völlig neue Worte: Hausbau, Fuchsbau, Raubbau.

Nach jedem erfolgreich gelösten Problem wurden die Testteilnehmer befragt, ob sie irgendeine spontane, erleuchtungsähnliche Empfindung verspürt hätten, die sich mit erkenntnisgesteuerter Problemlösung assoziieren lässt. Es stellte sich heraus, dass die Teilnehmer nicht nur bestimmen konnten, wann sie eine erkenntnisgesteuerte Problemlösung anstatt einer Problemlösung unter Einsatz der rechten und linken Gehirnhälfte anwendeten, auch die Bereiche ihres Gehirns, die in dem Moment aktiviert wurden, in dem sie angaben, sie hätten einen plötzlichen Geistesblitz, waren andere.

Wenn eine Person einen plötzlichen Geistesblitz zur Lösung eines Problems hat, wird eine ansonsten unauffällige Falte des Gehirns hochaktiv, die als *anteriorer Gyrus temporalis superior (aSTG)* bezeichnet wird: In jedem Fall ließ sich ein plötzlicher Anstieg der gamma-oszillatorischen Aktivität beobachten. Der aSTG ist eine Falte im Temporallappen, die bisher mit der Verarbeitung von Geräuschen und Sprache sowie abstrakten Assoziationen in Zusammenhang gebracht wurde. Diese kaum beachtete und wenig bekannte Falte »erstrahlt wie ein Weihnachtsbaum«, wenn die Testperson einen Geistesblitz zur Lösung eines Problems hat. Was die Gründe dafür betrifft, können wir uns bisher aber nur auf Hypothesen stützen.

Dieselben Neurowissenschaftler entdeckten auch, dass der Anteriore Cinguläre Cortex (ACC), der für die Übermittlung von Signalen zwischen der linken und der rechten Gehirnhälfte verantwortlich ist, kurz vor Eintreten der spontanen Erkenntnis »anscheinend irrelevante Gedanken unterdrückt«. Das Gehirn bemüht sich, andere Gedanken und Sorgen vorübergehend zu verdrängen, um den Weg für eine extreme Konzentration zu ebnen.

Der Studie zufolge »könnte der ACC an der Unterdrückung irrelevanter Gedanken beteiligt sein ... und somit dem Lösungssuchenden ermöglichen, das nächste Problem wie ein *unbeschriebenes Blatt* anzugreifen. Diese Erklärung geht von der Annahme aus, dass der Erkenntnisprozess für interne Störungen anfälliger ist als der nicht erkenntnisgesteuerte Lösungsprozess und somit stärker darauf angewiesen ist, dass störende Gedanken vorübergehend unterdrückt werden«. Das könnte erklären, warum Übungen wie Meditation, Yoga und Entspannung oft zu spontanen Erkenntnissen führen. Die Tatsache, dass Newton unter einem Baum saß und Archimedes in der Badewanne lag, als ihnen ihr jeweiliger Geistesblitz kam, ist möglicherweise kein Zufall. Möglicherweise müssen die Gedanken wandern können, um Verbindungen herzustellen, die sie vorher nicht erkannt haben.

Viertens ist die plötzliche Erkenntnis kognitiv extrem anstrengend.[22] Neben dem aSTG und dem ACC steigt bei einem plötzlichen Geistesblitz auch die elektrische Aktivität in vier weiteren Hirnbereichen erheblich an. Dieser Anstieg wurde bei allen Testpersonen gemessen, die über Empfindungen berichteten, die mit spontanen Erkenntnissen assoziiert werden. Angesichts einer derart starken elektrischen Gehirnaktivität vor und während einer plötzlichen Erkenntnis nehmen die Neurowissenschaftler an, dass eine erkenntnisgesteuerte Denkweise möglicherweise für den Menschen zu anstrengend ist, um vom Gehirn auf jedes Problem angewendet zu werden. Möglicherweise kommt es selten zu derartigen Geistesblitzen, weil sie erheblich mehr »PS« erfordern als logische Analyse und Synthese. Vielleicht ist das Gehirn beim derzeitigen Stand der menschlichen Evolution einfach nicht in der Lage, über längere Zeiträume spontane Erkenntnisse abrufen zu können.

Fünftens bereitet sich das Gehirn auf die spontane Erkenntnis vor und es gibt Hinweise darauf, dass bestimmte Bedingungen spontane Erkenntnisse fördern. In seinem Artikel »Das vorbereitete Gehirn« schreibt Dr. Kounios, 300 Millisekunden vor Eintreten eines Geistesblitzes habe sich beobachten lassen, dass das Gehirn sich vorbereitet.[23] Jonah Lehrer fasst Kounios' Erkenntnisse sehr gut zusammen: »Eine kleine Falte im Hirngewebe der rechten Gehirnhälfte – der anteriore Gyrus temporalis superior – wird in der Sekunde vor Eintreten des Geistesblitzes ungewöhnlich aktiv. Diese Aktivierung tritt plötzlich auf und ist sehr intensiv – ein elektrischer Blitz, der eine hohe Blutzufuhr auslöst.«

Kounios und Jung-Beeman haben den Erkenntnisprozess nicht nur bis zu seiner Quelle zurückverfolgt. Es sieht auch so aus, als seien sie in der Lage vorherzusagen, wann ein Problem durch eine spontane Erkenntnis gelöst wird, und zwar bevor das geschieht. »Wir können demonstrieren, dass die

Vorbereitung auf die Problemlösung mit einem unterschiedlichen Zustand des Gehirns einhergeht – einer, der in Richtung einer Lösung durch Geistesblitz tendiert, und einer, der in Richtung einer Lösung ohne Geistesblitz tendiert.«

Mit anderen Worten: Was wir tun, bevor wir uns mit einem Problem beschäftigen, könnte bestimmen, ob wir dieses durch eine spontane Erkenntnis lösen oder nicht. Das bedeutet, dass es Bedingungen gibt, die eine spontane Erkenntnis begünstigen, und andere, die diese verhindern. Wenn das stimmt, was tat Wag Dodge, um sich geistig auf einen lebensrettenden Geistesblitz vorzubereiten? Welches waren die Bedingungen, die Einstein, Charles Townes, Richard Feynman oder James Watson zu ihren Durchbrüchen verhalfen? Und wenn es Bedingungen gibt, die eine spontane Erkenntnis fördern, bedeutet das, dass wir sie bewusst herstellen können? Leider wissen wir das nicht. Zumindest bis jetzt noch nicht.

Und schließlich *ist die plötzliche Erkenntnis die Spezialwaffe des menschlichen Gehirns zur Bekämpfung von Komplexität.* Was hochkomplexe Probleme betrifft, ist die spontane Erkenntnis erfolgreich, wo Problemlösungsmethoden unter Einsatz der beiden Gehirnhälften versagen. Vor dem Hintergrund unseres Wissens über den Prozess der natürlichen Selektion und die Anpassungsfähigkeit der Organismen an Veränderungen in ihrem Lebensumfeld können wir davon ausgehen, dass eine zunehmend komplexe Umgebung Auswirkungen auf die Evolution des Gehirns hat. Wenn wir wissen, dass die spontane Erkenntnis ideal zur Bewältigung von Komplexität geeignet ist, dann folgt daraus, dass diese Fähigkeit sich über Jahrmillionen weiterhin schnell verbessern wird.

Zwar wurde die Evolution des Menschen bisher hauptsächlich von Umweltveränderungen angetrieben, aber heute kontrollieren wir die physikalische Umgebung, in der wir leben, zum größten Teil. Wenn uns unsere natürliche Umgebung nicht gefällt, können wir sie einfach verändern. Wir holzen einen Wald ab. Wir bauen Dämme und Brücken und verbreitern Meeresufer, indem wir daraus Marschland machen. Wir bauen Tunnel durch Ozeane, fordern die Schwerkraft im All heraus und stellen Kleidung und Schutzzelte für antarktische Temperaturen her. Wir erklimmen die höchsten Berggipfel und steigen, mit Sauerstoffflaschen auf dem Rücken, in die tiefsten Tiefen des Ozeans hinab. All diese feindlichen Umgebungen erobern wir, ohne dass eine biologische Veränderung nötig wäre: keine neuen Gliedmaßen, kein gar nichts.

Nachdem radikale Anpassungen, die durch extreme Veränderungen der Umwelt, wie zum Beispiel eine Eiszeit, erzwungen wurden, nicht nötig sind, werden Menschen heute von Veränderungen ihrer *sozialen* Umgebung geprägt. Das menschliche Gehirn passt sich als Reaktion auf eine schnelle menschengemachte – keine physikalische – Veränderung der Umgebung an.

Im Jahr 2004 veröffentlichte das Howard Hughes Medical Institute der Universität von Chicago einen Artikel über die Forschungsarbeit von Dr. Bruce Lahn, Professor für Humangenetik.[24] Darin heißt es: »Warum der Mensch und keine andere Spezies im Verlauf der Evolution eine derart intensive Selektion für ein verbessertes Gehirn durchlief, ist eine offene Frage. Lahn glaubt, dass die Antworten auf diese wichtige Frage nicht nur von den biologischen Wissenschaften, sondern auch von den Sozialwissenschaften kommen werden. Vielleicht sind es die komplexen sozialen Strukturen und die kulturellen Verhaltensweisen, die man ausschließlich bei unseren Vorfahren fand, die die rasante Evolution des Gehirns angetrieben haben.«

Die Autoren von Serendip, einer Website, die sich mit der Beziehung zwischen dem Gehirn und der Evolution beschäftigt, stimmen dem zu. Je komplexer unser Verhalten wird, desto größer die Auswirkungen, die diese Komplexität auf unsere physische Evolution hat:[25] »Die *Komplexität des Verhaltens* könnte im Zusammenhang mit dem Ausmaß stehen, in dem das Gehirn als ein *Evolutionsverstärker* fungiert.«

In dieser Hinsicht lässt sich die spontane Erkenntnis *als ein Geschenk der Natur* betrachten: eine brillante und effektive Methode, um eine Abkürzung durch Tausende von Variablen und falschen Lösungen zu nehmen und eine korrekte und elegante Antwort zu erzeugen. Während traditionelle Problemlösungsmethoden unter Einsatz der rechten und linken Gehirnhälfte von der Komplexität gelähmt werden, blüht die Erkenntnis im Chaos auf – wie ein hypereffizienter Editor, der in der Lage ist, in Sekundenschnelle lösungsrelevante Fakten von unwichtigen zu trennen. Das ist im Wesentlichen, was Wag Dodge, Newton, Einstein, Archimedes, Galilei, Townes, Chu und Kamen erlebten. All ihre Erfahrungen und all ihr Wissen wurde schnell abgespeichert und anschließend gnadenlos auf die lösungsrelevanten Fakten reduziert – und dann *peng!* – zogen sie zwischen den Fakten neue Verbindungslinien, *und schon kam ihnen eine Erkenntnis.*

Wir wissen vielleicht nicht, wie der Erkenntnisprozess genau funktioniert und wann beziehungsweise ob unser Gehirn ihn zur Lösung eines Problems einsetzt. Aber was das Verständnis der Funktionsweise des Gehirns in dem Moment betrifft, in dem wir eine spontane Erkenntnis haben, wissen wir, dass viele der Wegweiser in dieselbe Richtung zeigen – *auf das Unterbewusstsein.*

Die Merkmale einer spontanen Erkenntnis

1. Die Lösung taucht plötzlich auf. Oftmals geschieht das nach einer Phase des Stillstands oder dem Gefühl, in einer Sackgasse zu stecken.
2. Der Problemlöser kann den gedanklichen Prozess, der zur Lösung führte, nicht nachvollziehen.
3. Der Problemlöser hat das intensive Gefühl, die korrekte Antwort gefunden zu haben.
4. Die Antwort ist korrekt.
5. Im anterioren Gyrus temporalis superior (aSTG) kommt es zu einem plötzlichen, dramatischen Anstieg der gamma-oszillatorischen Aktivität.
6. Die spontane Erkenntnis ist ein höchst anstrengender kognitiver Prozess: In vier Hirnbereichen kommt es gleichzeitig zu einer stark erhöhten elektrischen Aktivität: im linken posterioren STG, im Anterioren Cingulären Cortex, im rechten posterioren STG und in der linken Amygdala.
7. Beide Gehirnhälften werden gleichzeitig aktiviert.
8. Das Gehirn bereitet sich 300 Millisekunden im Voraus auf eine Erkenntnis vor: Der aSTG wird höchst aktiv, während sich der ACC ausschaltet und auf diese Weise interne und externe ablenkende Gedanken unterdrückt.
9. Die spontane Erkenntnis ist ein extrem effizientes Instrument zur Lösung hochkomplexer und schwieriger Probleme, die uns ermöglicht, Verbindungen zu erkennen, die wir zuvor nicht wahrgenommen haben.
10. Erkenntnisgesteuerte Lösungen sind unkonventionell, hochinnovativ und weitreichend in ihren Auswirkungen, weil sie frei von Supermemen sind.

Komplexität und Bewusstsein

Die Verbindung zwischen Erkenntnis und Unterbewusstsein wurde mir eines Tages klar, als ich den Unternehmer Jerry Lauch interviewte.[26] Lauch ist einer der frühen für die Entwicklung privater Kliniken für Schlafstörungen verantwortlichen Pioniere; er diagnostiziert und behandelt anomale

Schlafmuster. Aufgrund seines breiten Hintergrunds beim Studium der Auswirkungen, die Schlafmangel auf die Lernfähigkeit, Entscheidungsprozesse und das menschliche Verhalten hat, zapfe ich oft Lauchs Wissen an. Als wir eines Tages über die Schwierigkeiten diskutierten, die Neurowissenschaftler mit der genauen Bestimmung haben, wie der Erkenntnisprozess funktioniert, sagte Jerry:

> »Das Wichtige, was wir während des Schlafs tun, ist die Organisation und die Interpretation der Informationen, die wir bereits besitzen oder vor Kurzem erworben haben. Unser Unterbewusstsein ist wesentlich leistungsfähiger als unser Bewusstsein. Bei näherem Hinsehen stellen wir fest, dass wir in den Tiefen unseres Unterbewusstseins hohe Komplexitätsebenen bewältigen. Wenn wir einen Geistesblitz haben, ist es daher kein Wunder, dass wir das Gefühl haben, dieser sei ganz plötzlich gekommen. Kein Wunder, dass wir nicht genau erklären können, woher diese Erleuchtung stammt. Kein Wunder, dass wir spontane Erkenntnisse nicht nach Belieben erzeugen können.«

Ist die Erkenntnis also ein bewusster oder ein unbewusster Prozess? Ist der Unterschied zwischen einer Problemlösung unter Einsatz der rechten und linken Gehirnhälfte und einer spontanen Erkenntnis in Wirklichkeit der Unterschied zwischen bewusster und unbewusster Problemlösung? Schließlich wissen wir, dass das Unterbewusstsein auch im Wachzustand arbeitet. Fragen Sie jeden Psychologen. Wenn die spontane Erkenntnis eine unbewusste Form der Problemlösung ist, wie trägt unser Verständnis des Unterbewusstseins dann zu einem besseren Verständnis der spontanen Erkenntnis bei?

Das Unterbewusstsein ist seit Langem eine Bastion unbezwingbarer menschlicher Komplexität. Seine Erforschung begann mit den Psychologen William James und Boris Sidis, einem Studenten von James, der im Jahr 1898 das Buch *The Psychology of Suggestion: A Research into the Subconscious Nature of Man and Society* veröffentlichte.[27] Später, im Jahr 1899, veröffentlichte Sigmund Freud seine bahnbrechende Forschungsarbeit in einem Buch mit dem Titel *Traumdeutung* und begründete damit die moderne psychoanalytische Bewegung.

Dank E.O. Wilsons Enthüllungen in der Soziobiologie und James Watsons Entdeckungen in der Molekularbiologie, erfuhren wir wesentlich später, dass viele der menschlichen Triebe, die dem Unterbewusstsein zugeschrieben wurden, in Wirklichkeit vererbte Veranlagungen und biologische Instinkte waren. Wir werden nicht als unbeschriebene Blätter geboren: Die

Evolution rüstet jeden Menschen mit Motivationen, Fähigkeiten und Strategien für das Überleben aus. Dennoch gibt es einen gewaltigen Anteil des Unterbewusstseins, der sich nicht allein durch Evolutionsbiologie oder Freudsche Psychologie erklären lässt.

Trotzdem hätten wir Mühe, einen Wissenschaftler zu finden, der nicht die Tatsache anerkennt, dass Komplexität das Unterbewusstsein begünstigt. Die Tatsache, dass Erkenntnisse spontan eintreten und sich nicht auf einen identifizierbaren, bewussten Prozess zurückverfolgen lassen, mag darauf hinweisen, dass die Erkenntnis auf irgendeine Weise mit unserem tiefen Unterbewusstsein verknüpft ist. Da wir immer mehr über das Unterbewusstsein und das menschliche Gehirn erfahren, ist es wahrscheinlich, dass wir mit der Zeit auch ein besseres Verständnis über die inneren Abläufe des Erkenntnisprozesses gewinnen.

Kleine und große Erkenntnisse

Ob sie bewusst oder unbewusst eintreten: Einige Erkenntnisse drehen sich um kleine, zielgerichtete Probleme, wie zum Beispiel die Lösung des weltweiten Trinkwasserproblems, während andere größere Paradigmenwechsel darstellen, wie zum Beispiel die Entdeckung der Doppelhelix der DNS. Unabhängig vom Ausmaß des Problems, sind alle spontanen Erkenntnisse rationell und fehlerfrei. Wie beim Geistesblitz, der Wag Dodge dazu veranlasste, um sich herum eine Feuerschutzzone abzubrennen, oder bei den Beobachtungen, die zu Darwins Theorie über die natürliche Selektion führten, mögen die Probleme zwar komplex sein, aber die Erkenntnisse selbst sind oft elegant und offensichtlich. Spontane Erkenntnisse zielen auf den Kern eines Problems, indem sie gnadenlos sachfremde und unwesentliche Informationen aussortieren. Abgesehen davon, dass sie spontan auftreten, frei von Supermemen, korrekt und nicht nachverfolgbar sind und den Gyrus temporalis superior und den Anterioren Cingulären Cortex aktivieren, werden sie auch durch eine bestimmte Präzision charakterisiert. Nehmen Sie zum Beispiel die Gleichung $E = mc^2$. Nichts könnte es besser auf den Punkt bringen.

Vor nicht allzu langer Zeit hatte ich in einer Situation, die in einer Tragödie hätte enden können, die Gelegenheit, aus erster Hand die Auswirkungen einer einfachen, eleganten Erkenntnis zu erleben – nicht von einem nobelpreisgekrönten Wissenschaftler oder berühmten Erfinder, sondern von einem Nachbarn und Freund.

Im Frühjahr des Jahres 2008 löste ein Gewittersturm ohne Regen ein Feuer in Big Sur aus, das sich schnell zu einem der größten und zerstörerischsten Waldbrände in der Geschichte Kaliforniens entwickelte.[28] Als die Küstenwinde die Flammen vierzehn Stockwerke hoch trieben, breitete sich schwarzer Rauch wie ein gigantischer Tintenfleck am Horizont aus und ein Sturm heißer, glühender Holzstücke wirbelte durch die Luft und landete auf trockenem Gras und trockenen Blättern. Dieser unkontrollierbare Loderbrand entfachte eine Feuerlinie nach der anderen; es schien unmöglich, diese Angriffe aus der Luft zu stoppen. Die gesamte Stadt Big Sur wurde evakuiert. Die Menschen packten eilig Fotoalben, Haustiere, Steppdecken und Gemälde ein und flohen gen Norden in die nahe gelegene Stadt Carmel, wo sie von den Einwohnern mit offenen Armen aufgenommen wurden, die in ihren Gästezimmern zusätzliche Betten aufstellten, ihre Wohnwagen im Hof anboten und kostenlos freie Hotelzimmer zur Verfügung stellten. Die lokale Zweigstelle des Amerikanischen Roten Kreuzes errichtete in zwei Schulen sofort Schutzunterkünfte, die allerdings nicht in Anspruch genommen wurden. Freunde, Verwandte und hilfsbereite Bürger reichten aus, um alle Flüchtlinge aufzunehmen.

Als das Feuer in einer unaufhaltsamen Welle ein Haus nach dem anderen niederbrannte, fiel mir plötzlich ein, dass sich das Haus meines Freundes John Saar direkt in der Feuerlinie befand. John ist eine lokale Institution. Er hat den größten Teil seines Lebens an der Küste von Big Sur verbracht und besitzt seit Menschengedenken ein erfolgreiches Geschäft in Big Sur. Er ist die Sorte Mensch, die nirgendwo hingehen kann, ohne unterwegs nicht mindestens mit fünf Personen ein Schwätzchen zu halten und drei Hunde zu streicheln, die er alle mit Namen kennt. Sobald mir klar wurde, dass das Feuer auf ihn zurollte, rief ich ihn an, um zu hören, wie es ihm ging. Aber niemand ging ans Telefon. Ich versuchte es weiter und fragte mich, ob er vielleicht einen zweiten Lastwagen oder Hilfe brauchte, um Sachen aus seinem Haus zu retten. Einen Tag später hatte er mich immer noch nicht zurückgerufen. Und auch zwei Tage später nicht. Am dritten Tag, als es so aussah, als wäre das Feuer entweder kurz davor, sein Haus einzuschließen oder habe es bereits zerstört, fuhr John die Auffahrt vor meinem Haus hoch. Ich eilte hinaus, um ihn zu begrüßen.

»Wo bist du gewesen? Was ist mit deinem Haus?«

»Das Haus steht«, sagte er, während er sich die Asche von der Hose klopfte.

»Also, was ist passiert? Ich versuche seit Tagen dich zu erreichen.«

»Das kann ich dir sagen. Ich war zuhause und beobachtete von meiner Terrasse aus das Feuer und den Rauch, und ich war mir ziemlich sicher, dass das

Feuer auf mein Haus zukommen würde. Ich glaube, ich habe mich mit der Vorstellung vertraut gemacht, dass ich mein Haus verlieren würde. Ich saß einfach da und genoss es ein letztes Mal. Ich hatte bereits das Auto vollgepackt. Aber ich dachte, ich könnte genauso gut so lange wie möglich dort sitzen, ein Bier trinken und beobachten, wie die Flammen den Hügel hochklettern.«

»Und?«

»Ich dachte also darüber nach, was ich tun könnte, um das Haus zu retten. Ich wusste bereits, dass die Feuerwehr mir nicht helfen konnte. Sie versucht zu verhindern, dass die Stadt in Flammen aufgeht, und der Wind hat sich in eine ungünstige Richtung gedreht. Ich saß also einfach da, sah den ganzen Rauch und aus irgendeinem verdammten Grund begann ich über ›Brandschutzmauern‹ nachzudenken.«

»Brandschutzmauern?«

»Ja, weißt du, von der Art, wie man sie heute zwischen der Garage und dem eigentlichen Haus errichten muss. Das ist inzwischen Teil der Bauvorschriften. Du musst eine Brandschutzmauer bauen und eine feuerfeste Tür zwischen der Garage und dem Haus einsetzen.«

»Das wusste ich nicht.«

»Und weißt du, was ich dann dachte? Ich dachte: ›Hey, eine Brandschutzmauer ist im Wesentlichen nichts anderes als eine doppelte Rigipsschicht.‹«

»Wirklich?«

»Ja, das ist alles. Ich hatte noch Rigipsplatten in der Garage, die von Renovierungsarbeiten übrig geblieben sind, die ich letztes Jahr gemacht habe. Ich brach Stücke davon ab und warf sie in meinen Kamin. Ich versuchte sie zu verbrennen, ließ sie für kurze Zeit im Feuer liegen und nahm sie dann heraus. Und weißt du was? Das Zeug entzündet sich nicht. Rigips fängt einfach kein Feuer, nicht einmal, wenn man es mitten in die Flammen wirft und im Feuer liegen lässt.«

»Und dann?«

»Das erzähle ich dir. Sobald ich das herausgefunden hatte, rief ich ein paar Männer zusammen und wir eilten mit drei Pickups zu den Baumärkten Home Depot und Ace Hardware und kauften so viel Rigips wie wir transportieren konnten. Ich heuerte eine Gruppe Arbeiter an und fuhr sie zu meinem Haus, wo wir sofort damit begannen, die Außenfassade schnellstmöglich mit Rigipsplatten zu verkleiden.«

»Was?«

»Ja, das Dach, die Terrassen, alle Wände, die Fenster, das gesamte Haus. Es sah aus wie ein merkwürdiger Bunker aus dem Weltraumzeitalter. Die Leute fuhren vorbei und machten Fotos.«

»Du hast das ganze Haus verkleidet?«

»Ja, alles. Das dauerte rund drei Stunden. Als die glühenden Holzstücke begannen, über den Hügel zu wehen, sah ich zu, wie sie auf dem Rigips landeten. Sie verglühten einfach. Es war unglaublich. Nichts passierte. Das Haus steht unversehrt, bis auf die Tatsache, dass es merkwürdig ist, es zu betreten. Drinnen ist es dunkel wie in einer Höhle.«

Zwei Dinge waren an Johns spontaner Erleuchtung bemerkenswert. Seine plötzliche Erkenntnis rettete sein Haus – während andere Häuser in der Nachbarschaft in Flammen aufgingen –, und zweitens war Johns Geistesblitz bemerkenswert frei von Supermemen: keine irrationale Ablehnung, keine Personalisierung der Schuld, keine falschen Korrelationen, kein Silodenken und kein Wirtschaftlichkeitskalkül. Zwar wäre das wahrscheinlich möglich gewesen, aber John machte keinerlei Anstalten, seine Entdeckung in ein profitables Geschäft zu verwandeln. Noch wog er den Nutzen, die Hausfassade mit Rigipsplatten zu verkleiden, gegen die Kosten eines nicht erwiesenen letzten Rettungsversuchs ab.

Tatsache ist, dass John jedes moderne Supermem beiseite schob. Ähnlich wie Muhammad Yunus und Dean Kamen gelang es ihm, ohne jede Einschränkung außerhalb eingefahrener Wege zu denken und seine Gedanken wandern zu lassen, bis er auf eine Lösung stieß, die irgendwo in den Tiefen seines Unterbewusstseins versteckt lag. Plötzlich erkannte er eine neue Verbindung zwischen Brandschutzmauern, Rigips und dem Schutz der Außenwände seines Hauses vor dem herannahenden Feuer. Und in diesem Moment war Johns Lösung nicht weniger wichtig für ihn als die Lösung, die Wag Dodge einst das Leben rettete. Echte Veränderungen – Veränderungen, die etwas Wesentliches bewirken – entstehen selten aus eingefahrenen Verfahrensweisen.

Heute gibt es Hinweise darauf, dass selbst unter den günstigsten Umständen nur rund 4 Prozent der Bevölkerung, unabhängig von Bildung oder Herkunft, in der Lage sind, die fortschrittlichen Problemlösungsfähigkeiten des Gehirns zu nutzen. Bei einfachen Tests, bei denen die Teilnehmer eine Schachtel mit einem Stück Korkbrett, einer Kerze und Streichhölzern erhalten und aufgefordert werden, »die Kerze so auf dem Korkbrett zu befestigen, dass sie ordentlich herunterbrennt«, entscheiden sich laut dem wissenschaftlichen Redakteur Jonah Lehrer fast 90 Prozent der Teilnehmer für zwei falsche Lösungen.[29] Nur rund 4 Prozent erkennen, dass die Schachtel selbst die Lösung des Problems ist. Wie viele Personen dieser 4 Prozent, die in der Lage sind, Komplexität zu beherrschen, bekleiden wichtige Regierungsposten oder leiten globale Konzerne?

William Futrell, ein Pionier auf dem Gebiet der Bildungsreform, der intensiv daran arbeitet, an verarmten öffentlichen Schulen in den Innenstadtgebieten neue Lerntechniken einzuführen, drückte vor Kurzem seine Frustration darüber aus, wie lange es dauert, bis selbst erprobte Lösungen anerkannt werden und sich durchsetzen:[30]

> »Ich glaube, es war 700 Jahre nach Erfindung des Sattels, bis jemand an den Steigbügel dachte. Mit der Erfindung des Steigbügels konnte der Mensch sein Gewicht und die Dynamik verändern und das Pferd zum Galopp zu zwingen, und plötzlich verwandelte sich die Machtstruktur einer ganzen Zivilisation. Erstaunlicherweise dauerte es weitere 200 Jahre, bis jemand auf die Idee kam, eine Mauer zu bauen, um galoppierende Pferde zu stoppen. Ideen entstehen langsam; und oft sind es einfache Ideen, die alles verändern. Aber wo sind sie?«

Manchmal entstehen wichtige Erkenntnisse daraus, dass jemand ein Stück Rigips in den Kamin wirft. Manchmal entstehen sie aus einem Apfel, der vom Baum fällt, und manchmal aus dem Wasser, das über den Badewannenrand läuft. Doch egal wer die Erkenntnis hat oder unter welchen Umständen sie eintritt: Erkenntnisse haben weitreichende Auswirkungen.

Der nächste Schritt

Im Rückblick wissen wir, dass der menschliche Organismus erfolgreich vier entscheidende Evolutionssprünge vollzogen hat und dass wir möglicherweise kurz vor dem fünften Sprung stehen. Erkenntnis ist die natürliche Antwort auf eine kognitive Schwelle – die Brücke zwischen der langsamen Evolution des Gehirns und den Problemen, die zu komplex geworden sind, um sie noch verstehen oder lösen zu können. Das ist ein wiederkehrendes Paradox, das die Zivilisationen seit Jahrhunderten gefangen hält.

Da das menschliche Gehirn eine überaus wichtige Anpassung an eine zunehmend komplexe und anspruchsvolle kognitive Umgebung vollzieht, wird sich der Erkenntnisprozess kontinuierlich weiterentwickeln. Die Methoden der Problemlösung, die für ein hohes Maß an Komplexität geeignet sind, werden im Verlauf von Jahrmillionen perfektioniert werden – zunächst, indem sie eher selten und spontan auftreten, und viel später, indem sie zu einem derart normalen Teil des täglichen Lebens werden, dass die Erkenntnis nicht mehr von den Problemlösungsmethoden unter Einsatz der rechten und linken Gehirnhälfte zu unterscheiden ist. Die wahre Frage lautet: Gelingt es uns, das, was wir bereits über die Erkenntnis wissen, zu unserem Vorteil zu nutzen, um den Evolutionsprozess zu unterstützen, während sich Mutter Natur beeilt, unser wachsendes Bedürfnis nach neuen Überlebensfähigkeiten zu erfüllen?

12
Wie sich Geistesblitze auslösen lassen: Bedingungen, die spontane Erkenntnisse begünstigen

Erst im vergangenen Monat war ich eingeladen, vor einer Gruppe Studenten über die Beziehung zwischen Komplexität, Kollaps und Korrekturen zu sprechen. Einige Studenten waren am Aufstieg und Niedergang alter Zivilisationen interessiert, die Mehrheit wollte jedoch wissen, ob ich nahende Anzeichen für einen katastrophalen Zusammenbruch sah.

»Tut mir leid«, sagte ich ihnen. »Sie haben ausreichend Zeit, um Ihr Studium zu beenden.«

Obwohl die Gefahr eines Zusammenbruchs viel Aufmerksamkeit auf sich zieht, ist sie in Wirklichkeit nur eine weitere Gelegenheit für eine Momentaufnahme der jetzigen Situation der Menschheit: An welchem Punkt der Evolution befinden wir uns nach unserer Meinung? Und wo stehen wir im historischen Niedergangsmuster? Am Anfang? Am Ende?

Nach jeder Präsentation sporne ich meine Zuhörer an, sich diese Fragen in einer spontanen und tabulosen Diskussion selbst zu beantworten. Die meisten meiner Diskussionen mit Studenten verlaufen entspannt und freundlich. Wir machen unsere Späße und beklagen uns über die Schwächen und Eigenheiten des Menschseins, vor allem in einer ernsten Welt, die mit Technologie, Information und Gefahren bombardiert wird. Wir sind uns darüber einig, dass wir biologische Lebewesen sind, die jeden Tag aufstehen und versuchen, ihr Bestes zu geben. An einigen Tagen gelingt uns das hervorragend und anderen Tagen sind wir weniger erfolgreich. Doch angesichts der Tatsache, dass der genomische Unterschied zu unseren nächsten Verwandten, den Bonobo-Schimpansen, weniger als 2 Prozent beträgt, müssen wir zugeben, dass wir wesentlich mehr Ehrgeiz haben, als unser biologischer Apparat leisten kann. Allein diese Tatsache scheint einen großen Druck von allen Diskussionsteilnehmern zu nehmen.

An jenem Tag stand nach dem Vortrag am hinteren Ende des Saals ein großer junger Mann auf und rief mit verärgerter Stimme: »Werden Sie uns nicht sagen, was wir tun sollen?«, woraufhin allgemeines Gelächter ausbrach. Tun?

Ich dachte, ich hätte bereits erklärt, was wir tun können: Die Muster des Zusammenbruchs anerkennen, sich gegen Supermeme schützen, mit der Anwendung von Risikokapitalmodellen zur Linderung der Probleme Zeit gewinnen und Brainfitness betreiben, um unsere unterentwickelten kognitiven Fähigkeiten zu trainieren. Und damit einhergehend können wir intensiv den Erkenntnisprozess fördern – das sich entwickelnde Gegenmittel für eine kognitive Schwelle, das uns die Natur geschenkt hat. Die Neurowissenschaften halten den Schlüssel zum Überleben des modernen Menschen in der Hand. Ich dachte, die Lösung sei klar.

Doch als das Gelächter nachließ, blieb der Student am hinteren Saalende beharrlich. Was er wirklich wollte, waren praktische Maßnahmen, die er nach Verlassen des Vortragssaals umsetzen konnte. »Wenn der Schlüssel darin liegt, mehr spontane Erkenntnisse zu haben«, fragte er, »sollten Sie uns dann nicht sagen, wie wir diese herbeiführen können?« Er hatte nicht unrecht.

Wozu war all der theoretische Mummenschanz gut, wenn er nicht in eine nützliche, umsetzbare Handlung mündete? Trotz meines Widerwillens gegen »Schritt-für-Schritt-Anleitungen« zur Herbeiführung von spontanen Erkenntnissen muss ich zugeben, dass es bestimmte Bedingungen gibt, die nach einhelliger Auffassung von Neurowissenschaftlern die Wahrnehmung begünstigen, und einige davon begünstigen auch das Eintreten spontaner Erkenntnisse. Aber das ist keine große Überraschung: Wenn wir unsere Möglichkeiten zur Herstellung freier Verbindungen im Gehirn verbessern, dann ist es logisch, dass wir eine Umgebung erzeugen, die eine bessere Problemlösung begünstigt. Das garantiert zwar nicht, dass wir eine plötzliche Erkenntnis haben werden, aber es gibt erste Belege dafür, dass wir unsere Chancen auf einen Geistesblitz verbessern.

Bevor ich jedoch eine Schritt-für-Schritt-Anleitung zusammenstellte, erinnerte ich die Studenten an einen wichtigen Punkt: *Der Prozess der spontanen Erkenntnis ist eine neue Entdeckung.* Da dieses Gebiet bisher kaum erforscht wurde, sind die Daten über die Bedingungen, die eine spontane Erkenntnis fördern, nicht nur dünn, sondern wurden auch noch nicht bestätigt. Daher kann ich, auf das Risiko hin, einen weiteren Beitrag zu »falschen Korrelationen« zu leisten, nur anbieten, was wir heute *glauben* – und das unterliegt der Erhärtung beziehungsweise der Widerlegung durch die *Fakten* der Zukunft.

Auf die Größe kommt es an

Die Menschheit pflegt die lange und romantische Tradition, große Durchbrüche den Beiträgen einzelner Personen zuzuschreiben: Einstein, Archimedes, Benjamin Franklin, van Gogh, da Vinci – die Liste ist lang. Interessanterweise ist jede Erleuchtungsgeschichte ähnlich: Ein eklektisches Individuum versucht ein komplexes Problem zu lösen, das die Menschheit seit Jahrhunderten beschäftigt, und plötzlich hat es ein Aha-Erlebnis. Zunächst wird die neue Entdeckung von allen abgelehnt, im Laufe der Zeit wird der Erfinder jedoch rehabilitiert und schließlich werden seine Ideen enthusiastisch aufgenommen. Der Entdecker wird für seine nicht nachlassende Beharrlichkeit gepriesen, mit Anerkennung und Reichtümern überhäuft und reitet glücklich dem Sonnenuntergang entgegen, während der Film langsam ausblendet.

Hübsche Geschichte. Aber stimmt sie wirklich? Sind plötzliche Erkenntnisse die einzigartige Erleuchtung einzelner Genies? Manchmal sind sie das, meistens aber nicht.

Es gibt einen Grund, warum Schulkinder wissen, wer die Baumwollentkörnungsmaschine und die Dampfmaschine erfunden hat (auch wenn sie nie eine gesehen haben), aber keine Ahnung haben, wer das Internet, die Halbleiter oder das Mobiltelefon erfunden hat, obwohl sie diese Dinge jeden Tag benutzen. Heute sind immer mehr Innovationen das Ergebnis von Teamarbeit und nicht von individueller Leistung. Tatsächlich sind so viele Menschen an der komplexen Zusammenarbeit beteiligt, dass sich nur sehr schwer bestimmen lässt, wer den wichtigsten Beitrag geleistet hat. War der Mathematiker wichtiger als der Chemiker, Physiker oder Ingenieur? Das ist genauso schwierig wie die Bestimmung, wer für einen erfolgreichen Film verantwortlich ist: Der Regisseur? Der Produzent? Der Drehbuchautor? Die Schauspieler, Trickfilmzeichner oder Redakteure? Kein Wunder, dass die Dankesreden für Film- und Wissenschaftspreise stark nach Anwesenheitsaufrufen klingen, bei denen die Prämierten Dutzenden von Menschen danken, die ihnen geholfen haben, und mindestens zehn Leute auf die Bühne holen. Sie wissen, dass komplexe Projekte eine Zusammenarbeit erfordern – kein einzelnes Genie kann das gesamte Lob für sich allein beanspruchen.

Das liegt daran, dass Lösungen für große, komplexe Probleme das Zusammenspiel von vielen unterschiedlichen Fachgebieten erfordern. Niemand besitzt genügend Talent in genügend Disziplinen, um die heutigen systemischen Probleme allein zu lösen. Kann ein einziger Mensch das Problem der globalen Klimaerwärmung lösen? Keine Chance. Den Terrorismus? Unmöglich. Kinderkrankheiten verhindern? Nicht einmal Bill Gates selbst. Das ist keine Frage der Ressourcen, sondern der Schwierigkeit.

Vielmehr ist es so, dass es mit zunehmender Komplexität immer länger dauert, bis ein einzelner Mensch eine Entdeckung macht. In einem beunruhigenden Artikel schrieb der wissenschaftliche Redakteur Robert Roy Britt, dass selbst die Fleißigsten und Talentiertesten unter uns nicht weiterkommen:[1] »Eine Studie über Nobelpreisträger im Jahr 2005 hat ergeben, dass der Wissenserwerb so komplex geworden ist, dass sich selbst brillante Köpfe wesentlich länger plagen müssen, bevor sie einen Durchbruch erzielen. Das Alter, in dem große Denker signifikante Innovationen hervorbringen, ist im 20. Jahrhundert um rund sechs Jahre angestiegen.«

Zwar stimmt es, dass die Flut an neuen Informationen und Technologien individuelle Entdeckungen zeitaufwendiger gemacht hat, das heißt aber nicht automatisch, dass große Durchbrüche grundsätzlich mehr Zeit brauchen. Es könnte einfach bedeuten, dass es heute länger dauert, bis jemand *im Alleingang* eine bahnbrechende Entdeckung macht.

Jüngste Forschungsergebnisse zeigen, dass in kleinen Gruppen bessere Lösungen für schwierige Probleme erarbeitet werden als in Einzelarbeit. Im Jahr 2006 berichtete der nordamerikanische Fachverband für Psychologie, American Psychological Association (APA), im *Journal of Personality and Social Psychology*, dass Gruppen von drei, vier oder fünf Teilnehmern komplexe Probleme besser und schneller lösen würden als Einzelpersonen.[2] Eine Studie mit 760 Studenten der Universität von Illinois in Urbana-Champaign verglich Gruppen unterschiedlicher Größe, um zu bestimmen, wie lange jede einzelne Gruppe brauchte, um die korrekten Antworten auf ein Problem zu finden. Diese und nachfolgende Untersuchungen enthüllten, dass Einzelpersonen und Gruppen aus zwei Mitgliedern anscheinend die kritische Masse fehlt und Gruppen mit mehr als fünf Mitgliedern zu schwerfällig sind, um komplexe Probleme effizient zu lösen.

Wie Autor Antony Jay in seinem Buch *The Corporate Man* schreibt, liegt die ideale Gruppengröße historisch bei rund zehn Mitgliedern.[3] Jay vertritt die These, dass kleine Gruppen effizient sind, weil Menschen über Jahrmillionen in Gruppen von rund zehn Mitgliedern gemeinsam auf die Jagd gegangen sind. Außerdem weist er auf den Erfolg der römischen und britischen Armeen hin, die in kleinen Einheiten von rund zehn Soldaten organisiert waren.

Im Jahr 1998 demonstrierte Dr. J. Dan Rothwell, Professor für Kommunikation am Cabrillo College, zudem, dass die Entscheidungen kleiner Gruppen den Entscheidungen von Einzelpersonen überlegen waren. Rothwell fand heraus, dass die zur effizienten Lösung komplexer Probleme erforderliche Mindestgröße einer Gruppe drei Mitglieder betrug, die maximale Größe hingegen von der Beschaffenheit und dem Schwierigkeitsgrad des Problems abhing.[4]

Später stellten Dr. Tata und Dr. Anthony in ihren Forschungsarbeiten fest, dass eine zunehmende Gruppengröße zu mehr Diskussion und Erforschung anregt, aber auch einschränkende Nebeneffekte hat. Je mehr Teilnehmer die Gruppe hatte, desto mehr gegensätzliche Meinungen und Ideen wurden unterdrückt. Was die Toleranz unterschiedlicher Auffassungen betrifft, sind kleine Gruppen offensichtlich toleranter als große. Die Nachteile großer Gruppen wurden ein Jahr später auch von Dr. Harris und Dr. Sherbloom bestätigt, die entdeckten, dass große Gruppen oft zu »sozialem Faulenzen« – auch »Social Loafing« genannt – und »Mitläufertum« durch einzelne Gruppenmitglieder führten, die keine Beiträge zum kollektiven Entscheidungsprozess leisteten. Welches ist also die optimale Gruppengröße zur Lösung komplexer Probleme? Den bisherigen Forschungsergebnissen zufolge liegt sie bei *mehr als drei und weniger als zehn Mitgliedern.*

Wie sich herausstellt, könnten wir unsere Chancen auf eine innovative Problemlösung vielleicht ganz einfach dadurch steigern, dass wir in kleineren »neuralen Gruppen« mit vier bis neun Teilnehmern arbeiten. Stellen Sie sich die Auswirkungen auf die Qualität unserer Entscheidungen vor, wenn Jurys auf Gruppen mit vier bis neun Juroren begrenzt würden, oder wenn die Verwaltungsräte von Wirtschaftsunternehmen und Nonprofit-Organisationen auf diese Größe reduziert würden. Was ist mit den Unterausschüssen von Regierungen, Klassengrößen oder der Zahl der Delegierten bei Friedensverhandlungen?

Vielleicht spielt die Gruppengröße aber nirgendwo eine größere Rolle für den Erfolg als in der modernen Wirtschaft. Die Gruppengröße könnte der wichtigste Hinweis darauf sein, warum Start-up-Unternehmen innovativer und erfolgreicher sind als große Konzerne, und zwar trotz der Tatsache, dass Letztere erheblich mehr Ressourcen besitzen, mit denen sie ihre kleinen Wettbewerber theoretisch vom Markt fegen können. Große Konzerne werden jedoch durch ihre eigene Bürokratie, ihre Verfahren, ihre Politik, Vorschriften, Silos, ihre Marschbefehle und ihr Personal behindert, wodurch sie oft genauso schwerfällig werden wie ein Muskelprotz, der wütend nach einer Fliege schlägt. Im Gegensatz dazu sind die wendigeren Start-ups oft kreativer, schneller in der Entwicklung und haben schlankere Betriebsabläufe, weil ihre Mitarbeiter den ganzen Tag in Kleingruppen arbeiten. Mit leeren Taschen, weniger ausgefeilter Ausrüstung und weniger Experten erreichen Startups beständig Dinge, die große Konzerne nicht erreichen, was stets aufs Neue beweist, dass die Gruppengröße wichtiger ist als die Ressourcen.

Aus diesem Grund betrachten Konzerne die Akquisition kleiner Start-up-Unternehmen seit einiger Zeit als eine wesentliche Strategie zur Wahrung ihrer Wettbewerbsfähigkeit. Zwar mögen große Konzerne sich nicht erfolgreich in Kleingruppen organisieren können, aber sie haben die Möglichkeiten, Innovationen von kleineren Unternehmen zu kaufen, wie es der Pharmagigant Johnson & Johnson demonstrierte.

Zwischen 1995 und 2004 hat Johnson & Johnson 51 kleinere Unternehmen aufgekauft.[5] Derzeit betreibt J&J unter seinem Konzerndach mehr als 200 separate Tochtergesellschaften – keine Sparten oder Abteilungen, sondern eher unabhängig geführte kleinere Unternehmen. Und sein Appetit auf neue Akquisitionen steigt ständig. Warum? Ein kurzer Blick auf die meistverkauften Medikamente des Konzerns sagt alles. Von den sechs umsatzstärksten Pharmaprodukten wurden nur zwei von der konzerneigenen Forschungs- und Entwicklungsabteilung entwickelt. Die übrigen vier wurden über kleinere Unternehmen zugekauft.

Die Dotcom-Legende Google verfolgt die gleiche Strategie.[6] Trotz seines Rufs, eines der innovativsten Unternehmen der Welt zu sein, kaufte Google zwischen 2001 und 2009 mehr als 53 kleinere Unternehmen (rund sieben pro Jahr), um seinen technologischen Wettbewerbsvorsprung zu wahren. Ähnlich wie bei J&J stammt der größte Teil der Umsätze aus der Befriedigung von Kundenbedürfnissen durch Akquisitionen. Selbst einem Innovator wie Google ist es nicht gelungen, mit seinen immensen Ressourcen, Mitarbeitern, Technologien und Partnerschaften wendige kleine Wettbewerber zu verdrängen.

Wenn es erwiesen ist, dass Gruppen zwischen drei und zehn Mitgliedern Komplexität wesentlich besser bewältigen als größere Gruppen, welche Auswirkungen hätte die Arbeit in »neuralen Gruppen« mit vier bis neun Teilnehmern auf andere Arten von Organisationen? Wie würde sich das auf zukünftige internationale Gipfeltreffen, Rettungsteams und Sportligas auswirken? Und auf Klassengrößen? Interessanterweise deckte das renommierte Tennessee Student/Teacher-Achievement-Ratio-Programm (STAR) vor mehr als 20 Jahren auf, dass »kleinere Kindergartengruppen mit 13 bis 17 Kindern anderen Gruppen mit 22 bis 25 Kindern am Ende eines Jahres rund einen Monat voraus waren.[7] In der zweiten Klasse waren die Schüler kleinerer Klassen ihren Parallelklassen rund zwei Monate voraus«. Auch hier zeigt sich, dass kleinere Gruppen das Lernen begünstigen. Warum also nicht versuchen, die Klassengrößen von 17 Schülern auf vier bis neun Schüler – laut Forschungsergebnissen die optimale Größe – zu verringern? Man könnte durchaus argumentieren, dass sich allein mit der Einführung von einigen Minuten Brainfitness-Training pro Schultag und einer Reduzierung der Klassengröße viele unserer Probleme des staatlichen Schulsystems beseitigen ließen.

Für die abschließende Analyse zum Thema erkenntnisgesteuerte Problemlösung müssen wir nur an die bekannte Märchenfigur Goldlöckchen denken: Einige Gruppen sind »einfach zu groß« und andere »einfach zu klein«. Und was das menschliche Gehirn betrifft, sind Gruppen mit vier bis neun Teilnehmern »genau richtig«.

Unebenes Gelände fördert die Wahrnehmung

Haben Sie sich jemals gefragt, warum eines der schwierigsten Dinge, die man einem Roboter beibringen kann, der zweibeinige *Gang* ist? Dafür gibt es einen Grund. Anscheinend ist der einfache Akt der zweibeinigen Fortbewegung nicht ganz so einfach wie er erscheint. Professor Florentin Wörgötter von der Universität Göttingen erklärt, warum es so schwierig ist, einem Roboter beizubringen, auf unebenem Gelände, wie zum Beispiel Kieselsteinen, zu laufen:[8] »Genau im richtigen Moment – in Millisekunden berechnet – die sprungfederartige Bewegung auszulösen und die richtige Dämpfung zu erzeugen, damit der Roboter nicht vornüber kippt und kaputtgeht, ist sehr schwierig. Diese Parameter sind sehr schwer umzusetzen.« Weiterhin erklärt Wörgötter die Herausforderung, die eine einfache Veränderung der Oberfläche darstellt: »Wenn es um schwierigere Bedingungen geht, wie zum Beispiel ein verändertes Terrain, schaltet sich normalerweise das Gehirn ein und sagt: ›Jetzt bewegen wir uns von Eis auf Sand und ich muss etwas verändern.‹«

Während das menschliche Gehirn die Oberflächenveränderungen interpretiert und die Körperbewegung augenblicklich anpasst, fällt es einem Roboter extrem schwer, die gleichen Berechnungen in Lichtgeschwindigkeit anzustellen, um nicht vornüber zu kippen. Aus diesem Grund ist die Fortbewegung auf unebenem Gelände eine kognitiv anspruchsvolle Aufgabe. Vor jedem Schritt müssen unsere Augen die Höhe und Tiefe der Bodenunebenheiten visuell einschätzen und innerhalb von Millisekunden Anpassungen vornehmen, wie zum Beispiel, den Fuß auf die richtige Höhe anzuheben, unser Gewicht nach vorne zu verlagern, das Zentrum unserer Schwerkraft und unseren Gang zu verändern und zu bestimmen, wie viel Kraft notwendig ist, um einen Fuß anzuheben und erfolgreich mit dem anderen aufzutreten. Jeder Schritt erfordert eine blitzschnelle Datensammlung, eine anschließende blitzschnelle Datenverarbeitung, gefolgt von einer raschen Problemlösung und sofortigen Umsetzung, an die sich die nächste Abfolge von Datensammlung, Verarbeitung, Problemlösung und Umsetzung anschließt. Unglaublicherweise stellt unser Gehirn all diese Berechnungen an, ohne jemals bewusst darüber nachzudenken. Es ist ein Wunder, dass wir nicht zwei ganze Minuten zwischen jedem einzelnen Schritt brauchen.

Aus Evolutionsperspektive betrachtet aktiviert die Fortbewegung auf unebenem Gelände ein geschlossenes schleifenartiges System im Gehirn, das sich entwickelte, als wir uns vor rund fünf Millionen Jahren aufrichteten und von Vier- zu Zweibeinern wurden. Mit diesem Evolutionssprung begann sich unser Gehirn in beispielloser Geschwindigkeit weiterzuentwickeln. Daraus folgt, dass wir im Laufe von Jahrmillionen den Apparat entwickelt haben, der zur Verarbeitung einer gewaltigen Datenmenge nötig ist, die wiederum Voraussetzung für einen hoch entwickelten zweibeinigen Organismus ist. Wir haben dieses Talent über eine lange Zeit perfektioniert, und das zu einem sehr hohen Preis. Selbst heute ist der Nutzen, den uns die Fortbewegung auf unebenem Gelände bietet, erstaunlich: eine Verbesserung des Gleichgewichts, der räumlichen Orientierung, des Erinnerungsvermögens, der Konzentrationsfähigkeit, der Reaktionszeit und der gesamten kognitiven Fitness. Sensorische Echtzeitsignale, die unsere Füße und Augen an das Gehirn senden, zwingen dieses, in Millisekunden Milliarden von Berechnungen anzustellen und das ist so ähnlich, als würden wir alle Hirnbereiche gleichzeitig in Anspruch nehmen.

Eines der besten Fitnesstrainings, das wir unserem Gehirn bieten können, ist daher das schnelle Gehen auf unebenem Gelände. Das ist das Gleiche, als würden wir unser Gehirn den ganzen Tag einem Hanteltraining unterziehen.

In einer umstrittenen Studie untersuchte Dr. Arthur Kramer, Professor an der Universität von Illinois in Urbana, die Auswirkungen, die das Gehen auf die kognitiven Fähigkeiten von Senioren hat. Nach sechs Monaten, in denen die Studienteilnehmer jeden Tag eine kurze Strecke gingen, stellte Kramer signifikante Verbesserungen des Erinnerungsvermögens und der Aufmerksamkeit fest. Zwar ist unebenes Geländer besser als ebenes Gelände, jedoch gibt es Hinweise darauf, dass das Gehen auf *jeder* Oberfläche kognitive Nutzen hat, die über einen verbesserten Blutkreislauf in Körper und Gehirn hinausreichen.[9] Laut Dr. Michael Merzenich lässt sich die Beziehung zwischen Bewegung und Wahrnehmung nicht trennen, weil »die Bewegung unauflöslich auf Basis der ›Rückmeldung‹ unseres Körpers und Gehirns kontrolliert wird«. Das bedeutet ganz einfach, dass unser Gehirn zu einem schnellen Rechner wird, wenn wir uns zügig über unebenes Gelände bewegen.

Die Verknüpfung zwischen der Fortbewegung unseres Körpers und der Art und Weise, wie wir Daten aufnehmen und verarbeiten, ist unleugbar. Wenngleich sie möglicherweise bereits vor Jahrmillionen hergestellt wurde, als der Mensch sich aufrichtete, ist der kognitive Nutzen des aufrechten Gehens heute noch so groß wie zu Zeiten unserer frühesten Vorfahren. Heute wissen wir, dass Gehen nicht nur dem allgemeinen Wohlbefinden dient, sondern auch eine Quelle der Weisheit ist.

Die Macht des Neuen

Unter Neurowissenschaftlern und Psychologen herrscht Einigkeit darüber, dass das menschliche Gehirn am besten funktioniert, wenn es regelmäßig vor neue Herausforderungen gestellt wird.[10] Vor nicht allzu langer Zeit wurde festgestellt, dass das Gehirn von einem breiten Spektrum an Problemlösungsaktivitäten, wie zum Beispiel Kreuzworträtsel und Sudoku, profitiert. Es scheint auch nützlich zu sein, diese Aktivitäten zu mischen, das heißt, eine Weile Kreuzworträtsel zu lösen, dann zu Sudoku zu wechseln und später wieder zu Kreuzworträtseln zurückzukehren. Das Gleiche gilt für die Veränderung der täglichen Routine: Probieren Sie einen neuen Weg zur Arbeit, eine neue Sportart oder ein neues Hobby aus. Wann immer wir uns darauf konzentrieren, etwas Neues zu erlernen, aktiviert das Gehirn die Neurotransmitter.

Es spielt keine Rolle, um welche neue Aktivität es sich handelt – ob wir lernen, einen Kuchen zu backen oder Berechnungen anzustellen –, in jedem Fall muss das Gehirn Neurotransmitter aktivieren, um neue Informationen aufzunehmen, zu verarbeiten und abzuspeichern. Das liegt daran, dass wir bei jedem neuen Lernvorgang neue biologische »Schaltkreise« im Gehirn produzieren, die die alten Schaltkreise, die wir bisher benutzt haben, infrage stellen. Dadurch eröffnen wir dem Gehirn plötzlich mehr Optionen und mehr Pfade, aus denen es auswählen kann.

Im Laufe der Zeit wird die Suche nach neuen Hirnschaltkreisen zu einem normalen Vorgang. Das Gehirn gewöhnt sich daran, zu seinem eigenen Nutzen neue Schaltkreise zu erzeugen. Erfolgreiches Lernen hat eine gewisse Dynamik: Je mehr das Gehirn lernt, desto mehr will es lernen. Der Wunsch zu lernen wird zur Gewohnheit. In dieser Hinsicht hat Brainfitness große Ähnlichkeit mit körperlicher Fitness. Je mehr Sport wir machen, desto mehr Endorphine schüttet der Körper aus. Diese positive Feedbackschleife führt dazu, dass wir noch mehr Sport machen wollen.

Doch wenn wir immer wieder dieselben Muskeln trainieren, werden die Muskeln, die untrainiert bleiben, irgendwann schrumpfen, weil sie nicht beansprucht werden. Das ist der Grund, warum erfahrene Trainer unsere Fitnesspläne regelmäßig verändern. Sie wollen, dass *alle* Muskeln des Körpers die Gelegenheit erhalten, trainiert zu werden, damit sich unsere Kondition insgesamt verbessert und nicht nur einige Muskelbereiche. Dasselbe gilt für unser Gehirn. Wenn wir unser Hirntraining regelmäßig verändern, indem wir unser Gehirn vor neue Herausforderungen stellen, profitieren davon unterschiedliche Hirnbereiche. Wie für die Körperfitness gilt auch für die geistige Fitness, dass das Ergebnis umso besser ist, je mehr Bereiche trainiert werden. Das ist einer der Gründe, warum sorgfältig ausgearbeitete Brainfitness-Programme so erfolgreich sind. Hätten Sie gerne einige einfache Methoden, die Abwechslung bieten? Mike Logan, Bildungsberater an der Illinois State University hat einige einfache Vorschläge:[II]

> »Wenn Sie Rechtshänder sind, dann nutzen Sie Ihre linke Hand für tägliche Handgriffe (und umgekehrt). Beginnen Sie damit, sich mit der linken Hand die Zähne zu putzen, und üben Sie das, bis Sie es perfektioniert haben. Versuchen Sie anschließend, komplexere Aufgaben zu lösen, beispielsweise mit der linken Hand zu essen. Einfache Aktivitäten zu verändern, spornt unser Gehirn zu positiven Veränderungen an. Denken Sie an die Millionen von Nervenzellen, die neue Tricks erlernen, während Sie schließlich eine bessere Kontrolle über Ihre linke Hand gewinnen!«

Auch was Unternehmen, soziale Organisationen und Regierungen betrifft, ebnen Vielfalt und Abwechslung den Weg zu erkenntnisgesteuertem Denken. Das beste Beispiel für eine Regierungsbehörde, die an vorderster Front steht, wenn es darum geht, die Beziehung zwischen Abwechslung und Wahrnehmung zu verstehen, findet man an einer Stelle, an der man es am wenigsten erwartet hätte: der amerikanischen Post.

Das staatliche amerikanische Postunternehmen U. S. Post Office ist eine hocheffiziente Organisation, die jeden Tag für wenige Cents viele Millionen unterschiedliche Artikel sortiert und transportiert. Jeder Arbeitsplatz ist streng reglementiert und eine ausgesprochene Routineaufgabe. Dennoch ist die Mitarbeiterfluktuation erstaunlich gering und die Fehlerquote pro Transaktion praktisch null. Die Post mag zwar nicht gerade eine Bastion des innovativen Denkens sein, aber sie ist erstaunlich sensibel für die Effekte, die Routine auf das menschliche Gehirn hat. Untersuchungen zeigen, dass stark repetitive Aufgaben wie das Sortieren und Verteilen von Post schnell zu Langeweile, Fehlern, schlechter Arbeitsmoral und einer hohen Mitarbeiterfluktuation führen können.

Vor mehr als einem Jahrzehnt entwickelte das U. S. Post Office daher eine innovative Methode, um für mehr Abwechslung zu sorgen und so das Risiko zu senken, das mit Routine einhergeht. Da sich die Aufgaben innerhalb der Post von einem Ort zum nächsten nicht sehr unterscheiden, bot sich hier eine ausgezeichnete Gelegenheit. Die Postmitarbeiter konnten untereinander Jobs tauschen und für kurze Zeit an einem anderen Ort arbeiten, ohne dass es zu Produktivitätsverlusten kam.

Neben der Verhinderung der negativen Effekte von Langeweile bot dieses Programm noch einen zweiten Nutzen: ein Marketinginstrument zur Mitarbeitergewinnung. Der Arbeitsplatztausch wurde schnell zu einem der Privilegien, die die Anstellung bei der Post mit sich brachte: die Aussicht, reisen zu können und Abwechslung zu haben, ohne den Arbeitsplatz zu gefährden. Den Mitarbeitern zufolge, die diese Möglichkeit nutzten, war der Arbeitsplatztausch darüber hinaus ein großer Spaß. Zwar blieben die Aufgaben immer gleich, aber sie hatten die Gelegenheit, in jedem anderen Bereich außerhalb ihrer eigentlichen Tätigkeiten neue Erfahrungen zu machen: mit neuen Kollegen, neuen Nachbarn, neuen Einkaufsmöglichkeiten und so weiter. Das Austauschprogramm war die perfekte Lösung für eine ermüdende, hochstrukturierte und monotone Arbeit, die ansonsten alle Voraussetzungen für massive Fehler und eine hohe Mitarbeiterfluktuation erfüllte.

Einige wenige Großunternehmen bieten ähnliche Programme, aber die meisten Unternehmen halten angesichts der zunehmenden Spezialisierung der Tätigkeiten hartnäckig an der Vorstellung fest, dass Wiederholung produktivitätssteigernd sei. Angesichts der anders lautenden Belege ist unklar, warum sich dieses Mem hält. Wenn erkenntnisgesteuertes Denken davon abhängt, dass das Gehirn neue Verbindungen herstellt, dann halten Abwechslung und Minimierung der Einheitlichkeit nicht nur die Mitarbeiter wach und aufmerksam, sondern fördern auch die Erkenntnis.

Wie Mike Logan deutlich macht, bietet jede Tätigkeit die Gelegenheit, für mehr Abwechslung zu sorgen und das Lernen zu einem ganz normalen Bestandteil des täglichen Lebens zu machen. Das kann so einfach sein, wie die linke statt der rechten Hand zu benutzen, immer wieder ein neues Wort zu verwenden, im Stehen zu arbeiten oder beim Frühstück Sudoku-Rätsel zu lösen. Abwechslung regt zur Bildung neuer Schaltkreise an, und diese fördern die Erkenntnis.

Tägliches Brainfitness-Training und seine Vorteile

Brainfitness mag zwar ein neues Gebiet sein, aber es gibt keine Diskussion mehr darüber, ob Produkte, die von Neurowissenschaftlern wie Dr. Michael Merzenich entwickelt wurden, einen kognitiven Vorteil bieten. Heute werden diese Produkte von einer neuen Sorte »Brainfitness-Studios« auf der ganzen Welt sowie von einer wachsenden Zahl an öffentlichen und privaten Schulen verwendet.

Die japanische Regierung ist zum Beispiel so davon überzeugt, dass Brainfitness eine ganz wesentliche Waffe zur Bekämpfung der Komplexität ist, dass Japan als erstes Land weltweit 350 Millionen Dollar in neue kognitive Instrumente investiert, die die nächste Generation für kommende Herausforderungen rüsten sollen. Japanische Führer sind nicht nur davon überzeugt, dass Brainfitness den japanischen Bürgern einen Wettbewerbsvorteil in der Weltwirtschaft bietet, sie betrachten sie auch als wesentliche Schutzmaßnahme gegen Alzheimer, Demenz und andere altersbedingte kognitive Erkrankungen. Die japanische Regierung hat es begriffen.[12]

Die Vorbereitung des menschlichen Gehirns auf komplexe Problemlösung bietet auf allen Gebieten und in allen Branchen den größtmöglichen sozioökonomischen Vorteil. In dieser Hinsicht betrachtet die japanische Regierung Verbesserungen der kognitiven Fähigkeiten als einen langfristigen strategischen Vorteil und ein gesundheitliches Muss. Bei so vielen Studien, die beweisen, dass eine direkte Beziehung zwischen 20 bis 60 Minuten Brainfitness-Training pro Tag und einer Verbesserung der Gesundheit, der Problemlösungsfähigkeiten, des räumlichen Vorstellungsvermögens, des Erinnerungsvermögens, der Reaktionszeit und der Konzentrationsfähigkeit besteht, ist das tägliche Hirntraining eine Selbstverständlichkeit.

Die Bedeutung von Pausen und Entspannung

Es wurden zudem ausgedehnte Untersuchungen über die Vorteile angestellt, die regelmäßige Pausen bei der Suche nach Problemlösungen haben. Einer der wesentlichen Vorteile liegt darin, dass man das Problem nach einer Pause mit frischem Blick und neuer Energie betrachten kann. Einer der interessanten Aspekte des erkenntnisgesteuerten Denkens ist, dass Menschen, denen plötzlich eine bahnbrechende Idee kam, alle das Gefühl hatten, kurz vor dem Aha-Erlebnis in einer Sackgasse festzustecken. Sie stießen gegen eine kognitive Schranke, die verhinderte, dass das Gehirn neue Verbindungen erzeugte, mit denen sich das Problem lösen ließ. Nachdem die Betroffenen jedoch innegehalten und kurz Abstand von dem Problem gewonnen hatten, indem sie über etwas anderes nachdachten, tauchte die Lösung wie aus dem Nichts auf.

Heute belegen zahlreiche Untersuchungen von Schulkindern, dass zwischen unstrukturiertem »Spiel« und Wahrnehmung eine wichtige Beziehung besteht. In einer Studie aus dem Jahr 1977 demonstrierten Saltz, Dixon und Johnson, dass die Spielzeit erhebliche Auswirkungen auf das Abschneiden bei Intelligenztests hatte, weil sie zu Kreativität, dem Einsatz von Sprache und spontaner Problemlösung anregt.[13] Jüngere Studien, die von Dr. Anthony Pellegrini, Professor für Psychologie an der Universität von Minnesota, und Robyn Holmes von der Monmouth University durchgeführt wurden, zeigen die positiven Effekte auf, die Pause und Erholung auf das Lernen haben: »Kinder sind bei Unterrichtseinheiten, bei denen sie längere Zeit still sitzen müssen, weniger aufmerksam als bei kürzeren Unterrichtseinheiten.«

Die Untersuchungen von Pellegrini und Holmes ergaben, dass Kinder unmittelbar nach einer Pause besser lernen und bessere schulische Leistungen zeigen. Außerdem weisen sie darauf hin, dass kurze Phasen konzentrierten Lernens besser sind als lange Phasen ohne Pausen. In vergleichbaren Untersuchungen berichten Japan und Taiwan, dass der Lernerfolg größer ist, wenn die Unterrichtseinheiten »relativ kurz« und »intensiv« sind und »häufige Pausen zwischen den einzelnen Einheiten eingelegt werden«. In Chinas Schulen ist es Standardpraxis, alle 50 Minuten eine Pause für unstrukturiertes Spiel einzulegen, um die Konzentration und Lernfähigkeit im Klassenzimmer zu erhöhen.

Der Nutzen von Erholungspausen beschränkt sich allerdings nicht nur auf Kinder, die sich Wissen einpauken und lernen, Probleme zu lösen.[14] Zahlreiche Studien bestätigen, dass häufige Pausen am Arbeitsplatz den gleichen Nutzen haben, vor allem, wenn die Tätigkeit eines Mitarbeiters lange Phasen intensiver Konzentration erfordert.

Es ist daher keine Überraschung, dass es eine Beziehung zwischen Pausen, Entspannung und erkenntnisgesteuertem Denken zu geben scheint. Es gibt einen Grund, warum wir einige unserer besten Ideen morgens nach dem Aufwachen, unter der Dusche, beim Autofahren oder einfach nur beim Entspannen auf dem Sofa haben. Oft werden Probleme, die zuvor undurchdringlich erschienen, nach der Rückkehr von einem Kurzurlaub plötzlich lösbar. Wie oft hatten wir das Gefühl, wir befänden uns in einer festgefahrenen Situation, standen dann auf, schüttelten unsere Beine aus und machten einen Spaziergang, und wenn wir an den Schreibtisch zurückkehrten, fiel uns plötzlich die Lösung ein?

Geschichten wie die von der verschütteten Farbdose, die zu Jackson Pollocks wegweisender Innovation in der amerikanischen abstrakten Kunst führten, oder die Gewohnheit des mit dem Nobelpreis ausgezeichneten Physikers Richard Feynman, in Striptease-Bars wie ein Verrückter Papierservietten mit Notizen vollzukritzeln, haben eines gemeinsam:[15] In jedem einzelnen Fall kam es zu einem großen Durchbruch, während sich die betroffene Person entspannte und ihre Gedanken wandern ließ, sodass diese die Freiheit besaßen, neue Verbindungen herzustellen und versteckte Lösungen aufzudecken.

Wir haben entdeckt, dass das menschliche Gehirn wesentlich eher zu bahnbrechenden Lösungen kommt, wenn es Alphawellen erzeugt – das ist die Art von Wellen, die auftreten, wenn wir meditieren. »Die Entspannungsphase ist entscheidend«, sagt Dr. Mark Jung-Beeman, Professor für kognitive Neurowissenschaften an der Northwestern University, und weist darauf hin, dass einige unserer besten Denkvorgänge im Halbschlaf passieren.[16] Laut Dr. Joydeep Bhattacharya, Psychologe an der Goldsmiths University of London, ist das Auftreten von Alphawellen in der rechten Gehirnhälfte eines der Anzeichen für erkenntnisgesteuertes Denken.[17] Diese Alphawellen ermöglichen dem menschlichen Gehirn, auf neue Ideen und Informationen zu reagieren, indem sie den Gedanken erlauben zu »wandern«. Dank ausgefeilter Messtechniken ist Dr. Bhattacharya heute in der Lage vorherzusagen, wann erkenntnisgesteuerte Denkvorgänge eintreten, nachdem er herausgefunden hat, dass die Studienteilnehmer »mehrere (bis zu acht) Sekunden vor der behavioralen Reaktion« Erkenntnisrätsel lösten.

Der Erkenntnisprozess setzt voraus, dass sich Wahrnehmung und Verstand in einem entspannten Zustand und in guter Stimmung befinden. Dr. Karuna Subramaniam von der Universität von Kalifornien in San Francisco fand gemeinsam mit Dr. Kounios, Dr. Parrish und Dr. Jung-Beeman Folgendes heraus: »Studienteilnehmer in positiverer Stimmung lösten mehr Probleme und vor allem lösten sie sie stärker erkenntnisgesteuert, als Teilnehmer in weniger positiver Stimmung … Eine positive Stimmung verändert die vorbereitenden Aktivitäten im ACC, indem sie die Teilnehmer auf eine Informationsverarbeitung ausrichtet, die eine erkenntnisgesteuerte Problemlösung begünstigt.«

Was versuchen uns diese Wissenschaftler mitzuteilen? Oft sind wir uns in Bezug auf erkenntnisgesteuerte Denkvorgänge selbst der größte Feind. Das ist so, als würde man sich in dem Wissen, am nächsten Morgen eine wichtige Präsentation halten zu müssen, zum Einschlafen zwingen wollen. Je mehr Zeit vergeht und je weniger Zeit uns für den Erholungsschlaf bleibt, desto angespannter werden wir und desto verbissener versuchen wir, uns zu entspannen und einzuschlafen. Das Gleiche gilt für den Erkenntnisprozess.

Je mehr wir versuchen, uns zu einer Erkenntnis zu zwingen und je mehr wir uns dabei verkrampfen, desto weniger stellt sie sich ein.

Druck, Stress, Kritik, eine negative Einstellung und schlechte Laune verhindern allesamt eine erkenntnisgesteuerte Problemlösung. Da diese geistigen Zustände jedoch unter unserer Kontrolle stehen, können wir unsere Fähigkeit zur Bewältigung von Komplexität dadurch erhöhen, dass wir uns in eine positive, optimistische Stimmung versetzen, die zu echter Entspannung führt, und die Erkenntnisse auf diese Weise aus ihrem Versteck locken. Das bedeutet, dass wir uns komplexen Problemen nach einer Yoga-Sitzung, nach Meditationsübungen oder einem kurzen Spaziergang an der frischen Luft widmen sollten. Alternativ können wir Musik hören, ein heißes Bad nehmen oder einfach nur ruhig dasitzen. Jede Aktivität, die der Entspannung dient und dazu führt, dass wir »abschalten«, ist gut für die Erkenntnis.

Schädliche Ablenkungen

Untersuchungen haben gezeigt, dass sich das Gehirn wenige Millisekunden vor Eintreten einer plötzlichen Erkenntnis auf die Lösung eines Problems »vorbereitet«.[18] Zu dieser Vorbereitung gehört die bewusste Anstrengung des Gehirns, sowohl interne als auch externe Ablenkungen auszuschalten, damit die Gedanken auf hochfokussierte Weise wandern und somit bedeutungsvolle neue Assoziationen erzeugen können. Im Gegensatz zu kreativen Gedanken, die produktiv sein können oder auch nicht, ist der Erkenntnisprozess eine akkurate Methode zur Lösung komplexer Probleme. Infolgedessen will das Gehirn während dieses Prozesses zwei scheinbar widersprüchliche Dinge tun: ungehindert nach neuen Verbindungen suchen und gleichzeitig gnadenlos Optionen aussortieren, die nicht funktionieren. Neben der Entspannung dient auch die Ausschaltung sachfremder Gedanken über frühere oder zukünftige Ereignisse dem Erkenntnisprozess. Auf diese Weise wird das »unbeschriebene Blatt« erzeugt, wie es Dr. John Kounios, Professor der Drexel University, nennt.

In seinem Beitrag mit dem Titel »Das vorbereitete Gehirn« aus dem Jahr 2006 schrieb Dr. John Kounios, »der Anteriore Cinguläre Cortex könnte an der Unterdrückung irrelevanter Gedanken, wie zum Beispiel Tagträume oder Gedanken, die sich auf vergangene Ereignisse beziehen, beteiligt sein und dem Problemlöser somit ermöglichen, das nächste Problem mit einem ›unbeschriebenen Blatt‹ anzugreifen. Diese Erklärung geht davon aus, dass der erkenntnisgesteuerte Problemlösungsprozess anfälliger für interne Störungen ist als der nicht erkenntnisgesteuerte Problemlösungsprozess, und somit auf eine größere Unterdrückung sachfremder Gedanken angewiesen ist.« Meditation und andere Aktivitäten, die dazu beitragen, die Wahrnehmung auf den gegenwärtigen Augenblick zu fokussieren, erhöhen daher die Chancen auf eine erkenntnisgesteuerte Problemlösung.

Einerseits könnte man argumentieren, Wag Dodge und John Saar hätten gegen gewaltige Ablenkungen ankämpfen müssen, als ihnen die Erleuchtung kam. In beiden Fällen rollte mit hoher Geschwindigkeit ein flammendes Inferno auf sie zu. Auf der anderen Seite könnte die bevorstehende Katastrophe sie gezwungen haben, sich unter Ausschluss aller anderen Gedanken auf ihr jeweiliges Problem zu konzentrieren. Wenn unser Leben in Gefahr ist, werden alle anderen Sorgen unwichtig und wir sind zu höchster Konzentration in der Lage.

Die Rolle, die Gefahr bei der Herbeiführung einer spontanen Erkenntnis spielt, ist unbekannt, aber auf Basis der Beobachtungen, die Neurowissenschaftler in Labortests machen konnten, lässt sich feststellen, dass die Erkenntnis auf eine Phase der extremen Fokussierung und Konzentration folgt. Ob wir uns in Gefahr befinden oder uns die Zeit zur Entspannung und zum Nachdenken nehmen, die Ausschaltung aller in diesem Augenblick unwichtigen Gedanken scheint eine Voraussetzung für eine plötzliche Erleuchtung zu sein.

Komplizen der Komplexität

Eine der sichersten Methoden zur Dämpfung der Komplexität besteht darin, damit aufzuhören, noch mehr zu kaufen und noch mehr zu unternehmen. Wenn wir unserem Leben ganz bewusst ständig neue Dinge hinzufügen – immer mehr Ziele, Aktivitäten, Bedürfnisse, Wünsche, Produkte und so weiter –, werden wir unbewusst zu Komplizen der Komplexität.

Wenn wir zum Beispiel ein Ferienhaus kaufen, kommt uns selten der Gedanke, dass wir damit auch die Zahl der Toiletten verdoppeln, die eine defekte Spülung haben können, mehr Rasenflächen sprengen und mehr Rechnungen bezahlen müssen. Das Gleiche geschieht, wenn wir einen Zweitwagen kaufen: zwei Ölwechsel, Reifenwechsel, Versicherungsprämien et cetera. Was ist mit dem angemieteten Zweitkeller, in dem wir alle Dinge lagern, die wir vielleicht eines Tages noch einmal brauchen? Oder den überfüllten Schränken und Regalen in der Garage und im Kinderzimmer und den vollen Schubladen unseres Schreibtischs? Denken Sie nur an die Zahl der nachmittäglichen Freizeitaktivitäten unserer Kinder und die Hausaufgaben, die sie jeden Tag machen müssen. Nehmen Sie dazu zwei Jobs, die Sie brauchen, um all die Rechnungen bezahlen und nebenher Geld für das College, Ihre Rente und einen Familienurlaub beiseite legen zu können. Unser Leben wird so hektisch, vollgestopft und kompliziert, dass es kein Wunder ist, dass wir keine Zeit zum Nachdenken haben. Höchste Zeit, auf die Bremse zu treten.

Nur weil uns eine ständig steigende Auswahl an Produkten und Technologien, Gelegenheiten und Angeboten zur Verfügung steht, heißt das nicht, dass wir uns darauf stürzen müssen. Tatsächlich gibt es durchaus Argumente dafür, dass *zu viel* genauso lähmt wie *zu wenig*. In einer Umgebung, in der es zu viele Auswahl-, Entscheidungs- und Informationsmöglichkeiten gibt und unsere Wahrnehmung überbeansprucht wird, lohnt es sich, genau hinzusehen und sich sorgfältig zu überlegen, wie viel Komplexität wir freiwillig auf uns nehmen wollen. Wenn wir die Entscheidung treffen, unser Leben zu rationalisieren, schaffen wir auch die Zeit und den Raum für bewusstes und fokussiertes Nachdenken. In einer komplexen Welt ist die Zeit, einen Schritt zurückzutreten und das Gesamtbild zu betrachten, unsere Optionen sorgfältig abzuwägen, bewusste Entscheidungen zu treffen und durchzuatmen, überlebensnotwendig.

Essen, Schlafen und Bewegung

Im Lauf der Zeit haben wir gelernt, dass Ernährung, Ruhepausen und Bewegung in fast allen Lebensbereichen eine maßgebliche Rolle spielen. Es ist daher keine Überraschung, dass diese Gewohnheiten einen Einfluss auf die Verbesserung des Erkenntnisprozesses haben. Lassen Sie uns mit der Ernährung beginnen. Sind einige Nahrungsmittel besser für das Gehirn als andere? Jüngere Untersuchungen scheinen darauf hinzudeuten. Unsere Ernährung hat die gleiche Wirkung auf unsere Hirnfunktion wie die Oktanzahl des Benzins, das wir in unseren Autotank füllen. Eine schlechte Ernährung kann die Blutzirkulation und die Blutversorgung des Gehirns beeinträchtigen. Außerdem hängt die Leistung der Neurotransmitter davon ab, was wir essen, weil sie aus Aminosäuren bestehen, und diese stammen aus dem Protein, das wir mit der Nahrung (Fisch, Fleisch und Käse) aufnehmen. Die oberste Priorität für eine optimale geistige Leistung ist daher eine ausreichende Proteinzufuhr.[19] Der Erkenntnisprozess ist eine kognitive Anstrengung für das menschliche Gehirn, daher ist es sinnvoll, unsere Neurotransmitter mit Eiweiß zu versorgen, um die Denkleistung zu fördern.

Nahrungsmittel für eine verbesserte Hirnfunktion

Heidelbeeren, Cranberrys (beziehungsweise Preiselbeeren), Himbeeren, Erdbeeren, Brombeeren, Avocados, Karotten, Tomaten und Auberginen

Spinat, Grünkohl, Römersalat, Rosenkohl und Brokkoli

Wildlachs, Sardinen und Hering

Sonnenblumenkerne, Sesam, Leinsamen und Kürbiskerne

Walnüsse, Haselnüsse, Paranüsse, Mandeln, Cashewkerne und Erdnüsse

Roggenmehl

Brauner Reis

Vollkornbrot

Popcorn

Gerste

Schwarze Bohnen, Limabohnen, Pintobohnen, rote Bohnen, Kichererbsen, Great-Northern-Bohnen, Navy-Bohnen, Erbsen und Linsen

Cantaloupe-Melone, Mango, Aprikosen, Orangen, Pflaumen, rote Trauben und Kirschen

Frisch gebrühter grüner Tee

Bitterschokolade

Wasser (acht Gläser pro Tag)

Salbei

Eier

Curry-Gewürz

Als Nächstes kommen Antioxidantien aus Nahrungsmitteln, wie zum Beispiel Heidelbeeren, Matcha-Tee (zu feinstem Pulver gemahlener grüner Tee) und Walnüsse, die kognitive Zellschäden verhindern. Wir brauchen gesunde Gehirnzellen, um neue Hirnschaltkreise erzeugen zu können – denn, wie wir zuvor festgestellt haben, verfügen wir über umso mehr Optionen für erkenntnisgesteuerte Problemlösungen, je mehr Schaltkreise unser

Gehirn herstellt. Hochwertige Bitterschokolade aktiviert die Produktion von Dopaminen, die einen direkten Einfluss auf das Gedächtnis und die Lernfähigkeit haben. Auch das trägt zu einer Förderung des Erkenntnisprozesses bei. Und schließlich verhindern Omega-3-Fettsäuren aus Fisch (Kaltwasserfisch wie Wildlachs) erwiesenermaßen die Entzündung von Gehirnzellen. Das menschliche Gehirn besteht zu mehr als 60 Prozent aus Fett. Ein Mangel an Omega-3-Fetten führt zu Depression, einem schlechten Gedächtnis und Lernbehinderungen – alles bekannte Hindernisse für erkenntnisgesteuerte Denkprozesse.

Zahlreiche neue Bücher weisen darauf hin, dass bestimmte Nahrungsmittel besser für die geistige Gesundheit sind als andere. Und jedes Jahr lernen Wissenschaftler und Ernährungsexperten mehr über die ideale Mischung des »Brennstoffs«, der das Denken fördert. Bisher scheinen sich jedoch alle über die Grundlagen einig zu sein, egal welchem Experten man glaubt: Sorgen Sie für eine ausreichende Zufuhr von Proteinen, Antioxidantien und Omega-3-Fetten; essen Sie gelegentlich hochwertige Bitterschokolade; denken Sie daran, jeden Tag ein Multivitaminpräparat zu nehmen (B-Komplex und Kalium) und trinken Sie viel Wasser.

Und wie sieht es mit der Bewegung aus? Auch die körperliche Gesundheit spielt für die geistige Fähigkeit zur Lösung komplexer Probleme eine große Rolle.[20] Kinder, die den ganzen Tag vor dem Fernseher oder Computer sitzen oder den ganzen Tag Videospiele spielen, bekommen nicht annähernd das kognitive Training, das Gehen auf unebenem Gelände, Spiele im Freien oder Freizeitaktivitäten mit anderen Kindern bieten.

Untersuchungen zeigen, dass ein Mangel an Bewegung und die ständige Wiederholung wiederkehrender Aufgaben immer dieselben Schaltkreise in Anspruch nehmen, aber keine neuen erzeugen. Abgesehen davon, dass ein Mangel an Bewegung die Blutversorgung des Gehirns beeinträchtigt, lernt das kindliche Gehirn nicht, neue Schaltkreise herzustellen und innovativ zu denken. Dr. Michael Merzenich beschreibt den Schaden, den mangelnde Abwechslung dem menschlichen Gehirn zufügt, wie folgt: »Der bewegungsfaule Computerspiele-Freak befindet sich bei der Entwicklung von Reaktionen auf Informationen, die das Gehirn aufnimmt, in einem vergleichsweise eingefahrenen Lern- und Denktrott.«[21]

Der erste und offensichtliche Grund, warum Bewegung den Erkenntnisprozess beeinflusst, besteht darin, dass sie die Blutzufuhr zum Gehirn verbessert. Untersuchungen zeigen, dass regelmäßiger Sport die Entstehung neuer Hirnzellen fördert und einen positiven Einfluss auf die Hirnbereiche hat, die für Lernprozesse und Gedächtnis verantwortlich sind (Hippocampus).

Kurzum, wenn wir mit Bewegung unsere Blutzirkulation verbessern, verbessern wir auch den Ideenfluss. Die Blutzirkulation ist für das Funktionieren des menschlichen Gehirns von so maßgeblicher Bedeutung, dass Wissenschaftler möglicherweise in Kürze nachweisen können, dass eine verbesserte Blutzirkulation die Auswirkungen des Alterungsprozesses auf Geist und Körper bremsen kann. Laut Dr. Michael Merzenich hat eine vorläufige Studie an der Universität von Kalifornien in San Francisco ergeben, dass es vielversprechende Belege dafür gibt, dass sich bei älteren Ratten, die ihre körperliche Wendigkeit zum Erklimmen von Seilen eingebüßt haben und erste Anzeichen für verschiedene kognitive Erkrankungen zeigten, beide Phänomene zurückentwickelten, als die Blutzufuhr zum Gehirn gesteigert wurde. Plötzlich konnten sie sich wieder wie wesentlich jüngere Ratten bewegen. Darüber hinaus verschwanden in einigen Fällen von selbst verschiedene Symptome, die mit einem frühen Demenzstadium assoziiert werden.

Kognitive Fitness erfordert jedoch, dass neue Lernprozesse stattfinden. Daher ist Bewegung, die neue sensorische Erfahrungen beinhaltet, die beste Methode, um unseren Körper und unseren Geist zu trainieren. Das bedeutet, dass eine Joggingrunde in der Nachbarschaft oder eine Mountainbiketour durch unebenes Gelände mehr kognitive Vorteile bietet, als ein tägliches Training auf dem Laufband. Es bedeutet auch, dass das Training im Fitnessstudio nicht mehr ausreicht. Bewegung im Freien oder eine kurze Runde Badminton oder Basketball sind kognitiv anspruchsvoller und aktivieren neue Neurotransmitter auf eine Weise, die den Weg für ein erkenntnisgesteuertes Denken ebnet.

Und schließlich kommen wir zu einem Thema, das heute in aller Munde ist: Schlaf. In einer Studie aus dem Jahr 2002 wurde berichtet, dass 75 Prozent aller Amerikaner mehrere Nächte pro Woche unter Schlafstörungen leiden, und 37 Prozent gaben an, diese Störungen beeinträchtigten ihren Alltag.[22] Das könnte erklären, warum in den USA die Zahl der Kliniken für Schlafstörungen in nur einem einzigen Jahrzehnt explosionsartig zugenommen hat.

Schlafmangel hat tiefgreifende Auswirkungen auf den Frontallappen des Gehirns – das ist der Bereich, der für komplexe Problemlösung und Erkenntnis zuständig ist. Ohne Erholung hat das Gehirn keine Zeit zur Konsolidierung von Informationen, und das erschwert Lernprozesse ganz erheblich. Eigentlich wissen wir das bereits: Wenn wir nicht genug Schlaf bekommen, können wir uns nicht konzentrieren und unsere Problemlösungsfähigkeiten sinken dramatisch.

Zusammenfassend kann man sagen, dass angemessene Erholung (sechs bis acht Stunden pro Nacht), ausreichende Hirnnahrung und Bewegung allesamt die komplexe kognitive Verarbeitungsleistung nachweislich steigern. Wenn wir unsere Chancen auf erkenntnisgesteuertes Denken also erhöhen wollen, müssen wir unserem Gehirn die Nahrung, Erholung und Bewegung bieten, die es braucht.

Ein klarer Kopf

Die Auswirkungen einer veränderten Hirnchemie auf den Erkenntnisprozess wurde noch nicht so weit untersucht, dass irgendeine vernünftige Schlussfolgerung möglich wäre. Hier kann ich also nur mit größten Vorbehalten sprechen.

Es ist weithin bekannt, dass Antidepressiva inzwischen die meistverschriebenen Medikamente in den USA sind.[23] Laut der US-Gesundheitsbehörde Centers for Disease Control and Prevention wurden im Jahr 2005 in den USA rund 118 Millionen Rezepte für Antidepressiva ausgestellt. Zwischen 1995 und 2002 stieg der Konsum von Antidepressiva um ganze 48 Prozent. Bedauerlicherweise verläuft dieser Trend in den meisten Industrienationen ähnlich. Stimmungsaufheller sind zu einer stillschweigend akzeptierten internationalen Epidemie geworden.

Psychopharmaka sind jedoch nur eine Form der Medikation, und sie sind nicht die einzigen Verantwortlichen für die Veränderung unserer Hirnchemie. Wir »behandeln« uns mit nährstoffarmem Fastfood, Alkohol, Sport, Marihuana, Fernsehen und gelegentlich mit Arbeit. Alle diese Behandlungsformen haben Auswirkungen auf unsere Hirnchemie. Essen Sie einen Donut, und Ihr Gehirn hat einen hohen Zucker- und Fettgehalt. Trinken Sie ein Bier, und Ihr Gehirn reagiert auf den Alkohol. Stellen Sie sich neben einen Raucher, und das Gehirn raucht passiv mit und nimmt Nikotin auf. Die Effekte von Alkohol und Tabak auf das Gehirn sind leicht nachzuweisen. Viel schwerer nachweisbar und nebulöser sind die Auswirkungen langer Fernsehabende oder langer Arbeitstage auf unsere Problemlösungsfähigkeiten. Doch unabhängig davon, für welche Form der »Behandlung« – oder Betäubung – wir uns entscheiden, ist eines gewiss: *Wir verlassen uns auf künstliche Mittel, um unsere Stimmung aufzuhellen und uns an unserer Umgebung zu orientieren.*

Aus diesem Grund ist es wichtig, besser zu verstehen, wie sich Antidepressiva und andere pharmakologische Substanzen auf die Evolution des menschlichen Gehirns auswirken. Im vergangenen Jahrzehnt wurde Depression zum Beispiel mit einem chemischen Ungleichgewicht im Gehirn in Verbindung gebracht. Wenn wir uns deprimiert oder angespannt fühlen, befinden sich chemische Substanzen, die Dopamin, Serotonin und Noradrenalin genannt werden und im Gehirn als Neurotransmitter wirken, nicht mehr im Gleichgewicht. Antidepressiva sollen diese chemische Balance wiederherstellen und damit unsere Stimmung verbessern.

Weil es zunehmend Hinweise darauf gibt, dass eine positive Stimmung die Wahrscheinlichkeit erkenntnisgesteuerter Denkprozesse *erhöht*, könnte man erwarten, dass eine neue Generation von Glücklichmachern mehr bahnbrechende Aha-Erlebnisse auslöst. Seltsamerweise hat die von Antidepressiva ausgelöste Vermehrung von Neurotransmittern aber so gut wie keinen Effekt auf die Steigerung der Effektivität des Frontallappens. Das bedeutet, dass Pharmaka, die uns glücklicher und entspannter machen sollen, offenbar nichts dazu beitragen, unsere Fähigkeit zur Lösung komplexer Probleme oder zur Anregung von Erkenntnisprozessen zu *verbessern*.

Wenn Antidepressiva nicht erkenntnisfördernd wirken, lässt das nur zwei Möglichkeiten offen: Entweder, die Veränderung unserer Hirnchemie verhindert die Evolution des Erkenntnisprozesses, oder sie hat überhaupt keine Auswirkungen. Bis wir klinische Belege für die eine oder andere These haben, lautet mein Vorschlag, wir sollten uns, wann immer möglich, bemühen, der Versuchung zu widerstehen, die Hirnchemie künstlich zu verändern – egal ob mit Alkohol, Marihuana, Antidepressiva oder sogar Aspirin. Warum nicht die Methode »Vorbeugen ist besser als heilen« verfolgen, bis die Auswirkungen von Pharmaka auf die Entwicklung der komplexen Denkfähigkeit nicht vollständig verstanden werden?

Welche natürlichen Alternativen gibt es zu Cocktails, Zigaretten, Arbeit und Medikamenten, um die Stimmung zu heben? Was Depressionen betrifft, gibt es zunehmend Hinweise darauf, dass viele leichte, jahreszeitlich bedingte oder episodische Fälle erfolgreich mit einigen wenigen Schritten behandelt werden können. Sport ist zum Beispiel dafür bekannt, die Ausschüttung von Endorphinen zu fördern. Klinische Studien weisen darauf hin, dass ein hoher Prozentsatz der Patienten, bei denen eine Depression diagnostiziert wurde, sich zufriedener und motivierter fühlen, sobald sie beginnen, regelmäßig Sport zu treiben. Von ähnlichen Resultaten wurde berichtet, wenn Betroffene ihre sozialen Kontakte steigerten oder eine Therapie begannen.

Zwar gibt es keine Möglichkeit zu erfahren, wie viele klinisch depressive Menschen ohne verschreibungspflichtige Medikamente effektiv geheilt werden können, dennoch ist es schwer zu glauben, dass ein Viertel der US-Bevölkerung ein Rezept zur Veränderung ihrer Hirnchemie braucht. Für viele Menschen bietet Mutter Natur eine gleichermaßen effektive und dauerhafte Lösung. Wenn wir die Fähigkeit des Gehirns respektieren, seine eigenen chemischen Anpassungen vorzunehmen, ermöglichen wir ihm, sich ohne äußere Eingriffe – gute, schlechte oder wirkungslose – weiterzuentwickeln.

Stellen Sie sich vor …

Stellen Sie sich nur einen Moment lang eine Welt vor, in der die Regierungsführer ihre Kabinette auf eine kleine Gruppe von vier bis neun Personen reduzieren würden; in der Bauern subventioniert würden, um »Hirnnahrung« anzubauen, sodass deren Verzehr kostenlos und nährstoffarmes Fastfood richtig teuer würde; in der Unternehmen »Überstunden« verbieten und ihre Mitarbeiter dafür bezahlen würden, jede Nacht sieben Stunden zu schlafen. Stellen Sie sich vor, Versicherungsunternehmen würden ihre Versicherten dafür bezahlen, dass sie Sport machen, Kunstunterricht nehmen oder wieder zur Schule gehen, anstatt für Medikamente zu bezahlen, die Depression, Angstzustände und Diabetes heilen oder den Blutdruck regeln sollen. Stellen Sie sich eine Welt vor, in der jedes Unternehmen eine altmodische »Pausenklingel« hätte, die seinen Mitarbeitern signalisiert, die Arbeit beiseite zu legen, vom Schreibtisch aufzustehen und sich zu entspannen, und in der nicht jeder Tag randvoll mit Aktivitäten und jede Schublade und jeder Schrank in unserem Haus mit allem möglichen Krimskrams zum Bersten vollgestopft wäre; in der man lieber auf nackter Erde laufen als mit dem Auto fahren würde und in der ein Brainfitness-Spiel am Tag ausreichen würde, um sich vor Demenz und einer ganzen Batterie weiterer kognitiver Erkrankungen zu schützen.

Die heutigen Neurowissenschaftler sind dabei zu begreifen, dass eine solche Welt wesentlich sinnvoller wäre als unsere derzeitige. Sie wissen schon seit einiger Zeit, dass der Schlüssel zum Überleben einer Spezies tief im menschlichen Gehirn steckt: Was gut für Wahrnehmung und Erkenntnis ist, ist nicht nur gut für das Überleben der Spezies, sondern auch für andere Lebensformen und den Planeten als Ganzes. Je mehr wir unternehmen, um die kognitive Schwelle zu überwinden, desto wahrscheinlicher werden wir die komplexen Herausforderungen, die vor uns liegen, erfolgreich meistern. *Wahrnehmung, Erkenntnis, Spezies, Planet – sie sind unauflöslich miteinander verknüpft.*

In den Zivilisationen der Antike wurden die Existenzbedingungen von der langsamen, bedächtigen Evolution bestimmt. Egal wie schnell diese Zivilisationen Fortschritte machten, die Evolution ihres Gehirns blieb einfach irgendwann dahinter zurück. Es war lediglich eine Frage der Zeit, bis sie von dieser Diskrepanz eingeholt wurden. Der moderne Mensch besitzt heute jedoch die Fähigkeit, in sein Gehirn hineinzusehen und seine Funktionsweise zu verstehen. Wir stehen kurz davor, die wichtigste Entdeckung seit der Entwicklung des Menschen zum Säugetier, der Bildung sozialer Gruppen und der Entdeckung der zweibeinigen Fortbewegung zu machen: *die spontane Erkenntnis auf Abruf.*

Während wir mehr über die Macht dieser seltenen und naturgegebenen kognitiven Fähigkeit lernen, lernen wir auch, dass sich die Kluft zwischen der Geschwindigkeit, mit der sich das menschliche Gehirn weiterentwickelt, und der Geschwindigkeit, mit der wir Komplexität erzeugen, überbrücken lässt. Indem wir den Erkenntnisprozess aus den Tiefen unseres Gehirns an die Oberfläche holen, damit er seinen rechtmäßigen Platz in der Geschichte der Menschheit einnimmt, kann der moderne Mensch eine kognitive Beschränkung überwinden, die die Menschen über Jahrmillionen in einem wiederkehrenden Aufstiegs- und Untergangsmuster gefangen gehalten hat. Wir können den nächsten Schritt machen.

13
An der Schwelle

»Wenn ich Sie richtig verstehe, sagen Sie, wenn wir heute einen Neandertaler mit dem Fallschirm auf dem Times Square abwerfen würden, käme er nicht zurecht.«

»Richtig.«

»Und wenn Sie uns umgekehrt in eine Zeitmaschine stecken und uns fünf Millionen Jahre in die Zukunft schießen würden, hätten unsere Gehirne ebenfalls keine Chance.«

»Wahrscheinlich nicht.«

»Alles, was Sie damit sagen, ist, dass sich die Evolution wirklich sehr, sehr langsam vollzieht, sodass unser Gehirn schließlich auf der Strecke bleibt.«

»Ja.«

»Wie eine Fließbandarbeiterin, die versucht, die Pralinen vom Förderband zu nehmen und sie in eine Pralinenschachtel zu sortieren. Das Förderband wird immer schneller, und irgendwann kommt sie nicht mehr hinterher.«

»Ja, so ungefähr ...«

»Die Dinge fangen also an, außer Kontrolle zu geraten, es sei denn, wir würden einen Weg finden, entweder das Förderband zu bremsen oder die Pralinen schneller vom Band zu nehmen.«

»Idealerweise beides. Einige Pralinen fallen bereits auf den Boden.«

Am Morgen des 29. August 2004 hatte ich eine wichtige Erkenntnis. Ich war auf dem Weg zur Geburt meines Neffen Ben, als ich begann, darüber nachzudenken, was wir wirklich über das Leben wissen – nicht was wir *glauben* zu wissen, sondern was wir nachgewiesen haben.

Das Erste, das mir einfiel, war die Evolution. Seit mehr als einem Jahrhundert haben Wissenschaftler auf der ganzen Welt physikalische Belege aufgedeckt, die tief unter der Erdkruste des Planeten und in der Molekularbiologie der DNS versteckt lagen, und die beweisen, dass die Evolutionsprinzipien alles Leben – ob groß oder klein – bestimmen. *Wir wissen inzwischen mit absoluter Gewissheit, dass jeder Organismus, von der Ameise bis zum Elefanten, den Gesetzen der natürlichen Selektion unterliegt.*

Angesichts dieser Tatsache erscheint es merkwürdig, dass wir über die Evolution, wann immer wir sie erwähnen, in der Vergangenheit sprechen. Wir behandeln die Evolution so, als sei sie etwas, das unseren prähistorischen Vorfahren widerfahren sei. Tatsache ist jedoch, dass wir uns genau in diesem Augenblick, in dem ich diesen Text schreibe, ebenfalls in der Evolution befinden. Warum fällt es uns dann so schwer, die Evolution in die Gegenwart zu integrieren? Wann wurde die Frage, an welchem Punkt des unendlichen biologischen Wandels wir uns befinden, zu einem Streitthema? *Wie kam es, dass ein grundlegender Leitsatz der Wissenschaft ein Synonym für Gottlosigkeit wurde? Für Determinismus? Liberalismus?*

Seit der Veröffentlichung von Charles Darwins Werk *Die Entstehung der Arten* haben wir ein zwiespältiges Verhältnis zur Evolution. Die überwältigende Mehrheit der Menschen ist bereit, die Bedeutung der Evolution in der Vergangenheit zu akzeptieren, scheint sie für unsere heutigen Probleme aber nicht als relevant zu betrachten. Es erscheint seltsam, dass wir keine Verbindung zwischen dem wichtigsten Prinzip, das alles Leben auf der Erde bestimmt, und den massiven, komplexen Problemen erkennen, die uns seit vielen Generationen verfolgen, wie zum Beispiel Klimawandel, Terrorismus, Armut, pandemische Viren, Atomkriegsgefahr, eine globale Finanzkrise und eine Verschlechterung des staatlichen Bildungssystems. Wie kommt das? Ist es möglich, dass wir die Evolution verdrängt haben, weil wir, wenn wir die Tatsache anerkennen, dass wir uns nach wie vor in der Evolution befinden, ebenfalls die Tatsache anerkennen müssen, *dass der Mensch keine schnelleren Fortschritte machen kann, als die Evolution erlaubt?* Das würde bedeuten, dass die Menschen biologischen Grenzen unterliegen, die bestimmen, welche Probleme wir lösen können.

Biologische Grenzen? Das will natürlich niemand hören, ändert aber nichts an den Fakten. An irgendeinem Punkt müssen die Komplexität und das Ausmaß der Probleme einer Zivilisation einfach unsere biologischen Fähigkeiten übersteigen. Der Punkt, an dem die Komplexität und die Evolution zusammenstoßen, ist die kognitive Schwelle, und sie ist seit Anbeginn der Menschheit der Auslöser für den Untergang jeder entwickelten Zivilisation gewesen.

Das ist eine bedrückende Erkenntnis. Aber ich gebe zu, dass ich nicht ein Mal an eine Fließbandarbeiterin dachte, während mir diese Erkenntnis kam. Ja, das ist eine perfekte Metapher. Wenn wir nicht schnell genug neue kognitive Fähigkeiten entwickeln können, werden höchstwahrscheinlich jede Menge irrationale Verhaltensweisen entstehen. Zunächst werden wir damit beginnen, uns die Pralinen in den Mund und die Taschen zu stopfen, um das Problem zu verstecken. Das Fließband wird jedoch immer schneller und es kommen immer mehr Pralinen auf uns zu. Wenn wir uns keine Pralinen mehr in Mund und Taschen stopfen können, verfallen wir in einen Lähmungszustand. Wir stecken fest, während die Pralinen immer schneller auf den Boden fallen. Am Ende sind wir gezwungen, das Fließband anzuhalten und die Fabrik zu schließen. Mit etwas Glück strukturieren wir später um, eröffnen unter einem neuen Management neu und beginnen von vorne. Alles läuft gut – für eine Weile. Aber das Fließband fängt erneut an, sich zu beschleunigen und …

Die Natur hat eine elegante Lösung für unser Dilemma parat: eine erstaunliche Problemlösungsfähigkeit, die tief im menschlichen Gehirn vergraben liegt: die spontane Erkenntnis. Die jüngste Entdeckung der spontanen Erkenntnis ist nicht weniger beachtlich als die plötzliche Erleuchtung, dass wir nichts weiter tun müssen, als die Pralinenschachtel ans Ende des Fließbands zu halten und die Pralinen eine nach der anderen hineinfallen zu lassen. Egal wie schnell sich das Fließband bewegt, ist es nun leicht, mit dem Tempo mitzuhalten.

Zum ersten Mal in der Geschichte haben Neurowissenschaftler die Möglichkeit, ins Innere unseres Gehirns zu blicken und die wahren Talente der Erkenntnis aus erster Hand zu studieren. Sie wissen, dass eine plötzliche Erkenntnis selten und spontan eintritt, aber auch das einzig bekannte Gegenmittel für Komplexität ist. Neben der Entdeckung der Erkenntnis sind wir aber auch die erste Zivilisation, die das Wissen, die Technologie und die Ressourcen besitzt, um das Muster von Aufstieg und Niedergang zu durchbrechen. Keine andere Zivilisation vor uns hat die Umwelt so beherrscht und keine hatte so viele Instrumente zur Verfügung, um den Verlauf des Aufstiegs und Niedergangs zu verändern. Und daher hat keine andere Zivilisation so viel Grund zum Optimismus. Hier hat der Visionär Paul Hawken das letzte Wort:[1]

> »Die Dichterin Adrienne Rich schrieb: ›So viel ist zerstört worden; ich schlage mich auf die Seite derjenigen, die Zeitalter um Zeitalter Widerstand geleistet und, ohne außergewöhnliche Macht zu besitzen, die Welt wiederhergestellt haben.‹ Es könnte keine bessere Beschreibung geben. Die Menschheit ist dabei zusammenzuwachsen. Sie stellt die Welt wieder her, und dieser Prozess findet in Klassenzimmern, Farmen, Dschungeln, Dörfern, auf dem Campus, in Unternehmen, Flüchtlingslagern, Wüsten, im Fischfang und in Slums statt.«

Wird die moderne Zivilisation, ausgerüstet mit unserem neuen Wissen über den Zusammenbruch von Gesellschaften, der Evolution erlauben, im 21. Jahrhundert ihren rechtmäßigen Platz einzunehmen? Werden wir das Gleichgewicht zwischen Wissen und Glauben wiederherstellen und zulassen, dass ungewöhnliche Erkenntnisse die Plagen der Menschheit beseitigen? Werden wir auf den Weckruf der Klapper des Wachmanns im Dunkel der Nacht reagieren?

Danksagung

Im Jahr 1676 schrieb Isaac Newton einen Brief an Robert Hooke: »Wenn ich ein wenig weiter voraus geblickt habe, dann, weil ich auf den Schultern von Giganten gestanden habe.« Auch ich wurde großzügig auf die Schultern von Menschen gehoben, die mich bei Weitem überragen.

Ich beginne, indem ich meinen tiefsten Dank für die Arbeit von Charles Darwin und Dr. E. O. Wilson, Dr. James Watson und Dr. Richard Dawkins ausspreche, ohne die dieses Buch nicht möglich gewesen wäre. Ihre Erkenntnisse über die Evolution, Soziobiologie, Einheit des Wissens und Mem-Theorie waren meine Referenzpunkte – mein einziger Beitrag bestand darin, sie miteinander zu verbinden.

Ich möchte Dr. Michael Merzenich, Dr. Steven Chu, Dr. Charles Townes, Dr. Philip Brownell, Dr. John Ratey und Dr. John Sumser für ihren Rat danken, Leon und Sylvia Panetta vom Panetta Institute und Neil Patterson von der E. O. Wilson Biodiversity Foundation sowie Dr. John Kounios und Dr. Mark Jung-Beeman, deren bahnbrechende Forschungsarbeit auf dem Gebiet der Erkenntnis großen Optimismus für unsere Zukunft bietet.

Ich werde nie in der Lage sein, meine Schuld gegenüber Arthur Klebanoff, Präsident der Scott Meredith Agency zu begleichen, dessen Vision, Geschäftssinn und Führung zum großen Teil für den Erfolg dieses Buchs verantwortlich sind. Auch dem Team von Vanguard Press und der Perseus Books Group, und ganz besonders Roger Cooper und Rick Joyce schulde ich tiefen Dank dafür, dass sie die Ideen dieses Buches mutig aufgegriffen und die Ressourcen investiert haben, um es Wirklichkeit werden zu lassen.

Ein besonderer Dank geht an zwei der herausragendsten Lektorinnen, die ein Autor sich wünschen kann – Dana Benningfield und Christine Marra, deren lektorische Erfahrung unverzichtbar war. Meinen tief empfundenen Dank möchte ich auch Sandi Mendelson und David Nelson dafür aussprechen, dass sie die Botschaft formuliert und unermüdlich die Klapper geschüttelt haben, um die Welt aufzurütteln.

Außerdem möchte ich meiner Familie, Sam, Mat, Michael und Shelly, für ihre beständige Liebe danken. Mein tiefer Dank geht auch an meine Freundinnen, die nie auch nur einen Moment lang Zweifel hatten: Brigitte, Jane, Rosy, Kitty, Joy, Francine, Cheryl, Mary und Sharon. Ein besonderer Dank geht an Michael Geary für seine Hilfe in Afghanistan, als ich nicht dorthin fahren konnte.

Und zuletzt möchte ich meinem vertrauten Kameraden Tonka danken. Das gleichmäßig-langsame Geräusch deines Atems, wenn du unter meinem Schreibtisch geschlafen hast, brachte mich stets wieder zurück auf die Erde.

Literaturhinweise

Kollaps oder Evolution? ist eine Verschmelzung von Geschichte, Biologie, Neurowissenschaften, Mem-Theorie und dem Studium der Komplexität. Daher bin ich der Meinung, dass statt der Lektüre spezifischer Bücher eine breit gefächerte Lektüre wichtig ist. Charles Darwins *Originalwerke* bilden eine gute Grundlage und damit den Ausgangspunkt für jede weitere Lektüre.

Bar-Yam, Yaneer, *Making Things Work.* Cambridge, MA: Knowledge Press, 2004.

Blackmore, Susan, *The Meme Machine.* New York: Oxford University Press, 1999. Deutscher Titel: *Die Macht der Meme oder die Evolution von Kultur und Geist,* Spektrum Akademischer Verlag, 2010.

Brodie, Richard, *The Virus of the Mind.* Seattle, WA: Integral Press, 2009.

Carter, Rita, *The Human Brain Book.* New York: DK Publishing, 2009. Deutscher Titel: *Das Gehirn: Anatomie, Sinneswahrnehmung, Gedächtnis, Bewusstsein, Störungen,* Dorling Kindersley, 2010.

Darwin, Charles, *The Descent of Man.* New York: The Penguin Group, 2007. Deutscher Titel: *Die Abstammung des Menschen,* Fischer (Tb.), 2008, und Kindle Edition, 2009.

Darwin, Charles, *The Expression of the Emotions in Man and Animals.* New York: Oxford University Press, 1998.

Darwin, Charles, *On the Origin of Species.* New York: Sterling Publishing, 2008. Deutscher Titel: *Die Entstehung der Arten,* Nikol-Verlags GmbH, 2008.

Darwin, Charles, *The Voyage of the Beagle.* Washington, D. C.: National Geographic Society: 2009. Deutscher Titel: *Die Fahrt der Beagle,* Fischer (Tb.), 2008.

Dawkins, Richard, *The Extended Phenotype.* New York: Oxford University Press, 2006. Deutscher Titel: *Der erweiterte Phänotyp: Der lange Arm der Gene,* Spektrum Akademischer Verlag, 2010.

Dawkins, Richard, *The Selfish Gene.* New York: Oxford University Press, 2006. Deutscher Titel: *Das egoistische Gen,* Jubiläumsausgabe, Spektrum Akademischer Verlag, 2006.

Diamond, Jared, *Collapse.* New York: Viking Penguin, The Penguin Group, 2005. Deutscher Titel: *Kollaps. Warum Gesellschaften überleben oder untergehen,* Fischer (Tb.), 2011.

Diamond, Jared, *Guns, Germs, and Steel.* New York; W. W. Norton & Company, 1999.

Hawkins, Jeff, *On Intelligence.* New York: Times Books, 2004.

Lilla, Mark, *The Stillborn God: Religion, Politics, and the Modern West.* New York: Alfred A. Knopf, Random House, 2007.

Mann, Charles C., *1491.* New York: Vintage Books, Random House, 2006.

Pinker, Steven, *The Stuff of Thought.* New York: The Penguin Group, 2007. Deutscher Titel: *Wie das Denken im Kopf entsteht,* Fischer (Tb.), 2011.

Rousseau, Jean-Jacques, *The Social Contract*. Übersetzt von Maurice Cranston. New York: Penguin Group, Penguin Classics Various Editions, 1968–2007. Deutscher Titel: *Vom Gesellschaftsvertrag oder Die Grundsätze des Staatsrechts*, Reclam-Taschenbuch, 1986.

Schwartz, Glenn M. und John J. Nichols, *After Collapse*. Tucson: The University of Arizona Press, 2006.

Sweeney, Michael S., *Brain: The Complete Mind*. Washington, D.C.: National Geographic Society, 2009.

Toffler, Alvin, *Future Shock*. New York: Bantam Books, Random House, 1984. Deutscher Titel: *Der Zukunftsschock*, Scherz Verlag, 1970.

Wright, Robert, *The Moral Animal*. New York: Vintage Books, Random House, 1994. Deutscher Titel: *Diesseits von Gut und Böse. The moral animal. Die biologischen Grundlagen unserer Ethik*, Limes Verlag, 1999.

Wilson, Edward O., *Consilience*. New York: Alfred A. Knopf, 1998. Deutscher Titel: *Die Einheit des Wissens*, Goldmann, 2000.

Wilson, Edward O., *The Future of Life*. New York: Vintage Books, Random House, 2002. Deutscher Titel: *Die Zukunft des Lebens*, Goldmann Verlag, 2004.

Wilson, Edward O., *On Human Nature*. Cambridge, MA: Harvard University Press, 2004.

Wilson, Edward O., *Sociobiology*. Cambridge, MA: Belknap Press of Harvard University Press, 2000.

Über die Autorin

Rebecca D. Costa ist Soziobiologin und einzigartige Expertin auf dem Gebiet von Aufdeckung und Erklärung neuer Trends im Zusammenhang mit der menschlichen Evolution, globalen Märkten und neuen Technologien. Seite an Seite mit herausragenden Wirtschaftsführern, Nobelpreisträgern, Wissenschaftlern, Innovatoren und Gewinnern des Pulitzerpreises auf der ganzen Welt, spricht Costa über die wachsenden Sorgen in Bezug auf gefährliche Bedrohungen, wie zum Beispiel die globale Klimaerwärmung, pandemische Viren, Terrorismus, die Verbreitung von Nuklearwaffen und das Versagen der staatlichen Bildungssysteme.

Costa ist ehemalige CEO des Silicon-Valley-Startups Dazai Advertising Inc., das 1997 an J. Walter Thompson verkauft wurde, und häufige Vortragsrednerin auf prestigeträchtigen Technologie- und Umweltkonferenzen sowie bei Veranstaltungen angesehener Universitäten. Zu Costas Kunden gehören Technologiegiganten wie Apple Computer, Hewlett-Packard, Oracle Corporation, 3M, Amdahl, Siebel Systems und General Electric. Costa, die in Tokio aufgewachsen ist, lebte während des Vietnamkriegs in Vientiane, Laos, wo ihr Vater an verdeckten CIA-Missionen arbeitete. Sie führt ihre natürliche Begabung, globale Muster zu entdecken, auf ihre multikulturelle Erziehung und Bildung zurück.

Rebecca Costa ist Bachelor of Arts in Sozialwissenschaften der Universität von Kalifornien. Sie lebt an der Zentralküste von Kalifornien.

Anmerkungen

Die Anmerkungen beziehen sich jeweils auf den gesamten der Fußnote folgenden Abschnitt.

Einführung

1 Interview mit Dr. E. O. Wilson, Harvard University, Cambridge, MA, 1. Juli 2009.
2 Charles Darwin, *On the Origin of Species*. New York: Sterling, 2008.
3 James D. Watson, *The Double Helix*. New York: Touchstone, 2001.
4 Robert C. Olby, *The Path to the Double Helix: The Discovery of DNA*. Mineola, NY: Dover, 1994.
5 Edward O. Wilson, *Sociobiology: The New Synthesis*. Cambridge, MA: Belknap Press, 2000.
6 Richard Dawkins, *The Selfish Gene*. New York: Oxford University Press, 2006.
7 David E. Weisberg, *The Engineering Design Revolution*. Englewood, CO: www.cadhistory.net, 2008.
Peter Petre, »How GE Bobbled the Factory of the Future«, *Fortune*, 11. November 1985.

Kapitel 1 – Ein Muster für Komplexität und Zusammenbruch: Warum Zivilisationen aufsteigen und untergehen

1 Yaneer Bar-Yam, *Making Things Work*. Cambridge, MA: Knowledge Press, 2004.
US-Außenministerium. Website: www.state.gov/s/c+/other/des/123oo85.htm.
2 Matthew Markowitz, »The Mayans, Climate Change, and Conflict«, ICE-Fallstudien, No. 112, 2003, http://www1.american.edu/ted/ice/maya.htm.
Charles C. Mann, *1491*.New York: Vintage, 2006.
Glenn Welker, »Mayan Civilization«, http://www.indians.org/welker/maya.htm.
Patrick L. Barry, »The Rise and Fall of the Mayan Empire«, 6. Januar 2001, http://www.firstscience.com/home/articles/origins/the-rise-and-fall-of-the-mayan-empire–1387.html.
David L. Webster, *The Fall of the Ancient Maya*. New York: Thames and Hudson, 2002.
Michael Lemonick, »Mysteries of the Mayans«, http://www.indians.org/welker/maya.htm.
»Collapse: Why Do Civilizations Fail?«, http://www.learner.org/interactives/collapse/mayans.html.
Stefan Lovegren, »Climate Change Killed Off Mayan Civilization, Study Says«, *National Geographic News*, 13. März 2003.
John Ness, »Fall of the Mayan«, *Newsweek*, 24. März 2003.
Elin C. Danien und Robert J. Sharer, *New Theories on the Ancient Maya*. Philadelphia: University Museum, University of Pennsylvania, 1992.
Joseph Tainter, *The Collapse of Complex Societies*. Cambridge: Cambridge University Press, 1990.
David Freidel und Linda Schele, *A Forest of Kings: The Untold Story of the Ancient Maya*. New York: Harper Perennial, 1992.
Heather Irene McKillop, *The Ancient Maya: New Perspectives*. New York: Norton, 2006.
»Mayan History«, http://www.crystalinks.com/mayanhistory.html.
Steve Connor, »How Drought Helped Drive a Long-Lost Civilization to Extinction«, *The Independent*, 14. März 2003.

4 Michael Lemonick, »Mysteries of the Mayans«, http://www.indians.org/welker/maya.htm.

5 Michael D. Coe, *Breaking the Mayan Code.* London: Thames and Hudson, 1992.

6 Jared Diamond, *Collaps.* New York: Viking Penguin, 2005.

7 John Stanton, »Evolutionary Cognitive Neuroscience«, *Dissident Voice,* 30. Juni 2007.

8 Nicholas Wade, »Researchers Say Human Brain Is Still Evolving«, *New York Times,* 8. September 2005.
William H. Calvin, Terrence Deacon, Ralph L. Holloway, Richard G. Klein, Steven Pinker, John Tooby, Endel Tulving und Ajit Varki, »The Evolution of the Human Brain«, Center for Human Evolution, Protokolle des Workshop 5, Bellevue, Washington, 19.–20. März 2005, http://www.futurefoundation.org/programs/che–wrk5.htm.
»Human Brain Evolution Was a ›Special Event‹«, *HHMI Research News,* 29. Dezember 2004, http://www.hhmi.org/news/pdf/lahn3.pdf.
Jane Bradbury, »Molecular Insights into Human Brain Evolution«, *PLoS Biology* 3(3), 2005.
Kate Melville, »Evolution of the Human Brain Unique«, Scienceagogo, 29. Dezember 2004, http://www.scienceagogo.com/news/20041129182724data–trunc–sys.shtml.
George F. Striedter, *Principles of Brain Evolution.* Sunderland, MA: Sinauer Associates, 2004.
Christopher Willis, *The Runaway Brain: The Evolution of Human Uniqueness.* New York: Basic Books, 1994.
Mihail C. Roco und Carlo D. Montemagno, *The Coevolution of Human Potential and Converging Technologies.* New York: New York Academy of Science, 2004.
Robert J. Sternberg und Janet E. Davidson, *The Nature of Insight.* Cambridge, MA: MIT Press, 1995.

9 Yaneer Bar-Yam, *Making Things Work.* Cambridge, MA: Knowledge Press, 2004.

10 A.W. Kruglanski und D.M. Webster, »Motivated Closing of the Mind: ›Seizing‹ and ›Freezing‹«, *Psychological Review,* 1996.
W. Kruglanski, D.M. Webster und A. Klem, »Motivated Resistance and Openness to Persuasion in the Presence or Absence of Prior Information«, *Journal of Personality and Social Psychology* 65(5), November 1993.
M. Mitchell Waldrop, *Complexity: The Emerging Science at the Edge of Order and Chaos.* New York: Simon and Schuster, 1992.
Melanie Mitchell, *Complexity: A Guided Tour.* New York: Oxford University Press, 2009.
John J. Miller und Scott E. Page, *Complex Adaptive Systems: An Introduction to Computational Models of Social Life.* Princeton, NJ: Princeton University Press, 2007.
Robert Geyer und Samir Rihani, *Complexity and Public Policy: A New Approach to 21st Century Politics, Policy, and Society.* New York: Routledge, 2010.
Len Fisher, *The Perfect Swarm: The Science of Complexity in Everyday Life.* New York: Basic Books, 2009.
Linda Elder und Richard Paul, »Critical Thinking in a World of Accelerating Change and Complexity«, *Social Education,* 1. Dezember 2008.
Arthur Whimbey und Jack Lochhead, *Problem Solving and Comprehension.* Mahwah, NJ: Lawrence Erlbaum, 1999.
John H. Holland, *Hidden Order: How Adaptation Builds Complexity.* New York: Basic Books, 1996.
Bryan K. Hanks und Katheryn M. Linduff, *Social Complexity in Prehistoric Eurasia: Monuments, Metals, and Mobility.* New York: Cambridge University Press, 2009.
N. Jausovec und K. Bakracevic, *Creativity Research Journal* 8(1), Januar 1995.
G.A. Miller, »The Magical Number Seven, Plus or Minus Two: Some Limits on Our Capacity for Processing Information«, *Psychological Review* 63(2), 1956.

11 R.E. Petty und J.A. Krosnick, *Attitude Strength: Antecedents and Consequences.* Mahwah, NJ: Lawrence Erlbaum, 1995. A.R. Pratkanis, S.J. Breckler und A.J. Greenwald, *Attitude Structure and Function.* Hillsdale, NJ: Lawrence Erlbaum, 1989.
S. Budner, »Intolerance of Ambiguity as a Personality Variable«, *Journal of Personality* 30(2), 1962.
D. Apter, *Ideology and Discontent.* New York: Free Press, 1964.
E. De St. Aubin, »Personal Ideology Polarity«, *Journal of Personality* 71(1), 1996.
H.J. Eysenck und G.D. Wilson, *The Psychological Basis of Ideology.* Lancaster, UK: MTP Press, 1978.
D.L. Hamilton und T.L. Rose, »Illusory Correlation and the Maintenance of Stereotypical Beliefs«, *Journal of Personality and Social Psychology* 39(5), 1980.
D.T. Miller und M. Ross, »Self-Serving Biases in the Attribution of Causality: Fact or Fiction?«, *Psychological Bulletin* 82(2), 1975.

12 Interview mit Neil Patterson, Präsident, E.O. Wilson Biodiversity Foundation, Papillon House, Carmel, CA, 30. Juli 2009.

13 Staffora Beer, David Whittaker und Brian Eno, *Think Before You Think: Social Complexity and Knowledge of Knowing.* Charlbury, UK: Wavestone Press, 2009.
David J. Kinden, *The Accidental Mind: How Brain Evolution Has Given Us Love, Memory, Dreams, and God.* Cambridge, MA: Belknap Press, 2008.
C.M. Hann, *When History Accelerates: Essays on Rapid Social Change and Creativity.* London: Athlone Press, 1994.
Sandra D. Mitchell, *Unsimple Truths: Science, Complexity, and Policy.* Chicago: University of Chicago Press, 2009.
Joseph Tainter, *The Collapse of Complex Societies.* Cambridge: Cambridge University Press, 1990.
Alvin Toffler, *Future Shock.* New York: Bantam Books, 1984.
Glenn M. Schwartz und John J. Nichols, *After Collapse.* Tucson: University of Arizona Press, 2006.
M. Mitchell Waldrop, *Complexity: The Emerging Science at the Edge of Order and Chaos.* New York: Simon and Schuster, 1992.
Melanie Mitchell, *Complexity: A Guided Tour.* New York: Oxford University Press, 2009.
John J. Miller und Scott E. Page, *Complex Adaptive Systems: An Introduction to Computational Models of Social Life.* Princeton, NJ: Princeton University Press, 2007.
Len Fisher, *The Perfect Swarm: The Science of Complexity in Everyday Life.* New York: Basic Books, 2009.
John H. Holland, *Hidden Order: How Adaptation Builds Complexity.* New York: Basic Books, 1996.
Robert Geyer und Samir Rihani, *Complexity and Public Policy: A New Approach to 21st Century Politics, Policy, and Society.* New York: Routledge, 2010.
Linda Elder und Richard Paul, »Critical Thinking in a World of Accelerating Change and Complexity«, *Social Education,* 1. Dezember 2008.
Arthur Whimbey und Jack Lochhead, *Problem Solving and Comprehension.* Mahwah, NJ: Lawrence Erlbaum, 1999.
Bryan K. Hanks und Katheryn M. Linduff, *Social Complexity in Prehistoric Eurasia: Monuments, Metals, and Mobility.* New York: Cambridge University Press, 2009.
N. Jausovec und K. Bakracevic, *Creativity Research Journal* 8(1), Januar 1995.
G.A. Miller, »The Magical Number Seven, Plus or Minus Two: Some Limits on Our Capacity for Processing Information«, *Psychological Review* 63(2), 1956.

14 Elizabeth Hill Boone und Elizabeth P. Benson, »Ritual Human Sacrifice in Mesoamerica«, Konferenz in Dumbarton Oaks, Washington, DC, 13.–14. Oktober 1979.
David Roberts, »Exploring the Place of Fright«, *National Geographic,* Juli–August 2001.
Vera Tiesler und Andrea Cucina, Hrsg., *New Perspectives on Human Sacrifice and Ritual Body Treatments in Ancient Maya Society.* New York: Springer, 2008.

Matthew Markowitz, »The Mayans, Climate Change, and Conflict«, ICE-Fallstudien, No. 112, 2003, http://www1.american.edu/ted/ice/maya.htm.
Charles C. Mann, *1491*. New York: Vintage, 2006.
Glenn Welker, »Mayan Civilization«, http://www.indians.org/welker/maya.htm.
Patrick L. Barry, »The Rise and Fall of the Mayan Empire«, 6. Januar 2001, http://www.firstscience.com/home/articles/origins/the-rise-and-fall-of-the-mayan-empire–1387.html.
David L. Webster, *The Fall of the Ancient Maya*. New York: Thames and Hudson, 2002.
Michael Lemonick, »Mysteries of the Mayans«, http://www.indians.org/welker/maya.htm.
»Collapse: Why Do Civilizations Fail?«, http://www.learner.org/interactives/collapse/mayans.html.
Stefan Lovegren, »Climate Change Killed Off Mayan Civilization, Study Says«, *National Geographic News*, 13. März 2003.
John Ness, »Fall of the Mayan«, *Newsweek*, 24. März 2003.
Elin C. Danien und Robert J. Sharer, *New Theories on the Ancient Maya*. Philadelphia: University Museum, University of Pennsylvania, 1992.
Joseph Tainter, *The Collapse of Complex Societies*. Cambridge: Cambridge University Press, 1990.
David Freidel und Linda Schele, *A Forest of Kings: The Untold Story of the Ancient Maya*. New York: Harper Perennial, 1992.
Heather Irene McKillop, *The Ancient Maya: New Perspectives*. New York: Norton, 2006.
Terje Tvedt und Terje Oestigaard, Hrsg., *History of Water*, Reihe II, Band. 1: *Idea of Water from Ancient Societies to the Modern World*. London: I. B. Tauris, 2009.
Tony Allan und Tom Lowenstein, *Gods of Sun and Sacrifice: Aztec and Maya Myth*. London: Duncan Baird, 1999.
William James, *The Will to Believe*. New York: Book Jungle, 2009.
David Joralemon, *Ritual Blood-Sacrifice Among the Ancient Maya, Part I*. Pebble Beach, CA: Robert Louis Stevenson School, 1974.
Alex Okeowo, »Portal to Maya Underworld Found in Mexico?«, *National Geographic News*, 22. August 2008.

15 Mark Stevenson, »Archaeologists Unearth Evidence of Human Sacrifice«, *Associated Press*, 22. Januar 2005.

16 Marty Greenberg, Reed Hogan, und Andrew Houshouder, »Mayan Ruins of Belize«, http://www4.samford.edu/schools/artsci/biology/belize/mayan.html.
David M. Pendergast, *Lamanai Stela 9: The Archaeological Context*, Research Reports on Ancient Maya Writing 20. Washington, DC: Center for Maya Research, 1988.
Elizabeth Hill Boone und Elizabeth P. Benson, »Ritual Human Sacrifice in Mesoamerica«, Konferenz in Dumbarton Oaks, Washington, DC, 13.–14. Oktober 1979.
David Roberts, »Exploring the Place of Fright«, *National Geographic*, Juli–August 2001.
Lamanai Archaelogical Project, Indian Church, Belize, http://www.csms.ca/Lamanai%20Field%20School.htm.
Vera Tiesler und Andrea Cucina, Hrsg., *New Perspectives on Human Sacrifice and Ritual Body Treatments in Ancient Maya Society*. New York: Springer, 2008.
Matthew Markowitz, »The Mayans, Climate Change, and Conflict«, ICE-Fallstudien, No. 112, 2003, http://www1.american.edu/ted/ice/maya.htm.
Charles C. Mann, *1491*. New York: Vintage, 2006.
Glenn Welker, »Mayan Civilization«, http://www.indians.org/welker/maya.htm.
Patrick L. Barry, »The Rise and Fall of the Mayan Empire«, 6. Januar 2001, http://www.firstscience.com/home/articles/origins/the-rise-and-fall-of-the-mayan-empire–1387.html.

David L. Webster, *The Fall of the Ancient Maya.* New York: Thames and Hudson, 2002.
Michael Lemonick, »Mysteries of the Mayans«, http://www.indians.org/welker/maya.htm.
»Collapse: Why Do Civilizations Fail?«, http://www.learner.org/interactives/collapse/mayans.html.
Stefan Lovegren, »Climate Change Killed Off Mayan Civilization, Study Says«, *National Geographic News,* 13. März 2003.
John Ness, »Fall of the Mayan«, *Newsweek,* 24. März 2003.
Elin C. Danien und Robert J. Sharer, *New Theories on the Ancient Maya.* Philadelphia: University Museum, University of Pennsylvania, 1992.
Joseph Tainter, *The Collapse of Complex Societies.* Cambridge: Cambridge University Press, 1990.
David Freidel und Linda Schele, *A Forest of Kings: The Untold Story of the Ancient Maya.* New York: Harper Perennial, 1992.
Heather Irene McKillop, *The Ancient Maya: New Perspectives.* New York: Norton, 2006.
Tony Allan und Tom Lowenstein, *Gods of Sun and Sacrifice: Aztec and Maya Myth.* London: Duncan Baird, 1999.
Alex Okeowo, »Portal to Maya Underworld Found in Mexico?«, *National Geographic News,* 22. August 2008.

17 Suzanna Goldenberg, »Obama's Energy Secretary Outlines Dire Climate Change Scenario«, *The Guardian,* 4. Februar 2009.
Norris Hundley, *The Great Thirst.* Berkeley und Los Angeles: University of California Press, 2001.
Mark Reisner, *Cadillac Desert.* New York: Penguin, 1987.
Dorothy Green, *Managing Water.* Berkeley und Los Angeles: University of California Press, 2007.
David Carle, *Introduction to Water in California.* Berkeley und Los Angeles: University of California Press, 2009.
W. Dragoni und B. S. Sukhja, »Climate Change and Groundwater«, Geological Society of London, Sonderpublikation, No. 288, 15. Mai 2008.
Michael Collier und Robert H. Webb, *Floods, Droughts, and Climate Change.* Tucson: University of Arizona Press, 2002.
Steven Solomon, Water: *The Epic Struggle for Wealth, Power, and Civilization.* New York: HarperCollins, 2010.

18 »California Lawmakers Again Fail to Reach Water Deal«, Associated Press, 11. Oktober 2009.

19 Interview mit E. O. Wilson, Harvard University, Cambridge, MA, 1. Juli 2009.

20 Josh Clark, »How Can Adrenaline Help You Lift a 3,500-Pound Car?«, http://health.howstuffworks.com/adrenaline-strength.htm.
C. D. Marsden und S. J. C. Meadows, »The Effect of Adrenaline on the Contractions of Human Muscle«, *Journal of Physiology* 207(2), 1970.
Ben Martin, »Fight or Flight«, 9. Februar 2006, http://psychcentral.com/lib/2006/fightor-flight/.

21 Nicholas D. Kristof, »When Our Brains Short-Circuit«, *New York Times,* 1. Juli 2009.

22 Joseph Tainter, *The Collapse of Complex Societies.* Cambridge: Cambridge University Press, 1990.
Benjamin Isaac, *The Invention of Racism in Classical Antiquity.* Princeton, NJ: Princeton University Press, 2004.
Adrian N. Sherwin-White, *Racial Prejudice in Imperial Rome.* Cambridge: Cambridge University Press, 2010.
Adrian Goldsworthy, *How Rome Fell.* New Haven, CT: Yale University Press, 2009.
Donald Kagan, *The End of the Roman Empire: Decline or Transformation?* Lexington, MA: Heath, 1992.
Bryan Ward-Perkins, *The Fall of Rome.* New York: Oxford University Press, 2005.
G. W. Bowersock, »The Vanishing Paradigm of the Fall of Rome«, *Bulletin of the American Academy of Arts and Sciences,* Mai 1996.

Peter Heather, *The Fall of the Roman Empire*. New York: Oxford University Press, 2006.

23 Richard Stone, »Divining Angkor«, *National Geographic*, Juli 2009.
Claude Jacques und Philippe LaFond, *The Khmer Empire: Cities and Sanctuaries from the 5th to the 13th Century*. Bangkok: River Books, 2007.
Brian M. Fagan, *The Little Ice Age: How Climate Made History*. New York: Basic Books, 2001.

Kapitel 2 – Ein Geschenk der Evolution: Ein Durchbruch in den Neurowissenschaften

1 Jonah Lehrer, »The Eureka Hunt«, *New Yorker*, 28. Juli 2008.
Richard C. Rothermel, »Mann Gulch Fire: A Race That Couldn't Be Won«, General Technical Report INT-29. Washington, DC: US-Landwirtschaftsministerium, Forstdienst, Mai 1993.
Rob Schrepfer und Michael Useem, *Wag Dodge: Leadership Through Innovation or the Evolution of a Failed Leader?* Chapel Hill, NC: Duke School of Business, Leadership Development Initiative, 2003.
Art Jukkala und Ted Putnam, »Forest Fire Shelters Save Lives«, *Fire Management Notes* 47(2), 1986.
Laurence Gonzales, *Deep Survival: Who Lives, Who Dies, and Why*. New York: Norton, 2003.
C.C. Wilson, »Fatal and Near Fatal Forest Fires: The Common Denominators«, *International Fire Chief* 43(9), 1977.
Doug Campbell und Bruce Schubert, »The Art of Wildland Firefighting«, Ojai, CA: Arbeitspapier, 2009.

2 Richard C. Rothermel, »Mann Gulch Fire: A Race That Couldn't Be Won«, General Technical Report INT-29. Washington, DC: US-Landwirtschaftsministerium, Forstdienst, Mai 1993.
Richard C. Rothermel und Robert W. Mutch, »Behavior of the Life-Threatening Butte Fire«, *Fire Management Notes* 47(2), 1986.

3 Mary Lou Decosterd, *Right Brain/Left Brain Leadership: Shifting Style for Maximum Impact*. Westport, CT: Praeger, 2008.
Michael S. Sweeney, *Brain, the Complete Mind: How It Develops, How It Works, and How to Keep It Sharp*. Washington, DC: National Geographic Society, 2009.
Steven Pinker, *The Stuff of Thought*. New York: Penguin, 2007.
Jeff Hawkins, *On Intelligenc*. New York: Times Books, 2004.
Rita Carter, *The Human Brain Book*. New York: DK Publishing, 2009.
John Ratey, *A User's Guide to the Brain: Perception, Attention, and the Four Theaters of the Brain*. New York: Vintage, 2002.
Walter J. Freeman, *How Brains Make Up Their Minds*. New York: Columbia University Press, 2001.
M.R. Bennett und P.M.S. Hacker, *The History of Cognitive Neuroscienc*. Malden, MA: Wiley-Blackwell, 2008.
Jon Driver, Patrick Haggard und Tim Shallice, Hrsg., *Mental Processes in the Human Brain*. New York: Oxford University Press, 2008.
Michael Gazzaniga, Richard Ivry und George R. Mangun, *Cognitive Neuroscience: The Biology of the Mind*. New York: Norton, 2008.
Richard S.J. Frackowiak, Karl J. Friston, Christopher D. Frith und Raymond J. Dolan, *Human Brain Function*. New York: Academic Press, 1997.
Mark Furman und Fred P. Gallo, *The Neurophysics of Human Behavior: Brain, Mind, Behavior, and Information*. Boca Raton, FL: CRC Press, 2000.
C.J. Shatz, »The Developing Brain«, *Scientific American*, September 1992.
B.R. Buchsbaum, S. Greer, W.L. Chang und K.F. Berman, »Meta-analysis of Neuro-imaging Studies of the Wisconsin Card-Sorting Task and Component Processing«, *Human Brain Mapping* 25(1), 2005.
Nancy C. Andreasen, *The Creating Brain: The Neuroscience of Genius*. Washington, DC: Dana Press, 2005.

4 J.S. Winston und B.A. Strange et al., »Automatic and Intentional Brain Responses

During Evaluation of Trustworthiness of Faces«, *Nature Neuroscience,* 19. Februar 2002.

James V. Haxby und Elizabeth Hoffman et al., »The Distributed Human Neural System for Face Perception«, *Trends in Cognitive Science* 4(6), 2000.

David Livington Smith, *Why We Lie: The Evolutionary Roots of Deception and the Unconscious Mind.* New York: St. Martin's Griffin, 2007.

Interview mit Dr. E.O. Wilson, Harvard University, Cambridge, MA, 1. Juli 2009.

Kim Sterelny, From Mating to Morality: Evaluating Evolutionary Psychology. New York: Psychology Press, 2003.

5 Steven Spielberg, Regie, und Jeff Nathanson, Drehbuch, *Catch Me If You Can,* Dreamworks Pictures, 2002.

Stan Redding und Frank W. Abagnale, *Catch Me If You Can: The True Story of a Real Fake.* New York: Broadway Books, 2000.

6 Jerry Swartz, »The Conscious ›Pop‹: A Nonconscious Processing Framework for Problem Solving«.Cold Spring Harbor, NY: Cold Spring Harbor Laboratory, New Frontiers in Studies of the Unconscious, 9. April 2007.

K.J. Gilhooly und P. Murphy, »Differentiating Insight from Non-insight Problems«, *Thinking and Reasoning* 11(3), 2005.

Jonah Lehrer, »The Eureka Hunt«, *New Yorker,* 28. Juli 2008.

A.J.K. Pols, »Insight in Problem Solving«, http://www.phil.uu.nl/preprints/ckiscripties/SCRIPTIES/018–pols.pdf.

Jing Luo und Guenther Knoblich, »Studying Insight Problem Solving with Neuroscientific Methods«, *ScienceDirect* 42(1).

John Kounios und Mark Jung-Beeman, »Brain Activity Differs for Creative and Noncreative Thinkers«, *ScienceDaily,* 29. Oktober 2007.

M. Jung-Beeman, E.M. Bowden, J. Haberman, J.L. Frymiare, S. Liu-Arambel et al., »Neural Basis of Solving Problems with Insight«, *PLoS,* April 2004.

David Rock und Jeffrey Schwartz, »The Neuroscience of Leadership«, *Strategy + Business* 43, 2006.

Jeffrey Schwartz und Sharon Begley, *The Mind and the Brain: Neuroplasticity and the Power of Mental Force.* New York: Regan Books, 2002.

Jeffrey Schwartz, Henry P. Stapp und Mario Beauregard, »Quantum Physics in Neuroscience and Psychology: A Neurophysical Model of the Mind-Brain Interaction«, *Protokolle der Royal Society B: Biological Sciences* 360(1458), 29. Juni 2005.

Kalina Christoff, Justin M. Ream und John D.E. Gabrieli, »Neural Basis of Spontaneous Thought Processes«, *Cortex* 40(4) 2004.

J. Kounios, J.L. Frymiare, E.M. Bowden, J.I. Fleck, K. Subramaniam, T.B. Parnish und M. Jung-Beeman, »The Prepared Mind: Neural Activity Prior to Problem Presentation Predicts Subsequent Solution by Sudden Insight«, *Psychological Sciences* 17(10), 2006.

A. Dijksterhuis, »A Theory of Unconscious Thought«, *Perspectives on Psychological Science* 1(2), 2006.

A. Dijksterhuis, »Think Different: The Merits of Unconscious Thought in Preference Development and Decision Making«, *Journal of Personality and Social Psychology* 87(5), 2004.

A. Dijksterhuis, L. Nordgren und R. Van Baaren, »On Making the Right Choice: The Deliberation-Without-Attention Effect«, *Science* 311(5763), 2006.

Jennifer Dorfman, Victor A. Shames und John F. Kihlstrom, »Intuition, Incubation, and Insight: Implicit Cognition in Problem Solving«, in *Implicit Cognition,* Geoffrey Underwood, Hrsg. New York: Oxford University Press, 1996.

Jonathan W. Schooler und Joseph Melcher, »The Ineffability of Insight«, in *The Creative Cognition Approach,* Hrsg. Steven M. Smith, Thomas B. Ward und Ronald A. Fink. Cambridge, MA: MIT Press, 1995.

John Kounios, Jessica I. Fleck, Deborah L. Green, Lisa Payne, Jennifer L. Stevenson, Edward M. Bowden und Mark Jung-Beeman »The Origins of Insight in Resting-State Brain Activity«. Philadelphia: Department of Psychology, Drexel University, 18. Juli 2007.

Yun Chu, *Human Insight Problem Solving: Performance, Processing, and Phenomenology.* Saarbrücken: VDM Verlag, 2009.
Dianna Amorde und Christine Frank, *Aha! Moments: When Intellect and Intuition Collide.* Boston: Inspired Press, 2009.
Martin Gardner, *Aha! Insight.* New York: Freeman, 1978.
Robert J. Sternberg und Janet E. Davidson, *The Nature of Insight.* Cambridge, MA: MIT Press, 1995.
Robert J. Sternberg und Talia Ben-Zeev, *Complexity Cognition: The Psychology of Human Thought.* New York: Oxford University Press, 2001.
J.G.P. Bargh, A. Lee-Chai, A. Barndollar und R. Trotschel, »The Automated Will: Nonconscious Activation and Pursuit of Behavioral Goals«, *Journal of Personality and Social Psychology* 81(6), 2001.
A.M. Achim, M.C. Bertrand, A. Montoya, A.K. Malla und M. Lepage, »Medial Temporal Lobe Activation During Associate Memory Encoding for Arbitrary and Semantically Related Objects«, *Brain Research* 1161, 2007.
C. Stough, Hrsg., *Neurobiology of Exceptionality.* New York: Kluwer Academic, 2005.
P.I. Ansburg, *Current Psychology* 19(2), 2000, http://www.springerlink.com/content/oflnnd5rjdk3ucy1/.
P.I. Ansburg und R.L. Dominowski, *Journal of Creative Behavior,* 2000.
Baker-Sennett und S.J. Ceci, *Journal of Creative Behavior,* 1996.
E.M. Bowden und M.J. Beeman, *Psychological Science,* 1998.
E.P. Chronicle, Y.C. Omerod und J.N. MacGregor, *Quarterly Journal of Experimental Psychology Section A – Human Experimental Psychology* 54A(3), 2001.
Robert J. Sternberg und Janet E. Davidson, *The Nature of Insight.* Cambridge, MA: MIT Press, 1995.
A. Kaplan und H.A. Simon, »In Search of Insight«, *Cognitive Psychology* 22(3), 1990.
G. Knoblich, S. Ohlsson, H. Haider und D. Rhebius, *Journal of Experimental Psychology: Learning, Memory, and Cognition,* 1999.
R.S. Lockhart, M. Lamon und M.L. Gick, *Memory and Cognition,* 1988.
N.R.F. Maier, »Reasoning in Humans II: The Solution of a Problem and Its Appearance in Consciousness«, *Journal of Comparative Psychology* 13, 1931.
Richard E. Mayer, *Thinking, Problem Solving, and Cognition.* New York: Freeman, 1992.
J. Metcalfe, *Journal of Experimental Psychology: Learning, Memory, and Cognition,* 12(2), 1986.
J. Metcalfe und D. Wiebe, *Memory and Cognition* 15(3), 1987.
N. Mori, *Japanese Psychological Research,* 1996.
A. Del Cul, S. Baillet und S. Dehaene, *PLoS Biology,* 2007.
P. Haggard und B. Libel, *Journal of Consciousness Studies,* 2001.
Sandkuhler S. Bhattacharya, »Deconstructing Insight: EEG Correlates of Insightful Problem Solving«, *PLoS ONE* 3(1), 2008.
Jonathan W. Schooler und Joseph Melcher, »The Ineffability of Insight«, Referat, präsentiert auf der Jahrestagung der Psychonomic Society, Washington, DC, 1993.
R.S. Siegler, »Unconscious Insights«, *Current Directions in Psychological Science* 9(3), 2000.
R.W. Smith und J. Kounios, »Sudden Insight«, *Journal of Experimental Psychology: Learning, Memory, and Cognition* 22(6), 1996.
R.W. Weisberg, *Journal of Experimental Psychology: Learning, Memory, and Cognition,* 1992.
M.J. Beeman und E.M. Bowden, *Memory and Cognition* 28(7), 2000.
E.M. Bowden und M.J. Beeman, *Psychological Science* 9(6), 1998.
E.M. Bowden und M. Jung-Beeman, »Aha! Insight Experience Correlates with Solution Activation in the Right Hemisphere«, *Psychonomic Bulletin and Review* 10(3), 2003.
E.M. Bowden, M. Jung-Beeman, J. Fleck und J. Kounios, »New Approaches to Demystifying Insight«, *Trends in Cognitive Sciences* 9(7), 2005.
Nancy C. Andreasen, *The Creating Brain: The Neuroscience of Genius.* Washington, DC: Dana Press, 2005.

E. Angelakis, J.F. Lubar, S. Stathopoulou und J. Kounios, »Peak Alpha Frequency: An Electroencephalographic Measure of Cognitive Preparedness«, *Clinical Neurophysiology* 115(4), 2004.
M. Jung-Beeman, E.M. Bowden, J. Haberman, J.L. Frymiare, S. Arambel-Liu und R. Greenblatt, »Neural Activity When People Solve Problems with Insight«, *PLoS Biology* 2, 2004.
J. Kounios, A.M. Osman und D.E. Meyer, »Structure and Process in Semantic Memory: New Evidence Based on Speed-Accuracy Decomposition«, *Journal of Experimental Psychology* 116(1), 1987.
S. Lang, N. Kanngieger, P. Jaskowski, H. Haider, M. Rose und R. Verleger, »Precursors of Insight in Event-Related Brain Potenzials«, *Journal of Cognitive Neuroscience* 18(12), 2006.
A. Newell und H.A. Simon, *Human Problem Solving*. Englewood Cliffs, NJ: Prentice Hall, 1972.
K. Christoff und J.D.E. Gabrieli, »The Frontopolar Cortex and Human Cognition«, *Psychobiology* 28(2), 2000.
Geoffrey Underwood, Hrsg., *Implicit Cognition*. New York: Oxford University Press, 1996.

7 Charles Darwin, *The Descent of Man*. New York: Penguin, 2007.
Charles Darwin, *The Expression of the Emotions in Man and Animals*. New York: Oxford University Press, 1998.
Chris Stringer und Peter Andrews, *The Complete World of Human Evolution*. New York: Thames and Hudson, 2005.
Gregory Cochran und Henry Harpending, *The 10,000 Year Explosion: How Civilization Accelerated Human Evolution*. New York: Basic Books, 2009.
John Cartwright, *Evolution and Human Behavior: Darwinian Perspectives on Human Nature*. Cambridge, MA: MIT Press, 2000.
Eva Jablonka und Marion J. Lamb, Evolution in Four Dimensions: Genetic, Epigenetic, Behavioral, and Symbolic Variation in the History of Life. Cambridge, MA: MIT Press, 2005.
Michael J. Behe, *The Edge of Evolution: The Search for the Limits of Darwinism*. New York: Free Press, 2008.
Christopher Scarre, *The Human Past: World Prehistory and the Development of Human Societies*. New York: Thames and Hudson, 2005.
Timothy Goldsmith und William F. Zimmerman, *Biology, Evolution, and Human Nature*. New York: Wiley, 2000.
Philip Clayton und Jeffrey Schloss, *Evolution and Ethics: Human Morality in Biological and Religious Perspective*. Grand Rapids, MI: Eerdmans, 2004.
Bruce H. Lipton und Steve Bhaerman, *Spontaneous Evolution: Our Positive Future (and a Way to Get There from Here)*. Carlsbad, CA: Hay House, 2009.
Richard Restak, *The New Brain: How the Modern Age Is Rewiring Your Mind*. Emmaus, PA: Rodale, 2004.
Mihail C. Roco und Carlo D. Montemagno, *The Coevolution of Human Potential and Converging Technologies*. New York: New York Academy of Science, 2004.
Robert J. Sternberg und Janet E. Davidson, *The Nature of Insight*. Cambridge, MA: MIT Press, 1995.
Harold Jerison, *Evolution of the Brain and Intelligence*. New York: Academic Press, 1973.

8 Interview mit Dr. Philip Brownell, Oregon State University, Corvallis, OR, 9. Mai 2009.

9 »Human Brain Evolution Was a ›Special Event‹«, *HHMI Research News*, 29. Dezember 2004, http://www.hhmi.org/news/pdf/lahn3.pdf.

10 Jonah Lehrer, »The Eureka Hunt,« *New Yorker*, 28. Juli 2008.

11 J. Kounios, J.L. Frymiare, E.M. Bowden, J.I. Fleck, K. Subramaniam, T.B. Parnish und M. Jung-Beeman, »The Prepared Mind: Neural Activity Prior to Problem Presentation Predicts Subsequent Solution by Sudden Insight«, *Psychological Sciences* 17(10), 2006.
John Kounios, Jessica I. Fleck, Deborah L. Green, Lisa Payne, Jennifer L. Stevenson, Edward M. Bowden und Mark Jung-Bee-

man, »The Origins of Insight in Resting-State Brain Activity«.Philadelphia: Department of Psychology, Drexel University, 18. Juli 2007.
Jerry Swartz, »The Conscious ›Pop‹: A Nonconscious Processing Framework for Problem Solving«. Cold Spring Harbor, NY: Cold Spring Harbor Laboratory, New Frontiers in Studies of the Unconscious, 9. April 2007.
K. J. Gilhooly und P. Murphy, »Differentiating Insight from Non-insight Problems«, *Thinking and Reasoning* 11(3), 2005.
Jonah Lehrer, »The Eureka Hunt«, *New Yorker*, 28. Juli 2008.
A. J. K. Pols, »Insight in Problem Solving«, http://www.phil.uu.nl/preprints/ckiscripties/SCRIPTIES/018–pols.pdf.
Jing Luo und Guenther Knoblich, »Studying Insight Problem Solving with Neuroscientific Methods«, *ScienceDirect* 42(1).
John Kounios und Mark Jung-Beeman, »Brain Activity Differs for Creative and Noncreative Thinkers«, *ScienceDaily*, 29. Oktober 2007.
M. Jung-Beeman, E. M. Bowden, J. Haberman, J. L. Frymiare, S. Liu-Arambel et al., »Neural Basis of Solving Problems with Insight«, *PLoS*, April 2004.
David Rock und Jeffrey Schwartz, »*The Neuroscience of Leadership*«, *Strategy + Business* 43, 2006.
Jeffrey Schwartz und Sharon Begley, *The Mind and the Brain: Neuroplasticity and the Power of Mental Force*. New York: ReganBooks, 2002.
Jeffrey Schwartz, Henry P. Stapp und Mario Beauregard, »Quantum Physics in Neuroscience and Psychology: A Neurophysical Model of the Mind-Brain Interaction«, *Protokolle der Royal Society B: Biological Sciences* 360(1458), 29. Juni 2005.
Kalina Christoff, Justin M. Ream und John D. E. Gabrieli, »Neural Basis of Spontaneous Thought Processes«, *Cortex* 40(4), 2004.
J. Kounios, J. L. Frymiare, E. M. Bowden, J. I. Fleck, K. Subramaniam, T. B. Parnish und M. Jung-Beeman, »The Prepared Mind: Neural Activity Prior to Problem Presentation Predicts Subsequent Solution by Sudden Insight«, *Psychological Sciences* 17(10), 2006.
A. Dijksterhuis, »A Theory of Unconscious Thought«, *Perspectives on Psychological Science* 1(2), 2006.
A. Dijksterhuis, »Think Different: The Merits of Unconscious Thought in Preference Development and Decision Making«, *Journal of Personality and Social Psychology* 87(5), 2004.
A. Dijksterhuis, L. Nordgren und R. Van Baaren, »On Making the Right Choice: The Deliberation-Without-Attention Effect«, *Science* 311(5763), 2006.
Jennifer Dorfman, Victor A. Shames und John F. Kihlstrom, »Intuition, Incubation, and Insight: Implicit Cognition in Problem Solving«, in *Implicit Cognition*, Geoffrey Underwood, Hrsg. New York: Oxford University Press, 1996.
Jonathan W. Schooler und Joseph Melcher, »The Ineffability of Insight«, in *The Creative Cognition Approach*, Steven M. Smith, Thomas B. Ward, and Ronald A. Fink, Hrsg. Cambridge, MA: MIT Press, 1995.
Yun Chu, *Human Insight Problem Solving: Performance, Processing, and Phenomenology*. Saarbrücken: VDM Verlag, 2009.
Dianna Amorde und Christine Frank, *Aha! Moments: When Intellect and Intuition Collide*. Boston: Inspired Press, 2009.
Martin Gardner, *Aha! Insight*. New York: Freeman, 1978.
Robert J. Sternberg und Janet E. Davidson, *The Nature of Insight*. Cambridge, MA: MIT Press, 1995.
Robert J. Sternberg und Talia Ben-Zeev, *Complexity Cognition: The Psychology of Human Thought*. New York: Oxford University Press, 2001.
J. G. P. Bargh, A. Lee-Chai, A. Barndollar und R. Trotschel, »The Automated Will: Nonconscious Activation and Pursuit of Behavioral Goals«, *Journal of Personality and Social Psychology* 81(6), 2001.
A. M. Achim, M. C. Bertrand, A. Montoya, A. K. Malla und M. Lepage, »Medial Tem-

poral Lobe Activation During Associate Memory Encoding for Arbitrary and Semantically Related Objects«, *Brain Research* 1161, 2007.

C. Stough, Hrsg., *Neurobiology of Exceptionality*. New York: Kluwer Academic, 2005.

P. I. Ansburg, *Current Psychology* 19(2), 2000.

P. I. Ansburg und R. L. Dominowski, *Journal of Creative Behavior*, 2000.

Baker-Sennett und S. J. Ceci, *Journal of Creative Behavior*, 1996.

E. M. Bowden und M. J. Beeman, *Psychological Science*, 1998.

E. P. Chronicle, Y. C. Omerod und J. N. MacGregor, *Quarterly Journal of Experimental Psychology Section A – Human Experimental Psychology* 54A(3), 2001.

Knoblich, S. Ohlsson, H. Haider und D. Rhebius, *Journal of Experimental Psychology: Learning, Memory, and Cognition*, 1999.

R. S. Lockhart, M. Lamon und M. L. Gick, *Memory and Cognition*, 1988.

N. R. F. Maier, »Reasoning in Humans II: The Solution of a Problem and Its Appearance in Consciousness«, *Journal of Comparative Psychology* 13, 1931.

Richard E. Mayer, *Thinking, Problem Solving, and Cognition*. New York: Freeman, 1992.

J. Metcalfe, *Journal of Experimental Psychology: Learning, Memory, and Cognition* 12(2), 1986.

J. Metcalfe und D. Wiebe, *Memory and Cognition* 15(3), 1987.

N. Mori, *Japanese Psychological Research*, 1996.

A. Del Cul, S. Baillet und S. Dehaene, *PLoS Biology*, 2007.

P. Haggard and B. Libel, *Journal of Consciousness Studies*, 2001.

Sandkuhler S. Bhattacharya, »Deconstructing Insight: EEG Correlates of Insightful Problem Solving«, *PLoS ONE* 3(1), 2008.

Jonathan W. Schooler und Joseph Melcher, »The Ineffability of Insight«, Arbeitspapier anlässlich des jährlichen Treffens der Psychonomic Society, Washington, DC, 1993.

R. S. Siegler, »Unconscious Insights«, *Current Directions in Psychological Science* 9(3), 2000.

R. W. Smith und J. Kounios, »Sudden Insight«, *Journal of Experimental Psychology: Learning, Memory, and Cognition* 22(6), 1996.

R. W. Weisberg, *Journal of Experimental Psychology: Learning, Memory, and Cognition*, 1992.

M. J. Beeman und E. M. Bowden, *Memory and Cognition* 28(7), 2000.

E. M. Bowden und M. J. Beeman, *Psychological Science* 9(6), 1998.

E. M. Bowden und M. Jung-Beeman, »Aha! Insight Experience Correlates with Solution Activation in the Right Hemisphere«, *Psychonomic Bulletin and Review* 10(3), 2003.

E. M. Bowden, M. Jung-Beeman, J. Fleck und J. Kounios, »New Approaches to Demystifying Insight«, *Trends in Cognitive Sciences* 9(7), 2005.

Nancy C. Andreasen, *The Creating Brain: The Neuroscience of Genius*. Washington, DC: Dana Press, 2005.

Angelakis, J. F. Lubar, S. Stathopoulou und J. Kounios, »Peak Alpha Frequency: An Electroencephalographic Measure of Cognitive Preparedness«, *Clinical Neurophysiology* 115(4), 2004.

M. Jung-Beeman, E. M. Bowden, J. Haberman, J. L. Frymiare, S. Arambel-Liu und R. Greenblatt, »Neural Activity When People Solve Problems with Insight«, *PLoS Biology* 2(4), 2004.

J. Kounios, A. M. Osman und D. E. Meyer, »Structure and Process in Semantic Memory: New Evidence Based on Speed-Accuracy Decomposition«, *Journal of Experimental Psychology* 116(1), 1987.

S. Lang, N. Kanngieger, P. Jaskowski, H. Haider, M. Rose und R. Verleger, »Precursors of Insight in Event-Related Brain Potenzials«, *Journal of Cognitive Neuroscience* 18(12), 2006.

A. Newell und H. A. Simon, *Human Problem Solving*. Englewood Cliffs, NJ: Prentice Hall, 1972.

K. Christoff und J. D. E. Gabrieli, »The Frontopolar Cortex and Human Cognition«, *Psychobiology* 28(2), 2000.
Geoffrey Underwood, Hrsg., *Implicit Cognition*. New York: Oxford University Press, 1996.

12 »Plans for New Reactor Worldwide,« Januar 2010, http://world-nuclear.org/info/default.aspx?id=416&terms=%E2%80%9CPlans+for+New+Reactor+Worldwide.
U. S. Nuclear Reactors (Washington, DC: Energy Information Administration, 2008).
Budgetzahlen des U. S. Department of Energy von der Webiste des Global Energy Network Institute:
http://www.geni.org/globalenergy/library/technical-articles/generation/nuclear/scientificamerican/obama-budget-increases-funding-for-energy-research-and-nuclear-power/index.shtml.
»Obama Budget Increases Funding for Energy Research and Nuclear Power«, *Scientific American*, 2. Februar 2010.
Robert Vandenbosch und Susanne E. Vandenbosch, *Nuclear Waste Stalemate: Political and Scientific Controversies*. Salt Lake City: University of Utah Press, 2007.
Helen Caldicott, *Nuclear Power Is Not the Answer*. New York: New Press, 2007.
Michio Kaku, *Nuclear Power: Both Sides*. New York: Norton, 1989.
Steven D. Thomas, *The Realities of Nuclear Power: International Economic and Regulatory Experience*. New York: Cambridge University Press, 2010.
Brice Smith, *Insurmountable Risks: The Dangers of Using Nuclear Power to Combat Global Climate Change*. Muskegon, MI: RDR Books, 2006.

13 »Nuclear Power in Canada,« April 2010, http://www.world-nuclear.org/info/inf49a–Nuclear–Power–in–Canada.html.
Roger G. Steed, *Nuclear Power in Canada and Beyond*. Renfrew, Ontario: General Store Publishing House, 2007.

14 »Nuclear Power in France,« http://www.world-nuclear.org/info/inf40.html.
Gabrielle Hecht und Michel Callan, *The Radiance of France: Nuclear Power and National Identity After WWII*. Cambridge, MA: MIT Press, 2009.

15 »China Plans to Build 40 New Nuclear Reactors in Next 15 Years,« 7. April 2005, http://www.spacewar.com/2005/050407024531.vn97m1hl.html.

16 Jon Stewart, *The Daily Show*, 21. Juli 2009.

17 Dana Hull, »Art Rosenfeld, the ›Godfather‹ of Energy Efficiency,« *San Jose Mercury*, 27. Dezember 2009.
Felicity Barringer, »White Roofs Catch on as Energy Cost Cutters«, *New York Times*, 29. Juli 2009.

18 Steven D. Levitt und Stephen J. Dubner, *SuperFreakonomics: Global Cooling, Patriotic Prostitutes, and Why Suicide Bombers Should Buy Life Insurance*. New York: Harper-Collins, 2009.
Richard Harris, »Scientists Debate Shading Earth as Climate Fix«, National Public Radio, 16. Juni 2009.
Ken Caldeira, *Geoengineering to Shade Earth*. Washington, DC: Worldwatch Institute, 2009.
Jeff Goodell, »Can Dr. Evil Save the World?« *Rolling Stone*, 16. November 2006.

Kapitel 3 – Die Souveränität der Supermeme: Die Macht der Überzeugungen

1 Isabella Rossellini im Interview mit Dean Kamen, *Iconoclasts*, Sundance Channel, 16. November 2006.
Steve Kemper, *Code Name Ginger: The Story Behind Segway and Dean Kamen's Quest to Invent a New World*. Boston: Harvard Business Press, 2003.
Jim Sidanius und Felicia Pratto, »The Inevitability of Oppression and the Dynamics of Social Dominance«, in *Prejudice, Politics, and the American Dilemma*, Paul Sniderman, Philip E. Tetlock und Edward C. Carmines, Hrsg. Palo Alto, CA: Stanford University Press, 1993.

2 Richard Dawkins, *The Selfish Gene*. New York: Oxford University Press, 2006.

Robert Aunger, *The Electric Meme: A New Theory of How We Think.* New York: Free Press, 2002.
Alan Grafen und Mark Ridley, *Richard Dawkins: How a Scientist Changed the Way We Think.* New York: Oxford University Press, 2007.
Susan Blackmore, *The Meme Machine.* New York: Oxford University Press, 1999.
Richard Brodie, *Virus of the Mind: The New Science of the Mind.* Seattle: Integral Press, 1996.
Leigh Hoyle, *Genes, Memes, Culture, and Mental Illness: Toward an Integrative Model.* New York: Springer, 2010.
Aaron Lynch, *Thought Contagion.* New York: Basic Books, 1998.
Kate Distin, *The Selfish Meme: A Critical Reassessment.* New York: Cambridge University Press, 2004.
Robert Aunger, *Darwinizing Culture: The Status of Memetics as Science.* New York: Oxford University Press, 2001.
Stephen Shennan, *Genes, Memes, and Human History: Darwinian Archaeology and Cultural Evolution.* New York: Thames and Hudson, 2003.
H. Keith Henson und Arel Lucas, *Memes, Evolution, and Creationism.* Eigenveröffentlichung, 1989, http://www.operatingthetan.com/1990-memes.txt.

3 Susan Blackmore, *The Meme Machine.* New York: Oxford University Press, 1999.
Richard Dawkins, Vorwort zu *The Meme Machine* von Susan Blackmore. New York: Oxford University Press, 1999.

4 Richard Dawkins, *The Selfish Gene.* New York: Oxford University Press, 1989.

5 Richard Brodie, *Virus of the Mind: The New Science of the Meme.* Seattle: Integral Press, 1996.

6 Elizabeth Hill Boone und Elizabeth P. Benson, »Ritual Human Sacrifice in Mesoamerica«, Konferenz in Dumbarton Oaks, Washington, DC, 13.–14. Oktober 1979.
David L. Webster, *The Fall of the Ancient Maya.* New York: Thames and Hudson, 2002.
Michael Lemonick, »Mysteries of the Mayans«, http://www.indians.org/welker/maya.htm.
John Ness, »Fall of the Mayan«, *Newsweek,* 24. März 2003.
Elin C. Danien und Robert J. Sharer, *New Theories on the Ancient Maya.* Philadelphia: University Museum, University of Pennsylvania, 1992.
Richard Dawkins, *The Selfish Gene.* New York: Oxford University Press, 2006.
Robert Aunger, *The Electric Meme: A New Theory of How We Think.* New York: Free Press, 2002.
Alan Grafen und Mark Ridley, *Richard Dawkins: How a Scientist Changed the Way We Think.* New York: Oxford University Press, 2007.
Susan Blackmore, *The Meme Machine.* New York: Oxford University Press, 1999.
Richard Brodie, *Virus of the Mind: The New Science of the Meme.* Seattle: Integral Press, 1996.
Leigh Hoyle, *Genes, Memes, Culture, and Mental Illness: Toward an Integrative Model.* New York: Springer, 2010.
Aaron Lynch, *Thought Contagion.* New York: Basic Books, 1998.
Kate Distin, *The Selfish Meme: A Critical Reassessment.* New York: Cambridge University Press, 2004.
Robert Aunger, *Darwinizing Culture: The Status of Memetics as Science.* New York: Oxford University Press, 2001.
Stephen Shennan, *Genes, Memes, and Human History: Darwinian Archaeology and Cultural Evolution.* New York: Thames and Hudson, 2003.
David Roberts, »Exploring the Place of Fright«, *National Geographic,* Juli–August 2001.
Vera Tiesler und Andrea Cucina, Hrsg., *New Perspectives on Human Sacrifice and Ritual Body Treatments in Ancient Maya Society.* New York: Springer, 2008.
Matthew Markowitz, »The Mayans, Climate Change, and Conflict«, ICE-Fallstudien, No. 112, 2003, http://www1.american.edu/ted/ice/maya.htm.

Charles C. Mann, *1491*. New York: Vintage, 2006.
Glenn Welker, »Mayan Civilization«, http://www.indians.org/welker/maya.htm.
Patrick L. Barry, »The Rise and Fall of the Mayan Empire«, 6. Januar 2001, http://www.firstscience.com/home/articles/origins/the-rise-and-fall-of-the-mayan-empire–1387.html.
»Collapse: Why Do Civilizations Fail?«, http://www.learner.org/interactives/collapse/mayans.html.
Stefan Lovegren, »Climate Change Killed Off Mayan Civilization, Study Says«, *National Geographic News*, 13. März 2003.
Joseph Tainter, *The Collapse of Complex Societies*. Cambridge: Cambridge University Press, 1990.
David Freidel und Linda Schele, *A Forest of Kings: The Untold Story of the Ancient Maya*. New York: HarperPerennial, 1992.
Heather Irene McKillop, *The Ancient Maya: New Perspectives*. New York: Norton, 2006.
Charles C. Mann, *1491*. New York: Vintage, 2006.
Terje Tvedt und Terje Oestigaard, Hrsg., *A History of Water*, Reihe II, Band 1: *Idea of Water from Ancient Societies to the Modern World*. London: I.B. Tauris, 2009.
Tony Allan and Tom Lowenstein, *Gods of Sun and Sacrifice: Aztec and Maya Myth*. London: Duncan Baird, 1999.
7 Walker Wakefield und Austin Evans, *Heresies of the High Middle Ages*. New York: Columbia University Press, 1991.
Andre Vauchez, *The Laity in the Middle Ages: Religious Beliefs and Devotional Practices*. South Bend, IN: University of Notre Dame Press, 1996.
Regine Pernoud und Anne Englund Nash, *Those Terrible Middle Ages: Debunking the Myths*. San Francisco: Ignatius Press, 2000.
Richard Gameson und Henriett Leyser, *Belief and Culture in the Middle Ages*, bei Henry Mayr-Harting eingereichte Studien. New York: Oxford University Press, 14. Juni 2001).
Edward Peters, *Heresy and Authority in Medieval Europe*. Philadelphia: University of Pennsylvania Press, 1980.
Alister E. McGrath, *Heresy: A History of Defending the Truth*. New York: HarperOne, 2009.
John H. Holland, *Hidden Order: How Adaptation Builds Complexity*. New York: Basic Books, 1996.
Staffora Beer, David Whittaker und Brian Eno, *Think Before You Think: Social Complexity and Knowledge of Knowing*. Charlbury, UK: Wavestone Press, 2009.
David J. Kinden, *The Accidental Mind: How Brain Evolution Has Given Us Love, Memory, Dreams, and God*. Cambridge, MA: Belknap Press, 2008.
C.M. Hann, *When History Accelerates: Essays on Rapid Social Change and Creativity*. London: Athlone Press, 1994.
Sandra D. Mitchell, *Unsimple Truths: Science, Complexity, and Policy*. Chicago: University of Chicago Press, 2009.
Joseph Tainter, *The Collapse of Complex Societies*. Cambridge: Cambridge University Press, 1990.
Richard Dawkins, *The Selfish Gene*. New York: Oxford University Press, 2006.
Robert Aunger, *The Electric Meme: A New Theory of How We Think*. New York: Free Press, 2002.
Alan Grafen und Mark Ridley, *Richard Dawkins: How a Scientist Changed the Way We Think*. New York: Oxford University Press, 2007.
Susan Blackmore, *The Meme Machine*. New York: Oxford University Press, 1999.
Richard Brodie, *Virus of the Mind: The New Science of the Meme*. Seattle: Integral Press, 1996.
Leigh Hoyle, *Genes, Memes, Culture, and Mental Illness: Toward an Integrative Model*. New York: Springer, 2010.
Aaron Lynch, *Thought Contagion*. New York: Basic Books, 1998.
Kate Distin, *The Selfish Meme: A Critical Reassessment*. New York: Cambridge University Press, 2004.
Robert Aunger, *Darwinizing Culture: The Status of Memetics as Science*. New York: Oxford University Press, 2001.
Stephen Shennan, *Genes, Memes, and Human History: Darwinian Archaeology*

and Cultural Evolution. New York: Thames and Hudson, 2003.

8 David J. Leinweber, *Nerds on Wall Street: Math, Machines, and Wired Markets*. Hoboken, NJ: Wiley, 2009.

9 Interview mit John Spence Weir, San Ramon, CA, 1997.

10 Interview mit Richard A. Arnold, Carmel, CA, 2003.
Interview mit dem Biologen Jeffrey Norman, Carmel, CA, 2003–2004.
M. Lambert, Miriam Surhone, T. Timpledon und Susan F. Marseken, *Smith's Blue Butterfly, Maritime Coast Range Ponderosa Pine Forests, Monterey Bay, Overpopulation, Highway, Carnonera Creek, Invasive Plant*. Beau Bassin, Mauritius: Betascript, 2010.
Richard A. Arnold, »Low-Effect Habitat Conservation Plan for the Smith's Blue Butterfly, Wildcat Line Property, Carmel Highlands, Monterey County, California, März 1999«, http://www.fws.gov/ventura/endangered/hconservation/hcp/hcfiles/Sarment/Low%20effect%20HCP%20for%20Sarment%20Parcel.pdf.
Zander Associates, »Biological Resources of the Del Monte Forest: Special-Status Species« (Report für die Pebble Beach Company, Juli 2001).
Harold A. Mooney, J. Hall Cushman, Ernesto Medina, Osvaldo Esala und Ernest-Detlef Schultz, *Functional Role of Biodiversity: A Global Perspective*. New York: Wiley, 1996.
Joseph Zbilut, »Unsustainable Singularities and Randomness: Their Importance in the Complexity of Physical, Biological, and Social Sciences«, http://science.niuz.biz/ebooks-t136212.html?s=5fdeeofd1c3ea106d63f9c496a79215d&amp.
Ray Kurzwell, *The Singularity Is Near: When Humans Transcend Biology*. New York: Penguin, 2006.

11 Yaneer Bar-Yam, *Making Things Work*. Cambridge, MA: Knowledge Press, 2004.

12 Isabella Rossellini im Interview mit Dean Kamen, *Iconoclasts*, Sundance Channel, 16. November 2006.

13 Steven Spielberg, Regie, und Jeff Nathanson, Drehbuch, *Catch Me If You Can*, Dreamworks Pictures, 2002.
Stan Redding und Frank W. Abagnale, *Catch Me If You Can: The True Story of a Real Fake*. New York: Broadway Books, 2000.

14 Matthew Franklin, »G20 Leaders Call for Global Economics Enforcer«, *The Australian*, 3. April 2009.
Serge Latouche, *The Westernization of the World: The Significance, Scope, and Limits of the Drive Towards Global Uniformity*. Cambridge: Polity Press, 1996.
Rudolf Steiner und Christopher Houghton Budd, *Economics: The World as One Economy*. Canterbury, UK: New Economy, 1996.
»IFRS Promotes Greater Transparency and Uniformity«, *The Star*, 20. April 2009.
William Greider, *One World Ready or Not: The Manic Logic of Global Capitalism*. New York: Touchstone, 1998.
Mark B. Smith, *History of the Global Stock Market: From Ancient Rome to Silicon Valley*. Chicago: University of Chicago Press, 2003.
George Akerlof und Robert J. Shiller, *Animal Spirits: How Human Psychology Drives the Economy and Why It Matters or Global Capitalism*. Princeton, NJ: Princeton University Press, 2010.

15 »Fear Grips Global Stock Markets«, BBC, 10. Oktober 2008.
»Global Stock Markets Plunge«, *World Watch*, Oktober 2007.
Pan Pylas, »World Stock Markets Tumble amid Fears of Slow Global Growth«, *Daily Star*, 27. Januar 2010.
Kevin Sullivan und Edward Cody, »World's Stock Market Plunge«, *Washington Post*, 7. Oktober 2008.
»Stock Markets Plunge Worldwide«, CBS News, 21. Januar 2008.
Melvin Porter, *Financial Crises: A Detailed View on Financial Crises Between 1929 and 2009*. Scotts Valley, CA: CreateSpace, 2009.
»Can the World Stop the Slide?« *Time*, 4. Februar 2008.

16 Richard Brodie, *Virus of the Mind: The New Science of the Meme*. Seattle: Integral Press, 1996.

Kapitel 4 – Irrationale Ablehnung: Das erste Supermem

1 Michelle Garcia, »Thousands in Manhattan Protest War«, *Washington Post*, 21. März 2004.

2 Jenifer Warren, »CA: Prisoners Sue to Limit State Prison Populations«, *Los Angeles Times*, 16. November 2006.
Don Thompson, »Judges Tentatively Order California Inmate Release«, *Associated Press*, 9. Februar 2009.
Carol F. Williams, »Federal Judges Order California to Release 43,000 Inmates«, *Los Angeles Times*, 5. August 2009.
Arnold Schwarzenegger, »Overcrowding State of Emergency Proclamation«. Sacramento: Office of the Governor, 4. Oktober 2006.
Jennifer Steinhauer, »California to Address Prison Overcrowding with Giant Building Program«, *New York Times*, 27. April 2007.
Alison Stateman, »California's Prison Crisis: Be Very Afraid«, *Time*, 14. August 2009.
Bert Useemand und Anne Morrison Piehl, *Prison State: The Challenge of Mass Incarceration*. New York: Cambridge University Press, 2008.
Mike Hough, Rob Allen und Enver Solomon, *Tackling Prison Overcrowding: Build More Prisons? Sentence Fewer Offenders?* Bristol, UK: Policy Press, 2008.
James Austin, *The Growing Imprisonment of California*. Oakland, CA: National Council on Crime and Delinquency, 1986.
Franklin E. Zimring und Gordon Hawkins, *Prison Population and Criminal Justice in California*. Berkeley: Institute of Governmental Studies Press, University of California, 1992.
»The Problem of Prison Overcrowding and Its Impact on the Criminal Justice System«, Anhörung vor dem Kongressunterausschuss für Strafvollzug, 95. Kongress., 1. Sitzung, 13. Dezember 1977.

3 Mike Rhodes, »What Have Prisons Done to the Valley?«, Anhörung der Bevölkerung in Fresno, Kalifornien, 27. Februar 2005, www.paglen.org/carceral/pdfs/craig–gilmore.pdf.
Rachael McGrath, »Group Rallies Opposition to Proposed Camarillo Prison Site«, *Ventura County Star*, 8. Juni 2008.
Evelyn Nieves, »Storm Raised by Plan for a California Prison«, *New York Times*, 27. August 2000.

4 US-Justizministerium, »Criminal Offenders Statistics«. Washington, DC: US-Justizministerium, Oktober 2009.

5 Die Zahlen sind den Etatzahlen der Statistik-Website des Bureau of Justice entnommen: http://www.ojp.usdoj.gov/bjs/pub/ascii/spe96.txt.

6 Hans J. Eysenck, *The Psychology of Politics*. London: Routledge and Kegan Paul, 1954.
Michael A. Milburn, *Persuasion and Politics: The Social Psychology of Public Opinion*. Pacific Grove, CA: Brooks-Cole/Wadsworth, 1991.
Jeffrey M. Jones, »Obama Approval Continues to Show Party, Age, Race Gaps«, Gallup-Website, 11. Mai 2010, http://www.gallup.com/poll/127481/obama-approval-continues-show-party-age-race-gaps.aspx.

7 David Rock und Jeffrey Schwartz, »The Neuroscience of Leadership«, *Strategy + Business* 43, 2006.
Charles K. Ogden, *Opposition: A Linguistic and Psychological Analysis*. Bloomington: Indiana University Press, 1967.

8 Michael S. Sweeney, *Brain, the Complete Mind: How It Develops, How It Works, and How to Keep It Sharp*. Washington, DC: National Geographic Society, 2009.
Steven Pinker, *The Stuff of Thought*. New York: Penguin, 2007.
Jeff Hawkins, *On Intelligence*. New York: Times Books, 2004.
Rita Carter, *The Human Brain Book*. New York: DK Publishing, 2009.
John Ratey, *A User's Guide to the Brain: Perception, Attention, and the Four Theaters of the Brain*. New York: Vintage, 2002.

Walter J. Freeman, *How Brains Make Up Their Minds.* New York: Columbia University Press, 2001.
M. R. Bennett und P. M. S. Hacker, *The History of Cognitive Neuroscience.* Malden, MA: Wiley-Blackwell, 2008.
Jon Driver, Patrick Haggard und Tim Shallice, Hrsg., *Mental Processes in the Human Brain.* New York: Oxford University Press, 2008.
Michael Gazzaniga, Richard Ivry und George R. Mangun, *Cognitive Neuroscience: The*
Biology of the Mind. New York: Norton, 2008.
Richard S. J. Frackowiak, Karl J. Friston, Christopher D. Frith und Raymond J. Dolan, *Human Brain Function.* New York: Academic Press, 1997.
Patrick McNamara, *The Neuroscience of Religious Experience.* New York: Cambridge University Press, 2009.
Mary Lou Decosterd, *Right Brain/Left Brain Leadership: Shifting Style for Maximum Impact.* Westport, CT: Praeger, 2008.
Michael S. Sweeney, *Brain, the Complete Mind: How It Develops, How It Works, and How to Keep It Sharp.* Washington, DC: National Geographic Society, 2009.
Mark Furman und Fred P. Gallo, The *Neurophysics of Human Behavior: Brain, Mind, Behavior, and Information.* Boca Raton, FL: CRC Press, 2000.

9 David Rock und Jeffrey Schwartz, »The Neuroscience of Leadership«, *Strategy + Business* 43, 2006.

10 Daniel Philip Todes, Pavlov, Ivan: *Exploring the Animal Machine.* New York: Oxford University Press, 2000.
B. F. Skinner, *About Behaviorism.* New York: Vintage, 1974.
B. F. Skinner, *Beyond Freedom and Dignity.* Indianapolis, IN: Hackett,1971.
Kerry W. Buckley, *Mechanical Man: John B. Watson and the Beginning of Behaviorism.* New York: Guilford Press, 1984.
Paul Naour, E. O. Wilson und B. F. Skinner, *A Dialogue Between Sociobiology and Radical Behaviorism.* New York: Springer, 2009.

11 Quoteland.com, November 2009.

Kapitel 5 – Die Personalisierung der Schuld: Das zweite Supermem

1 »Suspect Charged in Airline Bombing Attempt«, CBS/Associated Press, 6. Dezember 2009.
Anahad O'Connor und Eric Schmidt, »U.S. Says Passenger Tried to Detonate Device«, *New York Times,* 26. Dezember 2009.

2 Peter Baker und Carl Hulse, »U.S. Had Early Signs of a Terror Plot, Obama Says«, *New York Times,* 29. Dezember 2009.
Susan Davis, »A Guide to the Blame Game Following Failed Terror Attack«, *Washington Wire,* 30. Dezember 2009.
Debbie Schlussel, »Why Is Hillary Clinton Escaping Flight 253 Blame?« 30. Dezember 2009, www.debbieschlussel.com/15050/hey-maybe-one-day-shell-come-up-with-her-own-ideas/.
Jeff Zeleny und Helen Cooper, »Obama Says Plot Could Have Been Disrupted«, *New York Times,* 5. Januar 2010.
Peter Baker, »Obama Cites ›Systemic Failure‹ in U. S. Security«, *New York Times,* 29. Dezember 2009.
Bartholomew Elias, *Airport and Aviation Security: U. S. Policy and Strategy in the Age of Global Terrorism.* Boca Raton, FL: Auerbach, 2009.
Kathleen M. Sweet, *Aviation and Airport Security: Terrorism and Safety Concerns.* Boca Raton, FL: CRC Press, 2008.
J. E. Dittes, »Impulsive Closure as a Reaction to Failure-Induced Threat«, *Journal of Abnormal and Social Psychology* 63(3), 1961.

3 John D. Stoll, Matthew Dolan, Jeffrey McCracken, Josh Mitchell, »Big Three Seek $34 Billion Aid«, *Wall Street Journal,* 3. Dezember 2008.
Brian Ross und Joseph Rhee, »Big Three CEOs Flew Private Jets to Plead for Public Funds«, ABC News, 19. November 2008.
Dana Mibank, »Auto Execs Fly Corporate Jets to D. C., Tin Cups in Hand«, *Washington Post,* 20. November 2008.
Micheline Maynard, *End of Detroit: How the Big Three Lost Their Grip on the American Car Market.* New York: Broadway Business, 2004.

4 Ken Besinger und Jim Buzzanghera, »General Motors CEO Rick Wagoner to Step Down«, *Los Angeles Times,* 30. März 2009.
»Obama Fires GM's CEO«, Associated Press, 29. März 2009.
Paul Tharp und Andy Geller, »Obama ›Fires‹ GM Boss«, *New York Post,* 30. März 2009.
J. E. Dittes, »Impulsive Closure as a Reaction to Failure-Induced Threat«, *Journal of Abnormal and Social Psychology* 63(3), 1961.

5 Karen Frefield, »AIG Gives Connecticut's Blumenthal Data on Bonuses«, 21. März 2009, www.bloomberg.com/apps/news?pid=20601087&sid=aqoxOvvxmRMU.
David Cho und Brady Dennis, »Bailout King AIG Still to Pay Millions in Bonuses«, *Washington Post,* 15. März 2009.
Ronald Shelp und Al Ehrbar, Fallen Giant: *The Amazing Story of Hank Greenberg and the History of AIG.* Hoboken, NJ: Wiley, 2009.
Andrew Spencer, *Tower of Thieves: Inside AIG's Culture of Corporate Greed.* New York: Brick Tower Books, 2009.
American International Group, Inc., Hintergrundbericht, www.choicelevel.com.
J. E. Dittes, »Impulsive Closure as a Reaction to Failure-Induced Threat«, *Journal of Abnormal and Social Psychology* 63(3), 1961.

6 Kenneth Musante, »AIG Chief Slashes Salary to $1«, CNNMoney, 25. November 2008.

7 Anne Szustek, »AIG's Federal Bailout Funds Now Total $152.5 Billion«, Associated Press, 10. November 2008.
Jonathan Weisman, Sudeep Reddy, Liam Pleven, »Political Heat Sears AIG », *Wall Street Journal,* 17. März 2009.

8 John LaRosa, »The U. S. Market for Self-Improvement Products and Services«, www.prwebdirect.com/releases/2006/9/prweb440011.htm.

9 Allie Firestone, »Eyes on the Prize: Using Willpower to Your Advantage«, www.divinecaroline.com, http://partners.realgirlsmedia.com/22189/90383-eyes-prize-using-willpoweradvantage/3.

10 »Waste Recycling: Data, Maps, and Graphs«, http://space-age-recycle-solutions.com/facts–pages.htm.
R. W. Beck, »U.S. Recycling Economic Information Study«. Washington, DC: National Recycling Coalition, Juli 2001.
Mitchell Young, *Garbage and Recycling: Opposing Viewpoints.* San Diego, CA: Greenhaven Press, 2007.
Jennifer Carless, *Taking Out the Trash: A No-Nonsense Guide to Recycling.* Washington, DC: Island Press, 1992.
Frank Aakerman, *Why Do We Recycle? Markets, Values, and Public Policy.* Washington, DC: Island Press, 1996.

11 Robert D. Hormars, Aussage von Robert D. Hormars, Vice Chairman von Goldman Sachs (International) vor dem Finanzausschuss des US-Senats, 29. März 2006.
Steven Kamin, Mario Marazzi und John W. Schindler, »Is China ›Exporting Deflation‹?« *Federal Reserve Board,* Nr. 791, Januar 2004.
Derek Scissors, »U.S.-ChinaTrade: Do's and Don'ts for Congress«. Washington, DC: Heritage Foundation, 20. Juli 2009.
Craig K. Elwell, Marc Labonte und Wayne M. Morrison, »Is China a Threat to U. S. Economy?« Washington, DC: Bericht des Kongress-Recherchedienstes für den Kongress, 23. Januar 2007.

12 Lee Ferran, »O's Heavy-Skinny Oprah Cover Shows Weight Contrast«, ABC News Online, 10. Dezember 2008, http://abcnews.go.com/GMA/Diet/story?id=6431388&page=1.
Oprah Winfrey, »How Did I Let This Happen Again?« *O, the Oprah Magazine,* Januar 2009.

13 Holly L. Roberts, »Obesity in U. S. Children«, www.livestrong.com/article/103926-causeobesity-children/.
CDC, »Obesity Prevalence 25 Percent or Higher in 32 States«. Washington, DC: Centers for Disease Control and Prevention, 8. Juli 2009.
Morgan Spurlock, *Super Size Me,* Vertrieb durch Samuel Goldwyn, Roadside Attractions, 7. Mai 2004.

Peter Kopelman, Ian Caterson und William Dietz, *Clinical Obesity in Adults and Children*. Hoboken, NJ: Wiley-Blackwell, 2009.
Lisa Tartamella, Elaine Herscher und Chris Woolston, *Generation Extra Large: Rescuing Our Children from the Epidemic of Obesity*. New York: Basic Books, 2006.

14 Theresa Maher, »America's Obesity Crisis: Any Solutions?« *News Locale*, 29. August 2007.

15 Stephen Mennell, Ann Murcott und Anneke van Otterloo, *The Sociology of Food: Eating, Diet, and Culture*. Thousand Oaks, CA: Sage, 1992.
Interview mit Dr. E. O. Wilson, Harvard University, Cambridge, MA, 1. Juli 2009.
John Ratey, Vortrag auf der Renaissance Conference, Monterey, CA, 4. September 2009.
Interview mit John Ratey, Cambridge, MA, 8. Oktober 2009.
Charles Darwin, *The Descent of Man*. New York: Penguin, 2007.
Charles Darwin *The Expression of the Emotions in Man and Animals*. New York: Oxford University Press, 1998.
Chris Stringer und Peter Andrews, *The Complete World of Human Evolution*. New York: Thames and Hudson, 2005.
Gregory Cochran und Henry Harpending, The 10,000 Year Explosion: How Civilization Accelerated Human Evolution. New York: Basic Books, 2009.
John Cartwright, *Evolution and Human Behavior: Darwinian Perspectives on Human Nature*. Cambridge, MA: Bradford/Macmillan, 2000.
Michael J. Behe, *The Edge of Evolution: The Search for the Limits of Darwinism*. New York: Free Press, 2008.
Timothy Goldsmith und William F. Zimmerman, *Biology, Evolution, and Human Nature*. New York: Wiley, 2000.
Nicholas Wade, »Researchers Say Human Brain Is Still Evolving«, *New York Times*, 8. September 2005.
William H. Calvin, Terrence Deacon, Ralph L. Holloway, Richard G. Klein, Steven Pinker, John Tooby, Endel Tulving und Ajit Varki, »The Evolution of the Human Brain«, Center for Human Evolution, Protokoll des Workshops 5, Bellevue, WA, 19.-20. März 2005), www.futurefoundation.org/documents/che–pro--wrk5.pdf.
»Human Brain Evolution Was a ›Special Event‹«, *HHMI Research News*, 29. Dezember 2004, http://www.hhmi.org/news/pdf/lahn3.pdf.
Jane Bradbury, »Molecular Insights into Human Brain Evolution«, *PLoS Biology* 3(3), 2005.
Kate Melville, »Evolution of the Human Brain Unique,« Scienceagogo, 29. Dezember 2004,
http://www.scienceagogo.com/news/20041129182724data–trunc–sys.shtml.
George F. Striedter, *Principles of Brain Evolution*. Sunderland, MA: Sinauer Associates, 2004.
Christopher Willis, *The Runaway Brain: The Evolution of Human Uniqueness*. New York: Basic Books, 1994.

16 John Ratey und Eric Hagerman, Spark: *The Revolutionary New Science of Exercise and the Brain*. New York: Little, Brown, 2008.
Frawley Bridwell, »Study Shows Link Between Morbid Obesity, Low IQ in Toddlers«. Gainesville: College of Medicine, University of Florida, August 2008.
Paul Thompson, Cyrus A. Raji, »Brain Structure and Obesity«, *Human Brain Mapping* 31(3), März 2010.
Theresa Maher, »America's Obesity Crisis: Any Solutions?« *News Locale*, 29. August 2007.

17 B. F. Skinner, *Beyond Freedom and Dignity*. Indianapolis, IN: Hackett,1971.
B. F. Skinner, *About Behaviorism*. New York: Vintage,1974.
Daniel Philip Todes, *Pavlov, Ivan: Exploring the Animal Machine*. New York: Oxford University Press, 2000.
Kerry W. Buckley, *Mechanical Man: John B. Watson and the Beginning of Behaviorism*. New York: Guilford Press, 1984.

Paul Naour, E.O. Wilson und B.F. Skinner, *A Dialogue Between Sociobiology and Radical Behaviorism.* New York: Springer, 2009.
18 David Gurteen, Hampshire, Großbritannien, 2009.

Kapitel 6 – Falsche Korrelationen: Das dritte Supermem

1 »Medical Humor: Heart Disease Explained«, e-jokes.net.
2 James Burrows, Glen Charles und Les Charles, *Cheers,* Paramount Television für NBC, 1982–1993.
3 Charlene Laino, »Cell Phones Disrupt Teens' Sleep«, CBS News, 9. Juni 2008.
4 Michael Marsh, Malcolm Whitehead und John Stevenson, *HRT and Cardiovascular Disease.* London: Martin Dunitz, 1996.
P. Collins und C.M. Beale, *The Cardioprotective Role of HRT: A Clinical Update.* New York: Informa Healthcare, November 2004.
Mayer Eisenstein, *Unavoidably Dangerous: Medical Hazards of Synthesized HRT,* CMI Press, 2002.
S. Chew und S.C. Ng, »Hormone Replacement Therapy (HRT) and Ischemic Heart Disease«, *Singapore Medical Journal* 164(9), 2002.
Andrea Genazzani, *Hormone Replacement Therapy and Cardiovascular Disease: The Current Status of Research and Practice.* Pearl River, NY: Parthenon, 2001.
Elizabeth Siegel Watkins, *The Estrogen Elixir: A History of Hormone Replacement Therapy in America.* Baltimore, MD: Johns Hopkins University Press, 2007.
CNW Research: http://cnwmr.com/nss-folder/automotiveenergy.
Matt Power, »Don't Buy that New Prius...«, *Wired Magazine,* 19. Mai 2008.
5 Jonathan Mueller, »Headlines of Public Press Articles«, jonathan.mueller.faculty.noctrl.edu, http://jonathan.mueller.faculty.noctrl.edu/100/correlation–or–causation.htm.
6 U.S. Census Bureau, »State and County Quick Facts: California Population«. Washington, DC: U.S. Census Bureau, 2007.
7 Thomas Toch, *In the Name of Excellence: The Struggle to Reform the Nation's Schools, Why It's Failing, and What Should Be Done.* New York: Oxford University Press, 1991.
Jerry Wartgow, *Why School Reform Is Failing and What We Need to Do About It: 10 Lessons from the Trenches. Lanham,* MD: Rowman and Littlefield Education, 2007.
Emily Forrest Cataldi, Jennifer Laird, Angelina Kewal Ramani und Chris Chapman, *High School Dropout and Completion Rates in the United States: 2007.* Washington, DC: US-Bildungsministerium, 2007.
Elaine K. McEwan, *Angry Parents, Failing Schools: What's Wrong with the Public Schools and What You Can Do About It.* Tunbridge Wells, UK: Shaw Books, 2000.
Phillip Kaufman, Jin Y. Kwon, Steve Klein, MRP Associates und Christopher Chapman, *Dropout Rates in the United States, 2000.* Washington, DC: National Center for Education Statistics, 2000.
Samuel L. Blumenfeld, *The Whole Language/OBE Fraud: The Shocking Story of How America Is Being Dumbed Down by Its Own Education System.* Boulder, CO: Paradigm Publishers, 1995.
Robert J. Manley, *Designing School Systems for All Students: A Tool Box to Fix America's Schools.* Lanham, MD: Rowman and Littlefield Education, 2009.
Hank Kraychir, *Destruction of the Education Monster: The Destruction of America's Public School System.* CreateSpace, 2008.
8 Stanley Kurtz, »Deflating Grade Inflation«, *National Review,* 27. September 2006.
»National Trends in Grade Inflation: American Colleges and Universities«, 14. März 2009, www.gradeinflation.com.
Valene Johnson, Grade Inflation: *Crisis in College Education.* New York: Springer, 2003.
Lester H. Hunt, *Grade Inflation: Academic Standards in Higher Education.* Albany: State University of New York Press, 2009.
9 Mary H. Sarafolean, PhD, »Depression in School-Age Children and Adolescents: Characteristics, Assessment and Prevention«, *HealthyPlace.com,* 2. Januar 2009.
»Teen Suicide Rate: Highest in 15 Years«, *Science Daily,* 8. September 2007.

Kevin Johnson, »Cities Grapple with Crimes by Kids«, *USA Today*, 12. Juli 2006.

10 Yaneer Bar-Yam, *Making Things Work*. Cambridge, MA: Knowledge Press, 2004.

11 Kimery Wiltshire, »Climate Change of Western Water: Field Analysis Synopsis«, 1. Oktober 2008, www.exloco.org/projects/Carpe–Diem–Oct–2008–Situation–Overview.pdf.
Akima Sumi, Kensuke Fukushi und Ai Hiramatsu, Hrsg., *Adaptation and Mitigation Strategies for Climate Change*. Tokyo: Springer, 2010.
Adam Zachary Rose, *The Economics of Climate Change Policy: International, National, and Regional Mitigation Strategies*. Cheltenham, UK: Edward Elgar, 2009.
Andrew Jordan, Dave Huitema, Harro Van Asselt und Tim Rayner, *Climate Change Policy in the European Union: Confronting the Dilemmas of Mitigation and Adaptation?* Cambridge: Cambridge University Press, 2010.
Roy W. Spencer, *Climate Confusion: How Global Warming Hysteria Leads to Bad Science, Pandering, and Misguided Policies That Hurt the Poor.* New York: Encounter Books, 2010.

12 A. J. McEvily, *Reverse Engineering Gone Wrong: A Case Study*. Maryland Heights, MO: Elsevier, 4. März 2005.
Frederic P. Miller, Agnes F. Vandome und John McBrewster, *False Dilemma: Fallacy, Dichotomy, Wishful Thinking, Collectively Exhaustive Events, Mutually Exclusive Events, Fuzzy Logic, Principle of Ambivalence, Correlative-Based Fallacies, Degree of Truth*. Beau Bassin, Mauritius: Alphascript, 2009.

13 www.wikipedia.com.
http://stats.wikimedia.org/reportcard/.
Frederic Miller, Agnes F. Vandome und John McBrewster, *Criticism of Wikipedia*. Beau Bassin, Mauritius: Alphascript, 2009.
Andrew Lih, *The Wikipedia Revolution: How a Bunch of Nobodies Created the World's Greatest Encyclopedia*. New York: Hyperion, 2009.

14 David Weir, »Fact-Checking Alan Greenspan«, 26. Oktober 2007, http://hotweir.blogspot.com/2007/10/fact-checking-alan-greenspan.html.

15 Variationen dieses Zitats wurden dem amerikanischen Finanzier Bernard M. Baruch, US-Verteidigungsminister James R. Schlesinger und dem New Yorker Senator Daniel Patrick Moynihan zugeschrieben.

Kapitel 7 – Silodenken: Das vierte Supermem

1 Alvin Powell, »Wilson, Watson Reflect on Past Trials, Future Directions«, *Harvard-Science*, 10. September 2009.
Interviews mit James Watson und Edward Wilson im Sanders Theater, Harvard University, Cambridge, MA, 9. September 2009.
Interview mit Dr. E. O. Wilson, Harvard University, Cambridge, MA, 1. Juli 2009.

2 Steve Sailer, »James Watson as a Leader«, Isteve.blogspot.com, 22. Oktober 2007.

3 Edward O. Wilson, *Consilience*. New York: Knopf, 1998.

4 Carol Kinsey Goman, »Tearing Down Business ›Silos‹«, www.sideroad.com.
Patrick Lencioni, *Silos, Politics, and Turf Wars: A Leadership Fable About Destroying the Barriers That Turn Colleagues into Competitors* San Francisco: Jossey-Bass, 2006.
Hunter Hastings und Jeff Saperstein, *Bust the Silos: Opening Your Organization to Growth*. BookSurge.com, 2009.
»Collaborating Across Silos«, Boston: *Harvard Business Review*, 6. Juli 2009.

5 www.healthypeople.gov/data/2010prog/focus01/.

6 Joyce Frieden, »Coordinated Care Would Cut Medicare Readmissions«, *Internal Medicine News*, 15. Oktober 2009.
Danny Chun, »New System Reduces Hospital Readmissions for Congestive Heart Failure Patients«, EurekAlert.org, 27. November 1996, http://www.scienceblog.com/community/older/1996/A/199600563.html.

Jennifer Silverman, »Malpractice Crisis Prompts More Referrals to ER: Instead of Office Treatment«, *Pediatric News,* Juli 2005.
Mary Brophy, Marcus Bello und Marisol Bello, »More Discharged Patients Are Returning via the ER«, *USA Today,* 9. September 2009.
Michael Pistoria, »Readmissions: A Wake Up Call«, *Family Practice News,* Juni 2009.
James J. Holloway and J. William Thomas, »Factors Influencing Readmission Risk: Implications for Quality Monitoring«, *Health Care Financing Review,* 1. Januar 1989.
Barbara Silliman, *You and the Broken American Healthcare System.* Bloomington, IN: Author House, 2008.
Selvoy M. Fillerup, *Chronic Crisis: Critical Care for America's Collapsing Healthcare System.* Gilbert, AZ: Acacia, 2007.
Lawrence Wolper, *Health Care Administration: Planning, Implementing, and Managing Organized Delivery Systems.* 4. Aufl. Sudbury, MA: Jones and Bartlett, 2004.
Josei Marila Paganini, *Quality and Efficiency of Hospital Care: The Relationship Between Structure, Process, and Outcome.* Washington, DC: Pan American Health Organization, 1993.

7 Stephen F. Jencks, M.D., M.P.H., Mark V. Williams, M.D., Eric A. Coleman, M.D., M.P.H., »Rehospitalizations among Patients in the Medicare Fee-for-Service Program«, *New England Journal of Medicine,* 2. April 2009.

8 Duke Helfand, »Congress Opens Investigation into Anthem Blue Cross«, *Los Angeles Times,* 10. Februar 2010.
Stephanie Condon, »Obama Administration Blasts Anthem Blue Cross Rate Hikes«, CBS News, 8. Februar 2010.
Erica Werner, »Anthem Asked to Justify Rate Hike in California«, *San Francisco Examiner,* 9. Februar 2010.

9 Jim Peron, »Ranking the U.S. Healthcare System«, Foundation for Economic Education, November 2007.
»The World Health Organization's Ranking of the World's Health Systems«, www.geographic.org.

10 Saul Kaplan, »Innovators, Break Down Those Silos«, *BusinessWeek,* 8. Februar 2010.

11 »For the Common Good: The Economic Impact of Monterey County's Nonprofit Industry«, Zusammenkunft des Monterey County Board of Supervisors, Department of Social and Employment Services, 21. April 2009.

12 Anthony Boadle und Will Durham, »Doctors Group Complains Haiti Supplies Diverted«, Reuters Alertnet, 19. Januar 2010.
Philip Dru, »Doctors Without Borders in Haiti: Why Couldn't They Land?« NWO-Truth.com, 18. Januar 2010, http://nwotruth.com/doctors-without-borders-in-haiti-whycouldnt-they-land/.
Madhuri Dey, »HaitiFlight Logs Reveal Chaotic Supplies«, Thaindian.com, 19. Februar 2010, http://www.thaindian.com/newsportal/world/haiti-flight-logs-reveal-chaoticsupplies–100323046.html.

13 Carol Kinsey Goman »Tearing Down Business ›Silos‹«, www.sideroad.com.

14 *NOVA* 01/01/07, »The Bonobo in All of Us«, 9/29/2005. Interview im Columbus Zoo mit Sue Western, Skriptautorin für *Bonobo: Missing in Action* (BBC-Version von *The Last Great Ape*), redigiert von Peter Tyson, Chefredakteur von *NOVA Online,* http://www.pbs.org/wgbh/nova/beta/evolution/bonobo-all-us.html.

15 Aidan Sammons, www.psychlotron.org.uk.

16 Philip L. White und Michael L. White, »Why Do People Create Nationalities?« *Nationality, The History of a Social Phenomenon* (Abschnitt B), S. 83–104 (21), http://nationalityinworldhistory.net/ch2B.html.

17 Aidan Sammons, www.psychlotron.org.uk/resources/environmental/A2–OCR–env–territory.pdf.

18 www.history.nasa.gov, www.jobmonkey.com/governmentjobs/work-for-nasa.html.

19 Interview mit Dan Rasky, leitender NASA-Wissenschaftler, Carmel, CA, September 2009.

Brian Berger, »Report Urges U.S. to Pursue Space-Based Solar Power«, Space.com, 12. Oktober 2007, www.space.com/businesstechnology/071012-pentagon-space-solarpower.html.
G.I.A. und I. Umarov, *Solar Energy* (NASA), technische Übersetzung TTF-16, ISS, 1975.
Nick Allen, »NASA Launches Space-Based Solar Observatory«, *Daily Telegraph,* 11. Februar 2010.
Ausschuss zur Bewertung der Investitionsstrategie der NASA in Weltraum-Solarenergie, Aeronautics and Space Engineering Board, Abteilung für Technik und Wissenschaften, und National Research Council, »Laying the Foundation for Space Solar Power: An Assessment of NASA's Space Solar Power Investment Strategy«. Washington, DC: *National Academies Press,* 2001.
Aeronautics and Space Engineering Board und National Research Council, »Solar Power Investment Strategy«. Washington, DC: *National Academies Press,* 3. Oktober 2001.
NSF/NASA Solar Energy Panel, »An Assessment of Solar Energy as National Energy Resource«, 1. Januar 1972.
Terrestrial Energy Generation Based on Space Solar Power: A Feasible Concept or Fantasy? Workshop gesponsert vom MIT Technology and Development Program, Cambridge, MA, 14.-16. Mai 2007.
Jonathan Marshall, »Space Solar Power: The Next Frontier?« 13. April 2009, www.next100.com/2009/04/space-solar-power-the-next-fro.php.
»Japan to Beam Solar Power from Space on Lasers«, *Fox News,* 9. November 2009.
Peter E. Glaser, »Power from the Sun: Its Future«, *Science,* 22. November 1968.
P.E. Glaser, O.E. Maynard, J. Mackovciak und E.L. Ralph, *Feasibility Study of a Satellite Solar Power Station.* Cambridge, MA: Arthur D. Little, Februar 1974.
John C. Mankins, »A Fresh Look at Space Solar Power: New Architectures, Concepts, and Technologies«, IA-Papier Nr. IAF-97-R.2.03, http://www.spacefuture.com/archive/a-fresh-look-at-space-solar-power-new-architectures-concepts-and-technologies.shtml.
W.C. Brown, »The History of Power Transmission by Radio Waves«, *IEEE Transactions on Microwave Theory and Techniques* 32(9), September 1984.
N.M. Komerath und N. Boechler, »The Space Power Grid«. Arbeitspapier, vorgelegt beim Fiftyseventh International Astronautical Federation Congress, Valencia, Spanien, Oktober 2006.
N. Shinohara, »Wireless Power Transmission for Solar Power Satellite«, Space Solar Power Workshop, Georgia Institute of Technology, Atlanta, GA.
Rice University, comp., *Solar Power Satellite Offshore Rectenna Study,* Abschlussbericht. Houston: Rice University, November 1980.
»Researchers Beam ›Space‹ Solar Power in Hawaii«, 12. September 2008, www.wired.com/wiredscience/2008/09/visionary-beams/.

20 Michael D. Lemonick, »Solar Power from Space: Moving Beyond Science Fiction«, *Yale Environment 360,* 31. August 2009.

21 Edward O. Wilson, *Consilience.* New York: Knopf, 1998.

22 Saul Kaplan, »Innovators, Break Down Those Silos« *BusinessWeek,* 8. Februar 2010.

Kapitel 8 – Extremes Wirtschaftlichkeitskalkül: Das fünfte Superme

1 Brian Braiker, »Big Problem, Neat Solution«, *Newsweek,* 5. April 2008.
Isabella Rossellini im Interview mit Dean Kamen, *Iconoclasts,* Sundance Channel, 16. November 2006.
Allan J. Organ, *The Regenerator and the Stirling Engine.* New York: Wiley, 1997.
William R. Martini, *Stirling Engine Design Manual.* Honolulu: University Press of the Pacific, 2004.

Theodore Finkelstein und Allan Organ, *Air Engines: The History, Science, and Reality of the Perfect Engine*. New York: ASME Press, 2004.
Matthew R. Freije, *Disinfecting Potable Water Systems*. Solana Beach, CA: HC Information Resources, 2004.
Terrold J. Troyan und Sigurd P. Haber, *Treatment of Microbial Contaminants in Potable Water Supplies: Technologies and Costs*. Norwich, NY: William Andrew, 1991.

2 Reece Ray, *The Sun Betrayed*. Boston: South End Press, 1999.
Michael Silverstein, *The Once and Future Resource: A History of Solar Energy*, Environmental Design and Research Center, 1977.
Karl W. Boer, *The Fifty Year History of the International Solar Energy Society*. Boulder, CO: American Solar Energy Society, 2005.
Solar Energy Institute, *Webster's Timeline History, 1979–2000*. San Diego: Icon Group International, 2009.
Raul Lopez-Aguilar, Bernardo Murillo-Amador und Gualalupe Rodriguez-Quezada, *Hydroponic Green Fodder (HFG): An Alternative for Cattle Food Production in Arid Zones*. Recife, Brazil: Interciencia Association, 16. September 2009.
»IFF Breaks New Ground in Hydroponics Research«, *Household and Personal Products Industry*, 28. Juli 2005.

3 R.W. Belk und M. Wallendorf, »The Sacred Meanings of Money«, *Journal of Economic Psychology* 11, 1999.
Herb Goldberg und Robert T. Lewis, *Money Madness: The Psychology of Saving, Spending, Loving, and Hating Money*. Issaqua, WA: Wellness Institute, Januar 2000.
Michael Argyle und Adrian Furnham, *The Psychology of Money*. New York: Routledge, 1998.
Cele C. Otnes und Tina M. Lowrey, Hrsg., *Contemporary Consumption Rituals: A Research Anthology*. Mahwah, NJ: Lawrence Erlbaum, 2004.
C.B. Burgogyne und D.A. Routh, *Journal of Economic Psychology*, 1991.
Nigel Dodd, *The Sociology of Money: Economics, Reason, and Contemporary Society*. New York: Continuum, 1994.
Paul W. Glimcher, *Decisions, Uncertainty, and the Brain: The Science of Neuroeconomics*. Cambridge, MA: MIT Press, 2003.
Richard H. Thaler, *The Winner's Curse: Paradoxes and Anomalies of Economic Life*. Princeton, NJ: Princeton University Press, 1992.
Viviana A. Rotman Zelizer, *The Social Meaning of Money: Pin Money, Pay Checks, Poor Relief, and Other Currencies*. Princeton, NJ: Princeton University Press, 1997.
B.G. Carruthers und W.N. Espeland, »Money, Meaning, and Morality«, *American Behavioral Scientist* 41(10), 1998.
Thomas Crump, *The Phenomenon of Money*. London: Routledge and Kegan Paul, 1981.
Marc Shell, *Money, Language, and Thought*. Berkeley and Los Angeles: University of California Press, 1982.
Philip E. Slater, *Wealth Addiction*. New York: Dutton, 1980.

4 Lisa Smith, »Marriage, Divorce, and the Dotted Line«, www.investopedia.com/articles/pf/06/prenuptialagreement.asp.
Jan Pahl, *Money and Marriage*. New York: Macmillan, 1989.

5 Jim Dwyer, »A Clothing Clearance Where More Than Just the Prices Have Been Slashed«, *New York Times*, 5. Januar 2010.
Interview mit Dr. E.O. Wilson, Harvard University, Cambridge, MA, 1. Juli 2009.

6 Präsentation von Steven D. Levitt und Stephen J. Dubner in der Yahoo-Konzernzentrale, Sunnyvale, CA, 28. Juli 2005.
Sarah F. Brosnan, Mark F. Grady, Susan P. Lambeth, Steven J. Schapiro und Michael J. Beran, »Chimpanzee Autarky,« *PLoS ONE* 3(1), 29. Dezember 2007.
E.G. Lea und Paul Webley, *Money as Tool, Money as Drug: The Biological Psychology of a Strong Incentive*. Cambridge: Cambridge University Press, 2005.
K.G. Duffy, R.W. Wrangham und J.B. Silk, »Male Chimpanzees Exchange Political Support for Mating Opportunities«, *Current Biology* 17(15), 2007.
Jeffrey R. Stevens, »The Selfish Nature of Generosity: Harassment and Food Sharing in Primates«, *The Royal Society*, 29. Oktober 2003.

S. F. Brosnan und F. B. M. de Waal, *Journal of Comparative Psychology* 118, 2004.
C. W. Hyatt und W. D. Hopkins, *Behavioral Processes*. O. O.: Elsevier, 1998.
Frans de Waal, *Chimpanzee Politics: Power and Sex Among Ape*. London: Jonathan Cape, 1982.
V. Dufour, E. H. M. Sterk, M. Pele und B. Thierry, »Chimpanzee (Pan Troglodytes) Anticipation of Food Return: Coping with Waiting Time in an Exchange Task«, *Journal of Comparative Psychology* 121(2), 2007.
S. F. Brosnan und F. B. M. de Waal, »A Simple Ability to Barter in Chimpanzees, Pan Troglodytes«, *Primates* 46(3), 2005.
S. F. Brosnan und F. B. M. de Waal, »Monkeys Reject Unequal Pay«, *Nature* 425, 2003.
C. Sousa und T. Matsuwasa, »The Use of Tokens as Rewards and Tools by Chimpanzees (Pan Troglodytes)«, *Animal Cognition* 4(3–4), 2001.
S. F. Brosnan und F. B. M. de Waal, »Socially Learned Preferences for Differentially Rewarded Tokens in the Brown Capuchin Monkey, Cebus Apella«, *Journal of Comparative Psychology* 118(2), 2004.
7 Richard Dawkins, *The Selfish Gene*. New York: Oxford University Press, 2006.
John R. Krebs und Richard Dawkins, *Animal Signals: Mind Reading and Manipulation*, in *Behavioral Ecology: An Evolutionary Approach*, John R. Krebs and Nicholas B. Davies, Hrsg., 2. Aufl. Oxford: Blackwell, 1984.
Kenneth E. Boulding, *Evolutionary Economics*. Thousand Oaks, CA: Sage, 1981.
Robert H. Frank, »If ›Homoeconomicus‹ Could Choose His Own Utility Function, Would He Want One with a Conscience?« *American Economic Review* 79, Juni 1989.
Kurt Dopfer, Hrsg., *The Evolutionary Foundation of Economics*. Cambridge: Cambridge University Press, 2006.
Michael Shermer, *The Mind of the Market: How Biology and Psychology Shape Our Economic Lives*. New York: Holt Paperbacks, 2006.
J. Stanley Metcalfe, *Evolutionary Economics and Creative Destruction*. New York: Routledge, 1998.
Arthur Gandolfi, Anna Gandolfi und David Barash, *Economics as an Evolutionary Science: From Utility to Fitness*. Edison, NJ: Transaction, 2002.
Daniel Friedman, *Morals and Markets: An Evolutionary Account of the Modern World*. New York: Palgave Macmillan, 2008.
Jason Potts, *The New Evolutionary Microeconomics: Complexity, Competence, and Adaptive Behavior*. Cheltenham, UK: Edward Elgar, 2001.
Peter Koslowski, *Sociobiology and Bioeconomics: The Theory of Evolution in Biological and Economic Theory*. New York: Springer, 1999.
Sunny Y. Auyand, *Foundations of Complex-System Theories in Economics, Evolutionary Biology, and Statistical Physics*. Cambridge: Cambridge University Press, 1999.
Charles Darwin, *The Descent of Man*. New York: Penguin, 2007.
Charles Darwin, *The Expression of the Emotions in Man and Animals*. New York: Oxford University Press, 1998.
Chris Stringer und Peter Andrews, *The Complete World of Human Evolution*. New York: Thames and Hudson, 2005.
Gregory Cochran und Henry Harpending, *The 10,000 Year Explosion: How Civilization Accelerated Human Evolution*. New York: Basic Books, 2009.
John Cartwright, *Evolution and Human Behavior: Darwinian Perspectives on Human Nature*. Mendham, UK: Bradford/MIT Press, 2000.
Eva Jablonka und Marion J. Lamb, *Evolution in Four Dimensions: Genetic, Epigenetic, Behavioral, and Symbolic Variation in the History of Life*. Cambridge, MA: MIT Press, 2005.
Michael J. Behe, *The Edge of Evolution: The Search for the Limits of Darwinism*. New York: Free Press, 2008.
Christopher Scarre, *The Human Past: World Prehistory and the Development of Human Societies*. New York: Thames and Hudson, 2005.
Timothy Goldsmith und William F. Zimmerman, *Biology, Evolution, and Human Nature*. New York: Wiley, 2000.

Philip Clayton und Jeffrey Schloss, *Evolution and Ethics: Human Morality in Biological and Religious Perspective*. Grand Rapids, MI: Eerdmans, 2004.
Bruce H. Lipton und Steve Bhaerman, *Spontaneous Evolution: Our Positive Future (and a Way to Get There from Here)*. Carlsbad, CA: Hay House, 2009.
Richard Restak, *The New Brain: How the Modern Age Is Rewiring Your Mind*. Emmaus, PA: Rodale, 2004.
Mihail C. Roco und Carlo D. Montemagno, *The Coevolution of Human Potential and Converging Technologies*. New York: New York Academy of Science, 2004.
Robert J. Sternberg und Janet E. Davidson, *The Nature of Insight*. Cambridge, MA: MIT Press, 1995.

8 Terry Burnham und Jay Phelan, Mean *Genes: From Sex to Money to Food: Taming Our Primal Instincts*. New York: Perseus, 2000.
Terence Burnham und Brian Hare, *Engineering Human Cooperation: Does Involuntary Neural Activation Increase Public Goods Contribution?* Eigenverlag, Juni 2005.
Terence C. Burnham, »Essays on Genetic Evolution and Economics«, Dissertation, Committee of Business Economics, Harvard University, 1997, www.bookpump.com/dps/pdf-b/5856429b.pdf.
S. E. G. Lea, Roger M. Tarpy und Paul Webley, *The Individual in the Economy: A Textbook of Economic Psychology*. Cambridge: Cambridge University Press, 1987.
John Foster und Werner Holzi, *Applied Evolutionary Economics and Complex Systems*. Cheltenham, UK: Edward Elgar, 2004.

9 Niall Ferguson, *The Ascent of Money: A Financial History of the World*. New York: Penguin, 2008.
Carol Schwalberg, *From Cattle to Credit Cards: The History of Money*. New York: Meredith Press, 1969.
John Kenneth Galbraith, *Money: Whence It Came, Where It Went*. Boston: Houghton Mifflin, 2001.
Glyn Davies, *A History of Money: From Ancient Times to the Present Day*. Cardiff, UK: University of Wales Press, 2002.
William N. Goetzmann, *Financing Civilization*, http://viking.som.yale.edu/will/finciv/chapter1.htm.
»The History of Credit,« Myvesta.org/history.
Carl Menger, »The Origin of Money«. Greenwich, CT: Committee for Monetary Research and Education, 1984.
Charles F. Horne, *The Code of Hammurabi*. Forgotten Books, 2007.

10 Leah Theis, United States Census Bureau, Statistical Abstracts, 651: Relation of GDP, GNP, Net National Product, National Income, Personal Income, Disposable Personal Income, and Personal Savings. Washington, DC: U. S. Census Bureau, 2008.
Federal Reserve, »Consumer Credit«. Washington, DC: Federal Reserve Statistical Release, 8. September 2008.
Mark Brinker, »Credit Card Debt Statistics«. Clinton Township, MI: Hoffman, Brinker and Roberts, August 2008, www.hoffmanbrinker.com/credit-card-debt-statistics.html.
Ben Woolsey und Matt Schulz, »Credit Card Industry Facts, Debt Statistics 2006–2008«, Creditcards.com, 2008, www.creditcards.com/credit-card-news/credit-card-industryfacts-personal-debt-statistics-1276.php.
Lloyd Klein, *It's in the Cards: Consumer Credit and the American Experience*. Westport, CT: Praeger, 1999.
Robert D. Manning, *Credit Card Nation: The Consequences of America's Addiction to Credit*. New York: Basic Books, 2001.
Matty Simmons, *The Credit Card Catastrophe: The 20th Century Phenomenon That Changed the World*. Ft. Lee, NJ: Barricade Books, 1995.
Robert H. Scott III, »Credit Card Use and Abuse: A Veblenian Analysis«, *Journal of Economic Issues*, 13. Juni 2007.
Lawrence M. Ausubel, »Credit Card Default, Credit Card Profits, and Bankruptcy«, *American Bankruptcy Law Journal*, Frühjahr 1997.
»U.S. Savings Rate Hits Lowest Level Since 1933«, Associated Press, 30. Januar 2006.

Donna Boundy, *When Money Is the Drug: The Compulsion for Credit, Cash, and Chronic Debt.* New York: Harper, 1993.
T. Newton, »Credit and Civilization«, *British Journal of Sociology* 54(3), 2003.

11 United States National Debt Clock, http//www.brillig.com/debt-clock/.
Shayne C. Kavanaugh, »Examining the Increasing Level of Federal Debt«, *Government Finance Review,* 3. April 2009.
Brian W. Cashell, »The Federal Government Debt: Its Size and Economic Significance«. Washington, DC: Recherchedienst des Kongresses, 7. Juli 2009.
William Bonner und Addison Wiggin, *The New Empire of Debt.* The Rise and Fall of an Epic Financial Bubble. 2. Aufl. Hoboken, NJ: Wiley, 2009.
Robert E. Wright, *One Nation Under Debt: Hamilton, Jefferson, and the History of What We Owe.* New York: McGraw-Hill, 2008.
Andrew L. Yarrow, *Forgive Us Our Debt: The Intergenerational Dangers of Fiscal Irresponsibility.* New Haven, CT: Yale University Press, 2008.
Donna Boundy, *When Money Is the Drug: The Compulsion for Credit, Cash, and Chronic Debt.* New York: Harper, 1993.

12 Kevin Hassett, »D Is for Deficit: Guess Who's to Blame for State Budget Problems?« *Wall Street Journal,* 6. Oktober 2003.
»State Surplus or Deficit per Household, Fiscal Year 2006«. Washington, DC: The Tax Foundation.
Elizabeth Hill, »2008–09 Overview of the Governor's Budget«. Sacramento: Legislative Analyst's Office, 14. Januar 2008.
Frank Keegan, »Economists: State Deficits Could Stall Recovery«, Watchdog.com, 12. November 2009, http://watchdog.org/1486/economists-state-deficits-could-stall-recovery/.
Colin Berr, »More and More States on Budget Brink«, CNNMoney, 15. Januar 2010.
Sarah Burrows, »Of 36 States Facing Deficits This Year, 22 Are Increasing Spending«, CNS News, 17. Dezember 2008, http://www.cnsnews.com/news/article/40908.
Donna Boundy, *When Money Is the Drug: The Compulsion for Credit, Cash, and Chronic Debt.* New York: Harper, 1993.

13 http://personalmoneystore.com/moneyblog/2009/02/25/legalizing-marijuana-fixcalifornias-economy.
Alison Stateman, »Can Marijuana Help Rescue California's Economy?« *Time,* 13. März 2009.
Elizabeth Fairchild, »Could Legalizing Marijuana Fix California's Economy?« *Personal Money Store,* 25. Februar 2009.
Joyce D. Henry, »Senator T. Milton Strett's Tax Plan for Uniform Commercial Crops of Marijuana«, 1983.
Kenneth W. Clements und Xueyan Zhao, *Economics and Marijuana: Consumption, Pricing, and Legalisation.* Cambridge: Cambridge University Press, 2009.
Lisa Leff, »Legalizing Marijuana Would Cause Prices to Plummet«, *Huffington Post,* 7. Juli 2010.

14 Jennifer Washburn, *University, Inc.: The Corporate Corruption of Higher Education.* New York: Basic Books, 2006.
Derek Curtis Bok, *Universities in the Marketplace: The Commercialization of Higher Education.* Princeton, NJ: Princeton University Press, 2004.
Burton H. Weisbrod, Jeffrey P. Bailou und Evelyn D. Asch, *Mission and Money: Understanding the University.* New York: Cambridge University Press, 2008.
Condoleezza Rice, »Rice Outlines Budget Pressures for Fiscal Year 1998«, Stanford News Service, 10. Dezember 1996.
David Stauth, »Budget Pressures Raise Research Funding Concerns«, *Oregon State University News and Communications,* Februar 1997.
Robert Reinhold, »Budget Cuts Jar University of California«, *New York Times,* 21. Januar 1991.
Justin Harris, »Donations to Universities May Decline in Next Two Years«, *The State News,* 16. März 2009.
Aldo Geuna, *The Economics of Knowledge Production: Funding and Structure of Uni-*

versity Research. Cheltenham, UK: Edward Elgar, 1999.
James D. Savage, *Funding Science in America: Congress, Universities, and the Politics of Academic Pork Barrel*. Cambridge: Cambridge University Press, 2000.
Becky Gillette, »As Public Funding Erodes, Universities Change«, *Mississippi Business Journal*, 14. Juli 2006.
M. Gulbrandsen und J.C. Smeby, »Industry Funding and University Professor's Research Performance«, *Research Policy* 34(6), August 2005.
»Non-Federal R&D Funding for U.S. Universities Increases«, *Instrument Business Outlook*, 16. November 2009.
David L. Kirp, Elizabeth Popp Berman, Jeffrey T. Holman und Patrick Roberts, *Shakespeare, Einstein, and the Bottomline: The Marketing of Higher Education*. Cambridge, MA: Harvard University Press, 2004.
John C. Knapp und David J. Siegel, Hrsg., *The Business of Higher Education*. Santa Barbara: Praeger, 2009.

15 American Society for Engineering Education, comp., »Intellectual Property: Universities, Corporations, and Finding a Common Ground,« 13. Februar 2006, www.asee.org/activities/organizations/councils/edc/2006-IP-White-Paper/IP-WhitePaper-WEB.pdf.

16 Neal Pattison und Luke Warren, Hauptautoren, unter Leitung von Ben Peck und Frank Clemente, »Drug Industry Profits: Hefty Pharmaceutical Company Margins Dwarf All Other Industries«. Washington, DC: Public Citizen's Congress Watch, 2003, www.citizen.org/documents/Pharma–Report.pdf.
Linda Marsa, *Prescription for Profits: How The Pharmaceutical Industry Bankrolled the Unholy Marriage Between Science and Business*. New York: Scribner, 1997.
Scott Hensley, »Follow the Money: Drug Prices Rise at a Faster Clip, Placing Burden on Consumers«, *Wall Street Journal*, 15. April 2003.
Leonard Weber, *Profits Before People: Ethical Standards and the Marketing of Prescription Drugs*. Bloomington: Indiana University Press, 2006.
Duncan Reekie und Michael H. Weber, *Profits, Politics, and Drugs*. Teaneck, NJ: Holmes and Meier, 1979.

17 Jon Swartz und Michelle Kessler, »Microsoft, Google Cook Up Deal«, San Francisco, 3. November 2003.
John Markoff und Andrew Ross Sorkin, »Microsoft and Google – Partners or Rivals?« *New York Times*, 31. Oktober 2003.

18 »List of Known Terrorist Organizations«. Washington, DC: US-Zentrum für Verteidigungsinformation, 2009.
»National Strategy for Combating Terrorism«. Washington, DC: US-Außenministerium, Februar 2003.
»Country Reports on Terrorism«. Washington, DC: US-Außenministerium, Behörde für Konterterrorismus, April 2003.
»28 Groups on the U.S. Department of State's Designated Foreign Terrorist Organizations List«, www.fbi.gov/publications/terror/terrorism2002–2005.htm.
Audrey Cronin, »The FTO List and Congress: Sanctioning Designated Foreign Terrorist Organizations«. Washington, DC: Congressional Research Service, 30. Dezember 2009.

19 Mark Lilla, *The Stillborn God: Religion, Politics, and the Modern West*. New York: Vintage, 2008. Siehe auch Lillas Artikel auf www.nytimes.com/2007/08/19/magazine/19Religion-t.html?pagewanted=1&–r=1.

20 Mark Lilla, »The Politics of God«, *New York Times Magazine*, 19. August 2007.

21 Timur Kuran, »The Genesis of Islamic Economics: A Chapter in the Politics of Muslim Identity«, *Social Research* 64(2), Sommer 1997.
Sohrab Behdad, »Property Rights in Contemporary Islamic Economic Thought: A Critical Perspective«, *Review of Social Economy* 47(2), 1989.
Sean S. Costigan and David Gold, Hrsg., *Terrornomics*. Burlington, VT: Ashgate, 2007.
Eli Berman, *Radical, Religious, and Violent: The New Economics of Terrorism*. Cambridge, MA: MIT Press, 2009.

Muhammad Abdul-Rauf, *A Muslim's Reflections on Democratic Capitalism*. Washington, DC: American Enterprise Institute, Februar 1984.
M. Umer Chapra, *Islam and the Economic Challenge*. Leicester, UK: Islamic Foundation, 1992.
Timur Kuran, »The Economic System in Contemporary Islam Thought: Interpretation and Assessment«, *International Journal of Middle Eastern Studies* 18, 1986.
Sayyid Abu'l-A'la Mawdudi, *The Economic Problem of Man and Its Islamic Solution*. Lahore, Pakistan: Islamic Publications, 1978.
Sayyid Abu'l-A'la Mawdudi, »The Rudiments of Islamic Philosophy of Economics«, in *Selected Speeches and Writings of Mawlana Mawdudi*, Bd. 1, übersetzt von S. Zakir Aijaz. Karachi, Pakistan: International Islamic Publishers, 1981.
Vikas Mishra, *Hinduism and Economic Growth*. Cambridge: Cambridge University Press, 1962.
Maxine Rodinson, *Islam and Capitalism*. New York: Pantheon, 1973.
Daryush Shayegan, *Cultural Schizophrenia: Islamic Societies Confronting the West*. London: Sagi, 1992.
Muhammad Nejatullah Siddiqui, *Muslim Economic Thinking: A Survey of Contemporary Literature*. Markfield, UK: Islamic Foundation, 1981.
Timur Kuran, »The Logic of Financial Westernization in the Middle East«, *Journal of Economic Behavior and Organization* 59, April 2005.
Mohamed Aslam Haneef, *Contemporary Islamic Economic Thought: A Selected Comparative Analysis*. Kuala Lumpur, Malaysia: Ikraq, 1995.
Timur Kuran, »On the Notion of Economic Justice in Contemporary Islamic Thought«, *International Journal of Middle East Studies* 21, 1989.
Syed Nawab Haider Naqvi, *Islam Economics and Society*. London: Kegan Paul International, 1994.
Alan Richards und John Waterbury, *A Political Economy of the Middle East*. Boulder, CO: Westview Press, 1996.
Muhammad Baqir Al-Sadr, *Iqtsaduna: Our Economics*. Teheran, Iran: Tehran World Organization for Islamic Services, 1982.
Timur Kuran, »Islamic Economics and Islamic Subeconomy«, *Journal of Economic Perspectives*, Herbst 1995.
Timur Kuran, »Religious Economics and the Economics of Religion«, *Journal of Institutional and Theoretical Economics*, Dezember 1994.
Gespräch mit Timur Kuran, *USC Magazine*, 18. Dezember 2006.
Timur Kuran, »Islam and Economic Underdevelopment: An Old Puzzle Revisited«, *Journal of Institutional and Theoretical Economics*, März 1997.

22 Ayn Rand, *Atlas Shrugged*. New York: Penguin, 1999.

23 www.wisdomquotes.com.

Kapitel 9 – Wie sich Supermeme überwinden lassen: Rationale Lösungen in einer irrationalen Welt

1 Paul Hawken, »The Class of 2009 Commencement Address«, University of Portland, Portland, Oregon, 3. Mai 2009, offizielles Transkript, http://www.up.edu/commencement/default.aspx?cid=9456.
Paul Hawken, *Blessed Unrest: How the Largest Movement in History Is Restoring Grace, Justice, and Beauty to the World*. New York: Penguin, 2008.

2 Mike Price, »Galileo, Reconsidered«, *Smithsonian*, 12. August 2008.
Bertolt Brecht, *Life of Galileo*. New York: Penguin, 2008.
David Brewster, *The Martyrs of Science, or the Lives of Galileo, Tycho Brahe, and Kepler*. Whitefish, MT: Kessinger, 1844.
Andrea Frova und Mariapiera Marenzana, *Thus Spoke Galileo The Great Scientist's Ideas and Their Relevance to the Present Day*, übersetzt von James H. McManus. New York: Oxford University Press, 2006.
Hal Hellman, *Great Feuds in Science: Ten of the Liveliest Disputes Ever*. New York: Wiley, 1999.

Thomas S. Kuhn, *The Structure of Scientific Revolutions.* Chicago: University of Chicago Press, 1996.
Jim Sidanius and Felicia Pratto, »The Inevitability of Oppression and the Dynamics of Social Dominance«, in *Prejudice, Politics, and the American Dilemma,* Paul Sniderman, Philip E. Tetlock, and Edward C. Carmines, Hrsg., Palo Alto, CA: Stanford University Press, 1993.

3 Dorothy Hinshaw Patent, *Charles Darwin: The Life of a Revolutionary Thinker.* New York: Holiday House, 2001.
David Quammen, *The Reluctant Mr. Darwin: An Intimate Portrait of Charles Darwin and the Making of His Theory of Evolution.* New York: Norton, 2006.
Charles Van Doren, *A History of Knowledge: Past, Present, and Future.* New York: Ballantine Books, 1982.
Lyanda Lynn Haupt, *Pilgrim on the Great Bird Continent: The Importance of Everything and Other Lessons from Darwin's Lost Notebooks.* New York: Little, Brown, 2006.
Michael Ruse, *Charles Darwin.* Hoboken, NJ: Wiley-Blackwell, 2008.
Laura Fermi und Gilberto Bernardini, *Galileo and the Scientific Revolution.* New York: Basic Books, 1961.
Robert J. Sternberg und Janet E. Davidson, *The Nature of Insight.* Cambridge, MA: MIT Press, 1995.
Jim Sidanius und Felicia Pratto, »The Inevitability of Oppression and the Dynamics of Social Dominance«, in *Prejudice, Politics, and the American Dilemma,* Hrsg. Paul Sniderman, Philip E. Tetlock und Edward C. Carmines. Palo Alto, CA: Stanford University Press, 1993.

4 Steven Krivit, »The Cold Fusion Short Story«, *New Energy Times,* 5. Januar 2007.
Malcolm W. Browne, »Physicists Debunk Claim of a New Kind of Fusion«, *New York Times,* 3. Mai 1989.
»Cold Fusion Is Hot Again«, *60 Minutes,* 19. April 2009, http://www.cbsnews.com/stories/2009/04/17/60minutes/main4952167.shtml?tag=contentMain;contentBody.
Jim Sidanius und Felicia Pratto, »The Inevitability of Oppression and the Dynamics of Social Dominance«, in *Prejudice, Politics, and the American Dilemma,* Hrsg. Paul Sniderman, Philip E. Tetlock und Edward C. Carmines. Palo Alto, CA: Stanford University Press, 1993.

5 Carol J. Loomis, »Warren Buffett Gives Away His Fortune«, *Fortune,* 25. Juni 2006.
Alessandro Della Bella, »Bill Gates' Foundation Pledges $10 Billion for Vaccines«, *Associated Press,* 29. Januar 2010.
Michael Kinsey und Conor Clarke, *Creative Capitalism: A Conversation with Bill Gates, Warren Buffett, and Other Economic Leaders.* New York: Simon and Schuster, 2009.
Joel L. Fleishman, *The Foundation: A Great American Secret; How Private Wealth Is Changing the World.* New York: PublicAffairs, 2009.
Marc Benioff und Carlye Adler, *The Business of Changing the World: Twenty Great Leaders on Strategic Corporate Philanthropy.* New York: McGraw-Hill, 2006.

6 Muhammad Yunus, *Creating a World Without Poverty: Social Business and the Future of Capitalism.* New York: Public Affairs, 2007.
»Profile: Dr. Muhammad Yunus, *Bangladesh News,* 14. Oktober 2006.
Muhammad Yunus, *Banker to the Poor: The Autobiography of Muhammad Yunus.* Lake Havasu City, AZ: London Bridge, 2000.
»Introduction to Grameen Bank«, Grameen-info.org, 11. Februar 2010, www.grameeninfo.org/index.php?option=com–content&task=view&id=26&Itemid=175.
»›Banker to the Poor‹ Gives New York Woman a Boost«, Reuters, 23. April 2006.
Stefan Lovegren, »Nobel Peace Prize Goes to Micro-Loan Pioneers«, *National Geographic News,* 13. Oktober 2006.

7 Muhammad Yunus, *Creating a World Without Poverty: Social Business and the Future of Capitalism.* New York: PublicAffairs, 2007.

8 Sue Wheat, »Small Loans Empower«, grameen-info.org, www.grameen-info.org/dialogue/dialogue31/small loan.htm.
Sue Wheat, »The Future of Microfinance: Banking the Unbankable«, Bericht. London: Panos, 1997.

Beatriz Armendariz und Jonathan Morduch, *The Economics of Microfinance*. Cambridge, MA: MIT Press, 2007.
Jurriaan Kamp, Small Change: *How Fifty Dollars Can Change the World*. New York: Cosimo, 2006.
C.K. Prahalad, *The Fortune at the Bottom of the Pyramid: Eradicating Poverty Through Profits*. Upper Saddle River, NJ: Wharton School, 2006.
Alex Counts, *Small Loans, Big Dreams: How Nobel Prize Winner Muhammad Yunus and Microfinance Are Changing the World*. Hoboken, NJ: Wiley, 2008.
Suresh Sundaresan, Hrsg., *Microfinance: Emerging Trends and Challenges*. Cheltenham, UK: Edward Elgar, 2009.

9 Muhammad Yunus, *Creating a World Without Poverty: Social Business and the Future of Capitalism*. New York: PublicAffairs, 2007, S. 47–48.

10 Muhammad Yunus, *Creating a World Without Poverty: Social Business and the Future of Capitalism*. New York: PublicAffairs, 2007, S. 51.
Grameen Bank, offizielle Website: http://www.grameen.com/index.php?option=com–content&task=view&id=26&Itemid=175.

11 Douglas V. Gnazzo, »Money Part VIII: Fractional Reserve Lending«, 10. Mai 2006, www.321gold.com/editorials/gnazzo/gnazzo051906.html.
Joshua N. Feinman, Jana Deschler und Christoph Hinkelmann, »Reserve Requirements: History, Current Practice, and Potential Reform«, *Federal Reserve Bulletin*, 1. Juni 1993.
Frederic P. Miller, Agnes F. Vandome und John McBrewster, *Fractional Reserve Banking*. Beau Bassin, Mauritius: Alphascript, 2009.
Z. Nuri, »Fractional Reserve Banking as Economic Parasitism: A Scientific, Mathematical, and Historical Expose, Critique, and Manifesto«, 2008.
Board of Governors of the Federal Reserve System, »The History of Reserve Requirements in the United States«, *Federal Reserve Bulletin* 25, November 1938.
NY Fed, offizielle Website: http://www.newyorkfed.org/aboutthefed/fedpoint/fed45.html.

12 Federal Reserve, »Consumer Credit«. Washington, DC: Federal Reserve Statistical Release, 8. September 2008.
Mark Brinker, »Credit Card Debt Statistics«. Clinton Township, MI: Hoffman, Brinker and Roberts, August 2008.
Ben Woolsey und Matt Schulz, »Credit Card Industry Facts, Debt Statistics 2006–2008«, Creditcards.com, 2008, www.creditcards.com/credit-card-news/credit-card-industryfacts-personal-debt-statistics-1276.php.
Lucia F. Dunn und Taehyung Kim, »An Empirical Investigation of Credit Card Default«. Columbus: Wirtschaftsfaktultät, Ohio State University, August 1999.

Kapitel 10 – Bewusstsein und Handlung: Ein taktischer Ansatz

1 »I Am Awake«, www.sinc.sunysb.edu.

2 Pallab Chatterjee, »Short Product Life Cycles Demand Innovation Through Business Supply Chain Leader«
Fairborz Ghadar, »Shorter Product Life Cycles Dictate New Global Marketing Rules«.University Park: Pennsylvania State Smeal Center for Global Business Studies.
Robert G. Cooper, *Winning at New Products: Accelerating the Process from Idea to Launch*. New York: Basic Books, 2001.
Dave Brock, »Technology Companies Must Follow the Fashion Leaders!« Mission Viejo, CA: Partners in Excellence, 2008.
Clayton M. Christensen, *The Innovator's Dilemma: The Revolutionary Book That Will Change the Way You Do Business*. New York: Harper Paperbacks, 2010.
Art Bell, *The Quickening: Today's Trends, Tomorrow's World*. New Orleans: Paper Chase, 1998.
Martin Ford, *The Light's in the Tunnel: Accelerating Technology and the Economy of the Future*. CreateSpace, 2009.
Michael J. Mauboussim und Alexander Schay, »Innovations and Markets: How Innovation Affects the Investing Process«,

für Credit Suisse First Boston Corporation, 12. Dezember 2000.
F. G. Patterson Jr., »Life Cycles for System Acquisition«, George Mason University, Fairfax, VA.

3 Barry Leonard, »Developing the Mitigation Plan: Identifying Mitigation Actions and Implementing Strategies«, 31. Oktober 2003, http://www.eeri.org/mitigation/resourcelibrary/policy-and-community-planners/fema-localstate-guides/developing-the-mitigation-plan-identifying-mitigation-actions-and-implementing-strategies-fema-386-3.
Stephen S. Benham, *Actionable Strategies Through Integrated Performance, Process, Project, and Risk Management.* Norwood, MA: Artech House, 2008.
Tom Culhane, »Water Rights and Mitigation in Washington«, Seventh Washington Hydrogeology Symposium, Greater Tacoma Convention and Trade Center, Tacoma, WA, 28. April 2009.
Jody Freeman und Charles Kolstad, Hrsg., *Moving to Markets in Environmental Regulation: Lessons from Twenty Years of Experience.* New York: Oxford University Press, 2006.
Norris Hundley, *The Great Thirst.* Berkeley and Los Angeles: University of California Press, 2001.
Michael Collier und Robert H. Webb, *Floods, Droughts, and Climate Change.* Tucson: University of Arizona Press, 2002.
Steven Solomon, *Water: The Epic Struggle for Wealth, Power, and Civilization.* New York: HarperCollins, 2010.

4 Atul Gawande, *The Checklist Manifesto: How to Get Things Right.* New York: Metropolitan Books, 2009.
Philip K. Howard, »Problems with Protocols«, *Wall Street Journal,* 21. Januar 2010.

5 Atul Gawande, *The Checklist Manifesto: How to Get Things Right.* New York: Metropolitan Books, 2009.

6 Howard Zinn, *A People's History of the United States, 1492–Present.* New York: HarperPerennial, 2005.
David M. Kennedy, *The American People in World War II.* New York: Oxford University Press, 1999.
Tom Brokaw, *The Greatest Generation.* New York: Dell, 1998.
Tom Brokaw, *An Album of Memories: Personal Histories from the Greatest Generation.* New York: Random House, 2002.
James L. Stokesbury, »World War II,« World Book Advanced. *World Book,* 2010. Web. 16. Juli 2010.
»Brief History of World War Two Advertising Campaigns War Loans and Bonds,« Bibliothek der Duke University, Digitale Sammlungen, http://library.duke.edu/digitalcollections/adaccess/warbonds.html.

7 Michael Gurau, »In Baseball and Venture Capital, Success Is Batting .300«, *New Hampshire Business Review,* 25. September 2007.
Interviews mit David Prend, Geschäftsinhaber, Rockport Capital Partners, Palo Alto, CA, 2008–2009.
Tommi Rasila, »In Search of the Optimal Venture-to-Capital (V2C) Business Model«. Tampere, Finnland: Tampere University of Technology.
John R. M. Hand, *Determinants of the Returns to Venture Capitalists.* Chapel Hill, NC: 5. Januar 2004.
Thomas Reuters, *2009 Venture Capital Yearbook.* Arlington, VA: National Venture Capital Association, 2009.
Geoffrey H. Smart, *What Makes a Successful Venture Capitalist?* Chicago: Ignite Group, 2000.
Fred Wilson, »Why Early-Stage Venture Investments Fail,« unionsquareventures.com, 30. November 2007, http://unionsquareventures.com/2007/11/why-early-stage.php.
Gavin C. Reid, *Risk Appraisal and Venture Capital in High Technology New Ventures.* New York: Routledge, 2007.
Michael Carusi und Prayeen Gupta, *The Ways of the VC.* Boston: Aspatore Books, 2003.
Inside CRM Editors, »Failures–Exposed, Reflected upon, Considered: The 20 Worst Venture Capital Investments of All Time«, fail92fail.wordpress.com, 8. November 2008, http://fail92fail.wordpress.com/2008/11/08/the-20-worst-venture-capitalinvestments-of-all-time.

Ruthann Quindlen, *Confessions of a Venture Capitalist: Inside the High-Stakes World of Start-Up Financing*. New York: Warner Books, 2001.
Verschiedene Autoren, *Green Venture Capital: Leading VCs on Analyzing Greentech Market Opportunities, Evaluating Investment Potenzial and Risks and Predicting the Future for Green Investing*. Boston: Aspatore Books, 2009.

8 Nick Nuttall, »Overfishing: A Threat to Marine Biodiversity«, www.un.org/events/tenstories/06/story.asp?storyID=800.
Andrew Rosenberg, »Overfishing«, *Science and Technology*, 30. Juli 2003.
Peter Weber, »Oceans in Peril (Overfishing and Other Problems)«, *Earth Action Network*, 28. Juli 2005.
Carl Safina, »Where Have All the Fishes Gone?« *Science and Technology*, 28. Juli 2005.
»Overfishing«, www.greenpeace.org.
R. Kunzig, »Twilight of the Cod«, *Discover Magazine*, April 1995.
James Owen, »Overfishing Is Emptying World's Rivers, Lakes, Experts Warn«, *National Geographic News*, 1. Dezember 2005.
»Only 50 Years Left for Sea Fish«, BBC News, 2. November 2006.
»Peruvian Anchovy Case: Anchovy Depletion and Trade«, www.american.edu/TED/anchovy.htm.
Charles Clover, *End of the Line: How Overfishing Is Changing the World and What We Eat*. London: Ebury Press, 2004.
Suzanne Iudicello, Nuchael L. Weber und Robert Wieland, *Fish, Markets, and Fishermen: The Economics of Overfishing*. Washington, DC: Island Press, 1999.
Richard Ellis, *The Empty Ocean*. Washington, DC: Island Press, 2003.

9 »Overfishing«, www.greenpeace.org.

10 Center for American Progress, offizielle Website, Iraq War Timeline: http://thinkprogress.org/iraq-timeline/.
US-Außenministerium, offizielle Website: http://history.state.gov/departmenthistory/people/powell-colin-luther.
UN News Center, »Powell presents US case to Security Council of Iraq's failure to disarm«, 5. Februar 2003. Offizielle Website: http://www.un.org/apps/news/story.asp?NewsID=6079&Cr=iraq&Cr1=inspect.

11 Interview mit Charles Townes, University of California, Berkeley, Berkeley, 2009.
Charles H. Townes, *How the Laser Happened*. New York: Oxford University Press, 1999.
United States President's Science Advisory Committee Records, 1957–1961, www.aip.org/history/nbl/icos.html.
Richard L. Garwin, »Presidential Science Advising«. Cambridge, MA: Harvard University, Kennedy School of Government. Vorgelegt zur Publikation in Technology and Society, 5. September 1979).
Richard Garwin, »How the Mighty Have Fallen«, *Nature*, 4. Oktober 2007.
William T. Golden, *Science Advice to the President*. Oxford: Pergamon, 1994.
David Dickson, *The New Politics of Science*. Chicago: University of Chicago Press, 1984.
Daniel S. Greenberg, John Maddox und Steve Shapin, *The Politics of Pure Science*. Chicago: University of Chicago Press, 1999.
William T. Golden, *Science and Technology Advice to the President, Congress, and Judiciary*. Piscataway, NJ: Transaction, 1994.
Heather Douglas, *Science, Policy, and the Value-Free Ideal*. Pittsburgh: University of Pittsburgh Press, 2009.
M. Granger Morgan und John Peha, *Science and Technology Advice for Congress*. Washington, DC: RFF Press, 2003.
Benjamin P. Greene, Eisenhower, *Science Advice, and the Nuclear Test-Ban Debate 1945–1963*. Palo Alto, CA: Stanford University Press, 2006.

Kapitel 11 – Wie sich die Kluft überbrücken lässt: Die Entwicklung eines leistungsfähigeren Gehirns

1 Barry L. Beyerstein »Do We Really Use Only 10 Percent of Our Brains?« *Scientific American*, 8.März 2004.

Sergio Della Sala, *Mind Myths: Exploring Popular Assumptions About the Mind and Brain.* Chichester, UK: Wiley, 1999.
Barry L. Beyerstein, *The Skeptical Inquirer,* www.csicop.org/author/barrylbeyerstein.
Daniel Druckman und John A. Swets, *Enhancing Human Performance: Issues, Theories, and Techniques.* Washington, DC: National Academy Press, 1988.
Shawn Smith, »Do We Really Only Use 10% of Our Brains?« ironshrink.com, 16. April 2007, www.ironshrink.com/articles.php?artID=070416–ten–percent–of–-my–brain.
William James, *On Vital Reserves: The Energies of Men, the Gospel of Relaxation.* New York: Henry Holt, 1922.

2 Alvaro Fernandez, »Cognitive Training and Brain Fitness Computer Programs: Interview with Dr. Elkhonon Goldberg«, *Scientific American,* 8. Dezember 2006.
Elkhonon Goldberg, *The Executive Brain: Frontal Lobes and the Civilized Mind.* New York: Oxford University Press, 2001.

3 Telefoninterview mit Lisa Schoonerman, 2008.
Interview mit Dr. Michael Merzenich,University of California Medical Center, Keck Center, San Francisco, 2009.
Kelly Greene, »The Latest in Mental Health: Working Out at the ›Brain Gym‹«, *Wall Street Journal, 28.* März 2009.
Gordy Slack »Brains of Steel«, *San Francisco Magazine,* März 2009.
Kathleen Phalen Tomaselli, »Steps to a Nimble Mind: Physical and Mental Exercise Help Keep the Brain Fit«, amednews.com, November 11, 2008, www.ama-assn.org/amednews/2008/11/17/hlsa1117.htm.
Alvaro Fernandez and Elkhonon Goldberg, *The SharpBrains Guide to Brain Fitness: 18 Interviews with Scientists, Practical Advice, and Product Reviews to Keep Your Brain Sharp.* San Francisco, CA: SharpBrains, 2009.

4 Kelly Greene, »The Latest in Mental Health: Working Out at the ›Brain Gym‹«, *Wall Street Journal,* 28. März 2009.

5 Interview mit Dr. Michael Merzenich, University of California Medical Center, Keck Center, San Francisco, 2009.
Gordy Slack, »Brains of Steel«, *San Francisco Magazine,* März 2009.
Michael Merzenich, *Studies on Functional Outcomes of Brain Fitness.* San Francisco: PositScience, 2009.
Vortrag von Michael Merzenich an der Oregon State University, Corvallis, 1. Mai 2009.
Michael Merzenich, *Brain Speed Test Results.* San Francisco: PositScience, 2009.
Katherine Ellison, »Video Games vs. the Aging Brain«, *Discover Magazine,* 21. Mai 2007.
Kaspar Mossman, »Brain Trainers: A Workout for the Mind«, *Scientific American,* April 2009.
Simon J. Evans und Paul R. Burghardt, *BrainFit for Life: A User's Guide to Life-Long Brain Health and Fitness.* Milan, MI: River Pointe, 2008.

6 Interview mit Dr. Michael Merzenich, University of California Medical Center, Keck Center, San Francisco, 2009.

7 Gordy Slack, »Brains of Steel«, *San Francisco Magazine,* März 2009.

8 Michael Merzenich, *Studies on Functional Outcomes of Brain Fitness.* San Francisco: PositScience, 2009.
Michael Merzenich, Kommentar zu »An Insight for Successful Aging«, *On the Brain,* 25. April 2008, http://merzenich.positscience.com/?p=152.
Kathleen Phalen Tomaselli, »Steps to a Nimble Mind: Physical and Mental Exercise Help Keep the Brain Fit«, amednews.com, 11. November 2008, www.ama-assn.org/amednews/2008/11/17/hlsa1117.htm.

9 National Institute on Aging, comp., »The Changing Brain in Health and Aging: ACTIVE Study May Provide Clues to Help Older Adults Stay Mentally Sharp«, 27. Oktober 2009, www.nia.nih.gov/Alzheimers/Publications/Unraveling/Part1/changing.htm.
Michael Merzenich, Kommentar zu »An Insight for Successful Aging«, *On the Brain,* 25. April 2008, http://merzenich.positscience.com/?p=152.

Karlene Ball, »Speed Training with Older Adults: Who Benefits, for How Long, and in What Ways?«, Symposium des National Institute on Aging zum Thema Kognitives Training für ältere Erwachsene, Bethesda, MD, 29. Februar 2004.

Michael Marsiske, »Considering the Transfer Question in Cognitive Interventions: Three Studies and Conceptual Considerations«, Symposium des National Institute on Aging zum Thema Kognitives Training für ältere Erwachsene, Bethesda, MD, 29. Februar 2004.

Sherry Willis, »Cognitive Training on Reason Ability Within a Longitudinal Context«, Symposium des National Institute on Aging zum Thema Kognitives Training für ältere Erwachsene, Bethesda, MD, 29. Februar 2004.

George Rebok, »Training Memory Abilities in Older Adults: In Search of Model Methods«, Symposium des National Institute on Aging zum Thema Kognitives Training für ältere Erwachsene, Bethesda, MD, 29. Februar 2004.

John Dunlosky, »Training Metacognitive Skills to Enhance Learning«, Symposium des National Institute on Aging zum Thema Kognitives Training für ältere Erwachsene, Bethesda, MD, 29. Februar 2004.

Wendy Rogers, »Training a System Mental Representation: Understanding Transfer of Training in the Context of Enhanced Activities of Daily Living«, Symposium des National Institute on Aging zum Thema Kognitives Training für ältere Erwachsene, Bethesda, MD, 29. Februar 2004.

Sara Czaja, »Training and the Acquisition of Real World Functional Tasks«, Symposium des National Institute on Aging zum Thema Kognitives Training für ältere Erwachsene, Bethesda, MD, 29. Februar 2004.

Kathleen Phalen Tomaselli, »Steps to a Nimble Mind: Physical and Mental Exercise Help Keep the Brain Fit«, amednews.com, 11. November 2008, www.ama-assn.org/amednews/2008/11/17/hlsa1117.htm.

Daniel Druckman und John A. Swets, *Enhancing Human Performance: Issues, Theories, and Techniques.* Washington, DC: National Academy Press, 1988.

Alvaro Fernandez, »Cognitive Training and Brain Fitness Computer Programs: Interview mit Dr. Elkhonon Goldberg«, *Scientific American,* 8. Dezember 2006.

National Institute on Aging, comp., »The Changing Brain in Health and Aging: ACTIVE Study May Provide Clues to Help Older Adults Stay Mentally Sharp«, 27. Oktober 2009, www.nia.nih.gov/Alzheimers/Publications/Unraveling/Part1/changing.htm.

Jake Dunagan, »Pumping Up the Brain: Reflections on the SharpBrains Virtual Summit«, *Scientific American,* 9. Februar 2010.

Lawrence J. Whalley, *The Aging Brain.* New York: Columbia University Press, 2003.

Patrick R. Hop und Charles V. Mobbs, *Functional Neurobiology of Aging.* San Diego: Academic Press, 2000.

William Jagust und Mark D'Esposito, *Imaging the Aging Brain.* New York: Oxford University Press, 2009.

10 Kelly Greene, »The Latest in Mental Health: Working Out at the ›Brain Gym‹«, *Wall Street Journal,* 28. März 2009.

Richard Restak, *The New Brain: How the Modern Age Is Rewiring Your Mind.* Emmaus, PA: Rodale, 2004.

National Institute on Aging, comp., »The Changing Brain in Health and Aging: ACTIVE Study May Provide Clues to Help Older Adults Stay Mentally Sharp«, 27. Oktober 2009, www.nia.nih.gov/Alzheimers/Publications/Unraveling/Part1/changing.htm.

Michael Merzenich, *Studies on Functional Outcomes of Brain Fitness.* San Francisco: PositScience, 2009.

Michael Merzenich, Kommentar zu »An Insight for Successful Aging«, *On the Brain,* 25. April 2008, http://merzenich.positscience.com/?p=152.

Vortrag von Michael Merzenich an der Oregon State University, Corvallis, 1. Mai 2009.

11 Michael Merzenich, *On the Brain: About Brain Plasticity.* San Francisco: PositScience, 16. April, 2008.
Michael Merzenich, »On Rewiring the Brain«, Vortrag auf der TED-Konferenz, Monterey, CA, 26. Februar 2004.
Erin Clifford, »Neural Plasticity: Merzenich, Taub, and Grenough«, *The Harvard Brain* 6(1), 1999.
J. E. Black und W. T. Grenough, *Neurobiology of Learning and Memory.* San Diego: Academic Press, 1998.
D. V. Buonomano und Michael Merzenich, »Cortical Plasticity: From Synapses to Maps«, *Annual Review of Neuroscience* 21. März 1998.
M. Merzenich, J. H. Kaas, J. Wall, R. J. Nelson, M. Sur und D. Felleman, »Topographic Reorganization of Somasensory Cortical Areas 3b and I in Adult Monkeys Following Restricted Deafferentation«, *Neuroscience* 8(1), Januar 1983.
J. P. Raushecker, »Compensatory Plasticity and Sensory Substitution in the Cerebral Cortex«, *Trends in Neuroscience* 18(1), 1995.
G. H. Recanzone, C. E. Schreiner und Michael Merzenich, »Plasticity in the Frequency Representation of Primary Auditory Cortex Following Training in Adult Owl Monkeys«, *Journal of Neuroscience* 13(1), 1993.
»Harnessing the Brain's Plasticity Key to Treating Neurological Damage«, *Science Daily,* 27. Februar 2007.
Ginger Campbell, »Michael Merzenich on Neuroplasticity«, Brain Science podcast, Episode 54, 13. Februar 2009.
Wotjek Chodzko-Zajko, Arthur Kramer und Leonard Poon, Hrsg., *Enhancing Cognitive Functioning and Brain Plasticity.* Champaign, IL: Human Kinetics, 2009.
Brian Kolb, *Brain Plasticity and Behavior.* Philadelphia: Psychology Press, 1995.
Guido Filogamo, Antonia Vernadakis, Fulvia Gremo und Alain M. Privat, *Brain Plasticity: Development and Aging.* New York: Plenum Press, 1997.
Kathleen Phalen Tomaselli, »Steps to a Nimble Mind: Physical and Mental Exercise Help Keep the Brain Fit«, amednews.com, 11. November 2008, www.ama-assn.org/amednews/2008/11/17/hlsa1117.htm.
Barbara Strauch, »How to Train the Aging Brain«, *New York Times,* 29. Dezember 2009.
Norman Doidge, *The Brain That Changes Itself: Stories of Personal Triumph from the Frontiers of Brain Science.* New York: Penguin, 2007.

12 Vortrag von Michael Merzenich an der Oregon State University, Corvallis, 1. Mai 2009.

13 Gordy Slack, »Brains of Steel«, *San Francisco Magazine,* März 2009.

14 Gordy Slack »Brains of Steel«, *San Francisco Magazine,* März 2009.

15 J. Kounios, J. L. Frymiare, E. M. Bowden, J. I. Fleck, K. Subramaniam, T. B. Parnish und M. Jung-Beeman, »The Prepared Mind: Neural Activity Prior to Problem Presentation Predicts Subsequent Solution by Sudden Insight«, *Psychological Sciences* 17(10), 2006.

16 Vortrag von Michael Merzenich an der Oregon State University, Corvallis, 1.Mai 2009.
Interview mit Dr. Michael Merzenich, University of California Medical Center, Keck Center, San Francisco, 2009.
Michael Merzenich, *Studies on Functional Outcomes of Brain Fitness.* San Francisco: PositScience, 2009.
Ginger Campbell, »Michael Merzenich on Neuroplasticity«, Brain Science podcast, Episode 54, 13. Februar 2009.
Michael Merzenich, »On Rewiring the Brain«, Vortrag auf der TED-Konferenz, Monterey, CA, 26. Februar 2004).
Verschiedene Fallstudien, Scientific Learning Corporation, www.scilearn.com.
»Cumberland County School District See ›Amazing Results‹ for All Types of Students Using Fast Forward Software«, Scientific Learning Corporation, www.scilearn.com/alldocs/mktg/10214CumberlandCS.pdf.

Judy Willis, *Research-Based Strategies to Ignite Student Learning: Insights from a Neurologist and Classroom Teacher.* Alexandria, VA: Association for Supervision and Curriculum Development, 30. August 2006.
Antonio M. Bahiro, Kurt W. Fischer, and Pierre J. Léna, *The Educated Brain: Essays in Neuroeducation.* New York: Cambridge University Press, 2008.
M. Layne Kalbfleisch, »Getting to the Heart of the Brain: Using Cognitive Neuroscience to Explore the Nature of Human Ability and Performance«, *Roeper Review,* 2. Dezember 2008.
John Geake, *The Brain at School: Educational Neuroscience in the Classroom.* Maidenhead, UK: Open University Press, 2009.

17 Vortrag von Michael Merzenich an der Oregon State University, Corvallis, 1. Mai 2009.
Interview mit Dr. Michael Merzenich, University of California Medical Center, Keck Center, San Francisco, 2009.
Mary Ann Petrillo, »Jackson County (MS) School District Selected as National Reference Site«, Pressemitteilung der Scientific Learning Corporation, 2. Februar 2007, http://www.scilearn.com/company/news/news-releases/20070208.php.

18 Kalina Christoff, Alan Gordon und Rachelle Smith, »The Role of Spontaneous Thought in Human Cognition«, in *Neuroscience of Decision Making,* Oshin Vartanian and David R. Mandel, Hrsg. New York: Psychology Press, o. D.
A. M. Achim, M. Bertrand, A. Montoya, A. K. Malla und M. Lepage, »Medial Temporal Lobe Activations During Associative Memory Encoding for Arbitrary and Semantically Related Object Pairs«, *Brain Research* 1161(3), August 2007.
N. C. Andreasen, D. S. O'Leary, T. Cizadlo, S. Arnot, K. Rezai, G. L. Watkins, L. L. Ponto und R. D. Hichwa, »Remembering the Past: Two Facets of Episodic Memory Explored with Positron Emission Tomography«, *American Journal of Psychiatry* 152(11), 1995.

19 Hemai Parthasarathy, »Imagining the Brain: Solving Problems Through Insight«, *PLoS Biology* 1(4), 13. April 2004.
E. M. Bowden, M. Jung-Beeman, J. Fleck und J. Jounios, »New Approaches to Demystifying Insight«, *Trends in Cognitive Sciences* 9(7), 2005.
Dianna Amorde und Christine Frank, *Aha! Moments: When Intellect and Intuition Collide.* Boston: Inspired Press, 2009.
A. J. K. Pols, »Insight in Problem Solving«, http://www.phil.uu.nl/preprints/ckiscripties/SCRIPTIES/018–pols.pdf.
Jing Luo und Guenther Knoblich, »Studying Insight Problem Solving with Neuroscientific Methods«, *ScienceDirect,* 7. Dezember 2006.
Jonah Lehrer, »The Eureka Hunt«, *New Yorker,* 28. Juli 2008.
»Brain Activity Differs for Creative and Noncreative Thinkers«, *Science Daily,* 29. Oktober 2007.
»Neural Basis of Solving Problems with Insight«, *PLoS Biology* 2(4), 2004.
David Rock und Jeffrey Schwartz, »The Neuroscience of Leadership«, *Strategy + Business* 43, 2006.
Jeffrey Schwartz und Sharon Begley, *The Mind and the Brain: Neuroplasticity and the Power of Mental Force.* New York: ReganBooks, 2002.
Jeffrey Schwartz, Henry P. Stapp und Mario Beauregard, »Quantum Physics in Neuroscience and Psychology: A Neurophysical Model of the Mind-Brain Interaction«, *Protokolle der Royal Society B: Biological Sciences* 360(1458), 29. Juni 2005.
Kalina Christoff, Justin M. Ream und John D. E. Gabieli, »Neural Basis of Spontaneous Thought Processes«, *Cortex* 40(4), 2004.
J. Kounios, J. L. Frymiare, E. M. Bowden, J. I. Fleck, K. Subramaniam, T. B. Parnish und M. Jung-Beeman, »The Prepared Mind: Neural Activity Prior to Problem Presentation Predicts Subsequent Solution by Sudden Insight«, *Psychological Sciences* 17(10), 2006.

A. Dijksterhuis, »A Theory of Unconscious Thought«, *Perspectives on Psychological Science* 1(2), 2006.
Jennifer Dorfman, Victor A. Shames und John F. Kihlstrom, »Intuition, Incubation, and Insight: Implicit Cognition in Problem Solving«, in *Implicit Cognition*, Geoffrey Underwood, Hrsg. New York: Oxford University Press, 1996.
Jonathan W. Schooler und Joseph Melcher, »The Ineffability of Insight,« in *The Creative Cognition Approach*, Hrsg. Steven M. Smith, Thomas B. Ward und Ronald A. Fink. Cambridge, MA: MIT Press, 1995.
John Kounios, Jessica I. Fleck, Deborah L. Green, Lisa Payne, Jennifer L. Stevenson, Edward M. Bowden, und Mark Jung-Beeman, »The Origins of Insight in Resting-State Brain Activity«. Philadelphia: Department of Psychology, Drexel University, 18. Juli 2007.
Yun Chu, *Human Insight Problem Solving: Performance, Processing, and Phenomenology*. Saarbrücken: VDM Verlag, 2009.
Martin Gardner, *Aha! Insight*. New York: Freeman, 1978.
Robert J. Sternberg und Janet E. Davidson, *The Nature of Insight*. Cambridge, MA: MIT Press, 1995.
Robert J. Sternberg und Talia Ben-Zeev, *Complexity Cognition: The Psychology of Human Thought*. New York: Oxford University Press, 2001.
P. I. Ansburg, *Current Psychology*, 2000.
P. I. Ansburg und R. L. Dominowski, *Journal of Creative Behavior*, 2000.
Baker-Sennett und S. J. Ceci, *Journal of Creative Behavior*, 1996.
E. M. Bowden und M. J. Beeman, *Psychological Science*, 1998.
E. P. Chronicle, Y. C. Omerod und J. N. MacGregor, *Quarterly Journal of Experimental Psychology Section A* – Human Experimental Psychology, 2001.
Robert J. Sternberg und Janet E. Davidson, *The Nature of Insight*. Cambridge, MA: MIT Press, 1995.
C. A. Kaplan und H. A. Simon, »In Search of Insight«, *Cognitive Psychology* 22(3), Juli 1990.
G. Knoblich, S. Ohlsson, H. Haider und D. Rhebius, *Journal of Experimental Psychology: Learning, Memory, and Cognition*, 1999.
R. S. Lockhart, M. Lamon und M. L. Gick, *Memory and Cognition*, 1988.
N. R. F. Maier, »Reasoning in Humans II: The Solution of a Problem and Its Appearance in Consciousness«, *Journal of Comparative Psychology* 13, 1931.
Richard E. Mayer, *Thinking, Problem Solving, and Cognition*. New York: Freeman, 1992.
J. Metcalfe, *Journal of Experimental Psychology: Learning, Memory, and Cognition*, 1986.
J. Metcalfe und D. Wiebe, *Memory and Cognition*, 1987.
N. Mori, *Japanese Psychological Research*, 1996.
A. Del Cul, S. Baillet und S. Dehaene, *PLoS Biology*, 2007.
P. Haggard und B. Libel, *Journal of Consciousness Studies*, 2001.
Sandkuhler S. Bhattacharya, »Deconstructing Insight: EEG Correlates of Insightful Problem Solving«, *PLoS ONE* 3(1), 2008.
Jonathan W. Schooler und Joseph Melcher, »The Ineffability of Insight«, Arbeitspapier, präsentiert beim Jahrestreffen der Psychonomic Society, Washington, DC, 1993.
R. S. Siegler, »Unconscious Insights«, *Current Directions in Psychological Science* 9(3), 2000.
R. W. Smith und J. Kounios, »Sudden Insight«, *Journal of Experimental Psychology: Learning, Memory, and Cognition* 22(6), 1996.
R. W. Weisberg, *Journal of Experimental Psychology: Learning, Memory, and Cognition*, 1992.
M. J. Beeman und E. M. Bowden, *Memory and Cognition*, 2000.
E. M. Bowden und M. J. Beeman, *Psychological Science*, 1998.
E. M. Bowden und M. Jung-Beeman, »Aha! Insight Experience Correlates with Solution Activation in the Right Hemisphere«, *Psychonomic Bulletin and Review* 10(3), 2003.

E.M. Bowden, M. Jung-Beeman, J. Fleck und J. Jounios, »New Approaches to Demystifying Insight«, *Trends in Cognitive Sciences* 9(7), 2005.
Nancy C. Andreasen, *The Creating Brain: The Neuroscience of Genius*. Washington, DC: Dana Press, 2005.
E. Angelakis, J.F. Lubar, S. Stathopoulou und J. Kounios, »Peak Alpha Frequency: An Electroencephalographic Measure of Cognitive Preparedness«, *Clinical Neurophysiology* 115(4), 2004.
M. Jung-Beeman, E.M. Bowden, J. Haberman, J.L. Frymiare, S. Arambel-Liu und R. Greenblatt, »Neural Activity When People Solve Problems with Insight«, *PLoS Biology*, 2004.
J. Kounios, A.M. Osman und D.E. Meyer, »Structure and Process in Semantic Memory: New Evidence Based on Speed-Accuracy Decomposition«, *Journal of Experimental Psychology* 90(1–3), 1987.
S. Lang, N. Kanngieger, P. Jaskowski, H. Haider, M. Rose und R. Verleger, »Precursors of Insight in Event-Related Brain Potentials,« *Journal of Cognitive Neuroscience* 18(12), 2006.
A. Newell und H.A. Simon, *Human Problem Solving*. Englewood Cliffs, NJ: Prentice Hall, 1972.
K. Christoff und J.D.E. Gabrieli, »The Frontopolar Cortex and Human Cognition«, *Psychobiology* 28(2), 2000.
Geoffrey Underwood, Hrsg., *Implicit Cognition*. New York: Oxford University Press, 1996.
Z. Chen und Daehler, »External and Internal Instantiation of Abstract Information Facilitates Transfer in Insight Problem Solving«, *Contemporary Educational Psychology* 25(4), 2000.
T.C. Kershaw und S. Ohlsson, »Training for Insight: The Case of the Nine-Dot Problem«, Arbeitspapier, präsentiert auf der 23. Jahrestagung der Cognitive Science Society, Edinburgh, Scotland, 1.–4. August 2001.
M. Weith und B.D. Burns, »Motivation in Insight Versus Incremental Problem Solving«, Arbeitspapier, präsentiert beim 22. Treffen der Cognitive Science Society, University of Pennsylvania, Philadelphia, PA, 13.–15. August 2000.

20 Karuna Subramaniam, John Kounios, B. Todd und Mark Jung-Beeman »A Brain Mechanism for Facilitation of Insight by Positive Affect«, *Journal of Cognitive Neuroscience* 21(3), 2009.

21 J. Kounios, J.L. Frymiare, E.M. Bowden, J.I. Fleck, K. Subramaniam, T.B. Parnish und M. Jung-Beeman, »The Prepared Mind: Neural Activity Prior to Problem Presentation Predicts Subsequent Solution by Sudden Insight«, *Psychological Sciences* 17(10), 2006.
A.J.K. Pols, »Insight in Problem Solving«, http://www.phil.uu.nl/preprints/ckiscripties/SCRIPTIES/018–pols.pdf.
Jing Luo und Guenther Knoblich, »Studying Insight Problem Solving with Neuroscientific Methods«, *ScienceDirect*, 7. Dezember 2006.

22 J. Kounios, J.L. Frymiare, E.M. Bowden, J.I. Fleck, K. Subramaniam, T.B. Parnish und M. Jung-Beeman, »The Prepared Mind: Neural Activity Prior to Problem Presentation Predicts Subsequent Solution by Sudden Insight«, *Psychological Sciences* 17(10), 2006.
G. Dreisbach und T. Goschke, »How PA Modulates Cognitive Control: Reduced Perseveration at the Cost of Increased Distractability«, *Journal of Experimental Psychology: Learning, Memory, and Cognition* 30(2), 2004.
Karuna Subramaniam, John Kounios, B. Todd und Mark Jung-Beeman, »A Brain Mechanism for Facilitation of Insight by Positive Affect«, *Journal of Cognitive Neuroscience* 21(3), 2009.
Kalina Christoff, Alan Gordon und Rachelle Smith, »The Role of Spontaneous Thought in Human Cognition«, in *Neuroscience of Decision Making*, Hrsg. Oshin Vartanian und David R. Mandel. New York: Psychology Press, o.D.
John Kounios, Jessica I. Fleck, Deborah L. Green, Lisa Payne, Jennifer L. Stevenson, Edward M. Bowden, und Mark Jung-Beeman, »The Origins of Insight in Resting-

State Brain Activity«. Philadelphia: Department of Psychology, Drexel University, 18. Juli 2007.
Hemai Parthasarathy, »Imagining the Brain: Solving Problems Through Insight«, *PLoS Biology*, 13. April 2004.
E.M. Bowden, M. Jung-Beeman, J. Fleck und J. Jounios, »New Approaches to Demystifying Insight«, *Trends in Cognitive Sciences* 9(7), 2005.
Dianna Amorde und Christine Frank, *Aha! Moments: When Intellect and Intuition Collide*. Boston: Inspired Press, 2009.
A.J.K. Pols, »Insight in Problem Solving«, http://www.phil.uu.nl/preprints/ckiscripties/SCRIPTIES/018–pols.pdf.
Jing Luo und Guenther Knoblich, »Studying Insight Problem Solving with Neuroscientific Methods«, *ScienceDirect*, 7. Dezember 2006.
Jonah Lehrer, »The Eureka Hunt«, *New Yorker*, 28. Juli 2008.
»Brain Activity Differs for Creative and Noncreative Thinkers«, *Science Daily*, 29. Oktober 2007.
»Neural Basis of Solving Problems with Insight«, *PLoS Biology* 2(4), 2004.
David Rock und Jeffrey Schwartz, »The Neuroscience of Leadership,« *Strategy + Business* 43, 2006.
Jeffrey Schwartz und Sharon Begley, *The Mind and the Brain: Neuroplasticity and the Power of Mental Force*. New York: ReganBooks, 2002.
Jeffrey Schwartz, Henry P. Stapp und Mario Beauregard, »Quantum Physics in Neuroscience and Psychology: A Neurophysical Model of the Mind-Brain Interaction«, *Protokolle der Royal Society B: Biological Sciences* 360(1458), 29. Juni 2005.
Kalina Christoff, Justin M. Ream und John D.E. Gabieli, »Neural Basis of Spontaneous Thought Processes«, *Cortex* 40(4), 2004.
A. Dijksterhuis, »A Theory of Unconscious Thought«, *Perspectives on Psychological Science* 1(2), 2006.
Jennifer Dorfman, Victor A. Shames und John F. Kihlstrom, »Intuition, Incubation, and Insight: Implicit Cognition in Problem Solving«, in *Implicit Cognition*, Geoffrey Underwood, Hrsg. New York: Oxford University Press, 1996.
Jonathan W. Schooler und Joseph Melcher, »The Ineffability of Insight«, in *The Creative Cognition Approach*, Steven M. Smith, Thomas B. Ward und Ronald A. Fink, Hrsg. Cambridge, MA: MIT Press, 1995.
Yun Chu, *Human Insight Problem Solving: Performance, Processing, and Phenomenology*. Saarbrücken, Germany: VDM Verlag, 2009.
Martin Gardner, *Aha! Insight*. New York: Freeman, 1978.
Robert J. Sternberg und Janet E. Davidson, *The Nature of Insight*. Cambridge, MA: MIT Press, 1995.
Robert J. Sternberg und Talia Ben-Zeev, *Complexity Cognition: The Psychology of Human Thought*. New York: Oxford University Press, 2001.
P.I. Ansburg, *Current Psychology*, 2000.
P.I. Ansburg und R.L. Dominowski, *Journal of Creative Behavior*, 2000.
Baker-Sennett und S.J. Ceci, *Journal of Creative Behavior*, 1996.
E.M. Bowden und M.J. Beeman, *Psychological Science*, 1998.
E.P. Chronicle, Y.C. Omerod und J.N. MacGregor, *Quarterly Journal of Experimental Psychology Section A – Human Experimental Psychology*, 2001.
Robert J. Sternberg und Janet E. Davidson, *The Nature of Insight*. Cambridge, MA: MIT Press, 1995.
C.A. Kaplan und H.A. Simon, »In Search of Insight«, *Cognitive Psychology* 22(3), Juli 1990.
G. Knoblich, S. Ohlsson, H. Haider und D. Rhebius, *Journal of Experimental Psychology: Learning, Memory, and Cognition*, 1999.
R.S. Lockhart, M. Lamon und M.L. Gick, *Memory and Cognition*, 1988.
N.R.F. Maier, »Reasoning in Humans II: The Solution of a Problem and Its Appearance in Consciousness«, *Journal of Comparative Psychology* 13, 1931.
Richard E. Mayer, *Thinking, Problem Solving, and Cognition*. New York: Freeman, 1992.

J. Metcalfe, *Journal of Experimental Psychology: Learning, Memory, and Cognition*, 1986.
J. Metcalfe und D. Wiebe, *Memory and Cognition*, 1987.
N. Mori, *Japanese Psychological Research*, 1996.
P. Haggard und B. Libel, *Journal of Consciousness Studies*, 2001.
Sandkuhler S. Bhattacharya, »Deconstructing Insight: EEG Correlates of Insightful Problem Solving«, *PLoS ONE* 3(1), 2008.
Jonathan W. Schooler und Joseph Melcher, »The Ineffability of Insight«, Arbeitspapier, präsentiert beim Jahrestreffen der Psychonomic Society, Washington, DC, 1993.
R.S. Siegler, »Unconscious Insights«, *Current Directions in Psychological Science* 9(3), 2000.
R.W. Smith und J. Kounios, »Sudden Insight«, *Journal of Experimental Psychology: Learning, Memory, and Cognition* 22(6), 1996.
R.W. Weisberg, *Journal of Experimental Psychology: Learning, Memory, and Cognition*, 1992.
M.J. Beeman und E.M. Bowden, *Memory and Cognition*, 2000.
E.M. Bowden und M.J. Beeman, *Psychological Science*, 1998.
E.M. Bowden und M. Jung-Beeman, »Aha! Insight Experience Correlates with Solution Activation in the Right Hemisphere«, *Psychonomic Bulletin and Review* 10(3), 2003.
E.M. Bowden, M. Jung-Beeman, J. Fleck und J. Jounios, »New Approaches to Demystifying Insight«, *Trends in Cognitive Sciences* 9(7), 2005.
Nancy C. Andreasen, *The Creating Brain: The Neuroscience of Genius*. Washington, DC: Dana Press, 2005.
E. Angelakis, J.F. Lubar, S. Stathopoulou und J. Kounios, »Peak Alpha Frequency: An Electroencephalographic Measure of Cognitive Preparedness«, *Clinical Neurophysiology* 115(4), 2004.
M. Jung-Beeman, E.M. Bowden, J. Haberman, J.L. Frymiare, S. Arambel-Liu und R. Greenblatt, »Neural Activity When People Solve Problems with Insight«, *PLoS Biology*, 2004.
J. Kounios, A.M. Osman und D.E. Meyer, »Structure and Process in Semantic Memory: New Evidence Based on Speed-Accuracy Decomposition«, *Journal of Experimental Psychology* 90(1–3), 1987.
S. Lang, N. Kanngieger, P. Jaskowski, H. Haider, M. Rose und R. Verleger, »Precursors of Insight in Event-Related Brain Potentials,« *Journal of Cognitive Neuroscience* 18(12), 2006.
A. Newell und H.A. Simon, *Human Problem Solving*. Englewood Cliffs, NJ: Prentice Hall, 1972.
K. Christoff und J.D.E. Gabrieli, »The Frontopolar Cortex and Human Cognition«, *Psychobiology* 28(2), 2000.
Geoffrey Underwood, Hrsg., *Implicit Cognition*. New York: Oxford University Press, 1996.
23 J. Kounios, J.L. Frymiare, E.M. Bowden, J.I. Fleck, K. Subramaniam, T.B. Parnish und M. Jung-Beeman, »The Prepared Mind: Neural Activity Prior to Problem Presentation Predicts Subsequent Solution by Sudden Insight«, *Psychological Sciences* 17(10), 2006.
24 »Human Brain Evolution Was a ›Special Event‹«, *HHMI Research News*, 29. Dezember 2004, http://www.hhmi.org/news/pdf/lahn3.pdf.
Richard Restak, *The New Brain: How the Modern Age Is Rewiring Your Mind*. Emmaus, PA: Rodale, 2004.
Nicholas Wade, »Researchers Say Human Brain Is Still Evolving«, *New York Times*, 8. September 2005.
William H. Calvin, Terrence Deacon, Ralph L. Holloway, Richard G. Klein, Steven Pinker, John Tooby, Endel Tulving und Ajit Varki, »The Evolution of the Human Brain«, Center for Human Evolution, Protokoll des Workshop 5, Bellevue, WA, 19.–20. März 2005.
Jane Bradbury, »Molecular Insights into Human Brain Evolution«, *PLoS Biology* 3(3), 2005.

Kate Melville, »Evolution of the Human Brain Unique«, Scienceagogo, 29.Dezember 2004, http://www.scienceagogo.com/news/20041129182724data–trunc–-sys.shtml.
George F. Striedter, *Principles of Brain Evolution*. Sunderland, MA: Sinauer Associates, 2004.
Christopher Willis, *The Runaway Brain: The Evolution of Human Uniqueness*. New York: Basic Books, 1994.
Richard Dawkins, *The Selfish Gene*. New York: Oxford University Press, 2006.
John R. Krebs und Richard Dawkins, *Animal Signals: Mind Reading and Manipulation*, in *Behavioral Ecology: An Evolutionary Approach*, Hrsg. John R. Krebs and Nicholas B. Davies, 2. Aufl. Oxford: Blackwell, 1984.
Kenneth E. Boulding, *Evolutionary Economics*. Thousand Oaks, CA: Sage, 1981.
Robert H. Frank, »If ›Homoeconomicus‹ Could Choose His Own Utility Function, Would He Want One with a Conscience?« *American Economic Review* 79, Juni 1989.
Kurt Dopfer, Hrsg., *The Evolutionary Foundation of Economics*. Cambridge: Cambridge University Press, 2006.
Michael Shermer, *The Mind of the Market: How Biology and Psychology Shape Our Economic Lives*. New York: Holt Paperbacks, 2006.
J. Stanley Metcalfe, *Evolutionary Economics and Creative Destruction*. New York: Routledge, 1998.
Arthur Gandolfi, Anna Gandolfi und David Barash, *Economics as an Evolutionary Science: From Utility to Fitness*. Edison, NJ: Transaction, 2002.
Daniel Friedman, *Morals and Markets: An Evolutionary Account of the Modern World*. New York: Palgave Macmillan, 2008.
Jason Potts, *The New Evolutionary Microeconomics: Complexity, Competence, and Adaptive Behavior*. Cheltenham, UK: Edward Elgar, 2001.
Peter Koslowski, *Sociobiology and Bioeconomics: The Theory of Evolution in Biological and Economic Theory*. New York: Springer, 1999.
Sunny Y. Auyand, Foundations of Complex-System Theories in Economies, Evolutionary Biology, and Statistical Physics. Cambridge: Cambridge University Press, 1999.
Charles Darwin, *The Descent of Man*. New York: Penguin, 2007.
Charles Darwin, *The Expression of the Emotions in Man and Animals*. New York: Oxford University Press, 1998.
Chris Stringer und Peter Andrews, *The Complete World of Human Evolution*. (New York: Thames and Hudson, 2005.
Gregory Cochran und Henry Harpending, *The 10,000 Year Explosion: How Civilization Accelerated Human Evolution*. New York: Basic Books, 2009.
John Cartwright, *Evolution and Human Behavior: Darwinian Perspectives on Human Nature*. Cambridge, MA: MIT Press, 2000.
Eva Jablonka und Marion J. Lamb, *Evolution in Four Dimensions: Genetic, Epigenetic, Behavioral, and Symbolic Variation in the History of Life*. Cambridge, MA: MIT Press, 2005.
Michael J. Behe, *The Edge of Evolution: The Search for the Limits of Darwinism*. New York: Free Press, 2008.
Christopher Scarre, *The Human Past: World Prehistory and the Development of Human Societies*. New York: Thames and Hudson, 2005.
Timothy Goldsmith und William F. Zimmerman, *Biology, Evolution, and Human Nature*. New York: Wiley, 2000.
Philip Clayton und Jeffrey Schloss, *Evolution and Ethics: Human Morality in Biological and Religious Perspective*. Grand Rapids, MI: Eerdmans, 2004.
Bruce H. Lipton und Steve Bhaerman, *Spontaneous Evolution: Our Positive Future (and a Way to Get There from Here)*. Carlsbad, CA: Hay House, 2009.
Richard Restak, *The New Brain: How the Modern Age Is Rewiring Your Mind*. Emmaus, PA: Rodale, 2004.
Mihail C. Roco und Carlo D. Montemagno, *The Coevolution of Human Potential and Converging Technologies*. New York: New York Academy of Science, 2004.

Robert J. Sternberg und Janet E. Davidson, *The Nature of Insight.* Cambridge, MA: MIT Press, 1995.

25 Serendip, comp., »Brain Size and Evolution–Where We Are ... So as to See Where We Might Go Next«, http://serendip.brynmawr.edu/bb/brain evolution.

26 Interview mit Jerry Lauch, Louisville Sleep Disorders Center, Carmel, CA, 2009.
»Got a Problem? Think About It Overnight«, *US News and World Report,* 9. Juni 2009.
A. Dijksterhuis und T. Meurs, »Where Creativity Resides: The Generative Powers of Unconscious Thought«, *Consciousness and Cognition* 15(1), März 2006.
A. Dijksterhuis, »A Theory of Unconscious Thought«, *Perspectives on Psychological Science* 1(2), 2006.
Howard Shevrin, James A. Bond, Linda A. Grakel, Richard K. Hertel und William Williams, *Conscious and Unconscious Processes: Psychodynamic, Cognitive, and Neurophysiological Convergences.* New York: Guilford Press, 1996.
Dan J. Stein, *Cognitive Science and the Unconscious.* Washington, DC: American Psychiatric Press, 1997.
Gerd Gigerenzer, *Gut Feelings: The Intelligence of the Unconscious,* Sprecher: Dick Hill. Old Saybrook, CT: Tantor Media Audio Books, 2007.
Geoffrey Underwood, Hrsg., *Implicit Cognition.* New York: Oxford University Press, 1996.
Ernest Hartman, *Dreams and Nightmares: The New Theory on the Origin and Meaning of Dreams.* New York: Plenum Press, 1998.

27 Boris Sidis und William James, *The Psychology of Suggestion: A Research into the Subconscious Nature of Man and Society.* Whitefish, MT: Kessinger, 1896.
Sigmund Freud, *The Interpretation of Dreams.* New York: Random House, 1950.
Liliane Frey-Rohn, *From Freud to Jung: A Comparative Study of the Psychology of the Unconscious.* New York: C.G. Jung Foundation Books, 2001.

28 Interview mit John Saar, John Saar Real Estate, Carmel, CA, 2008.
»Big Sur Fire Rages On«, KVSP.org/fire/sur.html, 1. Juli 2008.
»California's Continuing Fires«, Boston.com/big picture, 7. Juli 2008, www.boston.com/bigpicture/2008/07/californias–continuing–fires.html.

29 Jonah Lehrer, »The Eureka Hunt«, *New Yorker,* 28. Juli 2008.

30 Korrespondenz mit William A. Futrell, 4. Juni 2009.

Kapitel 12 – Wie sich Geistesblitze auslösen lassen: Bedingungen, die spontane Erkenntnisse begünstigen

1 Robert Roy Britt, »Is Einstein the Last Great Genius?«, LiveScience.com, 5. Dezember 2008, www.livescience.com/culture/081205-science-genius-einstein.html.
John Horgan, *The End of Science: Facing the Limits of Knowledge in the Twilight of the Scientific Age.* New York: Broadway Books, 1997.

2 Patrick R. Laughlin, Erin C. Hatch, Jonathan S. Silver und Lee Both, »Groups Perform Better Than the Best Individuals on Letters and Numbers Problems: Effect of Group Size«, *Journal of Personality and Social Psychology* 90(4), 2006.
Nancy K. Napier, *Insight: Encouraging Aha! Moments for Organizational Success.* Westport, CT: Greenwood, 2010.
Jon R. Katzenbach und Douglas K. Smith, *The Discipline of Teams: A Mindbook-Workbook for Delivering Small Group Performance.* New York: Wiley, 2001.
James R. Larson Jr., *In Search of Synergy in Small Group Performance.* London: Psychology Press, 2009.
Charles Day, »Right-Sizing the Table«, *Association Management,* 28. Juli 2005.
Earl A. Alluisi, *The Measurement of Small Group Performance in a Restrictive Environment.* Lockheed, GA: Human Factors Research Department, 1962.

Francis L. Ulschak, *Small Group Problem Solving: An Aid to Organizational Effectiveness*. Reading, MA: Addison-Wesley, 1981.
G.W. Hill, »Group Versus Individual Performance: Are N + 1 Heads Better Than One?«, *Psychological Bulletin* 91(3), 1982.
D.W. Taylor und W.L. Faust, »Twenty Questions: Efficiency in Problem-Solving as a Function of Group Size«, *Journal of Experimental Psychology* 44, 1952.
E.J. Thomas und C.F. Fink, »Models of Group Problem Solving«, *Journal of Abnormal and Social Psychology* 63(1), Juli 1961.

3 Antony Jay, *Corporation Man*. New York: Pocket Books, 1973.

4 J. Dan Rothwell, *In Mixed Company: Small Group Communications*, 3. Aufl. New York: Harcourt Brace College, 1998.
Manny Robertson, »Group Decision-Making Process«, University of Kentucky, www.uky.edu.
Nathan Zook, »If You're Working in a Big Group, You're Fighting Human Nature«, 24. April 2008, http://37signals.com/svn/posts/995-if-youre-working-in-a-big-groupyourefighting-human-nature.
Eugene M. Lewitt und Linda Schuurman Baker, »Class Size«, *The Future of Children: Financing Schools* 7(3), Winter 1997.
»Class Size Reduction: A Proven Reform Strategy«. Washington, DC: National Education Association Education Policy and Practice Department, 2009.
Patrick R. Laughlin, Erin C. Hatch, Jonathan S. Silver und Lee Both, »Groups Perform Better Than the Best Individuals on Letters and Numbers Problems: Effect of Group Size«, *Journal of Personality and Social Psychology* 90(4), 2006.
Jon R. Katzenbach und Douglas K. Smith, *The Discipline of Teams: A Mindbook-Workbook for Delivering Small Group Performance*. New York: Wiley, 2001.
James R. Larson Jr., *In Search of Synergy in Small Group Performance*. London: Psychology Press, 2009.
Charles Day, »Right-Sizing the Table«, *Association Management*, 28. Juli 2005.
Earl A. Alluisi, *The Measurement of Small Group Performance in a Restrictive Environment*. Lockheed, GA: Human Factors Research Department, 1962.
Francis L. Ulschak, *Small Group Problem Solving: An Aid to Organizational Effectiveness*. Reading, MA: Addison-Wesley, 1981.
Nancy K. Napier, *Insight: Encouraging Aha! Moments for Organizational Success*. Westport, CT: Greenwood, 2010.

5 Stephanie Saul, »Market Place: Buyer's Remorse Is Causing Some Palpitations at Johnson«, *New York Times*, 3. November 2005.
Arlene Weintraub, »Johnson and Johnson's Next Baby?« *BusinessWeek*, 18. Juni 2007.
Neal Chatigny, Kevin Higginbotham, John Walsh und Kyle Williams, »Growth Strategies in the Pharmaceutical Industry: Strategic Acquisitions«, 29. April 2003, www.mcafee.cc/Classes/BEM106/Papers/UTexas/2003/JandJ.pdf.
Matthew Herper, »For Drug Deals, Think Small«, *Forbes*, 10. Februar 2003.

6 »List of Acquisitions by Google«, SEO Consultants, 3. Juli 2007.
Jess Chan, »Google's Acquisition Strategy«, fishtrain.com, 13. September 2007, http://fishtrain.com/2007/09/13/googles-acquisition-strategy/.
Larry Dignan, Sam Diaz und Tom Steinert-Threlkeld, »Google's Acquisition Strategy Should Think Small and Mobile«, Blogs.zdnwt.com, 12. April 2007, www.zdnet.com/blog/btl/googles-acquisition-strategy-should-think-small-and-mobile/4827.
Randall E. Stross, *Planet Google: One Company's Audacious Plan to Organize Everything We Know*. New York: Free Press, 2008.

7 Elizabeth Word, Helen Pate Bain, B. DeWayne Fulton, Jane Boyd Zaharias, Charles M. Achilles, Martha Nannette Lintz, John Folger und Carolyn Breda, »The State of Tennessee's Student/Teacher Achievement Ratio (STAR) Project: Abschließende Zusammenfassung, 1985–1990«, www.misd.k12.wa.us/departments/superintendent/class–size/documents/STARReport.pdf.

Samuel L. Blumenfeld, *The Whole Language/OBE Fraud: The Shocking Story of How America Is Being Dumbed Down by Its Own Education System*. Boulder, CO: Paradigm Publishers, 1995.
Robert J. Manley, *Designing School Systems for All Students: A Tool Box to Fix America's Schools*. Lanham, MD: Rowman and Littlefield Education, 2009.
Hank Kraychir und Jim Garvey, *Destruction of the Education Monster: The Destruction of America's Public School System*, CreateSpace, 2008.
Richard Rothstein, Lawrence Misitel, Jennifer King Rice und Eric A. Hanushek, »The Class Size Debate«. Washington, DC: Economic Policy Institute, 27. Juni 2002.
John W. Alspaugh, »The Relationship Between School Size, Student-Teacher Ratio, and School Efficiency«, Project Innovation, 28. Juli 2005.
J. D. Finn und C. M. Achilles, »Answers and Questions About Class Size: A Statewide Experiment«, *American Educational Research Journal*, Herbst 1990.

8 »Robot Unravels Mystery of Walking«, BBC News, 12. Juli 2007.
Kimberly Patch, »Humanoid Robots Walk Naturally«, *Technology Research News*, 23. February 2005.
»Walk This Way: The Amazing Complexity of Getting Around«, 16. Juli 2007, www.livescience.com/animals/070716–walking-–sidebar.html.
Mark Randall, Adaptive Neural Control of Walking Robots. New York: Wiley, 2001.
Craig Stanford, *Upright: The Evolutionary Key to Becoming Human*. New York: Houghton Mifflin, 2003.
Enric Celaya und Joseph M. Porta, »A Control Structure for the Locomotion of a Legged Robot on Difficult Terrain«, Barcelona, Spanien: Institut de Robòtica i Informàtica Industrial, *IEEE Robotics and Automation Magazine* 5(2), 1998.
Takashi Takuma und Koh Hosoda, »Terrain Negotiation of a Compliant Biped Robot Driven by Antagonistic Artificial Muscles«, *Journal of Robotics and Mechatronics* 19(4), 2007.

9 Arthur Kramer, »Healthy Body, Healthy Mind? The Relationship Among Fitness, Cognition, Brain Structure, and Function«, Symposium des National Institute on Aging zum Thema Kognitives Training für ältere Erwachsene, Bethesda, MD, 29. Februar 2004.
Michael Logan, »A User's Guide to Life-Long Brain Health and Fitness«, askmikethecounselor2.com, http://brainfitness.boomja.com/index.php?ITEM=59007.
Oregon Research Institute, comp., »Oregon Study Confirms Health Benefits of Cobblestone Walking for Older Adults«, *Science Daily*, 30. Juni 2005.
Mary Carmichael, »Exercise Does More Than Just Build Muscles«, *Newsweek*, 19. März 2007.
National Institutes of Health, »Lessons Learned from Couch Mice, Marathon Mice, and Men and Women Who Like to Walk,« 25. November 2008, www.nia.nih.gov/Alzheimers/Publications/ADProgress2005–2006/Part2/lessons.htm.
N. Jausovec und K. Bakracevic, *Creativity Research Journal* 8(1), Januar 1995.

10 Jane Brody, »Mental Reserves Keep Brains Agile«, *New York Times*, 11. Dezember 2007.
»Learning New Things Vital to Brain Health«, *Sydney Morning Herald*, 18. März 2009.
»Use It or Lose It? Study Suggests Mentally Stimulating Activities May Reduce Alzheimer's Risk«, 13. Februar 2002, www.prohealth.com/library/showarticle.cfm?libid=4475.
Joene Hendry, »Keeping the Aging Mind Active Cuts Dementia Risk«, Reuters, 23. September 2009.
»Doing Crosswords Puzzles May Help Delay Alzheimer's Onset«. New York: Fisher Center for Alzheimer's Research Foundation, 5. Juni 2010.
»14 Scientifically (Research-)Proven Ways to Boost Brain Power«, emedexpert.com.
»83 Unique Exercises to Keep Your Brain Alive«, emedexpert.com.

Caroline Latham, »Improve Brain Health Now: Easy Steps«, SharpBrains, 11. April 2009, www.sharpbrains.com/blog/2007/04/11/easy-steps-to-improve-your-brain-health-now/.
Michael Logan, »A User's Guide to Life-Long Brain Health and Fitness«, askmikethecounselor2.com, http://brainfitness.boomja.com/index.php?ITEM=59007.
John Ratey und Eric Hagerman, Spark: *The Revolutionary New Science of Exercise and the Brain*. New York: Little, Brown, 2008.
Frawley Bridwell, »Study Shows Link Between Morbid Obesity, Low IQ in Toddlers«. Gainesville: College of Medicine, University of Florida, August 2008.
Kathleen Phalen Tomaselli, »Steps to a Nimble Mind: Physical and Mental Exercise Help Keep the Brain Fit«, amednews.com, 11. November 2008, www.ama-assn.org/amednews/2008/11/17/hlsa1117.htm.

11 Michael Logan, »A User's Guide to Life-Long Brain Health and Fitness«, askmikethecounselor2.com, http://brainfitness.boomja.com/index.php?ITEM=59007.
»83 Unique Exercises to Keep Your Brain Alive«, emedexpert.com.
Kathleen Phalen Tomaselli, »Steps to a Nimble Mind: Physical and Mental Exercise Help Keep the Brain Fit«, amednews.com, 11. November 2008, www.ama-assn.org/amednews/2008/11/17/hlsa1117.htm.
Interview der Autorin mit pensionierten Mitarbeitern der US-Post, die an dem Programm teilgenommen hatten.

12 Mitsuo Kawato, »Understanding the Brain by Creating the Brain: Toward Manipulative Neuroscience«, http://rstb.royalsocietypublishing.org/content/363/1500/2201.abstract.
Grace Wong, »Boom Times for Brain Training Games«, CNN, 11. Dezember 2008.
»Ultimate Boomer Self-Employment: Becoming a Brain Trainer via PositScience«, 17. April 2008, Boomers.typepad/2008.
Alvaro Fernandez, »Brain Fitness and Exercise in Japan«, SharpBrains, 21. März 2007, www.sharpbrains.com/blog/2007/03/21/brain-fitness-and-exercise-in-japan/.
Dan Choi, »Japanese Doctors Recommend Brain Training for Seniors«, Joystiq, 7. März 2006, www.joystiq.com/2006/03/07/japanese-doctors-recommend-brain-training-forseniors/.
Go Hirano, »Brain Training and Mind Games: Interview with Japanese Expert«, SharpBrains, 8. Dezember 2007.
Sean McCall, »English + Brain Science = A Japanese Clockwork Orange«, *ESL Daily*, 27. März 2008.
Masao Ito, »Japanese Science Funding«, *Science*, 16. Mai 1997.
»Basic Research and Science in the Japanese Economy«, ww.jei.org/AJAclass/ScienceR&D.pdf.
Hiromi Mizuno, *Science for the Empire: Scientific Nationalism in Modern Japan*. Palo Alto, CA: Stanford University Press, 2008.

13 E. Saltz, D. Dixon und J. Johnson, »Training disadvantaged preschoolers on various fantasy activities: Effects on cognitive functioning and impulse control«, *Child Development* 48(20), 1977, S. 367–380 (ERIC Journal No. EJ164702).
Susan Ohanian, *What Happened to Recess and Why Are Our Children Struggling in Kindergarten?* New York: McGraw-Hill, 2007.
John Ratey und Eric Hagerman, Spark: *The Revolutionary New Science of Exercise and the Brain*. New York: Little, Brown, 2008.
Frawley Bridwell, »Study Shows Link Between Morbid Obesity, Low IQ in Toddlers«. Gainesville: College of Medicine, University of Florida, August 2008.

14 Anthony D. Pellegrini and Robyn M. Holmes, »The Role of Recess in Primary School«, 16. Mai 2005, http://udel.edu/roberta/play/Pellegrini.pdf, 16. Mai 2005.

15 Matthew May, »Breakthrough by Taking Breaks«, *American Express Open Forum*, 17. September 2009.

»83 Unique Exercises to Keep Your Brain Alive«, emedexpert.com.

16 Kalina Christoff, Alan Gordon und Rachelle Smith, »The Role of Spontaneous Thought in Human Cognition«, in *Neuroscience of Decision Making*, Hrsg. Oshin Vartanian und David R. Mandel. New York: Psychology Press, o. D..
Karuna Subramaniam, John Kounios, B. Todd und Mark Jung-Beeman, »A Brain Mechanism for Facilitation of Insight by Positive Affect«, *Journal of Cognitive Neuroscience* 21(3), 2009.
B. R. Sheth, S. Sandkühler, J. Bhattacharya, »Posterior Beta and anterior gamma oscillations predict cognitive insight«, *Journal of Cognitive Neuroscience*, 21(7), Juli 2009, S. 1269–1279.
John Kounios, Jessica I. Fleck, Deborah L. Green, Lisa Payne, Jennifer L. Stevenson, Edward M. Bowden und Mark Jung-Beeman, »The Origins of Insight in Resting-State Brain Activity«. Philadelphia: Psychologische Fakultät, Drexel University, 18. Juli 2007.
J. S. Antrobus, J. L. Singer und S. Greenberg, »Studies in the Stream of Consciousness: Experimental Enhancement and Suppression of Spontaneous Cognitive Processes«, *Perceptual and Motor Skills* 23, 1966.
Interview mit Jerry Lauch, Louisville Sleep Disorders Center, Carmel, CA, 2009.
A. Dijksterhuis und T. Meurs, »Where Creativity Resides: The Generative Powers of Unconscious Thought«, *Consciousness and Cognition* 15(1), März 2006.
Howard Shevrin, James A. Bond, Linda A. Grakel, Richard K. Hertel und William Williams, *Conscious and Unconscious Processes: Psychodynamic, Cognitive, and Neurophysiological Convergences*. New York: Guilford Press, 1996.
Dan J. Stein, *Cognitive Science and the Unconscious*. Washington, DC: American Psychiatric Press, 1997.
Gerd Gigerenzer, *Gut Feelings: The Intelligence of the Unconscious*, Sprecher: Dick Hill. Old Saybrook, CT: Tantor Media Audio Books, 2007.
Geoffrey Underwood, Hrsg., *Implicit Cognition*. New York: Oxford University Press, 1996.
J. R. Binder, J. A. Frost, T. A. Hammeke, P. S. Bellgowan, S. Rao und Mand Cox, »Conceptual Processing During the Conscious Resting State: A Functional MRI Study«, *Journal of Cognitive Science* 11(9), 1999.

17 Lee Holtz, »A Wandering Mind Heads Straight Toward Insight«, *Wall Street Journal*, 19. Juni 2009.

18 Karuna Subramaniam, John Kounios, B. Todd, und Mark Jung-Beeman, »A Brain Mechanism for Facilitation of Insight by Positive Affect«, *Journal of Cognitive Neuroscience* 21(3), 2009.
J. Kounios, J. L. Frymiare, E. M. Bowden, J. I. Fleck, K. Subramaniam, T. B. Parnish und M. Jung-Beeman, »The Prepared Mind: Neural Activity Prior to Problem Presentation Predicts Subsequent Solution by Sudden Insight«, *Psychological Sciences* 17(10), 2006.
A. J. K. Pols, »Insight in Problem Solving«, http://www.phil.uu.nl/preprints/ckiscripties/SCRIPTIES/018–pols.pdf.
Kalina Christoff, Alan Gordon und Rachelle Smith, »The Role of Spontaneous Thought in Human Cognition«, in *Neuroscience of Decision Making*, Hrsg. Oshin Vartanian and David R. Mandel. New York: Psychology Press, o. D.
John Kounios, Jessica I. Fleck, Deborah L. Green, Lisa Payne, Jennifer L. Stevenson, Edward M. Bowden und Mark Jung-Beeman, »The Origins of Insight in Resting-State Brain Activity«. Philadelphia: Fakultät für Psychologie, Drexel University, 18. Juli 2007.
William James, *On Vital Reserves: The Energies of Men, the Gospel of Relaxation. New York: Henry Holt, 1922.*
Jerry Swartz, »The Conscious ›Pop‹: A Nonconscious Processing Framework for Problem Solving«. Cold Spring Harbor, NY: Cold Spring Harbor Laboratory, New Frontiers in Studies of the Unconscious, 9. April 2007.

19 »Top 5 Brain Health Foods«, BrainReady, CNN, 7. Mai 2009.
David Zinczenko und Matt Goulding, »Best and Worst Brain Foods«, *Men's Health,* 1. November 2009.
»Age and the Brain – Nature Brain Foods for Memory: Best Brain Food, Good Food for the Brain«, www.add-adhd-helpcenter.com.
Brain Food, The Thinking Business, 2009.
»Weekly Curry May Fight Dementia«, BBC, 3. Juni 2009.
»14 Scientifically Proven Ways to Boost Brain Power«, *Mindpower News,* 14. März 2010, www.mindpowernews.com/ProvenBrainPower.htm.
Lorraine Perretta und Oona Van den Berg, *Brain Food: The Essential Guide to Boosting Brain Power.* New York: Sterling, 2002.
»83 Unique Exercises to Keep Your Brain Alive«, emedexpert.com.

20 Arthur F. Kramer, Kirk I. Erickson und Stanley J. Colcombe, »Exercise, Cognition, and the Aging Brain«, *Journal of Applied Psychology,* 15. Juni 2006.
John Ratey, Vortrag auf der Renaissance Conference, Monterey, CA, 4. September 2009.
Interview mit John Ratey, Cambridge, MA, 2009.
Terry McMorris, Philli Tomporowski und Michel Audiffren, *Exercise and Cognitive Function.* (Hoboken, NJ: Wiley, 2009.
Waneen W. Spirduso, Leonard W. Poon und Wojtek Chodzko-Zajko, Hrsg., *Exercise and Its Mediating Effects on Cognition.* Champaign, IL: Human Kinetics, 2008.
John Ratey und Eric Hagerman, *Spark: The Revolutionary New Science of Exercise and the Brain.* New York: Little, Brown, 2008.
Frawley Bridwell, »Study Shows Link Between Morbid Obesity, Low IQ in Toddlers«. Gainesville: College of Medicine, University of Florida, August 2008.
Arthur Kramer, »Healthy Body, Healthy Mind? The Relationship Among Fitness, Cognition, Brain Structure, and Function«, Symposium des National Institute on Aging zum Thema Kognitives Training für ältere Erwachsene, Bethesda, MD, 29. Februar 2004.
Michael Logan, »A User's Guide to Life-Long Brain Health and Fitness«, askmikethecounselor2.com, http://brainfitness.boomja.com/index.php?ITEM=59007.
Mary Carmichael, »Exercise Does More Than Just Build Muscles«, *Newsweek,* 19. März 2007.
»14 Scientifically Proven Ways to Boost Brain Power«, *Mindpower News,* 4. März 2010, www.mindpowernews.com/ProvenBrainPower.htm.
Kathleen Phalen Tomaselli, »Steps to a Nimble Mind: Physical and Mental Exercise Help Keep the Brain Fit«, amednews.com, 11. November 2008, www.ama-assn.org/amednews/2008/11/17/hlsa1117.htm.
D.S. Albeck, K. Sano, G.E. Prewitt und L. Dalton, *Behavior Brain Research,* 2006.
S.J. Colcombe, A.F. Kramer, K.I. Erickson, P. Scalf, E. McAuley, N.J. Cohen, A. Webb, G.J. Jerome, D.X. Marquez und S. Elavsky, *Proceedings of National Academy of Sciences,* 2004.
C. Fabre, K. Charmi, P. Mucci, J. Masse-Biron und C. Prefaut, *Internal Sports Medicine,* 2002.
J. Farmer, X. Zhao, H. Van Praag, K. Wodtke, F.H. Gage und B.R. Christie, *Neuroscience,* 2004.
Y.P. Kim, H. Kim, M.S. Shin, H.K. Chang, M.H. Jang, M.C. Shin, S.J. Lee, H.H. Lee, J.H. Yoon, I.G. Jeong und C.J. Kim, *Neuroscience Letters,* 2004.
A.F. Kramer, S.J. Colcombe, K.I. Erickson und P. Paige, »Fitness Training and the Brain: From Molecules to Minds«, Protokolle der Cognitive Aging Conference, Georgia Institute of Technology, Atlanta, GA, 2006.
K. Yaffe, A.J. Fiocco, K. Lundquist, E. Vittinghoff, E.M. Simonsick, A.B. Newman, S. Satterfield, C. Rosano, S.M. Rubin, H.N. Ayonayon et al., »Predictors of Maintaining Cognitive Function in Older

Adults: The Health ABC Study«, *Neurology*, 9. Juni 2009.
J. D. Williamson, M. Espeland, S. B. Kritchevsky, A. B. Newman, A. C. King, M. Pahor, J. M. Guralnik, L. A. Pruitt und M. E. Miller, »Changes in Cognitive Function in a Randomized Trial of Physical Activity: Results of the Lifestyle Interventions and Independence for Elders Pilot Study«, *Journals of Gerontology, Series A*, 2009.
K. I. Erickson und A. F. Kramer, »Aerobic Exercise Effects on Cognition and Neural Plasticity in Older Adults«, *Sports Medicine*, 1. Januar 2009.

21 Vortrag von Michael Merzenich an der Oregon State University, Corvallis, 1. Mai 2009.
Interview mit Dr. Michael Merzenich, University of California Medical Center, Keck Center, San Francisco, 2009.
Michael Merzenich, »Does Exercise Make Kids Smarter?« PositScience, 30. März 2007, http://merzenich.positscience.com/2007/03/30/march-30-does-exercise-makekids-smarter/.

22 Anastacia Mott Austin, »Americans Just Not Getting Enough Sleep, Study Shows«, Buzzle.com, 6. März 2008, www.buzzle.com.
Centers for Disease Control, »Insufficient Rest or Sleep in Adults, United States, 2008«, www.cdc.gov/mmwr/preview/mmwrhtml/mm5842a2.htm.
U. Wagner, S. Gais, H. Haider, R. Verleger und J. Born, »Sleep Inspires Insight«, *Nature* 427, 22. Januar 2004.
J. M. Ellenbogen, P. T. Hu, J. D. Payne, Titone und M. P. Walker, »Human Relational Memory Requires Time and Sleep«, *Proceedings of the National Academy of Sciences* 104(18), 1. Mai 2007.
S. Banks und D. F. Dinges, »Behavioral and Physiological Consequences of Sleep Restriction«, *Journal of Clinical Sleep Medicine* 3(5), 2007.
Harvey R. Colten und Bruce M. Altevogt, Hrsg., *Sleep Disorders and Sleep Deprivation: An Unmet Public Health Problem*. Washington, DC: National Academies Press, 2006.
»Got a Problem? Think About It Overnight«, *US News and World Report*, 9. Juni 2009.
Jerry Swartz, »The Conscious ›Pop‹: A Nonconscious Processing Framework for Problem Solving«. Cold Spring Harbor, NY: Cold Spring Harbor Laboratory, New Frontiers in Studies of the Unconscious, 9. April 2007.
Richard R. Bootzin, John F. Kihlstrom und Daniel L. Schacter, Hrsg., *Sleep and Cognition*. Washington, DC: American Psychological Association, Januar 1994.
Interview mit Jerry Lauch, Louisville Sleep Disorders Center, Carmel, CA, 2009.
A. Dijksterhuis und T. Meurs, »Where Creativity Resides: The Generative Powers of Unconscious Thought«, *Consciousness and Cognition* 15(1), März 2006.
Howard Shevrin, James A. Bond, Linda A. Grakel, Richard K. Hertel und William Williams, *Conscious and Unconscious Processes: Psychodynamic, Cognitive, and Neurophysiological Convergences*. New York: Guilford Press, 1996.
Dan J. Stein, *Cognitive Science and the Unconscious*. Washington, DC: American Psychiatric Press, 1997.
Gerd Gigerenzer, *Gut Feelings: The Intelligence of the Unconscious*, Sprecher Dick Hill. Old Saybrook, CT: Tantor Media Audio Books, 2007.
Geoffrey Underwood, Hrsg., *Implicit Cognition*. New York: Oxford University Press, 1996.
»83 Unique Exercises to Keep Your Brain Alive«, emedexpert.com.
H. Fiss, E. Kremer und J. Litchman, The Mnemonic Function of Dreaming«, *Sleep Research* 6(122), 1977.
M. J. Fosse, R. Fosse, J. A. Hobson und R. J. Stickgold, »Dreaming and Episodic Memory: A Dysfunctional Dissociation?«, *Journal of Cognitive Neuroscience*, 2003.
Ernest Hartman, *Dreams and Nightmares: The New Theory on the Origin and Meaning of Dreams*. New York: Plenum Press, 1998.

P. Maquet, »The Role of Sleep in Learning and Memory«, *Science*, 2001.

23 Elizabeth Cohen, »CDC: Antidepressants Most Prescribed Drugs in United States«, CNN, 2008.

Shankar Vedantam, »Antidepressants Use by U.S. Adults Soars«, *Washington Post*, 3. Dezember 2004.

»Drug and Alcohol Rehab Industry Grows to 7.7 Billion This Year, with It 1+ Million Americans in Treatment«, Marketdata, 30. Oktober 2000.

Bobbie Hasselbring, »How Do Antidepressants Work?« Health.discovery.com, 5. Mai 2009, http://health.discovery.com/centers/articles/articles.html?chrome=c09&article=LC-33&center=p06.

Jerome Yesavage, »Memory Training in Older Adults: Issues of Prediction of Response, Mild Impairment, and Interaction with Medications«, Symposium des National Institute on Aging zum Thema Kognitives Training für ältere Erwachsene, Bethesda, MD, 29. Februar 2004.

Richard Bentall, *Doctoring the Mind: Is Our Treatment of Mental Illness Really Any Good?* New York: New York University Press, 2009.

Dawson Hodges und Colin Burchfield, *Mind, Brain, and Drugs: An Introduction to Psychopharmacology*. Boston: Allyn and Bacon, 2005.

Joanna Moncrieff, *The Myth of a Chemical Cure: A Critique of Psychiatric Drug Treatment*. New York: Palgave Macmillan, 2009.

Ellliot Valenstein, *Blaming the Brain: The Truth About Drugs and Mental Health*. New York: Free Press, 2002.

Kapitel 13 – An der Schwelle

1 Paul Hawken, »The Class of 2009 Commencement Address«, University of Portland, Portland, OR, 3. Mai 2009, www.charityfocus.org.

Stichwortverzeichnis

V

W

Y

Z